2020年教育部首批国家级职业教育教师教学创新团队课题研究项目重点课题"新时代高等职业院校汽车运用与维修（含新能源汽车）专业领域团队教师教育教学改革创新与实践"

新时代高等职业院校高水平专业群人才培养体系改革创新与实践

于万海　王文龙　李　敏　著

天津出版传媒集团

天津科学技术出版社

图书在版编目（CIP）数据

新时代高等职业院校高水平专业群人才培养体系改革创新与实践 / 于万海, 王文龙, 李敏著. -- 天津 : 天津科学技术出版社, 2023.5
　　ISBN 978-7-5742-1116-2

　　Ⅰ.①新… Ⅱ.①于…②王…③李… Ⅲ.①高等职业教育-人才培养-研究-中国 Ⅳ.①G718.5

中国国家版本馆CIP数据核字(2023)第087616号

新时代高等职业院校高水平专业群人才培养体系改革创新与实践
XIN SHIDAI GAODENG ZHIYE YUANXIAO GAO SHUIPING ZHUANYE QUN RENCAI PEIYANG TIXI GAIGE CHUANGXIN YU SHIJIAN

责任编辑：马　悦
责任印制：兰　毅

出　　版：	天津出版传媒集团 天津科学技术出版社
地　　址：	天津市西康路35号
邮　　编：	300051
电　　话：	（022）23332490
网　　址：	www.tjkjcbs.com.cn
发　　行：	新华书店经销
印　　刷：	定州启航印刷有限公司

开本 710×1000　1/16　印张 23.25　字数 450 000
2023年5月第1版第1次印刷
定价：98.00元

前言

21世纪各发达国家积极抢占技术发展的制高点,美国提出了"制造业复兴计划",德国提出"工业4.0",日本提出了"制造业再兴计划"。制造业迅速发展需要大量科研型人才,也离不开大批创新型、复合型高素质技术技能人才的支撑。从人才培养的角度而言,目前我国制造业大而不强,究其原因是高素质技术技能人才匮乏。现有的人才培养模式已经不能助力改善技术升级、产业互融所带来的困境,也不能满足制造业对高素质技术技能人才的需求。

专业建设作为学校与社会连接的纽带,是职业院校人才培养工作的核心和关键,是教育目标顺利达成的保障,因此建设职业教育专业体系就成了当前职业教育深化改革、适应国家产业战略转型、对接区域经济产业结构的首要任务。但是,目前我国职业院校的专业体系建设存在很多问题,如院校间专业设置重复率高,专业设置不适应产业结构,各资源分散无法形成合力,专业结构布局无法满足社会对创新型、复合型高素质技术技能人才的需要。这都说明传统的专业建设已经不能适应日新月异的产业发展,降低了职业教育的发展力和生命力,同时促使职业岗位面向与专业培养目标定位之间的矛盾日益凸显。

近年来,政府及有关部门出台了一系列政策,以解决上述问题,促进职业教育的健康发展。2014年,国务院发布《关于加快发展现代职业教育的决定》,强调"深化产教融合、校企合作、工学结合,推动专业设置与产业需求对接";2015年,中华人民共和国教育部(以下简称"教育部")出台《教育部关于深化职业教育教学改革全面提高人才培养质量的若干意见》,指出"围绕各类经济带、产业带和产业集群,建设适应需求、特色鲜明、效益显著的专业群";2019年,教育部、中华人民共和国财政部(以下简称"财政部")正式公布中国特色高水平高职学校和专业建设计划(简称"双高计划")

建设单位名单，指出了现阶段高职教育发展的症结所在，为职业教育发展指明了努力的方向。

如今，我国社会产业处于技术转型期，社会对人才的要求显著提高。高等职业教育应该更加注重服务区域经济的功能，将培养直面生产一线的创新型、复合型高素质技术技能人才当作目标。本书从动态视角对产业转型升级后的人才培养体系变革的相关内容进行了探索研究，为我国高职院校汽车检测与维修技术专业群人才培养体系的改革发展提供了参考，对于培养新兴产业技术技能人才、对接区域经济、服务国家战略具有重要意义。

鉴于编者本身水平和能力有限，书中难免存在一些疏漏，诚恳地希望读者予以批评、指正。

目 录

第一章 绪论 001
   第一节 研究背景与意义 001
   第二节 国内外研究现状 005
   第三节 核心概念界定 011
   第四节 人才培养体系改革的必要性分析 016
   第五节 专业群人才培养体系改革的研究思路与方法 ... 018

第二章 专业群人才培养模式与体系改革的理论分析 020
   第一节 人才培养模式改革的理论基础 020
   第二节 专业群人才培养体系改革模型的构建 023

第三章 专业群人才培养模式的构建 030
   第一节 人才培养标准相关概述 030
   第二节 人才培养基本理论 036
   第三节 专业群人才培养模式的探索与实践 041

第四章 专业群课程体系的重构 136
   第一节 专业群课程体系重构的理论依据与实施 136
   第二节 专业群课程体系的构建路径 140
   第三节 专业群模块化课程体系的重构 177

第四节 专业群课程开发与实施 ……………………………… 184

第五章 专业群教学创新团队建设 ……………………………… 259
第一节 职业教育教师教学创新团队的内涵 …………………… 259
第二节 职业教育教师教学创新团队的建设意义 ……………… 262
第三节 职业教育教师教学创新团队建设对策 ………………… 264
第四节 "汽车运用与维修"国家级职业教育教师教学
创新团队建设 …………………………………………… 275

第六章 职业教育实训基地建设 …………………………………… 284
第一节 校内生产性实训基地概述 ……………………………… 284
第二节 高水平职业教育实训基地的建设路径 ………………… 289
第三节 汽车专业群实训基地建设与应用 ……………………… 301

第七章 专业群人才培养质量评价体系构建 ……………………… 309
第一节 人才培养质量评价体系设计与评价模型 ……………… 309
第二节 专业群人才培养质量评价原则、标准、主体的构建 … 327
第三节 三方"背靠背"评价指标体系的构建 ………………… 330

参考文献 …………………………………………………………… 345

附录 第三方评价组织对我校汽车检测与维修技术专业群的评价示例 …………………………………………………………… 350
专业群人才培养模式总体评价 …………………………………… 350
能力培养效果 ……………………………………………………… 354
素养培养效果 ……………………………………………………… 357
劳动教育培养效果 ………………………………………………… 360
就业发展质量 ……………………………………………………… 361

第一章 绪论

第一节 研究背景与意义

一、研究背景

（一）职业教育发展背景

2019年1月24日，国务院印发《国家职业教育改革实施方案》（以下简称"职教20条"），其中开篇第一句话即点明："职业教育与普通教育是两种不同教育类型，具有同等重要地位。"

在2021年的第一次全国职业教育大会上习近平同志做出重要指示，强调职业教育前途广阔、大有可为，同时指出职业院校要培养更多高素质技术技能人才、能工巧匠、大国工匠。

李克强同志做出批示，强调了职业教育的重要作用，明确要求建设高水平、高层次的技术技能人才培养体系。由此可见，国家已经将职业教育提高到了与普通教育同等重要的程度，并且将其纳入国家发展规划，职业教育将迎来大力发展的春风。所以，职业院校要切实承担起中国特色社会主义新时代所赋予的使命与担当，服务国家战略，改革人才培养体系，提高培养质量和精度，培养学生精益求精的工匠精神，为行业企业的转型升级提供高质量的人才支撑。

随着"中国制造2025"概念的提出，我国正由制造强国逐渐迈向智造强国，要告别以前依靠资源型、高污染型、劳动密集型产业的粗放式发展时代，走向强调技术含量与产品附加值的可持续发展时期。这标志着职业教育在迎来大力发展黄金期的同时,也要承担起为国家、为社会培养产业转型所需的大批量高素质技术技能人才的责任。

(二) 专业群发展背景

我国经济在"十三五"后逐渐从高速增长阶段转向高质量发展阶段,产业集群效应显著,且急需具备高素质、掌握技术技能的优秀人才。此外,"互联网"技术基本在第三产业全面应用,并逐渐渗透至第一、第二产业。新一代的信息技术,如云计算、大数据、物联网等和传统产业相互融合,不断创造新的产业增长点,由此大量新型行业、岗位、工种应运而生,现代职业呈现出高度综合与高度分化并存的特点。在高度分工的社会环境之下,职业细分;在复杂的工作环境中,岗位必须由具备综合能力的人才负责。高职教育和产业发展有着十分密切的联系,所以必须尽快适应新的变化,满足产业对于技术技能人才的需求。如今,我国高职院校共有744个招生专业,校均专业约为40个,专业数量较多且分类较细,分散了办学资源,导致很多专业呈现出规模小、实力弱、资源差的特点。个别专业虽然拥有较强的实力,但是也无法满足新时代产业集群对人才的要求。这种相互不匹配的矛盾在产业转型升级进程和经济结构调整速度进一步加快的情况下,变得愈发明显。

作为连接社会和学校的纽带,专业建设不仅是促进教育目标达成的关键所在,还是职业院校人才培养工作的重心。因此,建设职业教育专业体系,就是如今职业教育深化改革、与国家产业战略转型相适应、对接区域经济产业结构过程中的首要任务。然而,如今有很多问题存在于职业院校的专业体系建设当中,如专业设置与产业结构不匹配,各资源分散无法形成合力,院校设置专业重复率高,社会对于复合型技能人才的需求无法通过专业结构布局得到满足等。种种问题充分说明一件事,即传统专业建设已经不能适应日新月异的产业发展,降低了职业教育的发展力和生命力,职业岗位面向与专业培养目标定位的矛盾日益凸显。

教育部在2006年印发《教育部关于全面提高高等职业教育教学质量的若干意见》(教高〔2006〕16号),明确提出要"服务区域经济和社会发展,以就业为导向,加快专业改革与建设"。高等职业院校要从办学条件出发,从市场需求出发,对专业进行有针对性地设置和调整,建设一个专业群,龙头为学校重点建设专业,相关专业则作为支撑,以服务面向的企业、区域、行业等。

这是在高职教育中第一份提出"专业群"这一概念的文件。在建设专业群时，高职院校必须根据对接行业或区域里的重点产业来设置培养目标，从优势特色专业出发进行职业定位，让专业之间相互联通，协同发展。专业群与单个专业相比，在市场需求不断变化的环境中具有更强的竞争力。高职院校要敏锐地察觉社会与产业在发展过程中对技术人才需求的变化，站在产业和专业群相互协同的角度上，打造出众多高质量的专业群，有针对性地培养人才。由此可以看出，将专业转变成为专业群，是在产业发展环境下职业教育未来发展的必然趋势。

（三）汽车检测与维修技术专业群发展背景

1. 国家汽车产业发展战略为专业群带来创新机遇

"中国制造2025"将节能和新能源汽车当作了重点发展领域。《汽车产业中长期发展规划》中提出，汽车产业生态要朝着"新四化"方向进行深刻变革，即智能化、电动化、共享化和网联化，促进新材料、新技术和汽车产业有机结合，推动汽车产业转型升级。汽车产业迎来了飞速发展的战略机遇期，同时将发挥带动钢铁、化工、纺织等多个产业发展的"火车头"作用。汽车技术快速发展对人才培养提出新的要求，势必会带来新一轮汽车专业教学革命，为专业群带来前所未有的创新机遇。

2. 区域新能源和智能网联汽车发展规划为专业群带来发展机遇

《河北省战略性新兴产业发展三年行动计划》（2018—2020年）提到要培养一批新能源汽车、智能网联汽车领域的龙头企业，并进军国际市场，从产品、技术到服务等多个方面达到国际水平，让河北省成为新能源汽车和智能网联汽车产业强省；《河北雄安新区规划纲要》《京津冀协同发展规划纲要》提出要打造新能源、智能汽车和智慧交通应用示范区。区域汽车产业的蓬勃发展使具有工匠精神的创新型、复合型汽车技术技能人才需要量加大，为专业群带来了发展机遇。

3. 国家高职教育发展方略为专业群带来改革机遇

《国家职业教育改革实施方案》明确指出，高职教育作为一种教育类型，要遵循特殊发展规律，办出中国特色。2019年《政府工作报告》中提出高职扩招100万人，并对人才培养模式、教学资源配置和教学组织管理等提出了新的要求。因此，高职院校汽车专业要顺应国家职业教育发展趋势，为高职汽车教育发展贡献实践经验，助力国家职业教育，快速实现现代化建设目标。

4.汽车专业群发展中需着力应对各种挑战

汽车专业群在发展中面临的实际挑战如下：一是汽车产业"新四化"快速推进带来的关键技术革命，让专业群的师资队伍、教学条件和人才培养面临全新挑战；二是急剧增大的培训规模和扩招生源的多元化，对专业群的教学组织、教学方法提出重大挑战。

二、研究意义

21世纪各发达国家积极抢占技术发展的制高点，美国提出了"制造业复兴计划"，日本提出了"制造业再兴计划"。但是，制造业迅速发展需要大量的科研型人才，并且必须有复合型、创新型的高素质人才来支撑。目前，我国制造业在人才培养方面保持着大而不强的状态，这主要是因为缺乏足够的高素质技术技能人才。随着技术的升级、产业的融合，如今的人才培养模式已经呈现落后的态势，无法再起到应有的培养人才的作用，无法满足制造业对优秀人才的需求。传统的汽车专业人才培养模式已经远远不能满足行业企业的需求。此时，我国应依据行业转型发展、技术变革的特点，对人才培养模式进行改革，调整培养内容，使专业与产业高度对接，实施供给侧改革，培养大批创新型、复合型高素质技术技能人才，以满足行业企业的发展需求明显尤为重要。

（一）理论意义

由于国家产业结构进行了战略性调整，各行业企业的人才需求规格及对人才的具体要求有所变化，同时职业教育人才培养体系变革需要引入新理念加以指导。本书以高等职业教育学、学习科学、高等教育哲学的基本理论为指导，通过探析产业结构调整阶段人才需求发生变化的情况下怎样进行变革，以及分析河北科技工程职业技术大学（原邢台职业技术学院）汽车检测与维修技术专业群实例，极大丰富了实践探索经验，完善了体系构建的理论基础。

（二）现实意义

深入探析我国人才培养体系发生的变革，优化我国高等职业院校人才培养模式，分析汽车产业的升级发展需求，培养适应中国特色社会主义新时代要求的汽车类创新型、复合型高素质技术技能人才，有利于高校顺利完成服务区域经济的使命。

第二节　国内外研究现状

一、国外研究现状

（一）关于专业群的研究

随着经济全球化趋势的加快，每一个国家都要在全球体系当中寻求更好的发展方向，尤其是教育方面。我国职业教育的发展一直在借鉴发达国家的经验，尤其是职业教育发达的国家，如德国的"双元制"、美国的"CBE"（Competency Based Education，即以能力为基础的教育）、澳大利亚的"TAFE"（Technical And Further Education，即职业技术教育学院）和英国的"现代学徒制"。专业建设体系以及人才培养不能满足产业升级需求的问题，各国都曾经遇到过，目前"集群式"发展已经成为国际职教专业建设与课程研究的前沿方向。

美国在2006年发布的法案中正式将职业技术教育替换成生涯与技术教育，不再采取狭隘的、对具体职业岗位单独强调的职业教育模式，转而应用既重视就业、升学和转岗能力，又面向职业群的生涯与技术教育模式。实际上进行这样的改革，目的在于让职业教育更好地适应银行金融、高新技术类产业的转型。产业结构转型必然会带动职业教育的转型。美国为了追上产业调整步伐，在20世纪90年代后期重点发展职业集群。如今，经美国教育部认定的职业集群有16个，且各集群都设置了两个以上的职业通道，职业涵盖面非常广，从初级入门到专业水平都包含在内，最终形成了一个横向体现职业大类，纵向体现技能、知识层级的职业集群结构，类似于我们今天所说的专业群模式。在该模式下，教学不是针对指定的某一个专业，而是针对职业集群，或者说是专业群。学生可以通过该模式下的教学成长为复合型人才，可以从专业群中选择适合自身的发展方向，消除专业的壁垒，提升自身适应行业企业人力需求变化的能力。

1. 关于专业群概念的研究

高职院校专业"集群式"发展理念是从经济学的产业集群理论中发展而来的。美国经济策略大师迈克尔·波特教授于著作《国家竞争优势》当中首先提出产业集群这一概念，并就此做了相关解释。在他看来，产业集群指的是存在竞争、合作关系，在一个特定区域里，地理上集中且相互关联的服务供应商、企业、金融机构、厂商等相关机构组成的群体。每一个产业集群都有不同的复杂性以及纵深程度，而要保证产业集群持续发展，就必须保证有充足的技术和管理人才支持，因此产业集群发展的首要任务就是培养优秀的人才。关于专业群建设，国外教育领域并没有出现太多研究成果，其显然更关注专业群概念的辨析，而当前提出的概念包括"学科集群""课程集群"等。

2.关于专业群建设的研究

李等在跨学科协作英语教学中提出了以"学科合作"为基础的专业群建设，可以提升课堂教学的有效性，从而提升学校教学质量，提升学生的学习兴趣，增强学生能力，最终让学生拥有更强的职业竞争力。

专业群合作模式被德国职业教育广泛采用。德国联邦政府在2007年正式开始研究专业集群模式，并对其优势进行了总结。此外，具有鲜明特色的专业群认证模式在英国也得到了推广，该模式下一组专业认证群包含多种认证级别、多种认证方向，而且其在职业教育实践中发挥了重要的作用。

关于高等职业教育研究，国外较我国起步早。如今为了满足各国对人才的需求，专业群建设在总结研究成果之后形成了多种特色模式，但它们侧重点不同，包括注重专业建设、注重学生专业技能的培养、注重教学过程、注重解决实际问题、注重学生的个性化发展等。

（二）关于汽车维修人才培养现状研究

欧美等西方发达资本主义国家很早就开始发展汽车产业，在长期的实践当中已经逐渐形成了与本国环境相适应的成熟的培养汽车机电维修人才的模式，如美国通用的"ASEP"（Automotive Service Educational Program，即汽车维修服务技能校企合作项目）教育、德国的"双元制"教育等。并且，丰田公司的"T-TEP"（TOYOTA Technical Education Program，即丰田技术培训计划）模式和通用的"ASEP"模式都在国内的职业院校有过部分引入，包括国内目前职业教育中提到的"工学交替"模式，也在一定程度上借鉴了"双元制"。纵观多种培养模式，它们的主要特点为学校和企业紧密结合，双方共同培养优秀汽修人才，其中学校负责提供实训场地及维修车辆的设备设施，而主机厂向学校提供市面上所有车型，包括最新上市车型的技术资料、相应的教学用车辆、部件总成,并定期对在校专业项目教师进行新技术培训、指导及认证。学校通常邀请企业专家全程参与工作岗位确定、典型工作任务分析、职业技能表编写、人才培养方案制定、课程标准设置、实训教材开发等工作,这样产教深度融合,才能为企业提供高素质技能型人才。

德国的"双元制"职业教育曾被视作德国在受到两次世界大战的打击之后重新振作起来的秘密武器。所谓双元制是指德国的职业院校学生除在学校接受专业理论、文化课程以及部分实践课程教育外,还要到企业或行业协会接受师傅的实践技能指导。双元制具有如下特点:首先,产教深度融合。职业学校的学生也是企业员工,具有双重身份,同时接受企业和职业学校的培训。其次,企业参与积极性高。企业全程、深度参与教学,所以培养出的学生就是满足企业自身需求的员工,可以大幅缩短员工的成长周期,因此所有的大型汽车企业几乎都有自己的职业教育培训基地与指导教师,即使是小企业也会依托手工业协会等行业组织或其他企业参与职业教育,培养自己认可的员工。最后,职业学校节约了办学成本。

二、国内研究现状

(一)关于专业群的研究

早在 20 世纪 90 年代中期,我国一些高职院校就产生了学习产业集群思想进行专业群建设实践和研究的想法,并做出了一些成果。我国教育部在 2006 年要求 100 所示范性高职院校建设大约 500 个专业群,2019 年又优中选优依托专业群遴选了首批"双高计划"建设院校,共计 197 所。因此,国内越来越重视专业群建设,并加强了对专业群理论方面的研究。近年来,专业群一直是高职教改、建设的载体,更是教学的重要内容。关于专业群的研究观点主要有以下几种。

1. 关于专业群概念的研究

从目前文献著作来看,针对专业群概念的研究较多,如薛喜民的《高等职业技术教育理论与实践》、吕鑫祥的《高等职业技术教育研究》、黄克孝和严雪怡的《职教课程改革研究》等,这些著作都对专业群有所涉及。

在检索相关文献后可以发现,目前关于专业群概念的表述主要有"相同相近"论、"核心专业带动"论、"对接产业链岗位群"论等。其中,"相同相近"论的核心在于强调组成专业群的各专业必须是相近的,即要有相同的工程对象、技术基础和学科基础,并把是否有相同的专业基础当作划分专业群的依据,同时该论点强调"一个平台,多个方向"。"核心专业带动"论强调以核心专业为基础,带动3~5个专业,形成专业群特色,对专业之间的教学资源进行整合,让核心主干专业成为领头羊,带动其他专业互动,形成强大的合力,促使专业群中的所有专业教学质量得以提升,让毕业生拥有更强的就业竞争力,进而提高高职院校对区域经济的服务能力。和"相同相近"论有所不同的是,此观点认为专业群的组群应该以组群的目的、意义来判定,专业群内各专业之间的相关性不重要,重要的是人才培养的类型和学校培养出的人才是否能服务于区域经济。"对接产业链岗位群"论认为应该围绕产业链和职业岗位构建专业群,强调学校资源的整合和学生复合能力的培养。

通过查看文献可知,主张"相同相近"论的专家、学者在数量上具有一定的优势,因此逐渐成了主流观点,被越来越多研究专业群概念的学者所借鉴、引用。把专业群建设的核心目的定义为通过对整个专业群内的相关专业进行融合、整合,提升专业群整体水平,提高学生职业技术能力以及职业院校服务地方的能力,是被绝大多数学者认可的。"核心专业带动"论的特点在于不再局限于群内各专业的相近性,转而追求专业群建设的目的、意义,认为组群中的专业可以是联系紧密的专业,也可以是跨学科的专业。

2.关于专业群建设的研究

有关建设高职院校专业群的研究近年来已经出现了不少,大多都强调新时代专业群建设的价值和意义,及其依托的基础和面临的困难。具体内容通常先把握方向,探索专业群建设的路径与模式;然后从专业群结构搭建、人才培养方案、课程教法改革、师资队伍建设、实训基地改革等方面提出专业群建设的主要内容和重点;最后再以多元化评价作为专业群建设的质量保障。

张栋科、闫广芬认为,专业群建设从更深层次变革培养模式、教育理念和组织管理等,是管理模式与教学组织上的双重改革。

周桂瑾认为,当集群式专业结构形成之后,要对资源配置进行优化,要围绕建设目标对资源做出调整,包括师资队伍、教学资源等。除此之外,还要从专业群面向的领域出发,将核心专业当作最主要的依托,进一步完善专业群人才培养模式,开发专业课程平台。

任占营认为,专业群建设通过共享教学资源、优化专业结构、提升办学特色等方式展现其在现实中的意义,从因材施教、科学组课等方面寻找实施的路径,从协同性和科学性出发对建设成效进行评价,推动高职院校的专业群发展。

(二)关于人才培养体系的研究

夏玉英提出,所谓人才培养体系,指的是囊括了所有和人才培养相关的子系统的一个完整培养体系。

龙婷认为,现如今的职业院校办学趋于"职业淡化",盲目追求"高大上"的专业,却未考虑到和实际行业对接,没有可持续发展空间。因此,职业院校必须认清自己的作用,发挥自身优势,强化职业特色,加大校企合作力度,拓宽培养途径,完善培养模式,让产学研得以有机结合,最终形成符合现代产业发展的新型人才培养体系。

郑月从职业岗位任务出发,设定培养高技能人才的目标,提出了构建人才培养课程体系和目标等方面的见解。

在李雯看来,高职院校要将目光放在企业对人才的需求上,以此为基础来设置专业、培养人才,结合岗位需求有针对性地确定培养对策,为行业培养更多的优秀人才。

综上所述,人才培养体系应该是与人才培养相关的所有系统的综合,以培养目标和标准为指导,一般应该包括课程体系、教学组织、管理制度和质量保证等系统。并且,高职院校在构建人才培养体系的过程中应该强化职业特色,深化产教融合,深化校企协同育人,精准对接职业岗位,为企业培养优秀员工。

(三)关于汽车维修人才培养模式现状研究

目前由于历史原因,汽车维修从业人员总体素质不高,其中车辆洗美、保养等初级技能型人才已经基本满足市场需求,而从事车辆诊断的中高级技能型人才非常紧缺。我国汽车连续多年产销两旺,一直雄踞全球第一,同时所需高技能汽车维修人员缺口不断增大,而要想缩小需求的缺口,就必须开展高质量的紧跟汽车技术发展的职业教育或培训活动。

目前我国汽修行业从业人员来源主要为中、高职院校,维修人员的素质在逐渐提升,甚至一些豪华品牌开始要求其维修人员必须具有大专文凭,只有少量从业人员是企业师傅带出来的徒弟,或者来自社会培训机构。自2019年"职教20条"发布以来,国家政策明显开始向中、高职院校倾斜,接受职业院校教育的专业人才逐步增加,可以在短期内快速填补我国汽修行业人才需求的缺口。但是一些学校教学并不涉及汽车维修企业现行新技术、新知识，并且大部分职业院校教师都是从学校到学校，没有实际的车辆维修经验，从而也就导致了所培养的学生与企业的实际需求脱节，即出现供需"两张皮"的现象。

我国汽修站中师傅带徒弟的人才培养模式，满足了对从业人员理论技术水平要求不高、对实践动手能力要求较高的汽车产业技术发展初期的要求。但是这种模式存在一定的局限性，如师傅的知识体系若不能及时更新，无法对学生进行系统培训，就会导致带出的徒弟专业理论水平不高，不能适应技术快速发展的维修行业，因此这种培养模式正在逐渐被淘汰。

一些比较开明的汽车维修企业已经认识到传统培养模式的不足，尤其是一些跨国企业，因此其开始推行校企合作模式，即与学校共同培养人才的模式。这种模式的优点是可以培养高质量的、完全符合企业需求的人才。但是由于企业具有逐利性，校企合作的维度还比较单一，只是停留在人才培养的某一阶段，两者并没有进行深度融合。

随着现代汽车技术的持续高速发展及新能源与智能网联等高新技术的迅速普及，真正能够对汽车进行故障诊断与检测的技术人员不足的问题会越发严重。目前，无论是企业师傅带徒弟的传统模式还是学校培养模式培养出来的人才都有一定的不足，无法切实满足汽车维修行业的发展需求。因此，高职院校需要从实际出发，对汽车维修岗位职业能力需求进行深层次调查与研究，从而探索出一种能满足汽车技术快速发展形势下汽修行业对人才需求的培养模式，促进我国汽修行业的良性发展。

三、文献述评

当前，国内外对专业群概念进行了理论研究，且尤其对"双高"背景下的专业群建设进行了一定的研究。但关于专业群建设的实践与探索，尚需要开展进一步的实证研究。其研究成果为落实国家"双高"政策，也为兄弟院校专业群的构建提供了一定的参考，但对于专业群建设的实践性，无论是企业还是高职院校，都需要进一步加强重视与研究。关于汽车检测与维修技术专业人才培养模式研究，国外欧美发达国家由于开展得比较早，基本上都形成了自己的特色，它们共同的特征是产教深度融合。国内目前也在推行产教融合、校企合作的模式，但是由于种种原因企业的参与度不高。

本研究综合了现有文献对专业群建设进行了研究，对汽车检测与维修技术专业群人才培养模式的研究现状进行了分析,进而针对出现的系列问题,提出了汽车检测与维修技术专业群人才培养体系建设的内容与举措。本研究从人才培养模式改革、重构模块化课程体系、打造结构化教师队伍、建设校企协同一体化的实训基地、创建多维度的评价保障机制等多方面提出具体解决方法,并在此基础上进行实证探索,有益于加深职业院校校企合作的程度,提高职业教育的教学质量,增强职业院校毕业生的就业竞争力。

第三节 核心概念界定

一、产业链

西方古典经济学家亚当·斯密(Adam Smith)有关分工的论断是最早的关于产业链思想的表述,他通过著名的"制针"案例,对产业链功能进行了生动的描述。早期的西方经济学家认为,产业链是企业的内部活动,是指把原材料和零部件从外部采购来,进行生产和加工等活动,然后销售给用户的过程。

此后,马歇尔(A. Marshall)、赫希曼、荷利汉(Houlihan)都对产业链进行了进一步的研究或表述,最终史蒂文斯(Stevens)提出,产业链是由供应商、制造商、销售商和消费者连接在一起形成的一个整体,其中还包括物流和信息流。

尽管西方古典经济学家最早对产业链的思想做出了论断,并且对产业链也进行了一定的分析和研究。但是,真正对产业链进行进一步研究并应用于实践的却是改革开放后的中国人,因此可以说产业链这个经济学概念具有鲜明的中国特色。

国内针对产业链的研究基本经历了以下四个阶段:

第一阶段为"七五"计划期间,这个阶段主要为孕育阶段。此时,已经有专家、学者提出"产业链"这一名词,但学术界及相关行业还没有相关研究和应用。关于"产业链"一词,一说是姚齐源、宋伍生提出的,一说是1990—1993年傅国华在立题研究海南热带农业发展课题中,受当地农业成功经验启发所提出的。

第二阶段为"八五"计划期间,此阶段为产业链问题研究的起步阶段。经济界和学术界已经认识到了产业链的价值,然而还未从理论层面上进行研究,遑论进行应用了。

第三阶段为"九五"计划期间,此阶段为产业链理论缓慢发展阶段。经济界尤其是企业界,已经在经济发展中意识到了产业链的重要作用,同时学术界也开始使用产业链概念,并且企业界的先行者已经开始进行实践探索,许多专家、学者也从多方面辨析了产业链概念。

第四阶段为"十五"计划期间。此阶段为产业链理论快速发展阶段,大量的专家、学者开始研究产业链理论,经济界开始用产业链理论指导经济实践,政府也开始大力引导和支持产业链理论研究,并且取得了初步的成果。

什么是产业链呢?目前学术界还没有形成一个大家都认同的概念。从政府的角度看,企业要想经营得好,不仅要有好的"上家",还要有好的"下家",这种"好的上家 + 中间企业 + 好的下家"的模式,被政府称为"产业链"。[①]从价值链的角度看,"同一产业内所有具有连续追加价值关系的活动所构成的价值链关系被称为产业链"[②]。从核心竞争力的角度看,"以经济实力雄厚、竞争力比较强、产品关联度比较高的龙头企业的龙头产品为核心,以产品技术为联系,以资本为纽带,向产品上游和下游延伸,前后联系形成的链条被称为产业链。这样就可以实现龙头企业带动区域的一个产业集群快速发展,从而形成区域特色,并且进一步提升产品竞争力"[③]。从战略联盟的角度看,"在一定的产业群聚区内,某一个强势的龙头企业和产业中与其相关的企业组成的战略联盟就是产业链"[④]。

产业链具有以下四个基本特征:①和普通的供应链不同,其为特定产业群聚区内相关企业的集合,与政府及其他重要机构有密切的联系;②和普通的市场交易关系也不同,产业链中所有企业之间是一种长期的战略联盟关系;③和普通的纵向一体化不同,产业链中的各个企业都是独立的企业;④和普通的企

---

① 李仕明.构造产业链,推进工业化[J].电子科技大学学报(社会科学版),2002,4(3):75-78.

② 杨公朴,夏大慰.现代产业经济学[M].上海:上海财经大学出版社,1999:23.

③ 郑学益.构筑产业链 形成核心竞争力:兼谈福建发展的定位及其战略选择[J].福建改革,2000(8):14-15.

④ 蒋国俊,蒋明新.产业链理论及其稳定机制研究[J].重庆大学学报(社会科学版),2004,10(1):36-38.

业联合不同,产业链中各企业不能像单一的公司那样运作。

本书中所说的"产业链",是指京津冀区域内的汽车产业集群,包括上游的零部件供应、中游的生产制造和下游的售后服务等相关企业所组成的一种战略联盟关系链。

二、专业群

(一) 专业群概念

经济产业集群理论的实践和发展,推动了职业院校专业群概念和相关建设项目的提出,所以要了解专业群概念,首先就要了解产业集群这一概念。

马歇尔提出的外部规模经济理论从经济学角度对产业聚集这一现象进行了解释。迈克尔·波特在1998年发表了《企业群落与新竞争经济学》,对产业集群理论进行了系统解释。他表示,产业集群就是在某个特定地理位置上,特定产业里相互联系的公司聚集的现象。但是,产业集群不是单纯的相关产业集合,而是借助网络相互联系的空间聚集体,是在等级制和市场之间的全新空间经济组织形式。

高职专业群是以重点建设专业为龙头、相关专业为支撑的技术领域相近或专业学科基础相近的相关专业组成的一个集合。教学资源、实训体系、保障体系等都属于专业集群的内涵。专业群概念的特点如下:

第一,必须在对接职业岗位群、产业链的前提下构建专业群。培养技术技能人才是职业教育的本质要求,所以专业群的构建必须和职业岗位相互对接,以工作任务为出发点,培养学生的技能。

第二,专业群作为一种专业集合系统,最好有核心专业或主干专业。从哲学上讲,一个系统内主次分明是必需的,只有明确核心才能减少内耗,形成合力,提高专业群的竞争力,否则就很难实现"1+1>2"的效益。

第三,提高专业群水平是专业群建设的主要目标。因此,高职院校要加强师资队伍打造、课程体系搭建、教学场地建设、保障机制制定等工作,同时结合职业教育特点,深化校企合作,加强校企协同,促进产教融合。

专业群从内涵上看,是一个包含了教师、课程、实训体系等一系列教学资源的内在系统;而从其外部表现形式看,专业群就是由一个核心专业作为领头羊,聚集众多与其相关的专业所组成的专业集合;从组织形成角度来看,专业群是一个"教学管理单位",即专业群作为专业和系部之间的"实体组织"来培养人才。

(二) 专业群的基本特征

第一,专业群中的所有专业都是围绕某一个行业设置的。同时,各专业之间都有一定的联系,要么同属于一个技术领域,要么具有同一个工程对象。

第二,专业群中的大部分专业由同一学科基础发展而来,有着相同的专业基础课程,因此会使用相同的师资队伍。

(三) 专业群建设的意义与目的

作为发展高职教育的重要切入点,专业群建设与岗位群和产业链直接对接,因此具有较强的市场适应性,集群优势明显。而且,专业群建设可聚集大量资源,降低办学成本,因为相近专业具有相同的专业基础课,部分实训可共用设施,提高设备利用率。

目前,针对专业群建设目的的表述主要有:

魏明、周琪认为,专业群建设的主要目的在于整合或优化各专业现有的教学资源,旨在通过专业群师资、课程、实训基地等方面的建设,提升院校整体办学水平。

卞建鸿认为,专业群建设是学校办学形态上的一种转变,也是为提升专业建设水平进行的资源整合行动,可以提高专业稳定性和灵活性,推动专业群可持续发展,促进各专业资源的共享共通,提升专业群的就业竞争力,同时也有利于形成现代化的"结构化""双师型"教学团队,培养更多的创新型和复合型人才。

沈建根、石伟平认为,专业群概念的内涵就是教育教学组织和人才培养观念的转变,是在当代经济社会背景中,专业发展方式的转变。专业群建设在某些程度上解决了如今学校发展面临的一些问题,如教育资源分散、校企合作维度单一、教学效率低下、专业发展与时代发展不匹配等。

学校通过专业群建设,整合相同专业为集群,让专业在合作与竞争中提升各自的发展力,形成整体合力,从而增强各专业以及整个专业群的竞争力。

由此可见,广大专家、学者从不同视角来看待专业群建设,以不同方式对其进行描述,但都强调从专业灵活调整和资源共享出发,优化专业群建设,让专业群满足市场对人才的需求。站在专业建设角度来看,专业群可以优化当今的专业资源,解决师资队伍以及实训基地紧缺这两个资源方面的问题。

三、人才培养体系与人才培养模式

在《现代汉语辞海》中，培养是指"为一定的目的长期教育和训练，使成长发展"，而体系则是指"若干有关事物或某些意识互相联系而构成的一个整体"。①

要对人才培养体系进行改革，首先必须清楚地理解人才培养体系的内涵及其构成因素。人才培养是一个完整且十分复杂的过程，而人才培养体系中包含多个和人才培养关系密切的因素，且各因素之间相互紧密联系。所以简单来说，人才培养体系就是各种人才培养过程中的因素的综合。人才培养体系主要包括六个方面，分别是怎样看待人才培养、培养出什么样的人才、由谁培养人才、怎样培养人才、学生要成为什么样的人才以及怎样保障人才培养。②

人才培养体系改革主要涉及四个方面：

一是培养什么样的人。依据国家职业标准和行业企业标准，制定人才培养标准，清晰定位学生应该具备的素质、知识、能力等，明确毕业要求，基于各种教学资源与方式培养创新型、复合型高素质技术技能人才。

二是如何培养人。在把握人才培养主阵地课堂教学的同时，充分利用课余时间通过"两训一赛""自主运维"提升学生的基本素质和职业素养，坚持供需一体化，培养企业需要的人才。

三是谁来培养人。教师作为教学的主体，在职教人才培养活动中的地位不容忽视，而为实现教师与职业岗位的高度对接，不仅专职教师要达到"双师型"要求，还要有一定比例的高技能水平的企业兼职教师。

四是如何保障培养人。从多维度出发，监控教学环节，持续改进对学生和教师的评价，对毕业生进行跟踪反馈，评估实训基地，确定人才培养体系的质量保障。

人才培养模式区别于人才培养体系，是教育领域非常重要的问题，而我国在20世纪80年代后期才开始研究人才培养模式。教育部在1998年印发的《关于深化教学改革，培养适应21世纪需要的高质量人才的意见》中，第一次直接阐述了"人才培养模式"的内涵，从根本上规定了人才的特点，体现了教育理念。

---

① 倪文杰,张卫国,冀小军.现代汉语辞海[M].北京:人民中国出版社,1994:10.
② 华小洋,蒋胜永,朱志勇.试论应用型人才培养体系的建构[J].高等工程教育研究,2017(6):100-104.

关于"人才培养模式"内涵的辨析，最见于教育界相关人士的表述中。陈祖福在《迎接时代的挑战 更新教育思想和观念》一文指出，人才培养模式就是指为受教育者构建知识、能力、素质结构，以及为实现这种结构所采取的方式。林蕙青在其《深化高等学校教学改革 培养高质量的跨世纪人才》的文章中对陈祖福关于"人才培养模式"的表述做了进一步补充。

以上主要是理论方面的研究成果，黄国勋等人从实践层面对人才培养模式进行了实证研究，进而在专著《地方综合大学人才培养模式整体改革研究》中对"人才培养模式"的概念做了明确的表述，认为人才培养模式就是学校为学生构建的知识、素质、能力模型和实现模型的方式，具体包括基本培养方式和培养规格、目标，规定了人才应具备的特征。这一表述综合了以上理论研究的成果，并结合了高校改革实践的成果，更具有可操作性，被大家广泛认可。

本书中所说的"人才培养模式"是指职业院校为了实现特定的人才培养目标，在相应的教育理念指导下，设计由若干要素构成的，具有系统性、目的性等特征的有关人才培养过程的理论模型，主要包括人才培养理念、专业（群）设置模式、课程体系架构、师资队伍建设等模块。

人才培养模式的构成一直是一个有争议的问题，人才培养模式的建立准则不同，那么构建出来的人才培养模式也不同。根据对人才培养模式概念内涵的辨析，人才培养模式包括三个基本要素，分别为培养方式、培养目标和培养规格。而人才培养体系则是除上述三个要素之外，还需要有一定的外部要素来支撑，以保障其顺利运行。

第四节 人才培养体系改革的必要性分析

一、产业经济转型升级的要求

党的十八大以来，我国经济、社会发展进入新常态，国家战略性地提出产业结构进行转型升级，其核心是转变经济增长的"类型"，即把高投入、高消耗、高污染、低产出、低质量、低效益转为低投入、低消耗、低污染、高产出、高质量、高效益，把粗放型经济结构转为集约型经济结构。伴随着产业的升级和大量新技术的采用，现有的职业岗位必然会遭受冲击，同时短期内行业企业除了对新技术的研发人员有需求之外，还会对掌握新技术的直面一线生产的高素质技术技能人才有大量需求，而短期内职业院校培养出相应的人才以适应行业企业的需求，做到供需一体，携手为社会经济的发展做出贡献，就显得十分重要。所以，随着相应职业岗位、职业能力要求的变化，职业院校的人才培养模式必然会遭受冲击，职业院校需要进行人才培养体系改革，以适应快速发展的社会经济形势，而这对职业院校来说无疑是一个新的挑战。面对新时代、新形态、新产业的变化，国家又提出了"中国制造2025"、创新驱动发展等重大发展战略，促使社会各行各业对高端技术人才的需求持续增加。这就对职业院校的人才培养质量提出了更高要求，高职院校要响应社会需求，就必须将培养高素质技术技能人才当作人才培养的重中之重，对现行的人才培养体系进行改革，同时依据社会需求改进人才培养的理念、内容、途径等，增强服务地方经济的能力，实现服务社会的职能。

二、国家方针政策的指向

改革人才培养模式，培养适合经济发展需求的人才，是国家对职业教育提出的要求。2014年，国务院出台了《国务院关于加快发展现代职业教育的决定》，文件中明确提出，要不断推动校企合作、产教融合等教育教学活动的开展，要将项目教学、工作过程导向教学等引入教学模式之中。2019年1月24日，国务院印发《国家职业教育改革实施方案》，指出职业院校要按照"三个对接"来保证与企业之间的联系，即专业设置与产业需求对接、课程内容与职业标准对接、教学过程与生产过程对接，再次为人才培养模式的改革指明了方向。

总之，国家正在通过政策引导高等职业院校积极探索和实践人才培养体系的改革，以适应快速发展的行业产业变革，进而推动经济快速发展。

三、高水平专业群建设的要求

为落实《国家职业教育改革实施方案》，教育部、财政部于2019年3月29日联合发布了《关于实施中国特色高水平高职学校和专业建设计划的意见》（以下简称"双高计划"），紧接着在全国范围内开始遴选高水平职业院校和高水平专业群。"双高计划"明确要求发挥高水平专业群的集聚效应和服务功能，实现人才培养供给侧和产业需求侧结构要素全方位融合，也就是强调专业群要服务于企业行业需求，推动供需一体化。同时，其还提出校企共同研制科学规范、国际可借鉴的人才培养方案和课程标准,将新技术、新工艺、新规范等产业先进元素纳入教学标准和教学内容,并且强调了人才培养体系中培养方案、课程标准、教学标准和教学内容等要素的改革应该包括新技术,并科学规范。

从"双高计划"的建设意见可以看出,国家希望通过人才培养将产业供给端和需求端结合起来,更好地满足产业需求,推动产业结构的调整与区域经济的发展。因此,专业群人才培养体系改革将成为职业院校发展的重要任务。各高等职业院校需积极推动人才培养体系的改革,提升人才与产业需求的契合度。

第五节 专业群人才培养体系改革的研究思路与方法

一、研究思路

本研究在相关理论的指导下,分析了职业院校人才培养体系改革的内涵,对对接职业岗位需求的汽车检测与维修技术专业群人才培养体系改革中的各要素进行了探索。本研究分为三部分来探究产业转型升级过程中职业院校人才培养模式的改革。

第一部分为绪论。此部分介绍了研究背景与意义,分析了国内外文献综述,并对核心概念进行了界定,最后提出研究思路和研究方法。

第二部分为产业转型升级过程中有关人才培养改革的理论分析。此部分在大量阅读转型过程中人才培养模式变革的相关文献和文档资料前提下,以高等教育哲学、高等职业教育理论以及学习科学等为基础,在分析人才培养模式改革必要性的同时,构建人才培养模式改革的理论模型。

第三部分为本研究的重点。在明晰人才培养模式改革的理论模型后,此部分以河北科技工程职业技术大学(原邢台职业技术学院)为例,阐述在面对汽车产业转型升级时,应如何对人才培养体系改革中各要素进行探索,包括人才培养模式的改革、课程体系的重构、实训基地的建设、三方保障体系的搭建等。

本书的研究思路如图1-1所示:

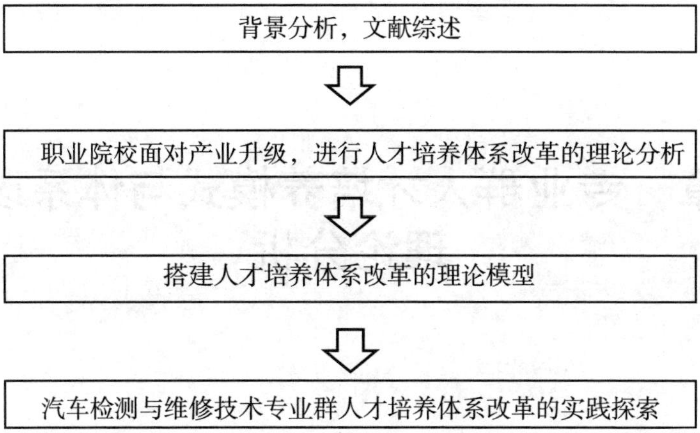

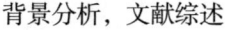
背景分析，文献综述

职业院校面对产业升级，进行人才培养体系改革的理论分析

搭建人才培养体系改革的理论模型

汽车检测与维修技术专业群人才培养体系改革的实践探索

图 1-1 本书的研究思路

二、研究方法

笔者通过开展行业人才及学生个性发展需求调研，了解当前专业群人才培养质量及存在的问题，深入探究存在问题的原因；研读国际汽车类专业课程体系设置、"X"证书制度以及综合学习设计等相关文献，结合国内教学实际，进行大数据分析，找出解决问题的方法，形成相关标准、范式等。主要研究方法：

（1）调查法。调研专业群学生个性发展需求和产业人才需求；基于第三方机构调研专业毕业生毕业条件及培养目标达成度。基于上述调查数据展开分析，指导分流分类标准及课程体系开发、课程开发及信息化教学改革。

（2）文献研究法。研究现有的国际汽车类专业课程体系设置、国内外学习设计指导专业课程开发、以"学习支持"为引领的信息化教学改革以及活页式教材开发等相关文献，系统梳理国内外相关的研究成果，深刻了解本研究的历史沿革和现状，掌握当前的相关研究成果及不足之处。

（3）实证研究法。以汽车检测与维修技术专业高水平专业群建设为研究实例，边研究边实践，边实践边总结。

第二章 专业群人才培养模式与体系改革的理论分析

第一节 人才培养模式改革的理论基础

一、高等教育哲学的基本理论

（一）高等教育哲学的基本观点

1977年，美国著名教育家约翰·S.布鲁贝克出版了《高等教育哲学》一书，这本书被誉为第一部关于高等教育哲学的著作。布鲁贝克关于高等教育哲学的观点来源于美国高等教育哲学的争论，也就是认识论与政治论之争，其中认识论认为大学应该是按自身规律发展的独立个体，追求的是"高深学问"，强调学术的客观性，认为学术不应该受到任何价值观的影响，学者追求学术是"闲逸的好奇"。政治论认为学术就要为国家服务，对社会的发展有深刻的影响。布鲁贝克在书中还指出："高等教育哲学的认识论和政治论之间是可以调和的。现实主义的认识论需要用实用主义的认识论来补充。"[①]

纵观高等教育职能的发展史，中世纪以法国巴黎大学，英国剑桥大学、牛津大学为代表的高校主张高等教育的职能是培养人才，近代以德国柏林大学为代表的高校认为高等教育的职能是发展科学研究，而现代大学的职能在社会中得到延伸，大学逐渐走向社会中心。至此，高等教育的三大职能，即培养人

---

① 布鲁贝克.高等教育哲学[M].王承绪，郑继伟，张维平，等，译.杭州：浙江教育出版社，1987:78.

才、发展科学研究和服务社会发展,得到了大部分学者的认同。

高等职业院校在定位的过程中,需要充分把握自身特色,在追求"闲逸的好奇"的同时,要保证为国家服务,实现认识论与政治论的和谐统一,进而更好地进行服务社会的职能定位,履行对国家的使命。①

(二)高等教育哲学对本书的启示

目前我国高等教育已经由精英化阶段发展到了大众化阶段,各大学对于服务社会的职能也更加重视。在高等教育哲学理论的指导下,职业院校的办学定位应该以坚持政治论,服务国家政策为主,同时应更加强调人才培养服务于产业的职能,使培养的人才能够适应产业转型升级所带来的新的要求和变化。本研究在汽车检测与维修技术专业群人才培养体系改革中将高等教育哲学当作理论基础,从而明确人才培养模式改革的目的以及人才培养的职能定位,深入分析人才培养体系的改革,探索在产业转型升级的前提下,为了实现新的人才培养目标,更好地服务社会、服务产业,人才培养体系需要进行哪些改革最终才能为社会培养大批量创新型、综合型高素质技术技能人才,履行职业教育服务社会的职能。

二、高等职业教育的基本理论

(一)高等职业教育的内涵

高等职业教育按照《国际教育标准分类》规定来看属于第五层次的 B 类(共分七个层次,其中第五层次为初级高等教育,第五层次又分 A,B 两个类型,其中 A 类型为学术型理论研究,B 类型为实际的职业技术),很明显它既是高等教育又是职业教育,这在《中华人民共和国教育法》中也有明确的定义。高等职业教育的根本目的是在高中或同等学力文化的基础上,培养直接面向生产、经营、管理和服务第一线的,急需的,既有专业理论知识又有专业技术能力的,能够把科技转换成生产力的技术技能人才。由此可见,高职层次培养的毕业生既要具备高等教育属性的专业理论知识,又要具备职业教育属性的专业实践能力,即职业能力,强调职业能力是高职教育不同于普通高等教育的显著特征。

---

① 宋景华,杨杰.高等教育哲学视域下的现代大学教育改革[J].高等农业教育,2014(2): 3-6.

（二）高等职业教育的特征

高职教育的特征总结起来有以下几点：

（1）专业与职业岗位对接。根据职业教育的内涵，职业教育就是要培养服务生产一线的技术岗位人才，而为使学生毕业后能够满足社会需求，培养过程就必然以职业岗位的技术技能要求为主，只有专业对接岗位，专业培养目标、培养内容才能与职业岗位和岗位工作任务对接，从而满足企业需求，促进经济发展。

（2）实践教学与理论教学同等重要。实践技能的培养需要一个强化的过程，同时人类对新技能的接受也需要一个过程，不会一蹴而就，且需要不断进行强化锻炼，而这显然离不开大量的实践教学。

（3）"双师型"教师的培养决定着职业教育的成败。学生要拥有高水平实践技能就离不开拥有高水平实践技能教师的培养，这也是职业教育不同于普通教育的地方，因此职业教育教师在拥有高水平理论知识的同时，还要有高水平的实践技能。

（4）职业教育要和企业协同，创建校企命运共同体。不管是职业教育的专业对接岗位需求，还是提升教师实践能力，培养"双师型"教师，都离不开企业的参与。因此，"产教融合""校企合作"也是每次职业教育政策出台时高频出现的词语。总之，要想提高我国高职教育服务地方经济、服务产业转型升级的能力，其人才培养模式与行业企业接轨是必然之举。

三、学习科学的基本理论

学习科学是一个新的综合研究领域，许多学者都对其进行了研究，但是由于侧重点不同，表述也不尽相同，不过多数学者达成了一定的共识，认为学习科学是一门综合多学科的新兴学科，其主要研究如何通过教学、技术和社会政策方面的创新和改进来更好地支持和促进人在整个生命历程中的学习活动。通俗地讲，学习科学主要研究人怎么学习，以及怎样学才能更有效。

对学习科学的总结包含以下几点：第一，学习科学依据研究，将认知神经科学应用到教育和学习过程中；第二，在教学中，教学实训场地的打造、教材的编写、教学过程中教学方法的应用等都是学习科学的研究范围；第三，学习科学的目标是提高学习效率，提升教育效果。

研究学习科学有助于提升人才培养质量，同时创建真实的学习型教学情境，以学习型工作任务对接职业岗位的典型工作任务，有助于提升学生毕业即上手的能力。创建与真实工作环境一致的教学环境，有助于培养学生的企业认同感，提升学生的实践动手能力。

四、实用主义理论

杜威的实用主义教育观点主要包括"学校即社会""教育即生活""从做中学"等。本研究在对人才培养体系改革进行探索的过程中，出发点是对接职业岗位能力需求，满足被教育者的需求，进而强调在课堂教学过程中广泛采用以学生为主体、教师主导的工作任务引领方式，使学生在做中学，使教师在做中教。杜威的实用主义教育观点对汽车检测与维修技术专业群人才培养，尤其是相应具体课程教学有非常强的指导意义。

五、建构主义理论

建构主义理论强调教学过程以学习者为中心，建构情境，协作学习，设计学习环境，利用各种信息资源来支持"学"。在汽车检测与维修技术专业群人才培养体系的构建中，要关注职业情境的搭建，规划校内课堂上的学习性情境及校外企业职场体验实习和顶岗实习等；关注学习者中心地位，在课堂上运用行动导向教学模式；关注协作学习，在教学组织实施中利用小组学习，提升学生的沟通能力、表达能力等；关注学习环境的设计，构建与企业环境等同的学习环境；建设大量的信息化教学资源，包括视频、动画、VR（Virtual Reality，即虚拟现实技术）等来支持学生学习。故建构主义理论对汽车检测与维修技术专业群人才培养模式的改革实践与探索具有较强的指导意义。

第二节 专业群人才培养体系改革模型的构建

一、人才培养目标的变化

走进21世纪，随着国家产业结构的调整，针对新技术、新产业与社会新形态的变化，行业企业对人才的需求也必然会发生变化。根据职业教育的特点，尽管专业所对应的职业岗位没有发生变化，但是相应职业岗位对人才职业能力的要求发生了变化,所以此时对人才培养目标做一定的修正是必要之举。下面以汽车检测与维修技术专业群为例来说明产业升级前后对人才需求的变化,以及职业院校的人才培养目标等相关教学指标的变化,如表2-1所示。

表2-1 产业升级前后职业院校人才培养指标对比

人才培养指标	产业升级前	产业升级后
对应职业岗位	以汽车机电维修工岗位为主,包含辅助研发类、制造装配类、技术检测类、智能网联类、营销服务类、军用特种车改装等产业链其他岗位群	以汽车机电维修工岗位为主,包含辅助研发类、制造装配类、技术检测类、智能网联类、营销服务类、军用特种车改装等产业链其他岗位群
职业能力要求	具备汽车机电维修基本作业所必需的各种专业技能	具备汽车机电维修基本作业所必需的各种专业技能;拥有对新能源汽车"三电"模块和智能网联模块进行诊断维修的能力
人才培养目标	掌握汽车机电维修等技术,具备良好职业素养和创新思维、团队协作和精益求精工匠精神的高素质技术技能人才	掌握汽车行业新技术,包括智能网联汽车和新能源汽车领域关键核心技术,具备良好职业素养和创新思维、团队协作和精益求精工匠精神的高素质复合型技术技能人才

二、人才培养体系改革的理念

高等职业院校应坚持以"政治论"的高等教育哲学为指导,服务国家战略,以产业需求为导向,培养面向生产一线的高素质复合型技术技能人才。

首先,要坚持"政治论"的指导。为培养出符合社会实践需求的人才,职业院校立足服务区域经济发展和产业转型来培养人才,充分体现了区域性、职业性等职业教育的特征。

其次,职业教育要以培养产业和行业需要的人才为培养理念,同时人才培养内容需要根据产业变化实时进行调整,从而提升人才培养与产业需求的契合度,培养出一大批能在短时间内适应技术升级变化、满足行业企业发展需求的高素质复合型技术技能人才。

最后,要体现服务社会的大学职能。在互联网、通信技术高度发达的今天,因新技术的冲击,各行各业的需求都会发生变化,尤其对高素质复合型技术技能人才的需求缺口会越来越大。因此，高等职业院校需要培养大批高素质人才，满足行业企业需求的变化，以便实现自身服务社会的职能。

三、人才培养体系改革的主体

随着产业结构持续优化升级和技术的不断更新，高等职业教育开始以行业企业需求为导向，培养能够快速融入地方企业转型优化升级中的高素质人才，为地方经济发展做出了贡献。这一人才培养过程离不开政府、院校和企业三方之间的共同合作和多元参与。

（一）政府

在新时代产业优化升级、新技术大量普及的形势下，在人才培养的过程中，政府起着关键的作用。政府需要做好顶层设计，加强统筹规划，引导制定法律政策，为职业教育发展及校企之间的进一步协作提供保障。

第一，政府不仅要以规章制度的形式明确企业参与人才培养的全过程，还要出台有力的激励政策，为高等职业院校与企业之间的深度合作创建命运共同体，营造良好的政策环境。

第二，政府要宏观推进人才培养体系改革，以适应产业发展需求。

第三，职业教育与普通教育是两种不同的教育，两者同等重要，都需要经费保障，因此政府要拓宽融资渠道，保障职业教育的经费投入。

（二）职业院校

高等职业院校通过培养高素质复合型技术技能人才来履行自己服务地方经济发展的大学职能，而职业院校要想真正地融入地方经济发展中，就必须提升自身的教学科研能力，以便适应地方产业转型优化升级的需求。因此，高等职业院校在面对自身产业贡献值较低等问题时，必然要对现有的人才培养体系进行合理的修正与改革。高等职业院校在人才培养过程中坚持对接岗位需求，体现了"地方性、职业性"的职业教育特色。加强校企协作，构建模块化、递升型课程体系，创建高水平结构化的师资队伍，搭建校内外实践基地，切实推动产教融合的"共生共赢"，有助于培养大批地方产业优化升级所需的高素质复合型技术技能人才，更好地服务地方经济社会发展。

（三）行业企业

高等职业院校人才培养模式的改革离不开行业企业的参与。各行业、各企业参与人才培养全过程，不仅是国家的政策导向，还是深化产教融合的重要举措。人才培养工作如果缺乏行业企业的参与，必然会导致人才培养方案、专业和课程设置与岗位需求脱节，出现学校人才供给侧和行业企业用人需求侧不一致等问题。为避免这一问题出现，行业企业需要全程参与高等职业院校的人才培养活动，从而确保高等职业院校更好地为区域经济社会服务。

四、人才培养体系改革的内容

（一）建设对接整个汽车产业链的专业群

为适应汽车产业电动化、智能化、网联化、共享化"新四化"发展方向，精准对接京津冀汽车产业发展需求，专业群要能够适应汽车产业发展趋势，面向整个汽车产业链，对接区域内汽车制造及销售服务企业。专业群内各专业相互依存，优势互补，能够动态调整，以精准服务汽车全生命周期的各个关键领域，同时可根据汽车产业技术迭代、岗位更新快的特点，及时动态调整专业方向和专业布局，保证满足汽车产业转型升级过程中不断产生的人才新需求，从而充分发挥自身聚集效应。专业群内各专业之间教学资源共享性要强，群内专业课程共享度要高，同时专业群实践教学设施、师资团队、合作企业要有很强的共享性，使有限的资源得到最大化利用，以充分发挥国家级重点专业的核心引领作用，带动专业集群发展，为京津冀汽车产业迈向高端提供人力资源支撑。

（二）构建可由学生自由选择的模块化、递升型课程体系

根据就业岗位的任职要求和可持续发展要求，高等职业院校要对行业企业的用人需求、职业岗位进行描述，对职业能力进行分析，以解构教学内容，打破传统课程体系设计逻辑，按认知规律和能力本位导向重构课程，打造有较大选择空间的模块化、递升型课程，建立"底层共享、中层分立、高层互选"的新课程体系。课程体系可分为公共基础模块、专业模块和自选模块三类模块群。

在体系搭建的过程中，高等职业院校要注重学生职业能力和素养的培养，着力解决学生个性化发展的问题，使学生可以根据市场需要自主选择专业，根据个人爱好和需求自主选择专长课程模块，为人人都能成才提供保障。课程体系搭建逻辑如图2-1所示。

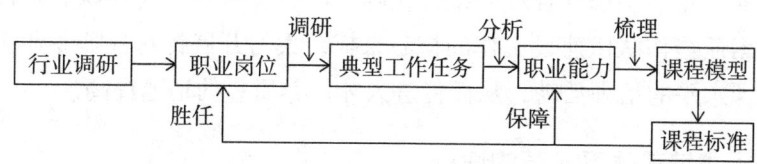

图 2-1 课程体系搭建逻辑

（三）对接产业，校企协同打造实践育人基地

瞄准汽车产业发展新态势，校企共建区域共享的汽车产教融合实训基地。结合京津冀区域汽车产业发展需求，校企应共同建设集辅助研发、产品测试、生产制造、车辆改装和应用创新功能于一体的实践教学基地。为响应"1+X"的国家政策，高等职业院校应积极推进"X"证书相关实训条件的搭建。引入合作意愿高的校外企业共建共管共育，共同建设新能源汽车实训基地，实施校企"双元"育人，培养面向战略性新兴汽车产业领域的技术技能人才；建设多元校外实训基地，打造校企协同育人与创新服务综合体；建立校企"双导师制"，通过生产任务、创新项目、服务项目协同育人，为企业培养技术技能型、技术应用型、技术创新型后备人才，打造校企协同育人与创新服务综合体。

（四）夯实培养学生实践能力与职业素质的养成体系

职业教育的特征之一就是注重人才培养过程中实践动手能力的培养，尽管实践课时的比例已经提升到了50%，但是技能的提升需要一个过程，只依靠课堂教学时间是不够的。因此，要想夯实学生的实践技能，就需要利用课外时间组织实践活动。同时，笔者通过走访、问卷调研等多种方式，对京津冀100余家汽车售后服务商进行调查发现，企业非常重视学生的吃苦耐劳精神和对企业的品牌忠诚度，所以职业院校需以行动为导向，进一步夯实培养学生实践能力与职业素质的养成体系。

（五）推进高水平结构化师资队伍建设

教师队伍是"三教"改革的核心，不管教材还是教法都需要教师来落实。教师的教学水平直接关系着人才培养的质量。由于高等职业院校采取以行业企业需求为导向的人才培养理念，所以教师要成为同时具备专业理论水平和专业实践能力的"双师型"教师。同时，高等职业院校需要积极从行业企业引进一批技术高超的高层次人才，直接将其行业经验技术带到学校，传授给学生，从而构建专业、年龄、职称合理的结构化师资队伍。另外，高等职业院校还要将提升教师素质当作队伍建设工作的核心来抓，大力开展针对教师专业技能、知识以及授课水平的培训活动，从而促进人才培养质量的迅速提高。

五、人才培养体系改革的途径

深化产教融合，加强校企协作是职业院校人才培养体系改革中必须坚持的路径。国内高等职业院校隶属于地方政府，所以高等职业院校办学应立足地方，服务区域；在以行业、产业需求为导向理念的指引下，职业院校必然要走深化产教融合，加强校企合作，创新产学研用合作办学的路径。

首先，深化产教融合，拓展校外实训基地，提升校内实训基地质量，搭建实践平台，提升学生专业实践能力。

其次，强化校企合作，利用校内外资源，搭建校企协同育人平台，提升人才培养质量。

最后，加强行业第三方组织对院校的评价，推动行业企业广泛参与职业院校人才培养质量评价工作，使人才培养形成闭环，打造不断诊断、不断改进提升的局面，最终实现政府、学校、企（行）业三方互利共赢，并且培养出一大批能够满足行业企业需求的高素质复合型技术技能人才，促进区域经济繁荣与发展。表2-2为产业升级前后人才培养体系各要素的对比。

表2-2 产业升级前后人才培养体系各要素对比

要素		产业升级前	产业升级后
培养目标		培养高素质技术技能人才	培养高素质创新型、复合型技术技能人才
对接职业岗位		汽车机电维修工等	汽车机电维修工等
指导理论		1. 政治论的高等教育理论 2. 高等职业教育理论	1. 政治论的高等教育理论 2. 高等职业教育理论
培养内容	专业	1. 按照产业需求设置 2. 对接职业岗位	1. 按照产业需求设置 2. 对接职业岗位 3. 增加新技术的内容
	课程	1. 课程标准与职业标准对接 2. 课程设置体现职业性	1. 课程标准与职业标准对接 2. 课程设置体现职业性 3. 课程进行模块化设置
	教学	1. 教学过程任务引领，创设情景境 2. 实践教学占比50% 3. 利用实训场地，呈现真实场景	1. 教学过程任务引领，创设情景 2. 实践教学占比50% 3. 利用实训场地，呈现真实场景 4. 创建工作室，满足学生兴趣发展 5. 开发第二课堂，夯实学生实践能力
	师资	"双师型"教师队伍	1. "双师型"教师队伍 2. 高水平、结构化队伍 3. 分工协作教学
	基本素质	职业素质养成体系	职业素质养成体系
培养途径		深化产教融合，强化校企合作	深化产教融合，强化校企合作

第三章 专业群人才培养模式的构建

第一节 人才培养标准相关概述

一、国家职业标准

"职业标准"（occupational standards）一词来源于英语，occupation 被解释为 a job or a profession，说明它既包括 job，即普通且有可靠收入的工作，也包括 profession，尤指需要较高教育水平的行业和职业。因此，英语中的职业标准（occupational standards）使用 occupation 的形容词形式，说明其包含的职业种类非常广泛。

职业标准是相对于职业能力而言的，是相关职业领域内有效"能力"的说明，因此职业标准是与能力相关的概念。

目前，我国的职业标准是指在职业分类的基础上，根据各职业工种的工作内容，对从业人员工作能力水平的规范性要求。国家职业标准主要指导从业人员从事职业活动、接受职业教育培训和职业技能鉴定，用作用人单位录用、使用人员的基本依据，同时是衡量劳动者从业资格和能力的重要尺度。国家职业标准由中华人民共和国人力资源和社会保障部组织编制并颁发。从以上表述可以看出，职业标准着重强调的是对从业人员工作能力水平的规范性要求。[1]

原人力资源和社会保障部职业技能鉴定中心主任陈宇教授认为，我国的职业资格证书源于生产系统，因此职业标准的制定源于生产需要，而其目的在于促进合格劳动者的培养，进而助力合格产品或服务的提供。

---

[1] 刘永澎. 分层化的国家职业标准体系什么样[J]. 职业, 2003(10):40-42.

二、汽车检测与维修技术专业群人才培养标准

依据国家职业标准，结合汽车机电维修工等多个岗位的职业核心能力需求，高职院校可开发系统的汽车检测与维修技术专业群人才培养标准，为人才培养模式的构建打下基础。

（一）人才培养标准的构建思路与制定依据

1.构建思路

根据行业以及地方经济建设对于高素质技术技能型汽车类专业人才提出的要求，人才培养标准对汽车类高职毕业生在毕业时应具备的基本能力、基本素质、专业知识、专业技能进行规定，并设立实施和监督标准以界定、描述本专业群的人才培养质量。

2.制定依据

（1）《汽车维修工国家职业技能标准》《汽车装调工国家职业技能标准》。

（2）产业发展和岗位需求。

（3）高等职业教育规律和毕业生职业生涯发展需要。

（二）人才培养标准

达到人才培养标准的合格毕业生通常具备以下基本素质与能力。

1.素质标准

（1）对我国国情熟悉，坚定拥护中国共产党领导和中国特色社会主义制度，以习近平新时代中国特色社会主义思想为指导，践行社会主义核心价值观，具有坚定的理想信念、深厚的爱国情感和民族自豪感。坚持"国家利益高于一切"的政治思想，能够自觉抵制危害祖国和人民的不良行为与思想。

（2）职业素养和职业道德良好。拥有良好的品德，包括爱岗敬业、崇德向善，有坚持不懈的工匠精神；热爱劳动并尊重劳动，实践能力强；有创新精神、安全意识、质量意识、绿色环保意识等；可以和他人进行良好、有效的协作和沟通，具有合作精神和集体意识，和社会、自然能够和谐相处，有进行职业生涯规划的意识。

（3）可以采取正确的态度来面对压力、挫折，心态良好，积极乐观，身心健康，生理健全，可以进行现场工作。

（4）掌握一定的人文社会科学知识，如历史、文学、艺术、哲学等，具有一定的人文素养、审美情趣。学习习惯较好，有抽象思维能力和较强的阅读理

解能力、形象思维能力、逻辑思维能力以及查阅资料和收集信息的能力。

（5）掌握一定的文字表达能力，可以规范书写日常应用文，如简历、假条、报告、总结等；可以组织材料、提炼观点，借助文章将自己的真实意图明确表达出来。

（6）掌握观察、发现和分析问题的能力，可以综合运用自己所学的知识创造性地解决问题。

（7）可以较快地适应外部条件或环境的变化。

2.知识标准

汽车专业群毕业生应该掌握必备的思想政治理论、科学文化基础知识和中国优秀传统文化知识；熟悉与本专业相关的法律法规以及环境保护、消防安全、文明生产等相关知识。不同的专业方向知识标准不同，如下所示：

（1）汽车制造与装配技术专业知识标准：

①了解国内外汽车及零部件制造装配技术路线。

②掌握汽车的基本结构和技术特点。

③熟悉汽车零部件的设计方法。

④掌握汽车零部件的制造工艺。

⑤掌握金属加工的常见方法。

⑥掌握汽车装配的工艺及方法。

⑦掌握汽车装配钳工金属加工的知识。

⑧掌握发动机进气和燃烧原理以及发动机动力性和经济性的影响因素。

⑨掌握汽车暖风和空调系统的控制原理。

⑩掌握汽车电子控制系统的控制策略。

⑪了解汽车制造企业技术管理的基本知识。

（2）汽车营销与服务专业知识标准：

①了解汽车销售企业营销策略以及机动车鉴定、评估、保险、理赔的基本知识。

②掌握汽车营销及活动策划与组织的基本知识与方法。

③掌握商务谈判的基本知识与方法。

④掌握汽车性能及商务评价方面的基本知识。

⑤掌握汽车维修接待流程和维修保养的基本常识。

⑥掌握配件营销与管理方面的基本知识。

⑦掌握汽车保险与理赔方面的基本知识。
⑧掌握二手车鉴定评估与交易的基本知识和方法。
⑨掌握汽车电子商务方面的基础知识。
⑩了解汽车最新的技术发展及市场动态。

(3)汽车检测与维修技术专业知识标准:

①具备高级汽车检测与维修技术人员所必需的文化基础知识和本专业的理论基础知识。

②了解汽车市场中的检测与维修观念、研究方法,熟悉顾客价值、汽车服务市场检测与维修等基本理论。

③掌握汽车检测与维修的基本方法、顾客价值和顾客满意的内涵及其测度、顾客赢利率分析的基本方法、汽车检测与维修资源分配的基本方法和技术、检测与维修分析的方法等。

④基本掌握汽车检测与维修的基本内容、细分方法。

⑤具有汽车检测与维修的市场策划的初步能力,能用细分方法确定目标市场并进行产品服务和定位。

(4)新能源汽车技术专业知识标准:

①了解国内外清洁能源汽车技术路线。
②掌握新能源汽车的基本结构和技术特点。
③熟悉汽车高压电的安全防护技术措施。
④掌握新能源汽车动力电池管理系统和上电控制逻辑知识。
⑤掌握不同类型电机的工作原理。
⑥了解新能源汽车的热管理系统知识。
⑦掌握新能源汽车的充电类型和交直流充放电控制逻辑知识。
⑧熟练掌握新能源汽车整车电源分配和网络架构知识。
⑨熟练掌握新能源汽车暖风和空调系统的控制原理。
⑩熟练掌握新能源汽车故障诊断策略知识。
⑪了解新能源汽车维修企业技术管理的基本知识。
⑫了解新能源汽车销售企业营销策略以及机动车鉴定、评估、保险、理赔的基本知识。

（5）汽车电子技术专业知识标准：

①掌握国外各大汽车公司电路图分析与检修方法。

②掌握全车电路综合分析及检修方法。

③掌握汽车辅助电子系统基本结构、工作原理及检修方法。

④掌握发动机电控系统的结构及工作原理分析和描述汽车发动机电控系统的工作过程，并诊断相关故障。

⑤熟练掌握汽车底盘电控系统的结构和工作原理以及诊断方法。

⑥熟练掌握汽车舒适系统的结构、工作原理及诊断方法。

⑦熟练掌握汽车车身电子控制技术的基本理论知识及诊断方法。

3. 能力标准

不同的专业方向能力标准不同，具体如下所述。

（1）汽车制造与装配技术专业能力标准：

①能够识读汽车零件图和装配图。

②具备汽车修理工艺中钳工的基本技能。

③具备汽车驾驶基本技能。

④能够正确、熟练使用工量具，操作常用检测、维修设备。

⑤能够正确进行汽车维护作业。

⑥正确掌握汽车主要总成装配、检验与调试方法。

⑦能够熟练进行汽车电气系统的安装与调试。

⑧能够进行汽车发动机机械系统的安装与调试。

⑨能够熟练进行汽车传动系的安装与调试。

⑩能够熟练进行汽车零部件图纸的绘制。

⑪能够进行汽车零部件逆向工程的开发和图纸的绘制。

（2）汽车营销与服务专业能力标准：

①具有较强的口头与书面表达能力、人际沟通能力和社会能力。

②具有对新技能与知识进行学习的能力和解决问题的能力。

③具有本专业必需的信息技术应用和维护能力。

④能够组织实施汽车产品的市场调查与分析。

⑤能够撰写汽车营销活动策划方案并组织实施。

⑥能够对汽车产品的技术和性能进行合理的评价。

⑦能够对客户关系和销售进行日常管理，能够完成汽车维修接待。

第三章 专业群人才培养模式的构建

⑧能够进行汽车保险产品销售以及处理汽车保险理赔业务。
⑨能够对二手车进行合理的鉴定评估。
⑩具有汽车电子商务运营与管理能力。
⑪具有汽车销售及维修类企业基本管理能力。
（3）汽车检测与维修技术专业能力标准：
①了解车主对汽车检测与维修的需求。
②熟练掌握汽车检测与维修各种设施设备的正确使用方法。
③掌握汽车检测与维修中各种检测与维修方法。
④掌握汽车配件市场配件营运过程中的检测与维修技能。
⑤掌握汽车使用性能检测流程工艺。
⑥掌握汽车故障检测及维修技能。
⑦在汽车检测与维修全程中遵循7S管理理念。
⑧能够掌握售后相关服务（信贷、牌照、保险）技能。
（4）新能源汽车技术专业能力标准：
①具备新能源汽车驾驶基本技能。
②能够正确、熟练使用工量具，操作常用检测、维修设备。
③能够正确进行新能源汽车一般维护与保养。
④能够规范地进行新能源汽车主要总成装配、检验与调试。
⑤能够熟练进行新能源汽车电气系统的检测与修复。
⑥能够正确进行电气安全检查与自我保护。
⑦能够熟练进行新能源汽车电池动力系统安装、调试、检测、故障诊断与修复。
⑧能够熟练识读新能源汽车电路图。
⑨能够熟练进行新能源汽车电机驱动系统安装、调试、检测、故障诊断与修复。
⑩能够熟练进行新能源汽车转向系统、行驶系统、制动系统的检测与修复。
⑪能够熟练进行新能源汽车车身、舒适系统、安全系统的检测与修复。
⑫能够进行新能源汽车充电设备/站的安装、调试、检测、故障诊断与修复。
⑬能够进行新能源汽车整车综合性能的检测与故障修复。

⑭具备汽车维修企业技术管理基本能力。

⑮具备新能源汽车销售企业营销策略以及机动车鉴定、评估、保险、理赔基本能力。

(5) 汽车电子技术专业能力标准：

①能够熟练进行汽车电气系统的检测与修复。

②能够进行汽车发动机机械系统的诊断与修复。

③能够熟练进行汽油喷射发动机、共轨柴油发动机的检测与修复。

④能够熟练进行汽车传动系的检测与修复。

⑤能够熟练进行汽车转向系统、行驶系统、制动系统的检测与修复。

⑥能够熟练进行汽车车身、舒适系统、安全系统的检测与修复。

⑦具有汽车综合故障诊断能力。

第二节　人才培养基本理论

一、高等职业教育人才的知识、能力、素质结构的内涵

高等职业教育人才的知识、能力、素质结构，是由社会需求和人才培养定位决定的，分析职业岗位的能力模型，制定人才培养规格，是构建职业教育人才培养模式的基础。

在人才培养规格模型中，知识、能力、素质三者不是并列或平行的。知识是基础，能力是知识的实践途径，而素质则是知识和能力的综合体现。实际上，高等职业教育应该搭建以能力为核心、以知识为基础、以素质为目标的人才模型。

(一) 知识结构

(1) 思政知识：政治理论、思想道德修养、传统文化、法律常识和心理健康知识等。

(2) 公共基础知识：数学、物理、化学、外语、计算机、体育、军事理论、现代礼仪、公共关系、现代生活知识等。

(3) 专业基础知识：科普知识、专业基础知识、专业群共享平台模块等。

(4) 专业知识和工程技术知识：专业方向模块课程、专长方向模块课程。

（二）能力结构

（1）基本职业能力：具有良好的生活习惯，能独立处理日常生活事务，能够承受挫折和失败，能适应环境并自我调适、自我控制；具备强烈的责任心、严谨的工作作风、严明的操作纪律、严密的逻辑思维；具备一定的基础科学实验能力和基础工程能力，掌握本专业的基本操作技能，能使用常见的本专业仪器设备并进行测试、检修等。

（2）岗位核心能力：具有较强的事业心和竞争意识，具备坚定的意志、顽强的毅力和吃苦精神，并具有开拓创新精神和活跃的思维，掌握科学的思维方式；能综合运用知识和技能分析、解决实际工作中的技术问题和管理问题。

（3）职业拓展能力：具有良好的学习习惯和方法、良好的记忆方法，有收集、总结、运用信息的能力，能够不断进行自主学习；具备团队协作和组织协调能力。

（三）素质结构

（1）思想政治素质：拥有坚定的理想信念，具有正确的世界观、人生观和价值观，具有良好的诚信品质、高尚的道德情操、精益求精的工匠精神；恪守公民道德规范。

（2）职业素质：具有良好的职业安全意识、环境保护意识、职业道德、创新精神、团队意识；能够立足生产、建设、管理与服务一线，掌握一定的专业理论知识及技能知识；能处理简单的实际工作问题和管理问题，踏实进取，敬业奉献，善于合作，敢于竞争，勇于创新。

（3）人文科学素质：拥有良好的科学思维品质、高雅的审美情趣和正确的审美观；具有一定的基础科学实验能力；具备较强的语言和文字表达能力，以及与他人的沟通交往能力。

（4）身体心理素质：具有健康的身体、健全的人格、良好的心理以及积极健康的生活态度，具备较强的心理抗压及调节能力。

二、人才培养中的思政设计

思政的设计应该围绕社会主义核心价值观，结合学校的校训与办学理念来确定方向、重点以及最终要实现的目标，下面结合我校实际来举例说明思政的设计方式。

首先,秉承学校"德能并蓄,敏行担当"的校训,以及面向军地培养具有"军人作风+职业素养"的高素质技术技能人才的办学理念,确定汽车检测与维修技术专业群思政特色为发扬军地办学传统,培养雷厉风行、精益求精的汽车人。

其次,明确"三融合"的建设方向和"四维度"的建设重点。"三融合"即依据汽车专业群"双擎四驱"的教学策略,将教学任务选取与爱国情怀培养融合在一起;将"学—询—策—施—评—拓"的教学过程与职业道德培养、工匠精神培养融合在一起;将汽车检测与维修的过程与劳动态度培养融合在一起。重点建设"四维度"思政方向:自信自强的爱国情怀、诚信奉献的职业道德、精进创新的工匠精神和坚韧敏行的劳动意识。

再次,树立"修心、修德、修志、修身"的思政建设目标。秉承职业教育立德树人的核心任务,依据面向整个汽车产业链培养高素质复合型技术技能人才的要求,专业群的思政建设目标如下。

(1)修心:同心共筑汽车强国梦。

(2)修德:秉承汽修人诚实守信的办事特征。

(3)修志:传承汽车大师匠心巧手、臻于至善的理念。

(4)修身:拥有雷厉风行、吃苦耐劳的军队作风。

最后,深挖课程蕴含的思政元素,信息化加工后二次供给学生。学校在发掘诸多合作企业中的思政元素,进行立体化、信息化加工后,进而通过虚拟环境、校园环境和身边榜样二次供给学生。

三、人才培养模式的基本要素

人才培养模式就是职业学校为培养专业人才而采取的有计划、有组织、科学的培训计划和方案。职业教育和当地特殊的教育情况决定了职业院校人才培养模式的独特性。此外,职业学校应根据区域经济和学校专业特点,采取多种合理的人才培养模式。为了满足市场对人才的需求,职业院校要转变人才培养思路,科学合理地进行人才培养活动,不断对人才培养模式进行改革创新。高职院校人才培养模式的创新不能只局限于理论,更应在实践中找到适合自身发展的教学模式。

在实践中,职业学校应坚持学历教育与职业教育相结合的原则,加强校企联系与合作,坚持工学结合的道路,体现"做中学"和"学中做"的教学特点。

一方面，职业学校应探索学生在企业实习和轮岗的教学管理模式和体系，根据实际情况对职业院校人才培养模式进行更新和完善。另一方面，职业院校要加强与行业企业之间的合作，邀请行业或企业专家对人才培养方案提出建设性意见，以进行方案制定，确定人才培养的发展方向。

依据人才培养模式的基本内涵进行总结可知，其内容主要包括三方面：一是培养目标与培养规格，也就是培养什么人；二是课程规划与教学资源，也就是用什么培养人；三是教育方式与教育途径，也就是怎样培养人。这三个方面分别涉及价值、内容和行为层面，依次属于目的、内容和方法要素。

（1）培养什么人：人才培养的目的要素是所有教育工作的核心，是所有教育活动的出发点和结束点，同时为教育内容确定、教育方法选择、检查和评价教育结果提供了依据。培养规格则详细规定了人才培养的层次以及知识、能力、素质目标。

（2）用什么培养人：人才培养的内容从人的发展结构看包括德、智、体、美、劳等方面，从社会结构看包括政治、经济、文化、科技、军事等方面。

（3）怎么培养人：人才培养方法是教育原则以及客观规律的具体体现，对提高教学质量，实现教育目的，完成教育任务具有重要的意义。教育方法既包括教师施教的方法，也包括在教师指导下学生自我教育的方法。

四、人才培养目标与特质

高等职业教育的培养目标可以概括为培养社会主义现代化的建设者，培养具有开拓、创新精神和社会责任感，德、智、体、美、劳等全面发展的技术应用型人才和高技能人才。

（一）人才培养层次的"高等性"

20世纪90年代之前，我国的职业类教育只有初、中等层次，其目的是提高就业者的文化素质、专业基本技能，为社会培养初级技术工人。20世纪90年代之后，伴随着科学技术的不断进步、互联网的普及、知识经济时代的到来，高科技产品被用到了各行各业，一些一线基层岗位工作内容中科技含量逐步提升，对从业者的素质要求也越来越高。社会经济急需综合应用能力更强的职业类人才，高等职业教育此时应运而生。

职业教育与普通教育是两种不同的教育，但具有同等重要的地位。高等职业教育属于高等教育范畴，与中等职业教育同属一种类型，但是办学层次略高；高等职业教育与普通专科属于同一办学层次，同样要求学生具备一定的学科理论基础，只是办学类型不同。

高等职业教育与中等职业教育的不同主要有以下两点：一是人才的综合素质较高，主要体现在更高的人文素质和更高的职业素质两方面；二是人才技术素质较高，主要体现为技术基础更扎实，掌握更加先进、系统性更好的专业技术，可以承担有更高技术含量的综合性工作，且在技术上的职业发展前景更好，具有很强的职业迁移能力。

高职教育除了与普通专科一样要传授学生专业领域内的理论基础知识之外，更强调学生的职业定向。高职教育与普通专科相比较，更关注学生的职业素质、职业规划和专业技术及应用。高职教育对校企合作、工学结合和技术技能练习更为看重，会采取项目教学法和任务驱动法来进行教学。

（二）人才培养类型的"职业性"

1. 培育职业素养

高等职业院校培养学生对职业文化、职业精神的认同感，培养学生对职业岗位的归属感，同时引导其掌握专业技能，拥有职业道德，明确规划职业生涯，掌握职业基本要求，积累丰富的职业资讯，拥有较深的职业感情。高等职业院校培养的学生通常有正确的道德观、职业观、就业观和技能观，职业素养良好，可以充分满足行业企业的需求，为职业迁移打下良好的基础，在职业生涯发展中占得先机。

2. 突出"职业技术"

岗位技能指人们胜任某一个岗位所需的专业技术及其掌握的熟练程度，且该技能可以通过反复实践获得。岗位技能不是职业技术的全部，职业技术还包括职业领域的基本技术、新技术和关键技术等。因此，职业院校不仅要加强岗位技能培训，还要重视基本技术、新技术以及关键技术的培训活动。全面具备职业技术可以使学生快速适应职业岗位，且可有效促进学生持续发展能力和增强职业迁移能力。高职教育应该将职业发展动态、趋向、规律、规划等要素当作研究对象，深度探究职业发展对人才培养的要求，不局限于特定产业的岗位。

3. 重视智力技能

职业性不仅强调学生要有较高的实践动手能力，而且强调学生要有较高的智力技能。比如，汽车的保养属于固定动作，学生只需要有较高的实践动手能力即可胜任工作，而汽车的故障诊断则需要学生有较强的逻辑思维，所以要求学生有较高的智力技能。动作技能强调效率、精度，可以通过反复的训练来提升，智力技能则强调知识和技术的深度与宽度。高等职业教育在强调动作技能的同时，也需强调智力技能。

（三）人才培养定位的"区域性"

国内高等职业院校的招生范围主要为区域内的高中毕业生，所培养人才的就业范围主要为本区域。区域内的产业结构、资源分配情况以及生产力和经济发展水平，都会影响对人才能力结构的需求。高等职业院校必须研究区域内产业发展所需要的人才类型，同时在制定人才培养目标时考虑区域内的经济情况，做到因地制宜，充分体现职业教育"区域性"这一特色。

依据国家有关文件以及相关学者的研究情况，在笔者看来，高等职业教育人才培养目标要面向基层与管理一线岗位，要满足我国的区域产业经济转型升级需求，培养出具有职业技术能力、专业基础理论，协调发展职业能力、综合素质，可以通过先进技术创新解决工作当中技术问题的创新型、复合型优秀技术技能人才。

第三节 专业群人才培养模式的探索与实践

一、专业群人才培养模式的实现路径

（一）专业群人才培养模式的顶层设计

高等职业教育人才培养方案应该服务于经济社会的产业转型升级，服务"中国制造2025"发展战略；要坚持将行业企业岗位对人才的需求当作发展的导向，将培养人才的职业技术能力当作核心，提升学生职业素养，构建科学教学体系；坚持人才培养的"1+X"书证融通制和师资队伍"双师型"高水平、结构化要求；坚持校企合作、产教融合，同时在设置专业时对接产业的需求，

设置课程内容时对接职业的标准,设计教学过程时对接生产过程;坚持人才培养规格三个方面的有机统一,以培养产业和行业需要的人才为培养理念。

1.培养目标和要求

(1)培养目标。高等职业教育的性质决定了其培养目标主要定位为生产、管理、建设与服务第一线的人才,包括从事制造、设计、检修、装配、核算、施工等技术类工作的人才,以及经济师、项目经理等。毕业生应具备本专业领域的职业能力与综合素质,同时应具有丰富的专业理论知识和较强的实践动手能力。经过5年以上的工作实践,毕业生可以解决生产一线在技术、工艺和管理方面出现的问题,成为现场管理工程师与生产工程师,具备将科技成果转化为产品的能力。

(2)培养要求:素养+专长。高等职业院校一方面要提高学生的个人素质,同时引导其参加相关职业活动,提升职业素养,不断完善自我;另一方面要因材施教,响应中央"人人皆可成才"的号召,鼓励学生根据自身的兴趣爱好及发展需求,选择相应的技术模块进行学习,形成特长。

2.课程体系设计

职业教育课程体系设计应该以满足工作岗位要求为主线,要从职业岗位需求出发确定教学内容,同时将生产现场近期使用的技术确定为教学内容。让学生掌握技术应用能力是实践教学的目的,实践教学在教学计划中具有很重要的位置。学生通过实践教学可以系统学习特定岗位的专业技术和专业技能。职业教育强调以应用为目的的教学,要把帮助学生掌握核心知识、强化职业能力当作重点,使学生可以掌握职业岗位所必需的基础理论知识以及专业技能,以创新性地解决工作中复杂的实际问题。

(1)课程内容体系。职业教育课程内容要以培养学生的综合素质和职业技术能力为主线,从学生学情以及行业企业需求出发设计理论课程和实践课程。其中,理论课程包括公共基础、专业基础理论、专业理论;实践课程包括基本技能实训、专项实训、综合实训、顶岗实习。

学生在掌握了必要的基础理论知识和技术技能之后,将具备从事和专业对接的实际工作的素质与能力。

学校在确定课程内容过程中,应把握以下原则。

①实践教学和理论教学需要统一。要建立理实一体的课堂教学模式,理论教学重视可持续性、前瞻性和基础性,实践教学更注重培养学生的职业素质,

使学生掌握技术技能，以进行科技创新。

②建立知识技能与课程的学习地图。每门课程都要有知识、技能、思政点的支撑，同时需保证每个必要的知识、技能、思政点都得到落实。另外，要注重综合性课程的开发，注意课程之间的衔接，减少同类课程间的重复。

③课程内容中理论与实践并重。理论是在无数次的实践基础上提出来的，也是所有实践技能的基础，是学生可持续发展的动力源泉，是高职教育高等性的体现之一，因此课程设置中理论的比重不宜过低。实践技能是职业教育区别于传统专科教育的本质特征之一，且职业岗位技能的培养需要大量的实践课时。所以理论与实践学时应该各占50%左右。

④注重创生性技能的培养。按照四元教学的说法，技能通常可分为两种：一种是再生性技能，如打字、给汽车添加玻璃水、汽车保养等；另一种是创生性技能，如汽车故障诊断与排除、数控机床的使用等。因此在课程安排过程中，再生性技能的培养要有保障，而创生性技能的培养也不能忽视。创生性技能是高职学生区别于中职学生的特点之一，具体培养方法包括增加基于真实工作项目的创生性技能培训，减少理论课中的死记硬背，以工程实践来引导学生学习。

⑤课程模块化原则。按照专业的需求，课程体系可分为提高职业文化素养和公共基础的专业群共享模块、提升专业综合技术技能的专业核心模块和关注学生个性化发展的个人专长项目模块。

⑥处理好针对性和普适性之间的关系。高等职业教育必须针对一定的职业岗位进行具体的人才培养活动，保证学生拥有胜任某一岗位的能力，同时必须强调专业理论课程的学习。原因如下：第一，专业理论是普适性和针对性的统一，是基础理论在专业方向上的发展与综合；第二，普适性是在专业领域的适应，而专业理论是学习所有同类专业技术的基础。

（2）课程结构体系。课程结构体系是指课程包含的组成部分及其关系而构成的一个整体。目前，国内外高等教育课程结构主要分为I,Y,A,M四种类型。

①I类型，被称为专业纵深型，指在一定基础理论和专业理论条件下，着重向某一专业或某一方向发展。

②Y类型，被称为专业分支型，指专业基础理论是多种同类专业方向的共同基础。进入专业技术方向阶段，学生可以选择不同的方向进行学习。

③A类型，被称为宽基础结构，与Y类型不同，在基础阶段学生学习的

课程面比较广，根基深厚，强化基础，以打造专家"毛坯"为思想依据。

④M类型，被称为纵条型结构，指将职业岗位能力和知识要求当作培养目标，安排的课程内容都是为了达成目标，所以具备极强的针对性。

学校在构建课程结构体系的过程中应该注意以下几点。

第一，要打破专业、学科之间的壁垒，同时使纵向实践安排得更加灵活，具体可以从教学模块特点出发，采取工学交替、理论—实践—理论等方式。

第二，兼顾普适性和针对性。根据行业中企业岗位的实际需求，针对技术更新迭代速度快、岗位迁移快的职业领域，课程结构体系要加强平台基础课，提升学生的可持续发展能力与岗位适应能力。而一些职业岗位群针对性比较强，对人才的需求比较稳定，所以此时可以加强专业核心模块教学，或者使用M类型课程结构，强化学生的岗位技能，提升学生的动手能力，加强教学的针对性。

（二）校企协同是职教人才培养的必由之路

因为职业教育对接工作岗位，所以其必然需要真实的工作场景加以支持。学生在学校学习时与实际工作时的心理状态是有差异的，同时一些工作中的应变方法和难以言传的经验都需要有长期工作经验的师傅亲自传授，一些良好行为习惯的培养和重要意识的养成也需要在企业的实际工作环境中实现，而无法单靠学校日常教学中的情景模拟。另外，随着科学技术的飞速发展，许多高新技术不断更新迭代，而职业院校的教学内容和教学设备往往无法紧跟最新技术进行更新。此时，学生只能到企业进行实地学习、实践才能掌握新技术。培养学生行业企业需要的新技术能力是高职院校人才培养的特色之一，所以职业人才的培养离不开企业的参与和协同。

校企合作、产教融合是职业院校人才培养的基本途径。学校应与企业建立互惠互利的协同关系：协同开发对接区域产业的人才培养标准，协同制定人才培养方案，采用校企"双导师"模式，通过职业基本素养和专业能力融合，确保学生职业素养满足企业发展和个人成长需求；协同建设实训、培训一体的校内实训基地，协同组建双向互通的师资团队，持续组织教师和企业技术人员同步培训，企业提供与市场同步的技术资料、协同开发教学资源，保障专业教师能力持续提升、新技术及时进课堂。要构建校、企、专门机构三方质量监测反馈体系，全过程监测、全方位评价人才培养质量，并全面、及时反馈信息，最终解决人才培养深度不够的问题。

（三）利用第二课堂实施工程实践与职业素养提升教育

1. 职业素养提升活动

为使学生提高职业素养，将职业态度内化于心，将职业习惯外化于行，高职院校需组织职业素质提升活动，引导和帮助广大学生全面发展。为促进学生参加职业素质提升活动，高职院校可设立学生职业素质学分，并规定必须获得一定学分才能毕业。职业素养提升活动包含真实工作场景运维，鼓励学生自主运行、管理校企共建模仿工作场景的校内实训基地；真实文化氛围熏陶，校企协同建设包含企业文化元素、企业发展理念的实训基地；真实工作任务驱动，教学过程中使用与企业真实工作场景一致的设备、资源与案例。

2. 素质拓展活动

高职院校可以利用暑期与节假日时间培养学生的团队协作、与他人沟通等能力，拓展学生素质，提升人才培养质量。素质拓展活动主要包括社会实践活动、志愿者活动、社团活动及文体活动。社会实践活动指社会调查、文化、科技、卫生"三下乡"活动、各种勤工俭学活动；志愿者活动指志愿者开展的各种公益活动；社团活动指各种文艺、体育团体，传统文化、专业技术和学术团体开展的活动；文体活动指文化节、艺术节及各种文艺体育活动。

3. 提高工程实践能力

大学生工程实践活动旨在为大学生个性化发展提供路径，鼓励学生积极加入各种工作室参与学术研究、参加各种技术技能类竞赛，以赛促学，提升学生实践能力。工程实践活动的主要内容有技能大赛和工作室项目。技能大赛指各级各类技术技能竞赛，包括数学建模大赛、巴哈大赛、电子信息化大赛、职业技能大赛、"互联网+"大赛、创新设计大赛等；工作室项目指以科学研究、工程实践以及技术技能绝活传承为目的的各类项目。

二、高等职业教育人才培养的保障体系

高职教育人才培养模式的有效运行，离不开强有力的保障措施，即师资队伍搭建、实训基地建设、教学管理、教学监控与评价。

（一）建设具备理论与实践授课能力的"双师型"师资队伍

1. 高职院校教师的素质结构

培养职业技术人才不仅要求教师具备扎实、丰富的专业理论知识，还要求

教师具备高水平的实践操作能力，掌握新技术、新工艺、新标准、新方法在生产中的实际应用状况，了解行业的发展趋势。职业院校的教师应该具备深厚的科学文化知识、娴熟的实践动手能力和良好的教育理论素养。其中，深厚的科学文化知识表现如下：随着经济和社会的发展，以及产业优化、转型过程中新技术、互联网经济的冲击，原有职业岗位内涵发生了变化，甚至旧的职业岗位已消失，新的职业岗位陆续涌现。然而，理论往往是相对稳定的，所以就要求职业院校教师具备深厚的科学文化知识。娴熟的实践动手能力表现在两个方面：一方面是指教师能够熟练掌握传统职业岗位所需的再生性、创生性技能，并能够指导学生进行有效的技能训练；另一方面是指在新技术、新工艺冲击下，教师能够快速掌握岗位内涵的变化，并具备相应能力，与时俱进。良好的教育理论素养表现在以下两点：一是能够依据生产、服务现场创建学习情境，让学生亲身感受生产、服务中理论转化为产品的过程，并在岗位工作中训练专业实践能力，培养职业素养；二是能够熟练地运用各种教学手段，在教学过程中创建职业岗位情境，引领学生在完成职业岗位典型工作任务的过程中，学习掌握专业核心能力。因此，具备理论知识、技术能力的专兼结合的"双师型"结构是师资队伍的重要特征。①

2."双师型"师资队伍建设的措施

高水平的师资队伍应由结构优化的"双师型"教师所构成。结构优化是指团队中教师年龄、职称、专业结构合理：第一，同时包含思政教师、创新创业教师、行业领军人才、专业带头人、骨干教师、青年教师、企业兼职教师等；第二，团队中教师既要分工明确形成专业优势互补，又要协同备课以进行模块化教学；第三，师资队伍中行业专家、专业带头人不求多，但要有，青年教师及骨干教师占的比重最大，占绝对多数，层次分明；第四，适当扩大兼职教师数量，而兼职教师队伍主要包括行业领军人才与具有丰富实践经验的企业技术人员。②

要建设优质师资队伍，不仅要培养好现在的人，还要做好新教师的引进和培养工作。一是要加大引进力度。从企业引进教师以提升整个队伍的实践动手

---

① 郑锋.关于培养本科层次应用型人才的思考[J].江苏高教,2001(5):77-79.
② 金心,孙钦荣.关于应用型本科院校师资队伍建设若干问题的思考[J].常州工学院学报(社会科学版),2005,23(1):117-120.

第三章 专业群人才培养模式的构建

能力，引进专业领军人才，解决师资队伍结构金字塔塔尖问题等。二是要加强培养教师的力度。创造条件让教师到企业中进行长期锻炼，解决好教师专业技术能力不高的问题，同时为广大非师范专业教师和企业兼职教师提供提升教学能力的机会。三是保障兼职教师队伍相对稳定。建立专兼结合的师资队伍不是权宜之计，而是由高等职业教育人才培养目标所决定的，同时是许多职业教育发达国家的做法。

（二）建设与职业教育人才培养相适应的实训基地

目前，职业院校普遍认识到建设对接职业岗位需求的实训基地是提升教学质量的重要基石。高职院校实训基地的基本功能包括实施实训教学、生产研发、社会培训、培养"双师型"教师和职业技能鉴定等。

实训基地作为高职教育的特征之一，是培养技术技能人才的必要场所，因此要坚持正确的认识和科学的理论来指导基地建设。有了科学的指导原则，高职院校实训基地建设必然能够走上良性发展的轨道。实训基地建设的基本原则总结起来包括以下几点。

1. 环境的仿真性

职业院校的教育理念为以行业企业的岗位需求为导向，以专业标准对接职业标准，以教学内容对接生产过程，所以职业教育的岗位针对性非常强，因此在实训基地的建设过程中要尽可能还原生产现场，重现真实的工作场景。实训中心可以按照专业群要求来布置，强化校企协同，引入企业文化理念，确保实训基地环境与企业岗位环境的一致性。

搭建真实的工作环境有利于学生的实操训练直接对接职业岗位群的能力需求，使学生毕业即上岗，提升毕业竞争力。同时，为学生再生性技能的培养提供场地，有利于学生在真实的环境下不断锻炼自己的专业技能，最终提升人才培养质量。

2. 技术的先进性

进入中国特色社会主义新时代，伴随着产业的优化升级，新技术对职业岗位的冲击越来越大，行业企业对掌握新技术的高素质技术技能人才的需求也迅猛增长。所以，为了培养能够适应社会发展的高职人才，高职院校的实习基地应该保持一定的技术领先性。

高职院校实训基地建设要紧跟技术前沿，从教学场地、教学设备的建设与采购到基地的管理、基地的评估等都应该具有一定的前瞻性，能够体现本专业领域的新技术、新工艺、新方法。这不仅有利于学生的就业和职业发展，还可有效地推动课程建设，提高"双师型"教师的技术技能水平。所以，实训基地的建设要实行"一把手工程"，校领导不仅要用发展的眼光看待实训基地建设，还要认识到实训教学的重要性，基于对学生高度负责的精神进行实训基地建设。

3. 内容的综合性

高职实训基地的基本功能就是培养学生专业岗位所需要的职业能力，但是学生在就业后会面临专业领域内的职业迁移和职业岗位内涵的变化，所以学生在校期间不仅要掌握本专业的核心技能，还要能对专业领域的相关技术技能举一反三，全面获取专业基础知识、专业基本技能和职业素养。因此，实训基地在教学内容安排上就要具有综合性。[①] 同时，高职院校的实训基地往往承担了科学研究任务，而科学研究则要求实训基地的建设要跨专业、具有综合性。

高职院校实训基地建设只有始终坚持综合性原则才能丰富实训课程内容，增强将理论转化为实践的能力，从而提升技术水平，促进高职院校向着更高的台阶迈进。

4. 服务的开放性

开放性是指实训基地的开放不受时间、地点、人员的限制。首先，时间上的开放，即全天候开放，学生经申请后可以自由使用没有教学任务的实训室，以保证良好的学习效果，同时能提高资源的利用率。其次，地点上的开放，即高职院校实训基地尤其是校内实训基地要尽可能对行业企业和兄弟院校开放。最后，人员上的开放，即高职院校实训基地要面向所有使用者开放，包括本校师生、兄弟院校师生、社会培训人员和行业企业人员。

5. 建设的双元性

职业教育离不开校企合作、产教融合，因而高等职业院校实训基地的建设离不开企业的深度参与。高等职业院校需携手企业打造面向真实工作场景的实训基地，主要表现在如下几点。

第一，引入企业的真实工作场景。打造环境、设备与企业完全一致的实训基地，有利于学生毕业即上岗。

---

① 王俊，田万涛，徐鹏.高职教育实训基地的类别及功能研究[J].教育与职业,2006(32):163-164.

第二，引入企业的标准。将企业的技术标准、操作规范纳入日常教学中，可培养更具有针对性的职教人才。

第三，引入企业的真实案例。通过真实的典型案例学习，学生可以掌握典型工作任务所需要的各种职业能力。

第四，引入企业与市场同步更新的技术。为保证教学中专业技术与市场专业技术同步迭代，学校非常有必要引入企业的最新技术，从而培养出更加契合企业实际需求的人才。

（三）建立教学管理组织系统

对于职业院校来说，教学管理工作非常重要，是维护教学秩序、保证人才培养质量的关键。职业院校教学管理工作需要做好以下几个方面。

1.建立教学管理制度和标准

建立教学管理制度和标准包括制定规范性文件，对教学规划、专业标准和课程标准的执行、理论与实践教学安排和成绩评定等环节做出详细的规定；出台激励性文件和措施，鼓励全体教师创先争优；制定约束性文件和措施，约束和惩处教师的错误行为。上述文件和措施可对教师的教学行为起到鼓励和约束的作用，让每位教师都懂得自己应该怎么做，做好了会怎样；不能怎么做，如果做了会怎么样。

2.建立教学质量保障体系

教学质量保障体系是教学管理工作的重要组成部分，它的主要内容包括以下几点。

（1）质量标准：教学计划、教学大纲、《教学管理工作规范》《课程考核规范》等。

（2）执行人员：教学校长、教务处长、教学院长（系主任）、教学管理科（教务干事）、系主任（教研室主任）、教师、学生。

（3）运行过程：教学安排、课堂教学（理实一体，过程考核）、顶岗实习。

3.处理好各职能部门与院系的关系

教务处通常负责对学校教学管理工作进行宏观规划、牵头制定政策、组织协调等。在规模较大的学校，教学管理工作都由教务处来统筹协调，而这常常会造成工作难以进一步开展。此时，管理中心必然要下移到二级院系，二级院系是教学管理工作的执行单位，是教学质量保障的主体。二级院系应该在教务处的宏观指引下，结合自身的实际情况和特点，利用学校的宏观政策和管理制度，充分调动教师的积极性，提高教师的自我管理能力，促使其较好地完成教学工作，从而提升人才培养的质量。质量管理办公室是教学管理的监督单位，负责依据相应标准对院系的日常教学工作进行质量监督，将监督结果反馈给教务处和二级院系，并督促教务处和二级院系进行教学改进。教务处、二级院系、质量管理办公室三个部门可形成一个完整的教学管理诊断改进的闭环，从而为人才培养质量的提升提供保障。

（四）组建教学质量监控系统

教学质量监控系统是教学保障系统的关键组成部分，主要包括以下几个方面。

1.制定教学质量监控制度

学校应制定教学质量监控的相关制度、文件，对课堂教学、实习、实训等环节的院系、专业、教师、学生进行质量评价和监控。

2.建立教学质量监控体系

教学质量监控体系主要包括以下几方面。

（1）评价制度与标准：《教师课堂教学质量测评办法》《实践教学测评办法》《院系教学工作质量评估办法》等。

（2）质量监控运行人员：质量管理办公室、教学督导科、教务处、院系教学管理科、院系实训中心等各部门人员。

（3）质量监控运行过程：日常教学检查、开学迎新检查、调带课检查、实践教学检查、督导员及校院领导听课、期中教学检查、学生评教、过程考核材料分析、年终绩效考评。

3.监控评价结果的运用

教学质量监控与评价结果和教师个人的年终绩效考核、院系年终绩效考核、教师的职称评定等相挂钩，对学生的评价结果与学生荣誉和奖学金评选等相结合。以上所述要在相应文件中有所体现，因为只有这样才能激发教师和学生的积极性，促使他们主动参与教学质量测评。

4.毕业生跟踪调查

人才培养质量的高低，或者说教学质量的水平如何，最终会体现在毕业生与社会人才需求的偏差上，如果偏差过大，说明人才培养质量存在问题，需要对人才培养目标和过程进行调整。因此，对毕业生进行跟踪调查，收集用人单位对毕业生各种能力的反馈，是调整教学目标的重要参考。①

三、专业群人才培养模式的实证研究

（一）专业群的组建策略

1. 与产业链对接，搭建符合产业发展需求的专业群

为适应汽车产业"新四化"趋势，精准对接京津冀汽车产业发展需求，学校应基于汽车制造与装配技术（含特种车辆改装方向）、新能源汽车技术、汽车检测与维修技术（含汽车试验技术方向）、汽车电子技术（智能网联汽车方向）、汽车营销与服务五个专业构建专业群，对接汽车制造与服务产业链中的设计研发与零部件优化、节能与新能源汽车装配制造、汽车产品技术检测、智能网联汽车功能调试、现代汽车技术服务五大关键技术环节，充分发挥汽车检测与维修技术国家级重点专业的核心引领作用。汽车专业群与产业链的对应关系如图3-1所示。

---

① 杨素明,贾桂芳.应用型本科人才能力的评价性研究[J].吉林工程技术师范学院学报,2004,20(8):5-8.

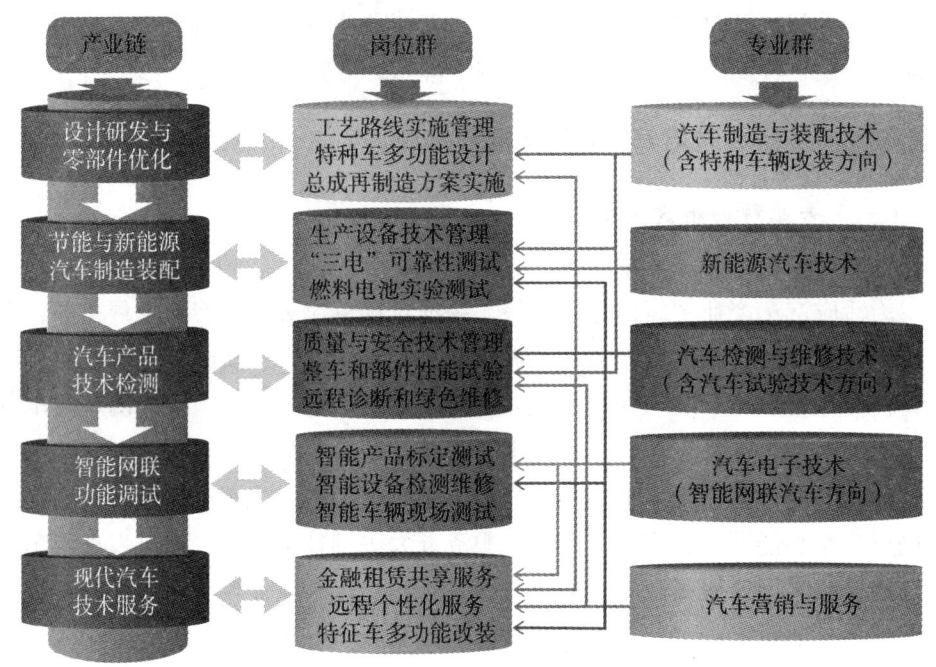

图 3-1 汽车专业群与产业链的对应关系

2.服务京津冀汽车产业发展战略,培养复合型技术技能人才

专业群建设应立足河北,面向京津冀,走向世界。专业群要适应汽车产业发展趋势,对接长城汽车、北汽集团、戴姆勒-奔驰等汽车制造及其销售服务企业,面向辅助研发类、制造装配类、技术检测类、智能网联类、营销服务类、军用特种车改装等岗位群,培养掌握智能网联汽车和新能源汽车领域关键核心技术、具备良好职业素养和创新思维、拥有团队协作和精益求精工匠精神的高素质复合型技术技能人才。

3.职业岗位群相关性大,资源共享

(1)岗位交互关联度大。汽车制造与装配技术专业对接设计研发和制造装配类岗位,新能源汽车技术专业对接设计研发、制造装配和营销服务类岗位,汽车检测与维修技术专业对接技术检测、营销服务、制造装配类岗位,汽车电子技术专业对接智能网联和营销服务类岗位,汽车营销与服务专业对接营销服务和技术检测类岗位,涉及技术标准相同,岗位交互性强、关联度大。

(2)教学资源共享性强。群内专业课程共享度较高,具有汽车结构、性能与使用汽车实用英语等6门专业群平台课程。专业群实践教学设施、师资团队、合作企业均有很强的共享性，能够充分发挥有限资源的最大效能。

（3）动态调整灵活度大。群内专业相互依存，优势互补，精准服务汽车全生命周期的各个关键领域，便于根据汽车产业技术迭代、岗位更新快的特点，及时动态调整专业方向和专业布局，保证培养的技术技能人才更容易适应汽车产业转型升级过程中不断产生的人才新需求，能够充分发挥专业群的聚集效应。

（二）专业群人才培养模式的创建对解决实际问题的意义

1. 创新校企全方位融合模式，解决校企协同维度单一、企业参与人才培养深度不够的问题

校企联合对专业群人才培养过程关键要素进行系统研究与优化设计，进而通过共同开发人才培养标准、共同制定人才培养方案、共同建设实训基地、共组团队实施教学、共同创建质量评价提升体系，促成校企全方位融合的人才培养模式，可使校企合作广度和深度进一步扩大，使企业高端技术人才直接参与课堂教学，有效解决校企协同维度单一、企业参与人才培养深度不够的问题。

2. 执行"能力+素养"人才培养方案，解决职业素养难以满足企业发展和个人成长需求的问题

专业群人才培养模式将系统论、行动论、产教融合理论用于专业高素质人才培养体系建设与实践，整合15项企业岗位能力核心诉求、国家职业标准、国家专业教学标准，校企深度合作开发汽车专业群人才标准，创建"文化沁润、行动内化"基本职业素养教育体系和"课证融通、分层递进"专业能力培养体系相融合的人才培养方案，让两个体系有机融合，进而由学校专任教师和企业兼职教师开展理实一体化教学的同时，融入社会主义核心价值观、劳动意识、自我管理意识等思政元素，可让学生在行动中内化为良好的职业习惯，形成正确的价值观和人生观，有效地提高汽车服务人才的综合素质。

（三）构建创新型人才培养体系

专业群应围绕立德树人根本任务，追踪现代汽车产业"新四化"前沿趋势，立足汽车检测与维修技术专业，联合特斯拉、比亚迪、百度，对接汽车产业高端新能源及智能网联技术，培养高端技能人才，推动形成"产学研创"紧密结合的育人命运共同体，推动汽车产业链发展。校企共同研制科学规范、国际可

借鉴的人才培养方案和课程标准,将新技术、新工艺、新规范等产业先进元素纳入教学内容,进一步开展"1+X"制度制定、"三路径、四阶段"人才培养改革、"模块化、递升型"课程体系构建等活动,以培养技能型、应用型、创新型人才,助推汽车制造转型升级、汽车服务向高端发展。

1. 开发"高素质、创新型"人才培养标准

按照产业急需、国内一流要求,学校应坚持"需求导向、全面开放、深度融合、创新引领"原则,瞄准汽车技术前沿,面向国家战略和京津冀汽车服务产业发展需求,从高素质人才培养标准入手,对专业人才标准的内涵、培养路径进行充分调研和系统研究;充分发挥职教集团优势,结合企业对毕业生核心能力的主要诉求,把促进人的全面发展和适应社会需要当作衡量人才培养水平的根本标准,结合国家职业标准、国家专业教学标准和企业技术技能人才等级认证标准,落实思想政治教育、文化知识学习、思想品德修养和技术技能培训,加强和改进创新思维和社会实践环节,坚持全面发展和个性发展紧密结合的人才培养要求,开发汽车专业群人才标准,以解决学校人才定位与企业及社会人才需求错位的问题(图3-2)。

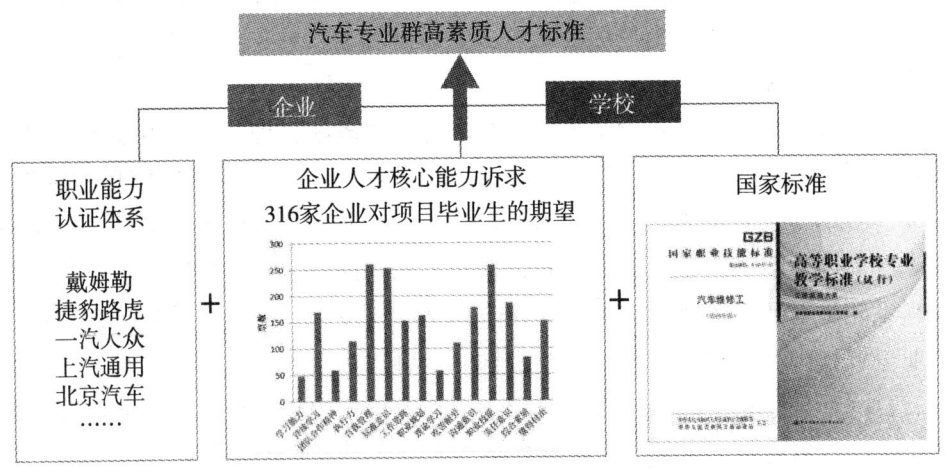

图3-2 汽车专业群高素质人才培养标准的形成

2. 制定"能力+素养"人才培养方案

学校应依据高素质人才培养标准,聚焦企业对人才综合素质的核心诉求,按照"校企互通、系统设计"的原则,明确人才培养方案设计的方法与步骤。依据工科专业教育教学规律,专业群要在对企业典型工作任务进行分析的基础

上，全程植入社会主义核心价值体系，再依据企业职业能力认证体系和终身学习需要，按照"课证融通"原则确定教学内容，以保证学生在学习职业知识技能的同时，促使其坚定职业信念；依据思想政治修养和职业成长规律，按照"分层递进"原则序化教学内容，进而使学生逐渐形成良好的职业行为习惯；依据师生开展任务性项目化教学活动需要，按照"专兼结合"原则安排教学团队，同时教学团队分模块集体备课；按照项目的生产性属性选取教学场所，教学场所全部实行学生"自管运维"，有益于学生在日常活动中增强职业意识。在遵循以上原则的基础上，学校可制定"能力+素养"汽车专业群人才培养方案，并在进行职业能力培养活动的同时，积极发挥文化育人作用，传承弘扬中华优秀传统文化，推动社会主义先进文化建设。新方案可融入职业素质养成文化建设方案与专业教学和管理融合的教育实施方案、运行管理制度，有效优化学生基本职业素养培养工作，深化课程体系与企业认证体系的对接，提高学生的从业适应能力，解决课程体系与企业需求脱节、人才培养课程体系设计缺乏理论依据和系统性的问题。

另外，学校可通过校企共建的品牌培训中心，引入企业原汁原味的在岗职工新车型、新技术培训，同时借助信息技术，利用相邻工位引导企业职工与订单班学生同训，促进校企同步更新；可通过校企共建的品牌培训中心，引入品牌车企大区在岗职工技能大比武，同时组织同品牌订单班学生在竞赛中进行赛事保障与观摩，赛后利用相同场地、相同设备、相同车辆开展学生同题复赛，最终为学生树立标杆，植入匠心。

3.强化课程思政、劳育、美育，并使其贯穿人才培养全过程

学校应以立德树人为根本，积极推进课程思政。专业群课程中可融入社会主义核心价值观，融入汽车品牌企业文化，融入"德能并蓄，敏行担当"的校园文化，融入"雷厉风行，精益求精"的专业群文化，与思政教育深度融合。学校应强化劳动教育，认真推行学校公益劳动周、实训基地运维管理活动；应依托校外实践教学基地、周边社区资源，建立"1+1"劳动教育基地，教育学生诚实劳动，培养学生工匠精神，提升学生创造能力，促进学生德智体美劳全面发展；应加强和改进美育工作，深化美育教学改革，推进文化传承创新，增强服务社会的能力水平，培养德智体美劳全面发展的技术技能人才。

4. 创新推进"1+X"育训结合，引领汽车专业群深化改革

（1）汽车专业"1+X"标准制定和认证落地。

①参与标准制定，推进 X 证书落地。作为参与制定《汽车运用与维修（含智能新能源汽车）职业技能领域职业技能等级标准》的单位之一，学校联合车行参与汽车专业领域职业技能等级"1+X"证书标准的制定，率先申请首批试点院校并开展"学历证书＋若干职业技能等级证书"试点工作；联合戴姆勒、捷豹路虎、大众、比亚迪等企业开发标准化模块题库，推动汽车运用与维修（含智能新能源汽车）X 证书认定尽快落地。

②推行"1+X"学分认证与积累制度。联合河北省汽车职业教育集团和京津冀汽车职业教育联盟成员单位，率先实施专业群 X 证书认证制度，认证学历教育、非学历教育、工作岗位积累的成果。

（2）利用"1+X"证书标准，引领汽车专业群深化改革。依托"先 1 后 X、先 X 后 1、X 后认定 1、1 后认定 X"四种培养模式，改革人才培养方案、课程标准和课程体系，有效促进"1+X"学历教育和技术技能培训。

① X 证书引领人才培养方案改革。引入汽车领域 X 证书技能等级标准，优化新能源汽车技术、汽车技术服务与营销、汽车电子技术、汽车制造与试验技术等专业人才培养规格，探索制定一套融入 X 证书的汽车专业群人才培养方案；联合汽车行业领军企业共建专业、共建课程、共育人才，引领汽车职业教育改革。

② X 证书引领专业课程标准制定。基于职业岗位群的任职能力要求，导入《汽车运用与维修（含智能新能源汽车）职业技能领域职业技能等级标准》，融合戴姆勒－奔驰、捷豹路虎、特斯拉、长城汽车、北京汽车等国际化企业技术标准，开发包含课程模块定位、课程模块目标、工作情境设计、客户委托、考核方式、媒体资源等六大核心要素的共享课程、专业方向、专长课程三类标准。

③ X 证书引领专业课程体系改革。引入汽车领域技能等级标准，优化课程设置和教学内容，开发初、中、高三级认证课程，融入模块化、层级化专业课程，创建"模块化"课程体系。课程体系的课程模块层级多，按需组合效能高，可有效解决生源的多元化、社会需求的多样化、学生发展的个性化等问题，促进人人成才。

5.深化专业群课程模块化改革,支撑分类人才培养模式

根据就业岗位的任职要求,专业群可解构教学内容,按认知规律和能力本位导向重构课程,打造有较大选择空间的"模块化、递升型"课程,将课程体系分为公共基础模块、自选模块和专业模块三类模块群。公共基础模块主要是指学校的平台课程模块。自选模块主要是指汽车专业群内自选模块、汽车专业群外自选模块、国际交流项目模块、升学深造模块、人文素养模块。专业模块分为专业群共享模块、专业方向模块、专长项目模块(图3-3)。

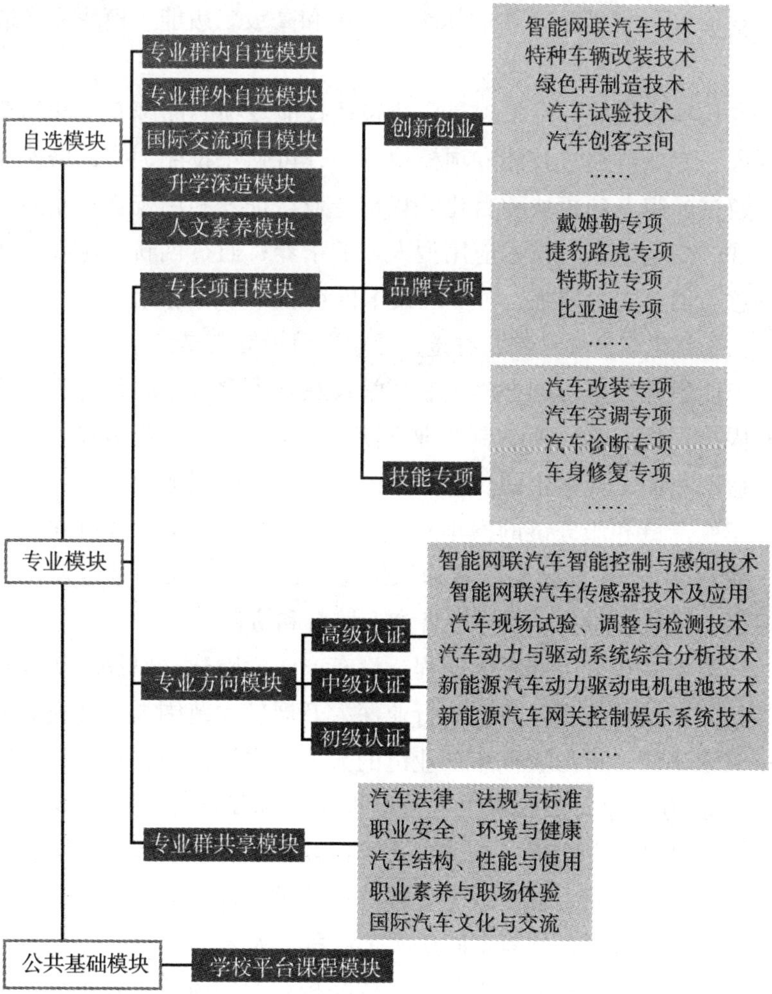

图3-3 汽车专业群"模块化、递升型"课程体系

（1）专业群共享模块。专业群共享模块包括汽车法律、法规与标准，职业安全、环境与健康，汽车结构、性能与使用，职业素养与职场体验，国际汽车文化与交流等，是群内学生应学习的专业基础。

（2）专业方向模块。专业方向模块主要培养学生各专业核心能力，而依照"分流分类"的原则，可按专业方向对课程进行分组，并进行模块化改革。同时，将相关课程对接汽车专业领域职业技能等级标准专家委员会制定的《汽车运用与维修(含智能新能源汽车)职业技能领域职业技能等级标准》中的认证模块，有益于X证书认证模块的初级、中级和高级三级能力模块完全嵌入课程体系。

（3）专长项目模块。专长项目模块包括技能专项、品牌专项和创新创业三种模块课程。专业群通过技能专项模块课程，可强化技能训练，培养高素质技能人才；通过品牌专项模块项目化课程与企业认证，利用校企共建品牌实训基地，可实现"高端定制"技术应用型人才的培养；通过创新创业模块强化技术创新、创意与创业能力训练，可实现技术创新型人才的培养。

6. 依托长城汽车产业学院，打造产业学院协同育人模式

（1）产业学院校企协同办学机制。学校联合大型自主品牌龙头企业长城汽车股份有限公司成立混合所有制产业学院——长城汽车产业学院，同时引入广汇集团、蓝池集团、庞大集团、轩宇集团等汽车品牌服务商参与共建，建设紧密对接汽车生产链和服务链的汽车专业群。校企共同针对专业群建设、培养方案制定、课程建设、"双师型"教师队伍建设、校内外实训基地建设等重大问题进行审议、决策、检查、指导、咨询、监督和协调。

（2）产业学院校企协同育人流程。汽车产业学院建立以提高实践与创新能力为引领的人才培养流程：对汽车行业深入开展较大范围人才规模需求调研和人才质量需求调研，可形成汽车产业链的人才需求调研报告；以服务岗位需求和提高职业能力为导向，以学生可持续性学习和发展能力为主线，联合长城汽车人力资源部共同制定人才培养方案、共同开发课程资源、共同实施培养过程、共同评价培养质量，以实现专业链与产业链、课程内容与职业标准、教学过程与生产过程的对接，培养不同层次企业急需人才。

（3）产业学院校企协同打造师资。依托校企双向流动"双积分"制度，校企共同建立师资"互培"机制，有计划地选送专任教师到长城汽车和共建企业接受培训、挂职工作和实践锻炼；引进长城汽车和共建企业技术骨干和管理专

家担任专兼职教师。校企协同打造一支双向流通的教学与服务团队，保障汽车专业人才的培养质量。

（4）产业学院校企协同创新育人。学校与合作企业大师、技术能手、管理专家等共建创新研发基地、大师工作室，可共同选拔优秀学生参与长城汽车新能源汽车电控技术、智能网联汽车线控技术、再制造技术、生产制造、新媒体运营、售后服务体系等项目，为共建企业的研发、生产、销售及售后等部门提供创新型、复合型后备人才。

（四）"三路径、四阶段"分流分类的专业群人才培养模式

1. 确立分流分类"三定位、三路径"自主选择机制

（1）三个定位涵盖"人才层次需求"。依据汽车行业企业人才需求调研，结合文化基础不同的生源状况和个性化成才需求，可确定汽车专业三类人才培养定位：高素质技能型人才、技术应用型人才、技术创新型人才，根据不同人才类型定位，可确定不同的培养方式、培养目标和课程内容，因材施教，保障学生人人成才。

（2）三条路径提供"适合的教育"。依据汽车专业人才培养定位，可设计"工学结合/现代学徒制""高端定制""守敬科坊"三条发展路径，建立"一体验两分析"路径选择机制，即按汽车专业群大类招生，而学生入学后参与汽车相关职业体验项目，进行职业发展规划，然后进行学习特点分析和兴趣分析，选择适合自己的发展路径。

2. 实施分流分类"两分流、四阶段"培养运行机制

汽车专业群"两分流、四阶段"培养运行机制如图3-4所示。

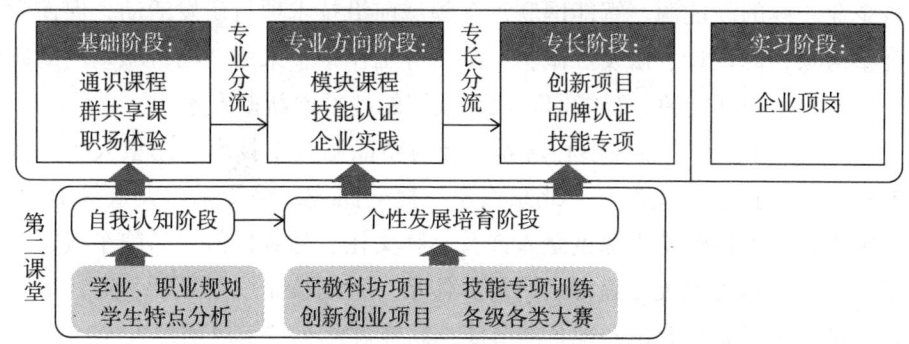

图3-4 汽车专业群"两分流、四阶段"培养运行机制

（1）分流分类逐级提升。设计实施基础培养、专业方向、专长发展、顶岗实习四阶段学业成长链，四个阶段目标、知识、能力分层，学生专业能力培养逐级提升。基础阶段掌握通识基础知识、综合基础能力、专业基本知识和基础技能，为第一次专业分流奠定基础；专业方向阶段掌握专业核心知识和核心能力，为第二次专长分流奠定专业基础；专长发展阶段分别强化不同路径的专长能力，为企业顶岗、入职成长奠定基础。学业导师在四个阶段全程指导学生学业成长，指导学生根据不同路径、不同需求，在不同阶段选修必要的群内专业拓展模块、X证书模块和群外信息技术、商务运营、人文素养等模块，拓展学生的复合能力。

（2）第二课堂辅助提升。挖掘第二课堂育人潜能，设计实施自我认知和个性发展培育两阶段的第二课堂育人模式，可有效引导学生进行专业、专长两次分流，以促进学生成才。在自我认知阶段，学业导师指导学生参与职业岗位体验项目，深入了解未来要从事的职业岗位特征，做好职业发展规划，帮助每一名学生找到适合自己的成才目标；学期末进行学习特点分析和兴趣分析，指导每一名学生在第一次专业分流前制订出学业规划，绘制出学业地图。在个性发展培育阶段，学生在学业导师的指导下，选择参与创新创业项目、高端定制品牌项目、技能专项等社团活动，进行个性化兴趣专长培育，为第二次专长分流做好准备。

3.建设多类型实践载体，保障各层次人才培养

（1）"守敬科坊"培养新能源、智能网联汽车技术创新型人才。依托智能网联汽车技术、先进热工及新能源技术、特种车辆改装技术等工作室，可开展来自企业一线的新能源、智能网联汽车领域前沿技术项目研发活动，促使学生深度参与项目的设计、研发、试验、测试等工作中，采用"项目驱动、助研助教"方式，培养新能源、智能网联汽车领域的技术创新型人才。

（2）"高端定制"品牌中心培养节能与新能源汽车技术应用型人才。依托特斯拉、比亚迪、长城汽车、北京汽车、捷豹路虎、戴姆勒、大众等10个校企品牌中心，可促使学生深度融入涉及品牌文化、品牌价值、品牌车型、品牌技术、品牌课程等的校企高端定制培养体系，采用校企"双导师、双认证"的方式，培养具有品牌意识和理念的节能与新能源汽车技术应用型人才。

（3）"工学交替"共享实践基地培养节能与新能源汽车高素质技能人才。依托校内外实训基地，引导学员以企业学徒身份工学交替，采用"半工半读、

技能认证"方式，培养节能与新能源汽车高素质技能人才。

四、汽车检测与维修技术专业群人才培养方案实例

（一）河北科技工程职业技术大学汽车检测与维修技术专业群简介

我校汽车检测与维修技术专业于 1991 年经原国家教委和原解放军总后勤部联合批准，进行高职探索，迄今已历 30 余年，先后承担高职高专教育教学改革试点、国家示范校建设专业、优质校骨干专业建设等项目，率先探索出"早实践、多实践、三年实践不断线""理论实践课时比 1 : 1"的高职教育模式，并从 2001 年开始经省教育厅批准试点应用本科教育。

学校建设有国家级"生产性实训基地""'双师型'教师培训基地"。汽车专业历来重视教学资源建设，拥有 10 门国家级课程，建设有国家级汽车检测与维修技术专业教学资源库。汽车专业群累计培育万余名毕业生，促进了一大批汽车技术专家和创业模范的涌现。

专业群延续军队办学传统，服务军地企业。专业群与解放军军企、京津冀汽车行业企业和协会合作，产教融合、军民融合积淀深厚；与长城汽车、郑州宇通等企业开展订单班、校内外实践基地、应用技术研发服务等深度合作，与奔驰汽车、捷豹路虎、特斯拉、比亚迪、一汽-大众、上汽通用、北京汽车、五菱、博世等企业共建十大品牌实训基地，协同育人。

（二）汽车检测与维修技术专业群人才培养方案

汽车检测与维修技术专业群以汽车检测与维修技术（含汽车车身维修技术方向）专业为核心，涵盖了汽车制造与试验技术（含特种车辆改装方向）、新能源汽车技术、汽车智能技术、汽车技术服务与营销等专业，对接现代汽车技术服务、节能与新能源汽车制造、智能网联汽车调试、技术研发与零部件优化、汽车产品技术检测等关键技术环节，培养面向整个汽车产业链的复合型高素质技术技能人才。

1. 专业名称及代码

专业名称及代码如表 3-1 所示：

表 3-1　专业名称及代码

专业名称	汽车检测与维修技术	新能源汽车技术	汽车智能技术	汽车制造与试验技术	汽车技术服务与营销
专业代码	500211	460702	510107	460701	500210

2. 入学要求

普通高级中学毕业、中等职业学校毕业或具备同等学力。

3. 修业年限

修业年限为三年。

4. 职业面向

汽车检测与维修技术专业群人才培养的职业面向具体如表 3-2 所示。

表 3-2　职业面向

专业名称	所属专业大类（代码）	所属专业类（代码）	对应行业（代码）	主要职业类别（代码）	主要岗位群或技术领域举例	职业资格与技能等级
汽车检测与维修技术	交通运输大类（50）	道路运输类（5002）	1. 机动车、电子产品和日用产品修理业（81） 2. 服务业（68）	1. 汽车工程技术人员（2-02-07-11） 2. 汽车运用工程技术人员（2-02-15-01） 3. 汽车维修工（4-12-01-01） 4. 保险理赔专业人员（2-06-10-03）	1. 汽车机电维修 2. 汽车质量与性能检测 3. 汽车售后服务顾问 4. 汽车保险理赔 5. 二手车鉴定评估	1. 汽车动力与驱动系统综合分析（中级、高级） 2. 汽车转向悬架与制动安全系统（中级、高级） 3. 汽车电子电气与空调舒适系统（中级、高级） 4. 企业认证

续 表

专业名称	所属专业大类（代码）	所属专业类（代码）	对应行业（代码）	主要职业类别（代码）	主要岗位群或技术领域举例	职业资格与技能等级
新能源汽车技术	装备制造大类（46）	汽车制造类（4607）	1.机动车、电子产品和日用产品修理业（81）2.汽车制造业（36）	1.汽车工程技术人员（2-02-07-11）2.汽车整车制造人员（6-22）3.汽车维修技术服务人员（4-12-01）4.保险服务人员（4-05-04）	1.新能源汽车整车和部件装配、调试、检测与质量检验 2.新能源汽车整车和部件试验 3.新能源汽车维修与服务 4.汽车保险产品销售 5.二手车鉴定评估	1.新能源汽车动力驱动电机电池（中级、高级）2.新能源汽车悬架转向悬架制动安全（中级、高级）3.新能源汽车电子电气空调舒适（中级、高级）4.低压电工证 5.企业认证
汽车制造与试验技术	装备制造大类（46）	汽车制造类（4607）	1.汽车制造业（36）2.机动车、电子产品和日用产品修理业（81）	1.汽车整车制造人员（6-22-02）2.汽车零部件、饰件生产加工人员（6-22-01）3.汽车工程技术人员（2-02-07-11）	1.汽车制造装配工 2.汽车零部件设计制造技术员 3.汽车改装、加装技术员 4.汽车性能试验员	1.汽车装调工证 2.低压电工证
汽车智能技术	电子信息大类（51）	电子信息类（5101）	1.机动车、电子产品和日用产品修理业（81）2.汽车制造业（36）	1.汽车摩托车修理技术服务人员（4-12-01）2.汽车整车制造人员（6-22-02）3.汽车工程技术人员（2-02-07-11）	1.辅助研发工程师 2.产品测试工程师 3.汽车底盘改装 4.道路测试安全员 5.汽车电子设备检修员	1.汽车动力与驱动系统综合分析（初级、中级）2.低压电工证 3.智能网联新能源汽车技术（中级、高级）
汽车技术服务与营销	交通运输大类（50）	道路运输类（5002）	1.零售业（52）2.服务业（68）	1.销售人员（4-01-02）2.保险服务人员（4-05-04）3.汽车工程技术人员（2-02-07-11）	1.汽车服务顾问 2.配件销售与管理员 3.汽车保险产品销售 4.二手车鉴定评估	1.汽车营销评估与金融保险服务（中级、高级）2.汽车维修企业运营与项目管理技术（中级、高级）3.汽车助理营销师

5.培养目标与培养规格

（1）培养目标。汽车检测与维修技术专业群人才培养目标具体如表3-3所示。

表3-3　培养目标

专业名称	专业群目标	分专业目标
汽车检测与维修技术	本专业群的目标是培养出拥有坚定的理想信念和良好的人文素养，具有一定科学文化水平、创新意识、工匠精神，具有职业道德、就业能力和可持续发展能力强，可以满足新兴汽车产业发展需求的高素质技术技能人才	掌握本专业知识和技术技能，面向汽车整车制造、汽车修理与维护行业的汽车工程技术人员、汽车制造人员、汽车维修技术服务人员等职业群，能够从事汽车装配调整、性能试验与检测、质量检验、生产管理、车辆评估及技术维修服务、汽车钣金维修、事故汽车修复等工作的复合型高素质技术技能人才
新能源汽车技术		掌握本专业知识和技术技能，面向新能源汽车生产企业、售后技术服务企业、相关配套企业等职业群，能够从事新能源汽车整车和部件装配、调试、检测与质量检验、实验和部件生产现场管理，新能源汽车维修与服务等工作的复合型高素质技术技能人才
汽车制造与试验技术		掌握本专业知识和技术技能，面向汽车制造行业汽车装配、车身制造等职业群，能够从事汽车装配、汽车调试、产品质量管理、汽车生产现场管理及技术服务等工作的复合型高素质技术技能人才
汽车智能技术		掌握本专业知识和技术技能，面向汽车智能产品辅助研发、整车装配调试、售后服务等职业群，能够从事汽车智能产品辅助研发、软件测试、整车试验试制、装配调试、售后服务、汽车电子产品生产及质量管理等工作的复合型高素质技术技能人才
汽车技术服务与营销		掌握本专业知识和技术技能，面向汽车销售及售后服务企业、保险业的销售人员、保险服务人员等职业群，能够从事汽车产品设计服务、汽车生产服务、汽车销售服务、汽车技术服务、汽车运输服务等工作的高素质技术技能人才

（2）培养规格。

①素质。第一，坚定拥护我国社会主义制度以及中国共产党的领导，接受习近平新时代中国特色社会主义思想指引，并践行社会主义核心价值观，有强烈的中华民族自豪感以及深厚的爱国情感。

第三章 专业群人才培养模式的构建

第二，拥有良好品德，遵纪守法、诚实守信、热爱劳动、尊重生命，遵守行为规范与道德准则，具有社会参与意识与强烈的社会责任感。

第三，具有安全意识、环保意识、创新意识、质量意识、信息素养和工匠精神。

第四，面对挫折能保持良好心态，乐观奋进，积极进取，自我管理能力较强，有进行职业生涯规划的意识，团结合作，有集体意识。

第五，身体健康，心理承受能力强，人格健全，掌握一定的运动技能和基本的运动知识，行为习惯良好，讲卫生。

第六，有爱好或艺术特长，具有人文素养与审美能力。

②知识。学生应具备以下专业群共性知识：

第一，掌握必备的科学文化基础知识，了解基础的思想政治理论以及中华优秀传统文化知识。

第二，对和本专业群相关的法律法规以及标准有足够的认识和了解，了解职业安全、环境与健康等相关知识。

第三，掌握汽车发动机、底盘、电子电气、车身、新能源、智能网联的结构、性能与使用的知识。

第四，熟悉汽车产业发展与汽车文化。

第五，了解大数据、云计算、物联网、人工智能等信息技术发展与汽车产业互动的业态变化。

学生需掌握的分专业知识具体如下所示。

A. 汽车检测与维修技术专业：

a. 具备高级汽车检测与维修技术人员所必需的文化基础知识和本专业的理论基础知识。

b. 掌握汽车的基本结构和技术特点。

c. 掌握汽车检测常用仪器、工具和设备的选择、维护与操作规程。

d. 熟悉与本专业相关的法律法规以及环境保护、安全消防等相关知识。

e. 熟悉电路图的组成要素及电工特种作业基本知识。

f. 掌握汽车发动机、汽车底盘、汽车电气系统的检测与维修方法。

g. 掌握汽车性能检测及故障诊断相关知识。

h. 掌握汽车车身材料的组成及特性。

i. 掌握事故车检测与维修分析的方法等。

j. 了解汽车维修企业技术管理的基本知识。

k. 了解汽车检测与维修相关的国家标准和国际标准。

B. 新能源汽车技术专业：

a. 了解国内外清洁能源汽车技术路线。

b. 掌握新能源汽车的基本结构和技术特点。

c. 熟悉汽车高压电的安全防护技术措施。

d. 掌握新能源汽车动力电池管理系统和上电控制逻辑知识。

e. 掌握不同类型电机的工作原理。

f. 了解新能源汽车的热管理系统知识。

g. 掌握新能源汽车的充电类型和交直流充放电控制逻辑知识。

h. 熟练掌握新能源汽车整车电源分配和网络架构知识。

i. 熟练掌握新能源汽车暖风和空调系统的控制原理。

j. 熟练掌握新能源汽车故障诊断策略知识。

k. 了解新能源汽车维修企业技术管理的基本知识。

l. 了解新能源汽车销售企业营销策略以及机动车鉴定、评估、保险、理赔的基本知识。

C. 汽车制造与试验技术专业：

a. 了解国内外汽车及零部件制造装配技术路线。

b. 掌握汽车的基本结构和技术特点。

c. 熟悉汽车零部件的设计方法。

d. 掌握汽车零部件的制造工艺。

e. 掌握金属加工的常见方法。

f. 掌握汽车装配的工艺及方法。

g. 掌握汽车装配钳工金属加工的知识。

h. 熟练掌握发动机进气和燃烧原理、发动机动力性和经济性的影响因素。

i. 熟练掌握汽车暖风和空调系统的控制原理。

j. 熟练掌握汽车电子控制系统的控制策略。

k. 了解汽车试验技术特点及性能需求。

l. 了解汽车制造企业技术管理的基本知识。

D. 汽车智能技术专业：

a. 掌握Python语言等高级语言的基础知识和程序设计方法。

第三章 专业群人才培养模式的构建

b. 掌握智能汽车环境传感器检测的基本知识。

c. 掌握汽车底盘线控化改装技术（驱动、制动及转向系统）及相关知识。

d. 掌握先进驾驶辅助系统（ADAS）的工作原理。

e. 掌握智能网联汽车无线通信、车载网络、环境感知等技术的基本知识。

f. 掌握车辆道路测试与安全监测、国家智能网联汽车测试规范。

E. 汽车技术服务与营销专业：

a. 掌握汽车结构及基本原理。

b. 掌握汽车营销及活动策划与组织的基本知识与方法。

c. 掌握商务谈判的基本知识与方法。

d. 掌握汽车性能及商务评价方面的基本知识。

e. 掌握汽车维修接待流程和维修保养的基本常识。

f. 掌握配件营销与管理方面的基本知识。

g. 掌握汽车保险与理赔方面的基本知识。

h. 掌握二手车鉴定评估与交易的基本知识和方法。

i. 掌握汽车电子商务方面的基础知识。

j. 了解汽车最新的技术发展及市场动态。

③能力。学生需具备的专业群共性能力主要包括以下内容：

第一，具有终身学习能力，可以发现问题、分析问题并解决问题；

第二，可以流畅地表达出自己的观点，语言、文字表达能力和沟通能力好；

第三，具备一定的信息技术应用、维护能力。

第四，有一定的逻辑推理能力，可以进行独立思考，可以加工信息。

学生需掌握的分专业具体能力如下所示。

A. 汽车检测与维修技术专业：

a. 能够识读和分析汽车电路图。

b. 可以根据车辆维修技术标准来进行作业。

c. 能够拆卸、装配和标记车辆各总成与系统部件。

d. 可以根据国际标准、国家质量标准、汽车制造商标准来检验和评审汽车的质量。

e. 可以熟练使用汽车检测和维修时常用的工具、设备和仪器。

f. 能够制定维修方案，可以排除汽车的综合故障。

g.能够熟练地对发动机机械系统进行安装、调试、检测、故障诊断与修复。

h.能够熟练地对发动机管理系统进行安装、调试、检测、故障诊断与修复。

i.可以熟练检测和修复汽车的行驶系统、转向系统和制动系统。

j.能够熟练进行汽车舒适系统、安全系统的检测与修复。

k.能够进行汽车外板件的整形修复。

l.能够进行汽车车身测量,能够正确分析车身损坏情况,并制定合理的维修方案。

m.能够进行车身、车架的拉伸操作,以合理、科学的方法将变形的车身、车架恢复到正确的状态。

n.具备与客户交车、处理客户委托的能力。

o.具备汽车维修企业技术管理的基本能力。

B.新能源汽车技术专业:

a.能够识读汽车零件图和装配图。

b.能够熟练识读新能源汽车电路图。

c.能够正确熟练使用工量具,操作常用检测、维修设备。

d.能够正确进行新能源汽车一般维护与保养。

e.能够正确进行电气安全检查与自我保护。

f.能够熟练地对新能源汽车电池动力系统进行安装、调试、检测、故障诊断与修复。

g.能够熟练地对新能源汽车电机驱动系统进行安装、调试、检测、故障诊断与修复。

h.能够熟练进行新能源汽车转向系统、行驶系统、制动系统的检测与修复。

i.能够熟练进行新能源汽车车身、舒适系统、安全系统的检测与修复。

j.具有新能源汽车充电设备/站进行安装、调试、检测、故障诊断与修复的能力。

k.具备对新能源汽车整车进行综合性能检测与故障修复的能力。

l.具备汽车维修企业技术管理的基本能力。

m.具备新能源汽车销售企业营销策略以及机动车鉴定、评估、保险、理赔的基本能力。

C.汽车制造与试验技术专业：

a.能够识读汽车零件图和装配图。

b.具备汽车修理工艺中钳工基本技能。

c.具备汽车驾驶基本技能。

d.能够正确熟练使用工量具，操作常用检测、维修设备。

e.能够正确进行汽车维护作业。

f.正确掌握汽车主要总成装配、检验与调试方法。

g.能够熟练进行汽车电气系统的安装与调试。

h.能够进行汽车发动机机械系统的安装与调试。

i.能够熟练进行汽车传动系的安装与调试。

j.能够熟练进行汽车零部件图纸的绘制。

k.能够进行汽车零部件逆向工程的开发和图纸的绘制。

l.能够对汽车试验提出合理方案，能够根据汽车的预实现性能来制定试验方案。

D.汽车智能技术专业：

a.能够对汽车智能网联产品（传感器等）进行测试与标定。

b.能够对汽车智能网联产品（传感器等）进行装配与调试。

c.能够对智能网联汽车进行运维。

d.能够对汽车底盘驱动、制动、转向系统进行线控化改装。

e.能够对智能网联汽车进行辅助研发与性能测试。

f.能够对先进驾驶辅助系统进行故障诊断。

g.能够对嵌入式系统基础进行开发与拓展。

h.能够对以微处理器为核心的汽车电子产品进行辅助设计。

E.汽车技术服务与营销专业：

a.具有本专业必需的信息技术应用和维护能力。

b.能够组织实施汽车产品的市场调查与分析。

c.能够撰写汽车营销活动策划方案并组织实施。

d.能够对汽车产品的技术和性能进行合理的评价。

e.能够对客户关系和销售进行日常管理，能够完成汽车维修接待。

f.能够进行汽车保险产品销售以及处理汽车保险理赔业务。

g.能够对二手车进行合理的鉴定评估。

h.具有汽车电子商务运营与管理能力。

i.具有汽车销售及维修类企业的基本管理能力。

6.课程设置及要求

（1）公共基础课程。汽车检测与维修技术专业公共基础课程具体设置如下。

①思想道德修养与法律基础。

课程目标：本课程以社会主义核心价值观为主线，开展马克思主义世界观、人生观、价值观、道德观和法治观教育，引导学生认识自己肩负的历史使命和时代责任，坚定理想信念，弘扬民族精神，践行社会主义核心价值观；引导学生自觉加强道德修养，遵守公民道德准则，遵守宪法和法律，培养法治思维，努力提高自身的思想道德素质和法律素养。

主要内容：时代的科学内涵，中国特色社会主义进入新时代的实践价值和世界意义；人生观的基本内涵以及对人生的重要作用，理想信念对大学生成才的重要意义；中国梦的内涵，个人理想与社会理想的辩证关系；社会主义核心价值观的基本要求，诚信道德建设的重要性；法律的含义、作用与历史发展，中国特色社会主义法律体系的基本内容，宪法的基本原则和主要内容，我国刑法、民法、诉讼法等部门法的基本原则、基本制度以及现实应用。

教学要求：采用混合式教学模式进行教学。在线下教学过程中，针对线上学习数据，结合教学目标，策略性地采用引导式教学法、讨论式教学法、多媒体演示法、启发式教学法等多种教学方法，激发学生学习热情，保证教学质量。

考核分平时考核和期末考核两个环节，其中平时考核安排课内实践活动、过程测试、日常作业和探究性学习任务，占60%，期末考核占40%。

②毛泽东思想和中国特色社会主义理论体系概论。

课程目标：使学生系统掌握毛泽东思想和中国特色社会主义理论体系的基本原理，以及各大理论成果产生的时代背景、实践基础、科学内涵、主要内容、精神实质和历史地位；帮助大学生坚定马克思主义信念，坚定在中国共产党的领导下走中国特色社会主义道路的信念，牢固树立"四个意识"，坚定"四个自信"，做到"两个维护"，为实现中华民族伟大复兴的中国梦而承担起历史使命。

第三章　专业群人才培养模式的构建

主要内容：毛泽东思想的主要内容和活的灵魂，新民主主义革命理论形成的依据、新民主主义革命的总路线和基本纲领、社会主义改造的历史经验。邓小平理论提出的背景、主要内容和对于中国特色社会主义建设事业的重大意义，"三个代表"重要思想的本质，科学发展观之于新时期建构中国特色社会主义伟大工程内蕴之理论价值、现实意义；习近平新时代中国特色社会主义思想孕育的背景、新时代的内涵、主要开创性内容及其开辟马克思主义理论新境界的贡献、当代意义；坚持和发展中国特色社会主义的总任务、中国梦的本质和内涵、统筹推进"五位一体"总体布局和"四个全面"战略布局的相关内容；中国特色社会主义最本质的特征。

教学要求：采用混合式教学模式进行教学。在线下教学过程中，针对线上学习数据，结合教学目标，策略性地采用引导式教学法、讨论式教学法、多媒体演示法、启发式教学法等多种教学方法，激发学生学习热情，保证教学质量。

考核分平时考核和期末考核两个环节，其中平时考核安排课内实践活动、过程测试、日常作业和探究性学习任务，占60%，期末考核占40%。

③形势与政策。

课程目标：引导大学生准确理解党的基本理论、基本路线、基本方略；帮助学生掌握全面思考、理性分析时事热点的方法和技巧，培养学生应对时政热点的理性思维，使他们能自觉抵制各种不良思潮和言论的影响，树牢"四个意识"，坚定"四个自信"，坚决做到"两个维护"，培养德智体美劳全面发展的社会主义建设者和接班人。

主要内容：本课程教学内容根据《高校"形势与政策"课教学要点》和学生关注的热点、焦点问题确定，主要包括全面从严治党、我国经济社会发展、港澳台工作、国际形势与政策四个专题。重点讲授党的政治建设、思想建设、组织建设、作风建设、纪律建设以及贯穿其中的制度建设的新举措、新成效；党中央关于经济建设、政治建设、文化建设、社会建设、生态文明建设的新决策、新部署；坚持"一国两制"，推进祖国统一的新进展、新局面；中国坚持和平发展道路，推动构建人类命运共同体的新理念、新贡献。

教学要求：课程要在坚持马克思主义立场、观点和方法，结合中华民族发展史、中国共产党史、中华人民共和国史、改革开放史和世界社会主义发展史，结合大学生思想实际，科学分析当前形势与政策，准确阐释习近平新时代中国特色社会主义思想前提下，采取灵活多样的教学形式，做到课堂讲授与学生讨论相结合、课堂教学与课下实践相结合，提升形势与政策课教学效果。

④职业发展与就业指导。

课程目标： 激发学生职业生涯发展的自主意识，教育引导学生树立积极正确的人生观、价值观和就业观；帮助大学生确立职业的概念和意识；使学生认识自己的特性、职业的特性以及社会环境；引导学生掌握自我探索技能、信息搜索与管理技能、生涯决策技能、求职技能等，提高各种通用技能；引导学生了解就业形势与政策法规；使学生掌握基本的劳动力市场信息、相关的职业分类知识等。

主要内容： 其一，规划大学生活。大学生角色转变与定位，大学生活、学业规划，撰写大学规划书。其二，理解职业规划。职业的内涵、分类及其变化，职业生涯规划及其意义与作用。其三，正确认识自我。兴趣、性格、能力及价值观等与职业的匹配度，测量及评估方法。其四，认识职业环境。职业生涯规划的外部环境对职业发展的要求、影响及作用，职业信息搜集与分析。其五，规划职业生涯。职业目标的作用和意义，规划实施原则、评估程序及要点，规划反馈类型及注意事项。其六，提升职业能力。职业化的内涵、核心及其重要性，职业能力的内涵及提升途径和方法。其七，认识职业成功。职业成功的含义、标准及条件，培育领导力的途径。其八，做好求职准备。应聘环节、内容、方法、策略，就业过程中的基本权益、常见侵权行为及权益保护途径。

教学要求： 采用混合式教学模式进行教学。在线下教学过程中，针对线上学习数据，结合教学目标，策略性地采用引导式教学法、讨论式教学法、多媒体演示法、启发式教学法等多种教学方法，激发学生学习热情，保证教学质量。

考核分平时考核和期末考核两个环节，其中平时考核安排课内实践活动、作业、个人职业规划报告等，占80%，期末考核占20%。

⑤创新创业基础。

课程目标： 通过本课程学习，学生应增强创新精神和创业意识，熟悉创新思维提升的基本方法；了解创业的产生与演变过程；对互联网经济趋势有较为全面的认识，主动适应互联网经济大趋势；知道创业的基本原理和基本方法；能够制订简单的创业计划书；懂得如何在创业过程中组建团队和进行财务管理；提升信息获取与利用的能力，提高与人合作的能力。

主要内容：其一，创新创业概述。当前经济环境、发展战略及时代要求，创新创业的概念和特征及大学生创业的特征与类型。其二，开启创新之路。创新和创新思维的含义、来源及阻碍因素。其三，组建创业团队。创业者的含义和特征及应具备的素质和能力，创业团队组建要素、过程和类型，创业团队管理方法。其四，发掘创业机会。创业环境及创业政策，创业机会、创业风险的内涵、分类及识别。其五，选择创业项目。创业项目的含义和特征及分类和来源，创业项目的选择、分析与评估。其六，整合创业资源。创业资源的含义、类别和特点，创业资源整合及利用方法，懂得创业融资渠道及前期准备。其七，创业组织形式。创业组织的几种形式，掌握企业组织形式及主要区别。其八，路演创业项目。商业模式的类型和设计思路，创业计划书的编写要求和技巧，项目路演的目的、性质和条件。

教学要求：采用混合式教学模式进行教学。在线下教学过程中，针对线上学习数据，结合教学目标，策略性地采用引导式教学法、讨论式教学法、多媒体演示法、启发式教学法等多种教学方法，激发学生学习热情，保证教学质量。

考核分平时考核和期末考核两个环节，其中平时考核安排课内实践活动、作业、个人职业规划报告等，占80%，期末考核占20%。

⑥高职基础英语。

课程目标：本课程旨在以跨文化故事为载体，以跨文化交际任务为主线，使学生通过完成口头交际任务、文化体验任务、书面沟通任务、生活应用任务和语音语法练习任务来扩充跨文化交际知识，提升跨文化交际能力。本课程着重培养学生与他人交谈的能力；提升学生对西方文化的理解能力与口头表达能力；训练学生的书面沟通能力；构建学生在生活中应用语言做事的能力；巩固学生的语言基础知识。

主要内容：根据学生未来工作岗位能力需求和英语语言学习的规律，结合高职高专学生的特点，采用"确立目标—划分情境—选定场景—制定原则"的四步法筛选出课程的技能知识点，搭建系统科学的课程内容体系。

本课程分别按照大学生活与外出旅游两个生活领域进行学习情境划分。

情境1：大学生活。单元1 大学生活；单元2 家人与朋友；单元3 大学学习；单元4 校园活动；单元5 宠物文化；单元6 健康与疾病；单元7 节假日；单元8 爱情与婚姻。

情境2：外出旅游。单元9出行；单元10住宿；单元11就餐；单元12游览；单元13娱乐；单元14购物；单元15网"游"；单元16谋职。

教学要求：采用混合式教学模式进行教学。在线下教学过程中，针对线上学习数据，结合教学目标，策略性地采用引导式教学法、讨论式教学法、多媒体演示法、启发式教学法等多种教学方法，激发学生学习热情，保证教学质量。

考核分平时考核和期末考核两个环节，其中平时考核安排课内实践活动、日常作业和探究性学习任务，占50%，期末考核占50%。

⑦体育。

课程目标：使学生养成自觉参与体育锻炼的行为习惯，掌握科学的体育锻炼方式方法，全面发展提高身体素质，掌握一至两项运动技能；形成浓厚的爱国主义情怀，健康的心理品质，表现出良好的人格特征、积极的竞争意识与团队合作态度。

主要内容：其一，理论课。理论课安排在学期教学计划里，每学期两课时左右。理论课内容包括基础理论和专项理论，进而细分为体育运动基本常识、常见运动损伤的处置、相关运动项目的发展历史及文化、相关运动项目的规则及裁判法等。其二，实践课。实践课内容包括篮球、排球、足球、网球、乒乓球、羽毛球、舞龙、武术、健美操、瑜伽、轮滑、拓展训练、形体等体育项目的基本技术、基本战术等。

教学要求：体育课一、二年级为必修课，每周两学时，每学期16周。体育实践课包括必修和选修部分。其中选修部分可采取网上选课的形式，学生可根据自己的兴趣、爱好每学期自由选择体育教师和一个体育项目上课。

⑧大学生心理健康教育。

课程目标：本课程是集知识传授、心理体验与行为训练为一体的公共必修课程，是培养高职学生综合素质、提升职业可持续发展能力的重要课程。课程旨在使学生明确心理健康的标准及意义，增强自我心理保健意识和心理危机预防意识，掌握并应用心理健康知识，培养自我认知能力、人际沟通能力、自我调节能力，切实提高心理素质，促进学生全面发展。

主要内容：其一，心理健康的标准及意义，异常心理的表现。其二，自我意识发展的特点，识别自我意识发展过程中出现的偏差及原因，并能够对其进行调适。其三，人格相关基本知识、当代大学生的人格特征和自我人格发展状况，大学生常见人格缺陷的表现、形成原因及调适方法。其四，大学学习活动的基本特点与学习心理特点，大学生学习心理障碍的表现及成因、调适。其五，情绪调适的方法。其六，大学生恋爱心理的特点，大学生在性心理和恋爱心理方面存在的问题。其七，大学生压力及挫折的主要来源，压力与挫折对人生的意义，正确管理压力和应对挫折。其八，大学生识别心理危机的信号、干预方法。

教学要求：采用混合式教学模式进行教学。在线下教学过程中，针对线上学习数据，结合教学目标，策略性地采用引导式教学法、讨论式教学法、多媒体演示法、启发式教学法等多种教学方法，激发学生学习热情，保证教学质量。

考核分平时考核和期末考核两个环节，其中平时考核安排课内实践活动、作业等。

⑨军事理论。

课程目标：课程以习近平强军思想和习近平同志关于教育的重要论述为依据，全面贯彻党的教育方针、新时代军事战略方针和总体国家安全观，围绕立德树人根本任务和强军目标根本要求，以提升学生国防意识和军事素养为重点，为实施军民融合发展战略和建设国防后备力量服务。通过课程教学，让学生了解掌握军事基础知识和基本军事技能，增强国防观念、国家安全意识和忧患危机意识，弘扬爱国主义精神，传承红色基因，提高学生综合国防素质。

主要内容：其一，国防内涵和国防历史，我国国防体制、国防战略、国防政策以及国防成就，国防法规、武装力量、国防动员的主要内容。其二，国家安全的内涵，我国总体国家安全观，当前我国面临的安全形势，世界主要国家军事力量及战略动向。其三，军事思想的内涵和形成与发展历程，我国军事思想的主要内容、地位作用和现实意义，习近平强军思想的科学含义和主要内容。其四，战争内涵、特点、发展历程，新军事革命的内涵和发展演变，机械化战争、信息化战争的形成、主要形态、特征、代表性战例和发展趋势。其五，信息化装备的内涵、分类、发展及对现代作战的影响，世界主要国家信息化装备的发展情况。

教学要求：采用混合式教学模式进行教学。考核分平时考核和期末考核两个环节，其中平时考核安排课内实践活动、日常作业和探究性学习任务，占80%，期末考核占20%。

⑩高等数学。

课程目标:在本课程的教学中遵循"以应用为目的,以必需、够用为度"的原则,注重理论联系实际,培养学生具备一定的基本运算能力和分析问题、解决问题能力;突出数学文化的育人功能,培养学生良好的数学修养和素质。强化应用能力,培养学生通过建模思想方法解决实际问题并进行创新的能力。

主要内容:其一,课程的主要内容包含函数、一元函数微积分、微分方程、多元函数微积分、线性代数等。教学中要结合学情,选择适宜的教学方法与教学手段,因材施教,营造有利于学生能力发展的氛围,启发学生思维,促进学生能力的提高。其二,掌握基本概念和基本性质(函数、极限、导数、微分、积分等),理解基本的数学思想(极限思想、微积分思想等),培养学生的抽象思维能力、逻辑思维能力、辩证思维能力、数学语言表达能力。其三,掌握课程中基本的数学运算方法,理解运算的基本原理。其四,掌握数学软件的使用操作,能熟练使用数学软件进行基础数学运算。其五,具备基本工程计算能力,能够应用数学知识学习后续课程、专业知识、专门技术等。其六,能够应用所学数学知识构建数学模型,并利用数学方法完成必要的计算、分析和判断。

教学要求:基本理论中知识点多,因此教学过程中要采用引导式教学法、讨论式教学法等教学方法来增强学生的理解能力。课程的重点和难点多,因此教学过程中可采用讲练结合法、多媒体演示法、启发式教学法等多种教学方法,调动学生学习的积极性,提高学生的参与度,培养学生对问题的抽象概括能力和综合运用知识分析解决问题的能力。

⑪计算机文化基础。

课程目标:使学生了解计算机系统硬件、软件、网络及信息安全基本知识,掌握 Windows 操作系统的使用方法,掌握 Office 等办公软件的应用,提高利用计算机处理综合信息的能力。

主要内容:计算机系统硬件、软件、网络及信息与信息安全的基本知识,Windows 操作系统的使用方法,以及 Office 等办公软件的应用。

在教学过程中,立足于培养学生计算机操作能力和计算机素养,按照实际工作中对计算机基本技能的要求,采用任务驱动教学,并引入"课程思政"理念,有效融入信息化教学手段。课程考核采用过程性考核和上机操作考核相结合的方式进行,鼓励学生参加全国计算机等级考试。

第三章 专业群人才培养模式的构建

教学要求：采用混合式教学模式进行教学。在线下教学过程中，针对线上学习数据，结合教学目标，策略性地采用引导式教学法、讨论式教学法、多媒体演示法、启发式教学法等多种教学方法，激发学生学习热情，保证教学质量。

平时考核安排课内实践活动、作业、系列测试等。本课程采用以证代考方式，而学生获得全国计算机一级及以上考试证书，可以置换课程。

⑫公益劳动。

课程目标：本课程是一门公共基础课程、劳动实践课程。通过实践教学的各个环节，学生可更好地掌握公益劳动知识，掌握公益劳动技能，树立正确的劳动观念，磨炼意志品质，树立艰苦创业的精神。

主要内容：通过校园保洁、绿化养护、环境管理、日常教学服务等劳动项目，让学生掌握基本的劳动技能和技巧，培养学生热爱劳动、敢于吃苦、乐于奉献的敬业精神，使学生尊重劳动，珍爱他人劳动成果，在劳动中相互协作、取长补短，形成良好的团队意识和集体主义精神。建立质量、效益、合作、安全、环保等现代技术意识，培养学生的沟通能力、表达能力和人际交往能力，帮助他们树立正确的职业观。

教学要求：每学年各专业学生均要完成不少于一周的公益劳动。其中，大一学年在理实一体教学过程中接受劳动教育，大二学年安排一周的公益劳，同时在大二、大三学年安排不少于两周的生产（服务）劳动，以集体活动为主，在校外实训基地以专业实习（职场体验）的方式，在真实工作岗位上开展生产（服务）劳动教育与实践，为后续顶岗实习奠定基础。

⑬中华优秀传统文化。

课程目标：帮助学生深入了解中华优秀传统文化的主要精神，从而培养他们对祖国的情感和爱国情操；帮助他们理解和认识中国传统文化中的优秀要素和传统思维方式，以便帮助他们掌握多种认识方法，而且这对他们的人生、社交、工作态度以及行为习惯有所裨益。

主要内容：本课程在教学内容上安排了传统哲学、文学、艺术、服饰、饮食、中医、军事与民俗等知识，具体围绕中国古代思想、图腾神话、传统礼仪、语言文字、古代文学、楹联艺术、书法艺术、传统绘画、传统戏曲、传统建筑、传统服饰、饮食文化、中医文化、古代军事、传统节日等15个教学单元开展教学，以传递人文精神与科学精神为基本价值取向，拓展学生视野，开拓学生思维，陶冶学生情操，丰富学生人文知识。

教学要求：打破以理论知识传授为主要特征的传统学科教学模式，力求使学生对中国传统文化发展的大势及中国文化精神有所领悟。采用混合式教学模式进行教学，具体在线下教学过程中，针对线上学习数据，结合教学目标，策略性地采用引导式教学法、讨论式教学法、多媒体演示法、启发式教学法等多种教学方法，激发学生学习热情，保证教学质量。

⑭沟通与表达。

课程目标：通过本课程学习，学生能够在具体情境中，针对由双方或多方引发的特定话题，梳理整合沟通信息，综合考虑时机、对象特征等因素，进而确定相应的沟通策略，通过口头语言并辅以恰当的肢体语言对信息、思想、情感进行准确完整、条理清晰、生动形象、观点明确的表达，促使对方理解、接受。

主要内容：依据口语技能培养规律，结合高职高专学生的特点，面向综合学习任务，通过简化任务条件，结合教育价值、学时等因素，合理筛选出具体学习任务，进而确定课程的具体学习内容和技能，从而搭建全新的课程内容体系和教学体系。

通过由简单到复杂、由局部到整体、由单一到综合层层递进的任务设置方式，有效提升高职学生的沟通与表达能力及综合素质，增强其就业、择业、创业的能力，为其可持续发展奠定良好的基础，促进学生个人和社会企业的双赢。

教学要求：采用混合式教学模式进行教学，具体在线下教学过程中，针对线上学习数据，结合教学目标，策略性地采用情景模拟教学法、引导式教学法、讨论式教学法、多媒体演示法、启发式教学法等多种教学方法，激发学生学习热情，保证教学质量。

平时考核安排课内实践活动、作业、系列测试等。

（2）专业（技能）课程。

①典型工作任务与专业课程。汽车检测与维修技术专业群典型工作任务与专业课程如表3-4所示。

表3-4 典型工作任务与专业课程

专业名称	典型工作任务	专业课程
汽车检测与维修技术	汽车电路与电气系统检测与修复	汽车电路与电气系统检测与修复
	发动机机械系统检测与修复	发动机机械系统检测与修复
	汽油发动机电控系统检测与修复	发动机管理系统的诊断与修复
	柴油发动机电控系统检测与修复	
	汽车传动系统检测与修复	汽车传动系统检测与修复
	汽车转向、行驶与制动系统检测与修复	汽车转向、行驶与制动系统检测与修复
	汽车安全与舒适系统检测与修复	汽车安全与舒适系统诊断与修复
	车载网络系统检测与修复	车载网络系统的检测与修复
	汽车钣金维修	汽车车身修复技术
	车身板件的焊接	汽车车身焊接技术
	车身的测量、车架的拉伸校正	汽车车身测量技术
新能源汽车技术	汽车高压安全与防护	新能源汽车高压安全与防护
	汽车电路与电气系统的检测与修复	汽车电路与电气系统的检测与修复
	汽车动力电池与管理系统的检测与修复	新能源汽车动力电池与管理技术
	汽车电机驱动系统检测与修复	新能源汽车驱动电机及控制技术
	新能源汽车PDI（交付前检查）检查与维护保养	新能源汽车PDI检查与维护保养
	汽车转向、行驶与制动系统的检测与维修	汽车转向、行驶与制动系统的检测与维修
	新能源汽车车载充电系统的检测与修复	车载充电系统的检测与修复
	新能源汽车的综合故障诊断	新能源汽车的综合故障诊断

续 表

专业名称	典型工作任务	专业课程
汽车制造与试验技术	整车装配	汽车装配与调整技术
	汽车零部件绘图	汽车CAD（计算机辅助设计）技术
	汽车零部件的制造	汽车制造技术
	汽车总成装配	汽车装配技术
	汽车电控系统检测	汽车电子控制技术
	汽车性能试验	汽车试验技术
汽车智能技术	智能汽车环境传感器标定	智能汽车环境传感器技术
	汽车底盘驱动、制动、转向系统的线控化改装	智能汽车底盘线控技术
	汽车智能系统的安装、调试	智能汽车装配与调试
	先进驾驶辅助系统的维护、检测与修复	ADAS系统故障检测与修复
	车载网络系统的检测与修复	车载网络系统的检测与修复
	智能产品的嵌入式系统开发	Python程序设计
汽车技术服务与营销	客户心理分析	汽车消费心理学
	新车销售	汽车销售实务
	汽车配件管理	汽车配件管理
	汽车保险承保与理赔	汽车保险与理赔
	汽车营销活动的策划	汽车营销与策划
	二手车价格评估与计算	二手车鉴定评估

②课程结构。汽车检测与维修技术专业群课程结构具体如表3-5所示。

表3-5 课程结构

课程类型	汽车检测与维修技术	新能源汽车技术	汽车制造与试验技术	汽车智能技术	汽车技术服务与营销
专业方向模块	汽车品牌文化	汽车电路与电气系统的检测与修复	机械制图	智能汽车环境传感器技术证	汽车文化
	汽车电路与电气系统的检测与修复	新能源汽车高压安全与防护证	汽车机械基础	智能汽车底盘线控技术证	汽车服务礼仪
	发动机机械系统的检测与修复证	新能源汽车PDI检查与维护保养	汽车CAD技术证	智能汽车装配与调试证	汽车新媒体运用
专业方向模块	汽车转向、行驶与制动系统的检测与修复证	新能源汽车动力电池与管理技术证	公差配合与技术测量	ADAS系统故障检测与修复证	汽车营销与策划证
	汽车传动系统的检测与修复证	新能源汽车驱动电机及控制技术证	汽车零部件三维制图证	车联网技术基础与应用	汽车保险与理赔证
	新车检查与保养	汽车转向、行驶与制动系统的检测与修复证	汽车零部件制造技术	Python程序设计	汽车销售实务
	发动机管理系统的诊断与修复证	新能源汽车充电系统的检测与修复	汽车装配与调整技术	C语言程序设计	二手车鉴定评估证
	汽车安全与舒适系统的检测与修复证	车载网络系统的检测与修复	汽车电子控制技术	车载网络系统的检测与修复	汽车消费心理学
	汽车车载网络系统的检测与修复	新能源汽车传动系统的检测与修复	汽车综合检测	汽车电路与电气系统的检测与修复	客服信息化与计算机管理
	车身测量与修复技术	新能源汽车安全与舒适系统的诊断与修复	汽车试验技术	/	汽车电子商务
	/	新能源汽车综合故障诊断证	/	/	汽车质保与索赔
	/	/	/	/	汽车配件管理

续 表

课程类型	汽车检测与维修技术	新能源汽车技术	汽车制造与试验技术	汽车智能技术	汽车技术服务与营销
专业集中实践教学环节	汽车钣金实习	电路制作实习	金工实习	智能产品开发实习	汽车营销策划实习
	汽车焊接实习	认证考核	汽车装配技能实习	智能小车装调实习	汽车市场营销
	认证考核	职场体验	汽车计算机辅助设计	认证考核	认证考核
	汽车维护与诊断实习	顶岗实习	认证考核	职场体验	职场体验
	职场体验	/	职场体验	顶岗实习	顶岗实习
	顶岗实习	/	顶岗实习	/	/
公共基础模块	思想道德修养与法律基础、毛泽东思想和中国特色社会主义理论体系概论、大学生心理健康教育、体育、高职基础英语、计算机文化基础、职业生涯规划与就业指导、创新创业基础、中华优秀传统文化、高等数学					
	形势与政策（讲座）				
	公益劳动、立德树人社会实践、毕业教育				
专业群共享模块	汽车发动机认知、汽车底盘认知、汽车电子电器认知、汽车车身结构认知、汽车新能源系统认知、汽车智能网联系统认知				
	新一代信息技术模块、汽车产业发展模块				
	认岗实习（职业素养与职场体验）				
专长拓展模块（互选、复合）		群内拓展模块			
	企业定制模块	汽车销售模块（蓝池集团）、汽车售后模块（蓝池集团）、门店运营模块（人唛养车）、汽车销售模块（奔驰、大众）、 汽车车身维修模块（路虎）、汽车维修模块（奔驰）			
	X证书模块	汽车动力与驱动系统综合分析模块、新能源汽车动力驱动电机电池技术模块、 汽车零部件制造与测试、 汽车智能技术模块、汽修企业运营与项目管理、营销评估与金融保险			
	特色创新模块	军民融合特种车辆改装			
		群外拓展模块、院选修课			

注：用证标识职业技能等级证书课程。

③专业群核心课程简介

第一，汽车检测与维修技术专业核心课程。

汽车检测与维修技术专业核心课程具体如下。

核心课程1：发动机机械系统的检测与修复。

第二学年：参考学时64。

学习目标：学生可以根据维修手册等相关资料，自主制订发动机机械系统的检测、诊断以及修理作业计划，并可以实施和给予检查反馈；可以在规定的时间检查、拆卸、安装和诊断发动机机械系统的相应部件，且具备以下几项工作能力。

A. 可以制订和实施发动机机械系统检测与修复计划。

B. 可以对发动机机械系统的工作过程进行详细描述和分析，并诊断出机械系统发生的故障。

C. 可以检测发动机机械零件，并根据结果制定修复措施。

D. 可以根据操作规范来使用技术资料。

E. 遵守规章制度，可以根据规定使用设备和工具。

F. 可以通过资料说明、评价与核查自身工作成果。

学习内容：

A. 发动机的原理和基本构造。

B. 发动机机械的维修设备。

C. 查询与使用维修资料。

D. 安全工作与保护环境。

E. 准备工作场所。

F. 检测与修复配气机构零件。

G. 检测与修复曲柄连杆机构零件。

H. 检测与修复润滑系统零部件。

I. 检测与修复冷却系统零部件。

J. 诊断发动机机械系统综合故障。

K. 对维修的质量与评价工作进行检验。

L. 将维修工作解释给客户。

M. 填报工作记录单。

核心课程2：汽车发动机管理系统的检测与修复。

第二学年：参考学时64。

学习目标：学生可以通过维修手册等一系列资料，自主制订、实施发动机电控系统的检测、修理与诊断作业计划，并给予检查反馈，可以在要求的时间内借助检测设备诊断、分析发动机电控系统的故障，并完成维修更换任务，同时具备一些工作能力。

A. 可以独立和客户进行协商和交流，了解车况，可以自主查询车辆的技术档案，并对车辆技术情况进行初步评定。

B. 可以独立制订完整的维修计划，可以选择合适的检测设备来检测和维修发动机电控系统。

C. 可以诊断出燃油供给不良故障并检测相应零部件。

D. 可以诊断排放超标故障并检测相应零部件。

E. 可以诊断点火异常故障并检测相应零部件。

F. 可以诊断进气不良故障并检测相应零部件。

G. 可以诊断和分析发动机电控系统出现的综合故障。

H. 可以正确使用常用的检测与诊断设备，如故障诊断仪、发动机综合分析仪、万用表、示波器等。

I. 可以正确使用示波器分析传感器和执行器波形。

学习内容：

A. 如何正确和客户进行沟通，避免冲突。

B. 团结协作意识、责任心的培养。

C. 事故的预防以及处理办法，安全操作的注意事项。

D. 发动机电子控制系统是由什么组成的，以及要遵守的电气、电子系统检测规范。

E. 执行器、传感器和电脑原理、结构，以及如何检测。

F. 系统组成图和电路图，系统运行图。

G. 控制的原理以及调节方法。

H. 如何使用诊断和测试仪器，以及使用的步骤。

I. 零部件检测、故障形成机理、废品的回收利用、维修废料的清除。

J. 基础的英语专业词汇。

核心课程 3：汽车传动系统的检测与修复。

第二学年：参考学时 48。

学习目标：学生可以根据维修手册等相关资料，自主制订和实施汽车传动系统的检测、诊断与修理作业计划，可以在要求的时间内完成对七成传动系统部件的检查、拆卸、安装、诊断等，按标准规范作业。记录、存档已完成任务并进行评价反馈，保持安全与健康的工作环境。

A. 根据客户对故障的描述和故障的症状，评估汽车的传动系统并制订合理的诊断维修计划。

B. 对传动系统的运行状况以及各组件相互作用关系进行分析，对可能导致系统运行的故障进行查找。

C. 确认机械和液压传动系统零件是否可以继续使用。

D. 对电子控制传动系统的检测结果 Z 做出系统阐述。

E. 根据电子信息系统的故障制订修复工作计划。

F. 独立进行汽车传动系统检测与修复作业。

G. 可以通过电子网络对数据进行分析利用。

H. 可以让客户明确故障产生的原因以及维修工作的内容。

I. 为顾客提供相关的咨询服务，向顾客解释驾驶行为将可能产生的影响。

学习内容：

A. 查询并正确使用维修资料。

B. 规章制度，工作安全，环境保护。

C. 准备工作场所。

D. 汽车传动系统调节、组成和控制。

E. 如何制定检测、拆卸、保养方案。

F. 如何更换和检查变速器油。

G. 怎样排除常见的故障。

H. 怎样检验维修的质量，并进行工作评价。

I. 如何为客户解释维修工作。

J. 怎样正确填报工作记录单。

核心课程 4：汽车转向、行驶和制动系统检测与修复。

第二学年：参考学时 64。

学习目标：学生可以在要求的时间内完成汽车转向、行驶和制动系统相应部件的一系列项目，如拆卸、检查、安装、诊断等，且作业符合标准规范；可以记录、存档和评价反馈已完成的任务，自觉维护健康的工作环境，并具备下列能力。

　　A. 可以保养、诊断和维修汽车的转向系统、行驶系统以及制动系统。

　　B. 可以对汽车的现有转向、行驶、制动系统功能进行评估，正确分析功能和各系统之间的关系。

　　C. 可以根据检查的结果对转向系统、行驶系统和制动系统故障的位置进行界定。

　　D. 可以查找并发现因磨损和驾驶行为所导致的故障，并能给予纠正方法。

　　E. 可以使用设备和仪器现场诊断汽车的转向、行驶和制动系统，并从诊断结果对系统状况进行评估。

　　F. 可以从客户的陈述与自身的诊断结果以及故障展现出的症状出发，制订并实施检测维修计划。

　　G. 遵守技术安全，遵守规章制度，正确开展维修工作。

　　H. 可以使用资料说明工作结果，可以为客户详细解释工作并讲解故障产生的原因。

　　I. 可以为顾客提供转向、制动和行驶系统方面的咨询，说明驾驶行为产生的影响。

　　学习内容：

　　A. 了解制动系统的类型和结构，掌握行驶系统和转向系统的相关知识。

　　B. 学习动力转向系统。

　　C. 了解车辆制动防抱死装置。

　　D. 了解系统相关联的一些部件。

　　E. 学会正确使用诊断仪器进行检测。

　　F. 了解系统故障常见形式。

　　G. 学会如何做出检测、拆卸和保养方案。

　　H. 掌握查询、使用维修资料的方法。

　　I. 熟练知晓工作安全与规章制度。

　　J. 准备工作场所。

　　K. 让客户了解维修工作内容。

　　L. 检验维修的质量以及工作评价。

M. 正确填报工作记录单；应达到的劳动、环境保护的要求。

核心课程5：车载网络系统的检测与修复。

第二学年：参考学时48。

学习目标：学生根据相关资料在要求的时间内制订和实施车载网络系统检测、诊断和修理作业计划，且作业符合标准规范；可以在规定的时间内借助现代检测、诊断设备对车载网络系统故障进行诊断、分析、检测和维修更换，且具备以下能力。

A. 可以和客户友好交流，从客户处了解车况，并从车辆技术档案中对车辆技术状况进行初步评定。

B. 可以独立制订、实施维修计划，可以选择正确的仪器和设备检查和维修车载网络系统。

C. 可以诊断动力 CAN 网络故障并检测零部件。

D. 可以诊断 LIN 总线故障并检测零部件。

E. 可以诊断舒适 CAN 网络故障并检测零部件。

F. 可以诊断 MOST 总线故障并检测零部件。

G. 可以正确诊断和分析车载网络系统的综合故障。

H. 能够正确使用常用的诊断、检测设备，如示波器、故障检测仪和万用表等。

I. 可以通过示波器分析车载网络系统波形。

学习内容：

A. 如何正确和客户进行沟通，避免冲突。

B. 团结协作意识、责任心的培养。

C. 对事故的预防以及处理办法，安全操作的注意事项。

D. 车载网络系统的组成，CAN、LIN和MOST网络系统检测的规范和要求。

E. CAN、LIN和MOST网络系统结构与检测。

F. CAN、LIN和MOST网络系统组成图、电路图、系统运行图。

G. CAN、LIN和MOST网络控制原理和调节方法。

H. 诊断仪器、测试仪器、诊断和检测步骤。

I. 零部件检测、故障形成机理、维修废料的清除和废品的回收利用。

J. 英语专业词汇的学习。

核心课程 6：汽车综合故障诊断。

第二学年：参考学时 64。

学习目标：学生可以借助相关的专业资料或在教师的指导下对汽车综合故障原因进行分析，并可以制订出检测、诊断故障的完整作业计划，可以确定故障的方位，并排除故障，进行反馈和检查；能够根据劳动安全和环境保护的规定进行故障的排除和诊断。

A. 可以和客户进行友好交流，正确评估车辆故障信息，根据计划实施维修工作。

B. 可以正确填写工作任务单，正确使用设备和仪器诊断汽车故障。

C. 可以检测和恢复车辆故障。

D. 可以提升车辆技术状况，调整相关的技术参数，并给予说明。

E. 可以按照相关规定、制度展开工作。

F. 可以解释、分析、评估已掌握数据。

G. 在征得客户同意之后，对已经检测确定的影响运行和交通安全的隐患进行排除。

H. 对车辆的维修质量进行评估，确定其能否达成维修目标。

学习内容：

A. 在前台进行业务接待。

B. 了解汽车的技术状况数据。

C. 如何填写检验单，掌握检查的程序方法和范围。

D. 对故障车辆进行综合分析。

E. 诊断的步骤、程序与方法。

F. 正确使用检测设备和仪器。

G. 掌握操作与行驶安全知识。

H. 质量管理与服务绩效。

I. 掌握和客户友好交流的能力。

J. 如何进行客户开发和提高客户满意度。

第二，新能源汽车技术专业核心课程。

新能源汽车技术专业核心课程具体如下。

核心课程 1：新能源汽车高压安全与防护。

第二学年：参考学时 32。

第三章 专业群人才培养模式的构建

学习目标：使学生熟知人身防触电与紧急救护、车间设备安全用电与防护、维修工具与设备使用、车辆安全操作与防护；培养学生在新能源汽车保养维护、检测维修中的用电操作规范及安全意识。使学生在汽车拆装调整过程中使用工具、设备、燃料和运行材料等符合劳动安全和环境保护规定，并具备下列工作能力。

A. 能够充分考虑法律法规和劳动制度要求。

B. 能够掌握人身安全防护基本方法。

C. 能够正确处理触电与触电急救方法。

D. 能够掌握、熟悉车间安全与设施操作的安全流程。

E. 能够正确使用充电桩及充电站。

F. 能够熟悉车间安全用电管理。

G. 能够正确使用维修工具、设备和材料。

H. 能够熟悉高压部分安装位置与识别方法，掌握高压部分拆装操作方法。

I. 能够正确进行高压互锁检查。

J. 能够检查、评估其工作业绩。

K. 能够与领导、同事、客户进行交流沟通。

学习内容：

A. 人身安全防护。

B. 触电与触电急救。

C. 维修车间安全及设施。

D. 充电桩安全使用。

E. 车间安全用电管理。

F. 维修工具的认知与使用。

G. 维修检测设备的使用。

H. 高压部件安装位置与识别。

I. 车辆上电与下电操作。

J. 高压互锁检查。

K. 填写工作记录单。

核心课程2：新能源汽车动力电池与管理技术。

第二学年：参考学时48。

学习目标：学生能够借助维修手册等资料，对新能源汽车不同类型动力电池的结构、储能原理、电压参数、容量参数、内阻参数等进行认知。培养学生对动力电池的拆卸、安装与检测分析能力,并使学生能够对动力电池及控制系统的故障进行分析、修复,具备下列工作能力。

A. 能够掌握当前应用在电动汽车上的动力电池类型。

B. 能够熟知动力电池化学能与电能转换基本原理。

C. 能够对动力电池的电压、容量、内阻等参数进行技术评价。

D. 能够掌握镍氢动力电池的结构、储能原理、检测方法及应用情况。

E. 能够掌握锂离子动力电池的结构、储能原理、检测方法及应用情况。

F. 能够掌握电池管理系统的结构与功能。

G. 能够对电池管理系统的电压、电流、温度等参数进行状态检测、分析。

H. 能够掌握电池管理系统能量均衡方法。

I. 能够分析制约动力电池与电动汽车发展的因素。

J. 能够分析新能源汽车动力电池的发展方向。

K. 能够查询资料完成学习任务,提高解决实际问题的能力。

学习内容:

A. 动力电池技术研究现状。

B. 动力电池的基本原理与参数。

C. 动力电池的性能评价。

D. 镍氢动力电池的结构与储能原理。

E. 镍氢动力电池的性能、检测与应用。

F. 锂离子动力电池的结构与储能原理。

G. 锂离子动力电池的性能、检测与应用。

H. 电池管理系统的结构与功能。

I. 动力电池的状态监控。

J. 电池组的能量均衡。

K. 电池组的信息管理。

L. 电池组的荷电状态估算。

核心课程3:新能源汽车驱动电机及控制技术。

第二学年:参考学时56。

学习目标:

学生能够借助维修手册等资料,对新能源汽车各种不同电机的构造和原理、常见的电机控制器进行认知。培养学生的电机及控制器安装与调试能力，使学生能够进行电机及控制系统故障分析、检修，并具备下列工作能力。

A. 具有认知驱动电机分类及特性的能力，能读懂驱动电机和控制器的各种参数，根据驱动电机参数选择使用各种驱动电机和控制器。

B. 能够认知各种类型、型号新能源汽车驱动电机的内部结构和各部件功能，并能够掌握各种驱动电机的基本工作原理。

C. 能够掌握常见的各种驱动电机控制技术原理，熟知电机控制器主要元器件及相关特性，能够进行电机控制器的安装与调试。

D. 能够对驱动电机进行故障分析，能够利用专用检测设备对驱动电机的故障进行检测与维修。

E. 能够对驱动电机控制系统进行故障分析，能够利用专用检测设备对电机控制器的故障进行检测与排除。

F. 能够安装驱动电机及控制器，对驱动电机及控制器进行调试。

G. 能识读驱动电机和驱动电机控制器铭牌，根据铭牌掌握驱动电机基本性能。

H. 能够更换驱动电机和控制器，对驱动电机和控制器进行安装与调试。

I. 具有良好的团队协作、吃苦耐劳精神。

J. 具有标准化和规范意识。

学习内容：

A. 与客户交流和沟通，避免冲突的办法。

B. 团结协作、责任心的培养。

C. 纯电动、混合动力、燃料电池三种典型新能源汽车电驱动系统工作流程。

D. 新能源汽车对其驱动电机及控制系统的要求。

E. 电驱动系统典型方案及特点。

F. 新能源汽车所用典型驱动电机特性。

G. 直流电机的分类、结构、工作原理，直流电机的工作特性和机械特性曲线分析，直流电机调速系统，车用直流电机系统故障检测与排除。

H. 交流异步电机分类、结构、工作原理，交流异步电机的工作特性和机械特性曲线分析，交流异步电机调速系统及车用交流异步电机系统故障检测与排除。

I. 永磁同步电机结构、工作原理，永磁同步电机的工作特性和机械特性曲线分析，永磁同步电机调速系统及车用永磁同步电机系统故障检测与排除。

J. 电机控制器的工作原理，电机控制器结构主要元器件功能。

核心课程4：汽车转向、行驶与制动系统的检测与维修。

第二学年：参考学时64。

学习目标：学生可以在要求的时间内完成汽车转向、行驶、制动系统部件的拆卸、检查和安装等，且保证规范作业。记录、存档和评价反馈已完成任务，自为保持健康工作环境，并具备下列能力。

A. 可以正确诊断、维修和保养汽车的转向、行驶、制动系统。

B. 可以对汽车现有的转向、行驶、制动系统进行评估，分析各自的功能以及在系统里的相互作用。

C. 可以根据诊断的结果对转向、行驶和制动系统的故障部位进行界定。

D. 可以查找并发现磨损和驾驶行为所导致的故障，并能给予纠正方法。

E. 可以使用设备和仪器现场诊断汽车的转向、行驶和制动系统，并从诊断结果对系统状况进行评估。

F. 可以从客户的陈述与自身的诊断结果以及故障展现出的症状出发，制订并实施检测维修计划。

G. 遵守技术安全，遵守规章制度，正确开展维修工作。

H. 可以使用资料说明工作结果，可以为客户详细解释工作并讲解故障产生的原因。

I. 为顾客提供转向、行驶和制动系统方面的咨询，并使其了解驾驶行为产生的影响。

学习内容：

A. 了解制动系统的类型和结构，掌握行驶系统和转向系统的相关知识。

B. 学习动力转向系统。

C. 了解车辆制动防抱死装置。

D. 了解系统相关联的一些部件。

E. 学会正确使用诊断仪器进行检测。

F. 了解系统故障常见形式。

G. 学会如何设计检测、拆卸和保养方案。

H. 掌握查询、使用维修资料的方法。

I. 熟知工作安全与规章制度。

J. 准备工作场所。

K. 让客户了解维修工作内容。

L. 检验维修的质量以及工作评价。

M. 正确填报工作记录单。

N. 达到劳动保护、环境保护要求。

核心课程 5：新能源汽车 PDI 检查与维护保养。

第二学年：参考学时 48。

学习目标：使学生在新能源汽车快速保养工作岗位，在规定的时间内，以经济的方式，借助维护作业工单，独立或合作完成新能源汽车保养工作，要求学生掌握新能源汽车日常维护保养的作业项目和操作规范技能，并具备以下能力。

A. 掌握车辆维护工作安全规范并制订维护计划，完成工作计划要求的维护作业项目。

B. 正确使用工量具、专用工具、检测设备。

C. 了解相关法律、法规，完成车辆维护后的质量检验工作。

D. 能查阅维修手册、专业网站等资源解决实际问题。

E. 能在生产过程中进行观察、思考、积累和总结。

F. 能自学新技术、新知识，不断提高职业能力。

G. 在充分遵守技术安全和规章制度的前提下，开展维护工作。

H. 能与顾客进行有效沟通，有效处理客户的抱怨。

I. 能够在移交车辆时，解释已完成的维护作业内容。

学习内容：

A. 新能源汽车安全与防护。

B. 新能源汽车绝缘检查。

C. PDI 的认知。

D. 新能源汽车的 PDI 检查。

E. 动力电池的维护。

F. 灯光的检查。

G. 雨刮器保养。

H. 空调系统的维护。

I. 行驶系统的维护。

J. 制动系统的维护。

K. 车身电气功能检查。

L. 向客户解释维修工作。

M. 填报工作记录单。

N. 劳动保护、环境保护要求。

核心课程6：新能源汽车的综合故障诊断。

第二学年：参考学时48。

学习目标：学生将通过维修手册等相关资料或在教师的引导下对新能源汽车出现的综合故障原因进行分析，独立制订诊断和检测故障的作业计划，排除故障，确定故障部位，并进行检车和反馈。学生在排除和诊断故障时，根据环境保护和劳动安全规定正确使用仪器设备。

A. 可以在前台和客户进行友好的沟通交流，评估故障车辆，并根据计划进行维修。

B. 正确填写工作任务单，通过专业仪器、设备诊断汽车的故障。

C. 可以检测和解决汽车故障。

D. 能够提高车辆的技术状况，调整其技术参数，并予以说明。

E. 能够在相关的规范和制度下正确开展服务工作。

F. 可以解释说明、评估和分析利用已掌握的数据。

G. 在得到客户允许的基础上对已经检测确定的影响运行和交通安全的隐患进行排除。

H. 对车辆的维修质量进行评估，确定其是否完成了维修目标。

学习内容：

A. 掌握前台业务接待能力。

B. 了解汽车技术状况数据。

C. 检测程序、方法，检查范围，正确填写检验单。

D. 综合分析故障车辆。

E. 诊断步骤、程序和方法。

F. 正确使用检测设备和仪器的方法。

G. 操作安全与行驶安全的相关知识。

H. 质量管理与服务绩效。

I. 掌握和客户友好沟通的能力。

第三章 专业群人才培养模式的构建

J. 如何进行客户开发和提高客户满意度。

第三，汽车制造与试验技术专业核心课程。

汽车制造与试验技术专业核心课程具体如下。

核心课程1：汽车CAD绘图。

第二学年：参考学时64。

学习目标：

A. 能够熟练掌握计算机辅助设计软件AutoCAD的安装与调试。

B. 能够熟练掌握AutoCAD软件的常用命令使用。

C. 能够利用AutoCAD软件绘制汽车发动机各部分的零件图和装配图。

D. 能够利用AutoCAD软件绘制汽车底盘各部分的零件图和装配图。

E. 能够利用AutoCAD软件绘制汽车主要零部件的三维立体结构图。

F. 能够遵守操作规范，使用相关技术资料。

G. 能够按规定使用电脑、工量具，遵守劳动安全、环保的规章制度。

H. 能够用资料说明、核查、评价自身的工作成果。

学习内容：

A. 计算机辅助设计的发展历史及现状。

B. 计算机辅助设计在汽车制造业中的应用状况。

C. 计算机辅助设计软件AutoCAD的安装与调试。

D. AutoCAD软件常用绘图命令的使用。

E. AutoCAD软件绘图的基本规范与相关国家标准。

F. 利用AutoCAD软件绘制简单的二维图形。

G. 利用AutoCAD软件绘制汽车发动机常用零部件。

H. 利用AutoCAD软件绘制汽车发动机装配图。

I. 利用AutoCAD软件绘制汽车底盘部分常用零部件。

J. 利用AutoCAD软件绘制汽车底盘部分装配图。

K. 利用AutoCAD软件绘制汽车主要零部件的三维视图。

L. 填报工作记录单。

核心课程2：汽车零部件制造技术。

第二学年：参考学时64。

学习目标：

A. 分析并确定常用汽车制造工艺过程。

B. 根据工件的结构要求，设计出合理的工装夹具。

C. 根据工件的结构要求，选择并制定合理的加工方法。

D. 根据工件的结构要求，选择并制定合理的加工路线。

E. 能够检测汽车零件的加工质量并采用合理的改进措施。

F. 能够分析汽车典型零部件制造工艺的优劣并提出改进措施。

G. 能够分析汽车产品设计的工艺性。

H. 能够制定汽车常用零部件的机械加工工艺规程。

学习内容：

A. 汽车制造工艺过程的基本概念。

B. 工件的装夹与机床夹具。

C. 汽车零件表面的加工方法。

D. 汽车零件的机械加工质量。

E. 尺寸链的原理及应用。

F. 汽车产品设计的工艺性分析。

G. 汽车典型零件的制造工艺。

H. 汽车典型零件机械加工工艺规程的制定。

核心课程3：汽车装配与调整技术。

第二学年：参考学时64。

学习目标：

A. 会制定汽车装配工艺流程。

B. 会正确选择和使用常用的汽车装配工具。

C. 能进行典型部件的装配。

D. 会使用仪器设备进行汽车整车性能的检测与调试。

学习内容：

A. 汽车的整体结构及制造过程。

B. 汽车车身的制造工艺。

C. 机械装配的基本概念和基本方法。

D. 汽车整车的装配流程。

E. 汽车典型部件的分装工艺。

F. 汽车总装的典型工艺。

核心课程4：汽车零部件三维制图。

第二学年：参考学时64。

学习目标：

A. 与客户进行交流与协商，了解客户意愿，明确任务内容。

B. 独立制订建模计划，并能选择省时、省力的方法完成任务。

C. 对草图设计模块进行熟练操作。

D. 对特征建模模块进行熟练操作。

E. 对曲面建模模块进行熟练操作。

F. 对装配设计模块进行熟练操作。

G. 对工程图设计模块进行熟练操作。

H. 对已有的模型进行修改。

学习内容：

A. 与客户交流和沟通，避免冲突的办法。

B. 团结协作意识、责任心的培养。

C. 草图设计模块能力的培养。

D. 特征建模模块能力的培养。

E. 曲面建模模块能力的培养。

F. 装配设计模块能力的培养。

G. 工程图设计模块能力的培养。

H. 一般模型建模步骤。

I. 一般模型主要参数更正的步骤。

核心课程5：汽车试验技术。

第二学年：参考学时64。

学习目标：学生能够借助车辆技术手册等资料，制订车辆试验方案、试验流程等作业计划，并实施和检查反馈。在规定时间内，学生能利用各种试验工具完成对车辆试验的任务分析、任务实施等工作，并具备下列工作能力。

A. 团队制订汽车试验计划，并能选择正确的试验设备和仪器对车辆进行试验。

B. 对汽车动力性试验。

C. 对汽车燃油经济性试验。

D. 对汽车制动性试验。

E. 对汽车平顺性试验。

F. 对汽车通过性试验。

学习内容：汽车测试系统的组成与特性分析，被测量的获取、调整、传输、记录、补偿与输出，试验数据的采集、处理与分析，汽车出厂检验，汽车整车性能道路试验，汽车整车与主要总成部件室内台架试验，汽车试验场试验，试验规划与设计，试验新方法的探索与研究等。

A. 团结协作、责任心的培养。

B. 安全操作注意事项、事故预防与处理办法。

C. 掌握汽车试验设备及仪器的使用方法。

D. 英语专业词汇的学习。

E. 汽车试验政策法规及规定。

核心课程6：汽车电子控制技术。

第二学年：参考学时64。

学习目标：

A. 能够向客户咨询车况，查询相关维修技术资料，初步评定车辆技术状况，检测发现汽车故障。

B. 能对安全气囊系统进行检测。

C. 能对电子制动系统进行检测。

D. 能对电控悬架系统进行检测。

E. 能对车身控制系统进行检测。

F. 能遵守相关法律、技术规定，按照正确规范进行操作，保证检测质量。

G. 能根据环境保护要求处理使用过的辅料、废弃液体及损坏的零部件。

H. 能检查汽车检测修复后的工作情况，并在汽车移交过程中向客户介绍已完成的工作。

学习内容：

A. 与客户交流和沟通，避免冲突的办法。

B. 团结协作意识、责任心的培养。

C. 安全操作注意事项、事故预防与处理办法。

D. 安全气囊系统检测的规范和要求。

E. 电子制动系统检测的规范和要求。

F. 电控悬架系统检测的规范和要求。

G. 车身控制系统检测的规范和要求。

H. 诊断仪器、测试仪器、诊断和检测步骤。

I. 零部件检测、故障形成机理、维修废料的清除和废品的回收利用。

J. 英语专业词汇的学习。

第四，汽车智能技术专业核心课程。

汽车智能技术专业核心课程具体如下。

核心课程 1：智能汽车环境传感器技术。

第二学年：参考学时 64。

学习目标：学生对智能网联汽车环境感知技术架构有全面的了解，掌握传感器感知技术原理、设备组成、装配调试、融合标定的基本知识、操作方法和实施标准，同时注重培养学生的方法能力和职业素养，并具备下列工作能力。

A. 能够充分了解环境传感器的技术要求。

B. 能够正确识别及使用传感器检测、装调设备。

C. 能够对激光雷达系统进行检测、装调与标定。

D. 能够对雷达系统进行检测、装调与标定。

E. 能够对组合导航系统进行检测、装调与标定。

F. 能够对机器视觉识别系统进行检测、装调与标定。

G. 能够掌握常用的其他环境传感器的检测、装调与标定方法。

H. 能够对环境传感器进行融合标定和测试。

I. 能够对各类环境传感器进行组合安装和功能验证。

J. 能够遵守相关法律、技术标准，按照正确规范进行操作。

K. 能够与领导、同事、客户进行交流沟通。

学习内容：

A. 激光雷达组成结构及工作原理。

B. 雷达系统组成结构及工作原理。

C. 组合导航系统组成结构及工作原理。

D. 机器视觉识别系统组成结构及工作原理。

E. 常用的其他环境传感器的组成结构及工作原理。

F. 各类环境传感器内参、外参的设置方法与标准。

G. 各类环境传感器的标定方法与标准。

H. 各类环境传感器的智能装配方法。

核心课程 2：智能汽车底盘线控技术。

第二学年：参考学时 64。

学习目标：学生对智能汽车的底盘线控系统有全面了解，掌握线控驱动、转向、制动系统以及其他线控底盘系统的原理、组成、控制机制与检测方法，同时注重培养学生的方法能力和职业素养，并具备下列工作能力。

  A. 能够掌握智能汽车底盘线控系统的技术架构。

  B. 能够正确使用工量具、专用工具、检测设备。

  C. 能够独立完成线控驱动系统的检测。

  D. 能够独立完成线控转向系统的检测。

  E. 能够独立完成线控制动系统的检测。

  F. 能够了解其他底盘线控系统的原理与组成。

  G. 能够在充分遵守技术安全和规章制度的前提下，开展维护工作。

  H. 能够遵守相关法律、技术标准，按照正确规范进行操作。

  I. 能够与领导、同事、客户进行交流沟通。

学习内容：

  A. 底盘线控系统的控制机制与原理。

  B. 线控驱动系统组成结构及工作原理。

  C. 线控转向系统组成结构及工作原理。

  D. 线控制动系统组成结构及工作原理。

  E. 底盘 CAN 总线的数据流读取与分析方法。

  F. 底盘线控系统的维护要求与检测方法。

  G. 底盘线控系统的检测工具的使用方法。

  H. 底盘线控系统的维护方法与流程。

  I. 底盘线控系统的故障诊断方法与流程。

核心课程 3：Python 程序设计。

第二学年：参考学时 64。

学习目标：

  A. 掌握类的基本概念和组成，即方法、属性、构造、访问等。

  B. 熟悉面向对象编程的概念和方法，并能灵活运用。

  C. 熟悉 Python 的基本数据类型，并能灵活运用。

  D. 熟悉 Python 函数式编程的概念和方法，并能灵活运用。

E. 熟悉 Python 编程中的错误处理和基本调试方法。

F. 熟悉 Python 常用内建模块的使用。

G. 熟悉 Python 常用第三方模块的使用。

H. 熟悉 Python 常用正则表达式,并能灵活运用。

I. 熟悉基于 virtualenv 和 conda 的 Python 环境构建,并能灵活运用。

学习内容:

A. 基于类的方法,即属性、构造、访问。

B. 类及其实例,访问限制,继承和多态。

C. Python 基本数据类型:整数、浮点数、字符串、布尔型、空值。

D. 高级函数、返回函数、匿名函数、装饰器、偏函数。

E. 错误处理、调试、单元及文档测试。

F. datetime、collections、base64、hashlib、itertools。

G. os、sys、requests、chardet。

H. Python 正则表达式,具体包括 re 模块、切分、分组、贪婪匹配。

I. Python 环境隔离,即 pyenv、virtualenv、conda。

核心课程 4:车载网络系统的检测与修复。

第二学年:参考学时 64。

学习目标:学生对车载网络与总线技术有全面了解,掌握 CAN、LIN、MOST、以太网等总线的基础知识,同时注重培养学生的方法能力和职业素养,并具备以下工作能力。

A. 掌握 CAN、LIN、MOST、以太网等总线的工作原理。

B. 能够对车载网络系统进行正确检测、分析。

C. 正确使用车载网络系统检测的工具。

D. 掌握智能汽车车载网络系统的组成和特点。

E. 掌握车联网技术的原理。

F. 熟练使用诊断仪等工具读总线系统波形。

G. 能够进行简单的数据采集分析。

H. 通过实际操作,养成正确、安全、规范使用设备工具的意识。

学习内容:

A. 智能汽车车载网络系统的功能与特点。

B. 车载网络基础知识。

C. 车联网技术。

D. CAN 总线。

E. LIN 总线。

F. 其他总线。

核心课程 5：ADAS 系统故障检测与修复。

第二学年：参考学时 64。

学习目标：学生对高级驾驶辅助系统有全面了解，掌握 ADAS 部件更换与标定，能够完成对 ADAS 控制系统、各传感器及执行器进行故障检修的要求，同时注重培养学生的方法能力和职业素养，并具备以下工作能力：

A. 能够根据感知系统检测要求，准确完成雷达传感器、视觉传感器等数据的采集与分析，判断车辆故障，并独立完成线路的检修作业。

B. 能够根据 ADAS 控制系统检测要求，准确完成 ADAS 控制系统数据的采集与分析，判断车辆故障，并独立完成系统控制器及线路的检修作业。

C. 能够根据 ADAS 执行系统检测要求，准确完成 ADAS 执行系统数据的采集与分析，判断车辆故障，并独立完成系统执行器及线路的检修作业。

D. 能够遵守相关法律、技术标准，按照正确规范进行操作。

E. 能够与领导、同事、客户进行交流沟通。

学习内容：

A. 视觉传感器更换与标定。

B. 雷达传感器更换与标定。

C. 定位系统更换与匹配。

D. 感知系统检测与维修。

E. ADAS 控制系统检测与维修。

F. ADAS 执行器检测与维修。

G. ADAS 综合故障诊断与维修。

H. 车道线检测故障诊断。

I. 自动驾驶循迹故障诊断。

J. 超声波避障故障诊断。

K. 激光雷达避障故障诊断。

核心课程 6：智能汽车装配与调试。

第二学年：参考学时 64。

学习目标：学生能够运用已有的技能对智能汽车进行零部件实体装配，并对整车进行功能验证，包括局部功能验证，同时其可进行仿真模拟测试和道路测试，注重培养学生的操作规范和安全意识，具备以下工作能力。

A. 能够掌握智能汽车主要零部件的装配方法。

B. 能够对智能汽车进行局部功能验证。

C. 能够使用仿真软件对智能汽车进行模拟仿真。

D. 能够对智能汽车进行道路验证。

E. 能够遵守相关法律、技术标准，按照正确规范进行操作。

D. 能够与领导、同事、客户进行交流沟通。

学习内容：

A. 智能汽车各类传感器及其他主要零部件的安装方法及位置。

B. 智能汽车各类传感器的标定与调试。

C. 智能汽车各个模块的功能验证。

D. 智能汽车各种工况的模拟仿真。

E. 智能汽车实际道路测试。

F. 填报工作记录单。

G. 工作安全、规章制度。

第五，汽车技术服务与营销专业核心课程。

汽车技术服务与营销专业核心课程具体如下。

核心课程 1：汽车服务礼仪。

第二学年：参考学时 48。

学习目标：

A. 能够展示良好的仪容仪表。

B. 能够有正确的站姿、坐姿、行姿和蹲姿，能够运用恰当的表情、眼神和手势和顾客进行交流与沟通。

C. 能够灵活利用表情礼仪、仪态礼仪、交谈礼仪和规范话术进行客户接待。

D. 能够灵活利用交往礼仪、姿态礼仪、交谈礼仪和规范话术进行客户需求分析。

E. 能够灵活利用手势礼仪、姿态礼仪、交谈礼仪和规范话术进行车辆介绍。

F. 能够灵活利用车辆座次礼仪、上下车辆礼仪、交谈礼仪和规范话术安排客户试乘试驾。

G. 能够灵活运用交往礼仪、馈赠礼仪、交谈礼仪和规范话术完成交车仪式。

H. 能够灵活运用电话礼仪、邮件礼仪、交谈礼仪和规范话术提供售后跟踪服务。

I. 具备较强的语言表达能力。

J. 具备较强的服务意识。

学习内容：

A. 仪容仪表礼仪规范。

B. 仪态礼仪规范。

C. 表情礼仪规范。

D. 手势礼仪规范。

E. 交往礼仪规范。

F. 开车门礼仪规范。

G. 上下车辆礼仪规范。

H. 车辆座次礼仪规范。

I. 馈赠礼仪规范。

J. 电话礼仪规范。

K. 邮件礼仪规范。

L. 交谈礼仪规范。

M. 规范话术。

核心课程2：汽车消费心理学。

第二学年：参考学时48。

学习目标：

A. 具备较强的语言表达能力。

B. 能够进行消费者的某项消费心理调查。

C. 能够分析自己的心理健康状态并进行调适。

D. 能够全面地认识消费者并分析消费者。

E. 能够让消费者产生购买动机和购买需要。

F. 能让消费者的态度发生转变。

G. 掌握一定的社会心理学。

H. 对消费者需要、态度和动机有一定的了解。

I. 了解性格、能力、气质的特征及其对消费行为产生的影响。

J. 掌握基础的营销知识,可以设计市场调查问卷。

K. 理解营销工作的意义,掌握人际关系的概念及建立与发展人际关系的途径。

L. 掌握营销沟通和售后服务知识,了解营销环境、商品因素会对消费者的行为造成什么影响。

学习内容:

A. 认识消费者行为。

B. 把握汽车消费者心理活动。

C. 对汽车消费者的个性进行分析。

D. 唤醒汽车消费者的需要。

E. 了解影响汽车消费者的社会因素。

F. 实施汽车营销策略。

核心课程3:汽车营销与策划。

第二学年:参考学时80。

学习目标:

A. 可以掌握客户服务领域和汽车营销相关岗位的仪态要求,完成工作任务。

B. 可以对汽车市场进行分析。

C. 可以制定汽车市场营销策略。

D. 可以从消费群体的购买行为与心理特征出发,制定方案开发潜在用户。

E. 拥有服务精神、大局意识,可以在团队中与其他成员和谐相处,有良好的从业心态。

F. 可以贯彻企业战略意图,并将企业的规划转化为成果,执行力强。

G. 能够独立进行汽车市场定位策划。

H. 能够独立进行汽车品牌策划。

I. 能够独立进行汽车分销渠道策划。

J. 能够独立进行汽车价格策划。

K. 能够独立进行汽车广告传播策划。

L. 能够独立进行汽车公关传播策划。

M. 能够独立进行汽车促销活动策划。

N. 具备团队合作的能力。

O. 具备语言表达的能力。

学习内容：

A. 市场分析。

B. 用户购买行为分析。

C. 市场细分与目标市场。

D. 企业战略规划和营销组合。

E. 汽车产品策略。

F. 价格策略。

G. 分销渠道策略。

H. 促销策略。

I. 国际汽车市场营销。

J. 汽车营销策划。

K. 汽车市场定位策划。

L. 汽车品牌策划。

M. 汽车分销渠道策划。

N. 汽车价格策划。

O. 汽车广告传播策划。

P. 汽车公关传播策划。

Q. 汽车促销活动策划。

核心课程4：汽车销售实务。

第二学年：参考学时64。

学习目标：

A. 能够掌握汽车顾问式销售流程。

B. 能够掌握汽车消费群体的购买心理和行为。

C. 可以承担好销售角色，并制订销售措施和计划。

D. 能够对汽车顾问式销售流程和技巧进行结合，设计高绩效团队方案。

E. 可以和客户建立起和谐互信的关系，与客户达成有效沟通。

F. 可以从品牌车型参数出发，制定出整车的销售预案并灵活运用到销售活动里。

第三章 专业群人才培养模式的构建

G. 可以正确运用试乘试驾流程，获取客户的试乘试驾感受相关信息。

H. 掌握处理异议的技巧和原则，正确处理客户的异议。

I. 掌握签约成交的技巧，规避签约过程中的风险，制作相关协议单据。

J. 能够把握好交车服务流程，做好 PDI 交车检车工作，完成对相关文件的交接和确认工作。

学习内容：

A. 客户开发。

B. 展厅接待。

C. 需求分析。

D. 车辆介绍。

E. 试乘试驾。

F. 报价签约。

G. 交车。

H. 售后跟踪。

核心课程 5：二手车鉴定评估。

第二学年：参考学时 64。

学习目标：

A. 掌握汽车的基本构造及性能。

B. 对二手交易市场形成和发展的大概情况有一定了解。

C. 掌握基础的二手车知识，了解基础的二手车评价与鉴定知识。

D. 掌握技术鉴定二手车的方式，会进行二手车价值估算，程序规范。

E. 对国家的二手车交易政策和法规有深入了解，指导二手车转籍、过户的程序。

F. 掌握汽车报废标准，可以判断出汽车是否要报废。

G. 可以完成二手车的静态、动态检查。

H. 能正确识别水货汽车。

I. 能进行二手车检查。

J. 能利用二手车的评估方法评估二手车价值。

K. 会撰写二手车评估报告书。

L. 能按照规范操作二手车贸易程序。

学习内容：

A. 二手车评估的基本方法。

B. 二手车价值计算及评估报告书。

C. 二手车收购评估与销售定价。

D. 汽车碰撞事故损失的评估。

E. 二手车交易市场和运作。

F. 二手车鉴定评估师。

核心课程6：汽车保险与理赔。

第二学年：参考学时48。

学习目标：

A. 掌握对车险业务发展和车险市场进行研究和分析的能力。

B. 掌握对车辆所面临的风险进行管理的能力。

C. 能够正确分析和引导顾客的投保行为。

D. 具备针对车辆的用途和客户特点制定相应的保险方案的能力。

E. 掌握汽车保险核保业务的处理能力。

F. 掌握汽车保险理赔稽核工作能力。

G. 掌握对汽车保险案件进行独立调查取证的能力。

H. 能够独立处理汽车保险理赔业务。

学习内容。

A. 车辆保险常见险种保费的计算。

B. 车辆险种的选择。

C. 事故责任划分。

D. 车损险的理赔处理。

E. 商业"三责险"的理赔处理。

F. 其他险种的理赔处理。

G. 单方事故造成车辆损失的赔偿。

H. 双方事故涉及人伤理赔处理。

I. 多方车辆和人员事故理赔。

7. 教学进程总体安排及课程类别比列。

（1）教学进程总体安排。

教学进程总体安排如表3-6所示。

第三章 专业群人才培养模式的构建

表3-6 教学进程总体安排

序号	课程类别	课程性质	课程代码	课程名称	课时	学分	授课方式	考核方式	1 (17周)	2 (16周)	3 (16周)	4 (16周)	5 (14周)	6 (16周)
1	公共基础模块（平台共享）	必修	719317	思想道德修养与法律基础	48	3	讲授	II	3					
2		必修	719319	毛泽东思想和中国特色社会主义理论体系概论	64	4	讲授	II		4				
3		必修	719507	形势与政策	32	1	专题讲座	II		2	2	2	2	
4		必修	711404	大学生心理健康教育	32	2	讲授	I	2					
5		必修	521201	体育 I	32	2	实践	II	2					
6		必修	521202	体育 II	32	2	实践	II		2				
7		必修	521203	体育 III	32	2	实践	II			2			
8		必修	711349	军事理论	36	2	专题讲座	I	2					
9		必修	711391	军事训练	48	3	实践	I	4					
10		必修	515210	高职基础英语 I	64	4	讲授	I	4					
11		必修	515211	高职基础英语 II	64	4	讲授	I		4				
12		必修	011190	计算机文化基础	48	3	讲授实践	IV	3					
13		必修	091380	职业发展与就业指导	32	2	讲授	I		2				
14		必修	091381	创新与创业基础	32	2	讲授	I			2			

续表

序号	课程类别	课程性质	课程信息		课时	学分	授课方式	考核方式	学期周数与周学时					
			课程代码	课程名称					1	2	3	4	5	6
15	公共基础模块	必修	512334	中华优秀传统文化	40	2.5	讲授	I	17					
16		必修	511316	高等数学	56	3.5	讲授	II		16	3			
17		选修	512320	沟通与表达	32	2	讲授	I	2	4				
				小计	724	44			16	22	3	2		
18	平台共享群共享模块	必修	073464	汽车新能源系统认知	32	2	理实一体	I		2				
19		必修	075001	汽车智能网联系统认知	32	2	理实一体	I		2				
20		必修	071075	汽车发动机认知	48	3	理实一体	I		3				
21		必修	071076	汽车底盘认知	48	3	理实一体	I	3					
22		必修	074380	汽车车身结构认知	32	2	理实一体	I	2					
23		必修	073463	汽车电子电器认知	48	3	理实一体	I	3					
24		必修	072219	新一代信息技术与汽车产业发展	32	2	讲授	I		2				
				小计	272	17			8	9		2		
				合计	996	61			24	31	9	2	14	16

续表

课程信息								学期周数与周学时					
序号	课程类别	课程性质	课程代码	课程名称	课时	学分	授课方式	考核方式	1	2	3	4	5	6
									17	16	16	16	14	16
25	专业方向 汽车检测与维修技术专业模块	必修	072218	汽车品牌文化	48	3	讲授实践	I			3			
26		必修	073025	汽车电路与电气系统的检测与修复	64	4	讲授实践	I			4			
27		必修	072100	★发动机机械系统的检测与修复	64	4	讲授实践	I			4			
28		必修	072102	★汽车转向、行驶与制动系统的检测与修复	64	4	讲授实践	I						
29		必修	072231	新车检查与保养	64	4	讲授实践	I			4			
30		必修	072101	★汽车传动系统的检测与修复	48	3	讲授实践	I				3		
31		必修	073001	★发动机管理系统的诊断与修复	64	4	讲授实践	I				4		
32		必修	072103	★汽车安全与舒适系统的检测与修复	64	4	讲授实践	I				4		
33		必修	073004	车载网络系统的检测与修复	48	3	讲授实践	I				3		
34		必修	0703060	汽车车身修复技术	64	4	理实一体	I				4		
小计					592	37					19	18		

续表

序号	课程类别	课程性质	课程代码	课程名称	课时	学分	授课方式	考核方式	学期1	学期2	学期3	学期4	学期5	学期6
									17	16	16	16	14	16
35		必修	073025	汽车电路与电气系统的检测与修复	64	4	讲授实践	I			4			
36		必修	073004	车载网络系统检测与修复	48	3	讲授实践	I				3		
37		必修	073040	★新能源汽车高压安全与防护	32	2	讲授实践	I				2		
38		必修	073077	★新能源汽车动力电池管理技术	48	3	讲授实践	I			3			
39	新能源汽车技术专业模块	必修	073078	★新能源汽车驱动电机及控制技术	56	3.5	讲授实践	I			3			
40	专业方向	必修	073079	★新能源汽车PDI检查与维护保养	48	3	讲授实践	I			3			
41		必修	072102	★汽车转向、行驶与制动系统的检测与修复	64	4	讲授实践	I					5	
42		必修	073080	新能源汽车充电系统的检测与修复	48	3	讲授实践	I				3		
43		必修	073081	新能源汽车传动系统的检测与修复	32	2	讲授实践	I			3			
44		必修	073082	★新能源汽车综合故障诊断	48	3	讲授实践	I				3		
45		必修	073083	新能源汽车安全与舒适系统的诊断与修复	64	4	讲授实践	I			4			
				小计	552	34.5					20	16		

续表

课程信息								学期周数与周学时					
序号	课程类别	课程性质	课程代码	课程名称	课时	学分	授课方式	考核方式	1	2	3	4	5	6
46		必修	031004	机械制图	64	4	理实一体	I	17	16				
47		必修	071004	汽车机械基础	64	4	理实一体	I		16	4			
48		必修	071023	★汽车CAD技术	64	4	理实一体	I			4			
49		必修	033011	公差配合与技术测量	64	4	理实一体	I			3			
50	汽车制造技术专业方向	必修	071077	★汽车零部件三维制图	64	4	理实一体	I			4	4		
51	汽车试验与调整技术专业模块	必修	071078	★汽车零部件制造技术	64	4	理实一体	I				4		
52		必修	071079	★汽车装配与调整技术	64	4	理实一体	I				4		
53		必修	0704147	★汽车电子控制技术	64	4	理实一体	I				4	14	16
54		必修		★汽车试验技术										16
				小计	576	36					15	20		

续表

课程信息								学期周数与周学时					
序号	课程类别	课程性质	课程代码	课程名称	课时	学分	授课方式	考核方式	1	2	3	4	5	6
55	汽车智能技术专业模块	必修	075002	★智能汽车环境传感器技术	64	4	理实一体	I						16
56		必修	073025	汽车电路与电气系统的检测与修复	64	4	讲授实践	I					14	
57		必修	075003	★智能汽车底盘线控技术	64	4	理实一体	I				4		
58		必修	075004	★智能汽车装配与调试	64	4	理实一体	I			4			
59		必修	075005	★ADAS系统故障检测与修复	64	4	理实一体	I				4		
60		必修	075006	车联网技术基础与应用	32	2	理实一体	I				2		
61		必修	075008	★Python程序设计	64	4	理实一体	I				4		
62		必修	075009	C语言程序设计	64	4	理实一体	I			4			
63		必修	075007	★车载网络系统的检测与修复	48	3	理实一体	I			3			
64		必修	075010	汽车智能产品创新设计与实践	32	2	理实一体	I				2		
	小计				560	35					19	16		

续表

序号	课程类别		课程性质	课程代码	课程名称	课时	学分	授课方式	考核方式	学期周数与周学时					
					课程信息					1	2	3	4	5	6
65			必修	074068	汽车文化	32	2	讲授	Ⅰ	17					
66			必修	074021	汽车服务礼仪	48	3	讲授	Ⅰ		16				
67			必修	074196	★汽车新媒体运用	48	3	讲授实践	Ⅰ				3		
68			必修	074482	★汽车营销与策划	80	5	讲授	Ⅲ			5			
69	专业方向	汽车技术服务与营销模块	必修	074069	★汽车保险与理赔	48	3	讲授实践	Ⅰ				3		
70			必修	074483	★汽车销售实务	64	4	讲授实践	Ⅰ			4			
71			必修	074014	二手车鉴定评估	64	4	讲授实践	Ⅰ				4		
72			必修	074022	★汽车消费心理学	48	3	讲授	Ⅰ			3			
73			必修	074484	客服信息化与计算机管理	32	2	讲授实践	Ⅰ				2		
74			必修	074485	汽车电子商务	48	3	讲授	Ⅰ				3		
75			必修	074486	汽车质保与索赔	32	2	讲授实践	Ⅰ				2		
76			必修	074055	汽车配件管理	48	3	讲授实践	Ⅰ				3		
					小计	592	37			17	17		20	14	16

续 表

课程信息								学期周数与周学时					
序号	课程类别	课程性质	课程代码	课程名称	课时	学分	授课方式	考核方式	1	2	3	4	5	6
									17	16	16	16	14	16
77	群内拓展模块	任选一个模块		汽车销售模块（蓝池集团）①	256	16	理实一体	I				18		
78				汽车售后模块（蓝池集团）①	256	16	理实一体	I				18		
79				门店运营模块（大咖养车）①	256	16	理实一体	I				18		
80				汽车动力与驱动系统综合分析技术模块①	256	16	理实一体	I				18		
81				汽车零部件制造与测试模块①	256	16	理实一体	I				18		
82				新能源汽车动力驱动电机电池技术模块①	256	16	理实一体	I				18		
83				汽车智能技术模块①	256	16	理实一体	I				18		
84				汽修企业运营与项目管理①	256	16	理实一体	I				18		
85				营销评估与金融保险①	256	16	理实一体	I				18		

续 表

序号	课程类别	课程性质	课程信息 课程代码	课程名称	课时	学分	授课方式	考核方式	学期周数与周学时 1	2	3	4	5	6
									17	16	16	16	14	16
86	群内拓展模块	任选一个模块		汽车销售模块（奔驰、大众）①	256	16	理实一体	I				18		
87				汽车车身维修模块（路虎）①	256	16	理实一体	I				18		
88				汽车机电维修模块（奔驰）①	256	16	理实一体	I				18		
89				军民融合特种车辆改装①	256	16	理实一体	I				18		
90				企业实践模块①	256	16	理实一体	I				18		
91	群外拓展模块	任选		院选修课①		16	讲授	I						

续 表

课程信息								学期周数与周学时					
课程类别	课程性质	课程代码	课程名称	课时	学分	授课方式	考核方式	1 (17)	2 (16)	3 (16)	4 (16)	5 (14)	6 (16)
	必修	7110012	公益劳动	—	1	实践	I						
	必修	711006	立德树人社会实践	—	3	实践	I	1	2				
	必修	7110042	毕业教育	—	1	实践	I						1
汽车检测与维修技术专业实践教学环节	必修	0703051	认岗实习	24	1	实践	I		1				
	必修	0703064	汽车钣金实习	48	2	实践	I				1		
	必修	0701021	车身焊接实习	48	2	实践	I		1				
	必修	7110044	职场体验	96	4	实践	I			4			
	必修	0703065	汽车维护与诊断实习	96	4	实践	I				1		
	必修	7110046	认证考核 I	24	1	实践	I			1			
	必修	7110047	认证考核 II	24	1	实践	I				1		
	必修	7110016	顶岗实习 I	120	5	实践	I					5	
	必修	7110040	顶岗实习 II	384	16	实践	I						16
小计				864	41			1	5	5	3	5	17

序号: 92–103

续表

序号	课程类别	课程信息		课程名称	课时	学分	授课方式	考核方式	学期周数与周学时					
		课程性质	课程代码						1	2	3	4	5	6
104		必修	7110012	公益劳动	—	1	实践	I	17	16	16	16	14	16
105		必修	711006	立德树人社会实践	—	3	实践	I	1	2			1	
106		必修	7110042	毕业教育	—	1	实践	I						1
107	实践教学环节	必修	0703051	认岗实习	24	1	实践	I		1				
108	新能源汽车技术专业	必修	0702001	电路实习	24	1	实践	I			1			
109		必修	0702005	职场体验	96	4	实践	I				4		
110		必修	7110046	认证考核Ⅰ	24	1	实践	I				1		
111		必修	7110047	认证考核Ⅱ	24	1	实践	I					1	
112		必修	7110015	顶岗实习Ⅰ	120	5	实践	I					5	
113		必修	7110040	顶岗实习Ⅱ	384	16	实践	I						16
114		必修	7110012	公益劳动	24	1	实践	I				1		
				小计	720	35			1	3	1	6	7	17

续表

课程类别		课程性质	课程代码	课程名称	课时	学分	授课方式	考核方式	学期周数与周学时						序号
									1	2	3	4	5	6	
实践教学环节	汽车制造与试验技术专业	必修	7110012	公益劳动	—	1	实践	I	17	16	16	16	14	16	115
		必修	711006	立德树人社会实践	—	3	实践	I	1	2		1			116
		必修	7110042	毕业教育	—	1	实践	I						1	117
		必修	07003051	认岗实习	24	1	实践	I			1				118
		必修	0301128	金工实习	24	1	实践	I							119
		必修	07004016	汽车装配技能实习	48	2	实践	I			2	2			120
		必修	07004002	汽车计算机辅助设计	48	2	实践	I							121
		必修	0702005	职场体验	96	4	实践	I				4			122
		必修	7110046	认证考核 I	24	1	实践	I				1	1		123
		必修	7110047	认证考核 II	24	1	实践	I							124
		必修	7110015	顶岗实习 I	120	5	实践	I					5		125
		必修	7110040	顶岗实习 II	384	16	实践							16	126
小计					792	38			1	3	3	8	6	17	

第三章 专业群人才培养模式的构建

续表

课程信息								学期周数与周学时					
序号	课程类别	课程性质	课程代码	课程名称	课时	学分	授课方式	考核方式	1	2	3	4	5	6
									17	16	16	16	14	16
127	实践教学环节	必修	7110012	公益劳动	—	1	实践	Ⅰ	1					
128		必修	711006	立德树人社会实践	—	3	实践	Ⅰ	1	2				
129		必修	7110042	毕业教育	—	1	实践	Ⅰ				1		
130		必修	07030051	认岗实习	24	1	实践	Ⅰ		1				
131		必修	07020005	职场体验	96	4	实践	Ⅰ				4		
132	汽车智能技术专业	必修	7110046	认证考核Ⅰ	24	1	实践	Ⅰ				1		
133		必修	7110047	认证考核Ⅱ	24	1	实践	Ⅰ			1			
134		必修	7110016	顶岗实习Ⅰ	120	5	实践	Ⅰ					5	
135		必修	7110040	顶岗实习Ⅱ	384	16	实践	Ⅰ						16
136		必修	0704043	智能产品开发实习	24	1	实践	Ⅰ		1				
137		必修	0704044	智能小车装调实习	24	1	实践	Ⅰ				1		
小计					720	35			1	4	1	6	6	17

续表

课程信息								学期周数与周学时					
课程类别	课程性质	课程代码	课程名称	课时	学分	授课方式	考核方式	1	2	3	4	5	6
序号													
138	必修	7110012	公益劳动	—	1	实践	Ⅰ	17	16	16	16	14	16
139	必修	711006	立德树人社会实践	—	3	实践	Ⅰ	1	2			1	
140	必修	7110042	毕业教育	—	1	实践	Ⅰ						1
141	必修	0703051	认岗实习	24	1	实践	Ⅰ		1				
142	必修	0702005	职场体验	96	4	实践	Ⅰ			4			
143 汽车技术服务与营销专业	必修	0701026	汽车营销策划实习	24	1	实践	Ⅰ				1		
144	必修	0703056	汽车市场营销	96	4	实践	Ⅰ				4		
145	必修	7110016	顶岗实习Ⅰ	144	5	实践	Ⅰ					5	
146	必修	7110046	认证考核Ⅰ	24	1	实践	Ⅰ				1		
147	必修	7110047	认证考核Ⅱ	24	1	实践	Ⅰ					1	
148	必修	7110040	顶岗实习Ⅱ	384	16	实践							15
			小计	816	38			1	3	4	6	7	16

续表

序号	课程信息				课时	学分	授课方式	考核方式	学期周数与周学时					
	课程类别	课程性质	课程代码	课程名称					1	2	3	4	5	6
总计				汽车检测与维修技术专业	2804	156			17	16	16	16	14	16
				新能源汽车技术专业	2620	155			24	35	30	24	23	17
				汽车制造与试验技术专业	2716	157			23	30	25	25	18	0
				汽车智能技术专业	2628	153			23	30	25	25	18	0
				汽车技术服务与营销专业	2732	158			23	30	25	25	18	0

注：1. 专业群内各专业总学时、学分尽可能一致。

2. 专业课程中，专业核心课程用"★"符号标识。

3. 专业拓展课程中，为学生提供的专业类任选课程不少于 6 门。学生专业拓展学分不低于 12 学分，其中含全院选修课 6 学分。

4. 授课方式分为讲授、讲授实践、专题讲座、实践、实训、理实一体、实习等。

5. 考核方式："Ⅰ"代表"完全过程考核"；"Ⅱ"代表"过程考核 + 期末考核"；"Ⅲ"代表"平时考核 + 期末考核"；"Ⅳ"代表"等级考试或考证书考核代替课程考核"。

6. "①"表示模块中的具体课程，见表 3-14。

（2）课程类别比例。

课程类别比例具体如表3-7所示。

表3-7 课程类别比例

课程类别	学 时	比 例
公共基础课程	汽车检测与维修技术	
	724	25.82%
	新能源汽车技术	
	724	27.63%
	汽车制造与试验技术	
	724	26.66%
	汽车智能技术	
	724	27.55%
	汽车技术服务与营销	
	724	26.50%
群共享课程	汽车检测与维修技术	
	272	9.7%
	新能源汽车技术	
	272	10.38%
	汽车制造与试验技术	
	272	10.01%
	汽车智能技术	
	272	10.35%
	汽车技术服务与营销	
	272	9.96%

第三章 专业群人才培养模式的构建

续 表

课程类别	学 时	比 例
专业核心课程	汽车检测与维修技术	
	592	21.11%
	新能源汽车技术	
	552	21.07%
	汽车制造与试验技术	
	576	21.21%
	汽车智能技术	
	560	21.31%
	汽车技术服务与营销	
	592	21.67%
拓展课程（选修）	汽车检测与维修技术	
	352	12.55%
	新能源汽车技术	
	352	13.44%
	汽车制造与试验技术	
	352	12.96%
	汽车智能技术	
	352	13.39%
	汽车技术服务与营销	
	352	12.88%

续表

课程类别	学时	比例
实践教学环节	汽车检测与维修技术	
	864	30.81%
	新能源汽车技术	
	744	27.48%
	汽车制造与试验技术	
	792	29.16%
	汽车智能技术	
	720	27.40%
	汽车技术服务与营销	
	792	28.99%

注：公共课程必修课比例不低于25%，选修课比例不低于10%。

8. 实施保障

（1）师资队伍。汽车检测与维修技术专业群拥有一支实力雄厚、富有朝气的教学团队，2007年被评为省级教学团队，2008年被评为首批高职高专国家级教学团队，2019年被评为国家级职业教育教师教学创新团队，其中国家级名师1人、省级名师2人、省"三三三"人才3人，企业认证教师36人，国际交流教师18人。他们全部为具有研究生学历和汽车营销职业资格的"双师型"教师，具有丰富的理论和实践教学经验，长期深入企业实践，到企业指导学生实习，是一支结构合理、素质优良的"双师型"教学团队。聘任60余名企业技术专家担任兼职教师；所有教师和技术专家参与人才培养方案制定、课程开发活动，承担教学任务及开展各种技术讲座。"双师"素质教师比例达到97%以上，硕（博）士教师比例超过98%。

（2）教学设施。专业群实训中心联合上汽通用、一汽－大众、戴姆勒－奔驰、捷豹路虎、特斯拉等企业，对实训基地进行具体规划，建成"教学与培训结合"的产学服务基地。企业为使项目顺利进行，将进一步充实实训中心的教学资源。实训中心按照企业实际工作场景，融教学、品牌技术培训等功能于一体，具备"系统性、生产性、开放性、先进性"等特征，达到了国家发布的有关专业实训教学条件建设标准要求，且信息化条件能够满足专业建设、教学管理、信息化教学和学生自主学习需要，达到了国内一流、省内遥遥领先的先进水平。

（3）教学资源。①教材选用基本要求。按照国家规定选用优质教材，禁止不合格的教材进入课堂。学校应建立由专业教师、行业专家和教研人员等参与的教材选用机构，完善教材选用制度，经过规范程序择优选用教材。

②图书文献配备基本要求。图书文献配备能满足人才培养、专业建设、教科研等工作的需要，方便师生查询、借阅。专业类图书主要包括汽车制造行业政策法规、行业标准、技术规范以及主流汽车品牌相应车型的维修手册、电气与电子工艺手册等，汽车类技术图书和实务案例类图书等。

③数字教学资源配置基本要求。建设、配备与本专业有关的音视频素材、教学课件、数字化教学案例库、虚拟仿真软件、数字教材等专业教学资源库，种类丰富、形式多样、使用便捷、动态更新、满足教学。

（4）教学方法。在课程内容体系构建、教学方式选择等方面，既注重学生专业能力的培养，又注重学生方法能力和社会能力的培养，让学生学会学习、学会工作、学会合作。加强学生职业素养教育，尽可能在促使学生职业能力与职业岗位能力需求零对接的同时，为学生今后的可持续发展奠定坚实基础。

在序化各门课程时，遵循学生认知规律和知识的递进性，根据操作技能的复杂程度，由易到难、由简单到复杂，进行由认识到熟悉、从在指导下操作到独立熟练操作、从新手到专家的阶梯式培养活动。课程内容设计以工作过程为导向，以典型工作任务分析为行动目标和作业指导，开发并实施教学。

因材施教、因需施教，同时创新教学方法和策略，采用理实一体化教学、案例教学、项目教学等方法，坚持学中做、做中学。

（5）学习评价。对学生的学业进行考核评价兼顾了认知、技能、情感等方面，体现了评价标准、评价主体、评价方式、评价过程的多元化，如观察、口试、笔试、顶岗操作、职业技能大赛、职业资格鉴定等，而其在很多理论课程和实训课程中都得到了充分利用。

（6）质量管理。院系两级的质量保障体系比较健全。以保障和提高教学质量为目标，运用系统方法，依靠必要的组织结构，统筹考虑影响教学质量的各主要因素，结合教学诊断与改进、质量年报等自主保证人才培养质量的工作，形成了任务、职责、权限明确，相互协调、相互促进的质量管理有机整体。

9.毕业条件

(1)最低学分要求。各专业毕业最低学分要求具体见表3-8。

表3-8 各专业毕业最低学分要求

专业名称	毕业总学分	公共基础课程学分	群共享课程学分	专业核心课程学分	拓展课程学分	实践教学环节学分
汽车检测与维修技术	156	44	17	37	22	36
新能源汽车技术	152.5	44	17	34.5	22	35
汽车制造与试验技术	156	44	17	36	22	37
汽车智能技术	153	44	17	35	22	35
汽车技术服务与营销	158	44	17	37	22	38

(2)取得全国计算机等级考试一级证书或以上证书。

(3)至少取得一种与专业相关的X证书(资格证书或技能证书)。

10.附录

(1)汽车检测与维修技术专业教学环节进度表(三年制)具体如表3-9所示。

表3-9 汽车检测与维修技术专业教学环节进度表(三年制)

| 学年 | 学期 | 学期总周数 | 理论教学周次 | 考试周 | 实践活动周次 | | | | | | | 假期周数 |
					军训	公益劳动	金工实习	整周实训(校内)	专业实习(校外)	课程设计	顶岗实习	毕业教育	
1	1	1~19	4~18	19	2~3								寒假5周
	2	1~21	1~15	21				16~20					暑假7周
2	3	1~19	1~13	19		14			15~18				寒假5周
	4	1~21	1~15	21				16~20					暑假8周
3	5	1~19	1~12	13				14			15~19		寒假5周
	6	1~16	/	/	/	/	/	/	/	/	1~16	17	/
合计(周次计数)					2周	1周		11周	4周		21周	1周	

第三章 专业群人才培养模式的构建

（2）新能源汽车技术专业教学环节进度表（三年制）具体如表3-10所示。

表3-10 新能源汽车技术专业教学环节进度表（三年制）

学年	学期	学期总周数	理论教学周次	考试周	实践活动周次							假期周数
					军训	公益劳动	金工实习	整周实训（校内）	专业实习（校外）	课程设计	顶岗实习	毕业教育	
1	1	1～19	4～18	19	2～3								寒假5周
	2	1～21	1～19	21				20					暑假7周
2	3	1～19	1～17	19				18					寒假5周
	4	1～21	1～4 9～18	21		19		20	5～8				暑假8周
3	5	1～19	1～13	14				15			16～19		寒假5周
	6	1～16	/	/	/	/	/	/	/	/	1～16	17	/
合计（周次计数）					2周	1周		3周	5周		20周	1周	

（3）汽车智能技术专业教学环节进度表（三年制）具体如表3-11所示。

表3-11 汽车智能技术专业教学环节进度表（三年制）

学年	学期	学期总周数	理论教学周次	考试周	实践活动周次							假期周数
					军训	公益劳动	金工实习	整周实训（校内）	专业实习（校外）	课程设计	顶岗实习	毕业教育	
1	1	1～19	4～18	19	2～3								寒假5周
	2	1～21	1～18	21				19	20				暑假7周
2	3	1～19	1～13 16～18	19		14		15					寒假5周
	4	1～21	1～13	14				25	18～21				暑假8周
3	5	1～19	1～12	13				14			15～19		寒假5周
	6	1～16	/	/	/	/	/	/	/	/	1～16	17	/
合计（周次计数）					2周	1周		4周	5周		21周	1周	

（4）汽车技术服务与营销专业教学环节进度表（三年制）具体如表3-12所示。

表3-12 汽车技术服务与营销专业教学环节进度表（三年制）

学年	学期	学期总周数	理论教学周次	考试周	实践活动周次								假期周数
					军训	公益劳动	金工实习	整周实训（校内）	专业实习（校外）	课程设计	顶岗实习	毕业教育	
1	1	1～19	4～18	19	2～3								寒假5周
	2	1～21	1～19	21					20				暑假7周
2	3	1～19	1～13	19		14			16～19				寒假5周
	4	1～21	1～12	13				14～15	18～21				暑假8周
3	5	1～19	1～12	13				14			15～19		寒假5周
	6	1～16	/	/	/	/	/	/	/	/	1～16	17	/
合计（周次计数）					2周	1周		3周	9周		21周	1周	

（5）汽车制造与试验技术教学环节进度表（三年制）具体如表3-13所示。

表3-13 汽车制造与试验技术教学环节进度表（三年制）

学年	学期	学期总周数	理论教学周次	考试周	实践活动周次								假期周数
					军训	公益劳动	金工实习	整周实训（校内）	专业实习（校外）	课程设计	顶岗实习	毕业教育	
1	1	1～19	4～18	19	2～3								寒假5周
	2	1～21	1～19	21					20				暑假7周
2	3	1～19	1～14	19			15	16～18					寒假5周
	4	1～21	1～13	21				14～16	17～20				暑假8周
3	5	1～19	13～14	19		1			1～12		15～19		寒假5周
	6	1～16	/	/	/	/	/	/	/	/	1～16	17	/
合计（周次计数）					2周	1周	1周	6周	17周		21周	1周	

11.汽车专业群选修模块

汽车专业群选修模块具体如表3-14所示。

表3-14 汽车专业群选修模块

模块类别	模块名称	选修条件	课程名称	课程编号	学时	考核方式	开设学期
群内互选模块	汽车销售模块（蓝池销售方向）	群内所有专业可选	汽车4S店经营与管理	073190	16	I	V
			汽车销售实战谈判技巧	073191	96	I	V
			汽车网络与电话营销	073192	96	I	V
			汽车保险与定损	074170	48	I	V
			小计		256		
	汽车售后模块（蓝池售后方向）	群内所有专业可选	汽车4S店经营与管理	073190	16	I	V
			汽车售后服务理念与接待流程	073193	96	I	V
			汽车维修诊断实战	073194	96	I	V
			汽车保险与定损	074170	48	I	V
			小计		256		
	门店运营模块（大唛养车）	群内所有专业可选	门店连锁商业模式	073195	16	I	V
			门店营运系统操作	073196	64	I	V
			门店服务接待	073197	80	I	V
			车辆养护及品控	073198	96	I	V
			小计		256		
	汽车动力与驱动系统综合分析技术模块	除汽车检测与维修技术专业外，群内所有专业可选	汽车发动机系统检查保养	073199	64	I	V
			手动变速器检查保养	073200	48	I	V
			分动器与差速器检查保养	073201	32	I	V
			自动变速器检查保养	071200	64	I	V
			动力系统综合检查	072199	48	I	V
			小计		256		

续表

模块类别	模块名称	选修条件	课程名称	课程编号	学时	考核方式	开设学期
群内互选模块	新能源汽车动力驱动电机电池技术模块	除新能源汽车技术专业外，群内所有专业可选	新能源汽车高压安全与防护	073040	32	I	V
			新能源汽车动力电池与管理技术	073077	48	I	V
			新能源汽车驱动电机及控制技术	073078	48	I	V
			新能源汽车PDI检查与维护保养	073079	48	I	V
			新能源汽车充电系统的检测与修复	073080	32	I	V
			新能源汽车综合故障诊断	073082	48	I	V
			小计		256		
	汽车智能技术模块	除汽车智能技术外，群内所有专业可选	智能汽车装配与调试	075004	64	I	V
			智能汽车环境传感器技术	075002	64	I	V
			汽车智能产品创新设计与实践	075010	32	I	V
			车联网技术基础与应用	075006	32	I	V
			Python程序设计	075008	64	I	V
			小计		256		
	汽修企业运营与项目管理	群内所有专业可选	维修企业CI、CSI及管理	074493	32	I	V
			财务管理	097107	64	I	V
			团队建设与管理	097076	32	I	V
			人力资源管理	096009	64	I	V
			客户关系管理	092114	64	I	V
			小计		256		
	营销评估与金融保险	除汽车技术服务与营销专业外，其他专业可选	汽车金融保险	074492	48	I	V
			汽车配件管理	074055	32	I	V
			汽车营销与策划	074051	64	I	V
			汽车质保与索赔	074486	32	I	V
			汽车新媒体运用	074196	32	I	V
			二手车鉴定评估	074014	48	I	V
			小计		256		

第三章 专业群人才培养模式的构建

续表

模块类别	模块名称	选修条件	课程名称	课程编号	学时	考核方式	开设学期
群内互选模块	汽车机电维修（奔驰）	汽修奔驰方向必选，其他专业任选	新能源驱动技术	074451	80	I	V
			职业素养提升	074494	80	I	V
			汽车保险与定损	074069	48	I	V
			汽车服务接待	074498	48	I	V
			小计		256		
	汽车营销与服务（奔驰、大众）	汽销奔驰、大众必选，其他专业任选	汽车产品	074499	80	I	V
			汽车金融	074496	32	I	V
			BDC综合业务	074501	32	I	V
			职业素养提升	074495	32	I	V
			汽车服务企业管理	074045	32	I	V
			汽车服务接待	074498	48	I	V
			小计		256		
	汽车车身维修技术（路虎）	车身路虎必选，其他专业任选	品牌文化与信息技术	074311	64	I	V
			汽车车身维修	072157	80	I	V
			事故车损伤评估与维修	074497	64	I	V
			汽车配件管理	074055	48	I	V
			小计		256		
	汽车零部件制造及测试	除汽制专业外任选	汽车CAD技术	071023	64	I	V
			汽车零部件三维制图	071077	64	I	V
			汽车零部件制造技术	071078	64	I	V
			汽车综合检测	071081	64	I	V
			小计		256		
	军民融合特种车辆改装	群内所有专业可选	全地形车计算机设计（巴哈）	072303	64	I	V
			特种车车模制作（3D打印）	072304	64	I	V
			汽车设计原理	070111	64	I	V
			汽车改装技术	072309	64	I	V
			小计		256		

· 133 ·

续 表

模块类别	模块名称	选修条件	课程名称	课程编号	学时	考核方式	开设学期
群外互选模块		群内所有专业任选	建筑钢结构焊接	711521	32	I	V
			第二课堂	711395	32	I	V
			大学生安全教育（慕课）	711385	32	I	V
			解密男西服——纸样设计（慕课）	711516	32	I	V
			中国历史人文地理（慕课）	711396	32	I	V
			四大名著鉴赏（慕课）	711371	32	I	V
			领略女装魅力——结构设计（慕课）	711517	32	I	V
			恋爱心理及其文化素养教育（慕课）	711387	32	I	V
			中华诗词之美（慕课）	711500	32	I	V
			大学生心理健康教育（慕课）	711382	32	I	V
			数控技术——最自动化的制造方法（慕课）	711519	32	I	V
			机与电的完美邂逅——汽车电气（慕课）	711523	32	I	V
			互联网时代（慕课）	711386	32	I	V
			汽车常见故障的处理（慕课）	711401	32	I	V
			民族精神（慕课）	711381	32	I	V
			中西文化比较（慕课）	711353	32	I	V
			创业精神与实践（慕课）	711374	32	I	V
			中华民族精神（慕课）	711372	32	I	V
			自动化控制执行技术（慕课）	711515	32	I	V
			现代大学与科学（慕课）	711370	32	I	V
			口才艺术与社交礼仪（慕课）	711377	32	I	V
			汽车底盘认识（慕课）	711522	32	I	V
			美术鉴赏（慕课）	711376	32	I	V
			音乐鉴赏（慕课）	711384	32	I	V
			图形图像处理（慕课）	711524	32	I	V
			出国实用英语（慕课）	711402	32	I	V

第三章 专业群人才培养模式的构建

续 表

模块 类别	模块 名称	选修 条件	课程 名称	课程 编号	学时	考核 方式	开设 学期
群外互选模块		群内所有专业任选	线性代数（慕课）	711513	32	I	V
			东北亚国际关系史（慕课）	711397	32	I	V
			国际商务管理（慕课）	711390	32	I	V
			国学智慧（慕课）	711373	32	I	V
			园林艺术概论（慕课）	711375	32	I	V
			法律与道德（慕课）	711388	32	I	V
			形象管理（慕课）	711393	32	I	V
			《论语》精读（慕课）	711511	32	I	V
			辩论修养（慕课）	711379	32	I	V
			科学启蒙（慕课）	711392	32	I	V
			工业控制的大脑——可编程控制器及应用（慕课）	711514	32	I	V
			三维数字化设计（慕课）	711399	32	I	V
			金属材料（慕课）	711518	32	I	V
			大学生安全教育（慕课）	711383	32	I	V
			生命安全与救援（慕课）	711378	32	I	V
			女子礼仪（慕课）	711380	32	I	V
			公共日语（慕课）	711389	32	I	V
			液压传动——探秘液体的力量（慕课）	711520	32	I	V
			汽车结构认知（慕课）	711398	32	I	V
			量子物理史话（慕课）	711512	32	I	V
			中国传统服饰手工艺	711525	32	I	V
			化妆基础	711526	32	I	V
			服饰与健康	711527	32	I	V
			生活中的经济学	711528	32	I	V
			云计算技术与应用	711529	32	I	V
			人工智能技术与应用	711530	32	I	V
			大数据技术与应用	711531	32	I	V

第四章 专业群课程体系的重构

第一节 专业群课程体系重构的理论依据与实施

一、标准建设的指导思想和理论依据

职业院校应从当前经济社会发展要求出发,推动职业教育体系和劳动就业体系互动发展,打通技术技能人才成长通道,推进现代职业教育体系构建;要通过校企合作、深化产教融合,推进工学结合,做到知行合一;全面实施素质教育,促进职业技能训练和职业精神培养高度融合,培养学生的社会责任感、创新精神和实践能力。

专业群课程体系是人才培养体系的核心,为达成培养目标,职业院校在课程体系专业能力标准建设中必须坚持能力核心指导思想,体现现代职业教育培养理念,遵循行业标准,通过标准化的建设路径,催生标准化的成果。

目前,我国对于职业教育发展提出了新的要求,其中重要的一点就是要注重专业人才的能力培养,即在教育教学与实践活动中强化学生的专业能力,要以专业能力培养为中心,致力打造能力过硬的专业人才。能力培养必须做到如下几点:第一,要遵循人才培养与发展的客观规律,制定科学的能力培养发展路径,不能好高骛远,也不能妄自菲薄,在教学实践中要由浅入深,深入浅出,一步一步提升人才的专业能力;第二,要实现分级培养,不能"眉毛胡子一把抓",每个人优势与劣势均有所不同,要发挥培养优势,尽量避免劣势。培养过程中,面对不同水平的专业人才,要做到"因材施教"。同时,要重视职业能力分析,一方面,这是对未来发展的总体规划,有助于学生找到适

合自己的发展方向；另一方面，可以将典型工作任务转化为工学一体化的课程体系，有助于课程内容与职业标准有机衔接。之所以要重视职业标准，是因为职业标准是由相关专业部门仔细审查，并且被广泛使用的规范性法律文件，具有重要的指导意义，标准体系建设更是如今职业教育走向标准化与体系化的重要途径。在日益注重标准化的今天，专业教学标准的提出和构建一定要遵循标准化原理。例如，最优化原理、简化原理、实施价值原理、选择固定原理、定期更新原理等。今后，职业教育要让专业人才与学生"在学中做，在做中学"，利用校企合作优势，鼓励学生下工厂、多实践，通过实践强化自己的专业能力。要格外注意，当代学徒制教学模式与以前最大的不同就是校企合作的出现，这是育人模式最为深刻、最为重大的改变。在校企合作中，学校与企业协同制定教学目标与评价标准，致力促进学生由单一身份向"学生—学徒"双重身份转变。学生在学校是学生，在企业是学徒，可以在学习之余提升自己的实践能力，也可以在工作之余找到教师询问问题。可以说，当前学徒制引入了学校与企业双主体模式，二者共同促使学生朝着最为全面的方向发展。例如，学生的课程可以分为学校课程与企业课程，在企业的实践由教师全程陪同，一边讲解一边动手，可实现学徒在岗成才的目标。总之，现代学徒制可以明显提高人才培养的针对性与质量，有利于缓解就业压力，促进社会稳定，更是全面实施素质教育的有效举措。

二、专业能力标准制定活动实施路径

目前我国针对高职院校制定的一系列专业标准，对于教育事业稳步发展、高职学生各项能力全面提升都具有重要意义。专业标准不但规定了高职教育的主导思想、主要目标，而且对教学的内容也有十分细致、全面的要求。例如，专业标准对高职专业名称、学习年限、就业方向、课时安排等都有所涉及。可见，国家专业标准十分全面，既立足于我国的教育情况，又基于我国的基本国情，对职业教育未来发展做出了长远规划，从而保证高职教育水平不断提高，为国内不同专业建设提出了共同标准，更成了评价教学工作正确与否的"准绳"。专业能力标准的制定可以参考以下步骤。

（一）校企供需调研阶段

校企供需调研，指对学校与企业双方的信息进行搜集、分析，以及对职业院校自身情况与学校所开设专业发展现状、未来就业状况等信息进行考察。首先，要对学校的各项情况了如指掌，包括学校内专业的数量与特点，不同专业未来的发展趋向，以及社会对于各专业的需求紧迫性等。其次，要对企业有所了解，明确企业的发展目标，明确企业可提供的实践岗位，以及企业实践岗位是否能够与学校专业相适应等。最后，对以上资料进行汇总和整理，并制定相应的表格和文件，以利于之后的教学计划安排。进入校企供需调研具体实施环节，则要分为以下几个步骤：第一，要在专业指导委员会成员的要求下，筹备组建研究教学与实践发展的专项小组，小组成员由资历较高的教师与相关行业、专业从业者或专家共同构成，并在专项小组成员中选举出组长，由组长领导展开各项调研活动；第二，组长领导成员广泛开展高校、企业等领域的调研活动，调研要细致、深入；第三，根据社会对不同行业人才的需求程度差异制定如下事项，包括分析不同需求情况出现的原因，研究不同专业人才就业方向、职业生涯特点，编写培养目标，制订培养计划等。

（二）专业职业能力分解阶段

这一阶段仍然要由行业内专家对职业能力进行调查与分析，并在此基础上制定相关的工作表格，以指导接下来包括课程设置在内的各项工作。

首先，职业能力分析必须遵循一定的原则，如果不按照原则进行分析，很可能会使分析结果出现误差，从而无法为专业能力标准制定提供正确指导。第一，分析工作必须全面，要结合行业发展现状与未来趋势，了解各岗位具体工作；第二，分析工作必须逻辑清楚，对各个步骤有明确的顺序安排，使各项任务之间减少交叉，避免杂乱无章；第三，分析工作必须言简意赅，用最精练的语言，进行最为精确全面的表达，针对专业所对应的岗位群及其发展路径，岗位职业能力调研分为专业能力和非专业能力两部分，同时依托业内权威人物与专家的分析和指导，以及国外已有的统计结果，制定专业全面的职业能力标准。

其次，根据核心职业能力分解专业能力。专业能力包括外在的专业实践与专业知识，也包括内在的职业情操等。分解专业能力必须保证专业能力各个方面充分分解，不可以顾此失彼，而在对不同方面进行分解时，要做到深入、细致、精准。另外，分解时也要注意运用精练准确的语言进行描述。

最后，把职业能力和专业能力是否与课程相一致当作制定与规划未来课程设置体系的重要参考。由于课程设置是体系建设与完善中的重中之重，不能出现任何片面性的差错，所以必须要保证其可行性与对口性。要对课程内容与课程目标进行深入研究，确保其与工作岗位的要求保持一致，致力打造"毕业等于就业"的局面。

（三）课程体系及课程内容构建阶段

这一阶段将专业能力分解成了不同的课程，参与成员主要包括学科领域专家、企业成员、专业技师等，而新课程主要包括基础课、专业课、拓展课等。

首先，学科领域专家与企业技师要共同分析课程门类，课程门类不宜太宽或太窄。如果过宽，可以适当将其分成几个不同的专业方向。专业方向与职业能力的分解程度也有所差异，所以还应对职业能力的部分内容进行更加细致和全面的分析。例如，单个专业能力生成一门课程，几个接近的专业能力合并生成一门课程等。

其次，要明确制定每门课程的总体结构，合理的结构是课程顺利构建的基石。专家们应当具有大局意识，从宏观上把握课程规律，同时从实际出发了解学生对知识的掌握情况，包括基础知识、专业知识等内容，之后再考虑课程开展的相关事宜，以及培养计划等更加细致的问题。

最后，以课程门类、结构和职业能力对接关系为依据，设置每门课的课程内容，编写课程标准，按课程实际情况确定教学基本条件，包括师资队伍、教学设置、教学资源和质量保障等。

（四）专业标准汇编阶段

当上述三个阶段任务基本完成后，就应开始对专业标准进行归纳、总结、汇编。这一阶段虽然独立于其他阶段，但是各个阶段之间应当有效衔接，不能脱离联系。在这一阶段，先要编写专业标准，编写成功之后还要进行全面的评价、审查、总结等工作。之后，再根据审查、总结结果，对已有的专业标准进行适当的调整与改动，以确保专业标准更加完善。专业标准的编写要有严格的依据，要以相关规定与通知为基础。编写专业标准时，应准确把握通知的主旨与目标，严格遵守各项准则与章程，否则即使专业标准编写成功，部分内容不符合相关规定，也无法通过审查。

专业标准的具体内容应当包括专业名称、就读条件、学习时限、就业方向、未来发展、课程设置、课时设置、实践安排等。还应当注意的是，目前职业教育并不是只注重实践技能，对学生的思想素养与基础知识也有一定的要求。如果学生只具备实践动手能力，缺乏良好的道德素养与职业素养，可能也无法顺利毕业。所以，课程设置必须涵盖较多的领域，包括英语、数学等在内的基础课程，也包括思想道德与军事理论等在内的提升学生素养的课程。

另外，无论是调研阶段、分解阶段、构建阶段，还是汇编阶段，都要与其他几个阶段联系起来。虽然这四项工作分属于不同阶段，但是并不意味着必须严格区分，这几个阶段是反复循环、不断发展的。专业标准的制定要经受评审，接着一段时间之后重新调研，并进行分解和构建，目的在于顺应时代发展形势，制定出更适合职业发展的新标准。因此无论是学校还是企业，都应当有意识地共同构建和维护人才培养监控系统，时刻跟进，并将有效反馈信息当作不断提升的动力，持续提高教学质量。

总的来讲，专业教学标准的制定是目前我国职业教育必不可少的环节，它为职业教育指明了方向，让职业教育找到了新的奋斗目标，更是教育事业走向全面体系化、标准化的重要途径。只有遵循标准，按照规定的方法进行学科建设，严格执行标准所要求的方案，才能够使得职业教育体现出愈发雄厚的生命力，使我国职业教育得到更加快速的发展。

第二节 专业群课程体系的构建路径

一、思政贯通

思政贯通是目前高校教育中一种新的趋势，指把思政相关的知识与内容贯穿到各个科目之中，让除了思政专业之外的其他学生也能够尽可能多地接触思政相关知识，以助力学生形成比较正确的世界观和价值观。习近平同志多次强调，要做好高校思想政治工作，培养合格的社会主义建设者和接班人。为实现职业教育立德树人的根本任务，结合我国教育事业的实际情况，专业群课程体系构建必须做到课程思政有机融合，深度贯通。各学科教师一定要深入学习习近平同志讲话的内涵，深度研究和探讨课程思政的实施途径，努力构建思政与专业的协同育人体系，形成教学合力，让学生既能够在课程中学会专业知识，又能够坚定理想信念。

（一）思政贯通的基本内涵

1.课程思政的本质特征

课程思政，是我国目前贯彻落实的一种教育观，主张在各项课程中融入思政元素，助力学生的"双成"，既注重学生"成才"，也要注重其"成人"，"成人"即代表世界观与价值观的成熟与完善。学校要以正确的政治目标为导向，以丰富的德育知识为内容，让学生在接受专业教育的同时，也能接受思想政治层面的教育，获得充实的精神滋养。

在20世纪，国内大学以专业知识与基础知识教授为主，过于注重学生"智"的开发，而对于学生"德"的教化有所忽视。如今，我国已经进入中国特色社会主义新时代，在课程建设中更加注重"立德树人"四字方针，"立德树人"即通过品德方面的教化，帮助学生树立正确的人格。教师不仅要传授给学生理论知识与实践技能，还要帮助学生树立正确的"三观"，在教学的同时关注学生的成长问题，让专业课程与思政课程在融合中发展，在发展中融合，二者互相补充、协同进步。

课程思政能够有效将思想政治教育融入其他课程教学之中，能够满足我国社会主义发展与建设的客观需要，更是深入贯彻落实"立德树人"理念的有效途径。所以，课程思政应当在新时代课程建设中被重视起来。

我国已经实现了第一个百年奋斗目标，各个领域都已经取得举世瞩目的成绩，如今正在朝着第二个百年奋斗目标不断奋斗，而这一漫长的奋斗历程必然需要大批高素质人才作为社会主义建设的接班人。习近平同志指出："我国是中国共产党领导的社会主义国家，这就决定了我们的教育必须把培养社会主义建设者和接班人作为根本任务，培养一代又一代拥护中国共产党领导和我国社会主义制度、立志为中国特色社会主义奋斗终身的有用人才。"

正如习近平同志所说，我们为了不断推进社会主义事业的发展，需要"立志为中国特色社会主义奋斗终身的有用人才"，而这样的"有用人才"，在情感上一定要真正认同中华民族文化与中华传统精神，一定要具有坚定的理想信念，一定要发自内心把实现中华民族伟大复兴当作自己的使命，而这一切都有赖于思想政治教育。只有对学生进行全面、深入、正确的思想引导，才是国家事业不断推进，未来发展后继有人的可靠保障。所以，推进课程思政的建设与创新，开创全新育人观，是提升大学生整体素质，夯实大学生理想目标的关键环节。

2.进行课程思政建设的时代价值

课程思政无论是对于学生群体，还是对于教育事业的发展都具有积极的作用。实际当中，将思政融入教学活动的主导者是教师，学校无法直接开展课程思政活动，学生更不能自己开展，这一切有赖于教师的执行力。要立足于我们国家千秋伟业，着眼于社会主义国家的发展与建设，培养大量具有能动性与实践性的教师，使其进一步开展课程思政建设工作，是高等教育新模式的应有之义。

第一，课程思政能够回答新时代我国高等教育的总体方向这一问题。制定出切实可行的目标，有了明确的方向，才能促使教育事业在更短时间内取得更大进步，所以必须明确新时代高等教育应当"走向何方"。在社会主义中国，教育的方向总要围绕社会主义核心价值观，要在"立德树人"的政策要求下，致力打造德才兼备，既有一定专业能力，又有崇高理想信念的优秀人才。课程思政能够利用课堂这一渠道，对学生进行思政教育，从而明确我国高等教育的方向。

第二，课程思政是祖国未来建设者思想纯洁性与科学性的保障。当今社会发展速度日益加快，且在这变幻莫测的社会中，各种利益与诱惑比往日更多。作为祖国后备力量的年轻人，由于社会经验较少，极易因受到诱惑而迷失方向，忘记初心，甚至走向"邪路"与"歪路"。开展课程思政建设活动，可使学生明确自己肩负的责任，明确共产党的光辉历史与峥嵘岁月，牢记自己未来建设祖国的使命。同时，我国的思政教育以马克思主义为基石，而马克思主义是至今最为科学的世界观与方法论，能够给学生更加科学的思想指引，引导他们与中华民族同呼吸共命运，做好社会主义建设的合格建设者和可靠接班人。

第三，课程思政是针对当代思政教育不足进行的革新与发展。在推行课程思政之前，我国高等思政教育存在着明显劣势。在教育工作上，思政课时少，能够起到的思想教化作用有限；在教育主体上，思政教师数量稀缺，或是教师质量参差不齐，无法对学生进行深层有效的思政教育；在教育方法上，思政知识完全出自书本，缺乏理论联系实际的特点，无法为学生的现实生活提供实际可行的指导。而课程思政在教育工作、教育主体、教育方法、教育模式等层面都进行了革新，拓宽了思政教育渠道，促进了学科间育人价值的联系，可让各门课程在保证质量的前提下与思政课程同行，形成协同效应，让学生感受与以往完全不同的思政课程，从而提升其政治觉悟。

3.思政贯通的基本要义

思政贯通，指运用大局意识，把思政与各门课程联系起来，把思政知识寓于各门课程之中，充分发挥协同育人的优势，促使课程结合形成协同效应。

习近平同志指出："其他各门课都要守好一段渠、种好责任田，使各类课程与思想政治理论课同向同行，形成协同效应。"这说明，课程思政的核心在于专业课程与思政课程的融合，任何课程固然有其特殊性，但是其发展趋势都应当符合我国社会总体的价值指向，这一点是任何学科发展的前提，更是培养人才要遵循的第一要义。在高职院校中，任何课程都要基于自身学科实际努力发掘思政相关元素，在立场上坚定党的领导，在内容上丰富思政知识，不断优化和创新各个教学环节。

在课程思政实践过程中，有一些原则需要注意：第一，理工学科的课程思政要以问题为导向，同时不能为了展开思政内容而忽视理工课程的实际情况，而要从理工课程的实际出发，遵循创新原则，在保证理工课程教学质量的同时，准确把握学生的心理特点。第二，文科的课程思政可以适当加深课程融合的深度，因为文科的许多内容都与思政联系较为紧密。例如，历史学科中的许多历史事件与思政有许多相通之处。第三，课程思政的构建要循序渐进，不要急于求成。第四，课程思政的建设要与时俱进，思政内容总是随着社会发展、时代变化而变化。总之，课程思政要遵循以上原则，要体现大局意识，从全局把握建设的科学性、体系性、规律性。

常规思政课程是把思政知识直接灌输给学生，让学生直接面向思政，从而发挥思政课程的显性教育功能。课程思政与之不同，课程思政要求把思政知识蕴含于各门课程之中。以高职理工课程为例，高职理工课程一方面要保证专业课程授课质量，另一方面要加快推进课程思政建设，发挥隐性教育功能，在课程教学中融入思政教育内容，找准关键、突出重点，努力让学生既具有符合本学科的科学精神和严谨态度，又能够"有理想、有本领、有担当"。

（二）高校教师进行课程思政建设的内在要求与具体路径

1.高校教师进行课程思政建设的内在要求

高校教师是教育事业的主力军，更是推行课程思政的主要力量，高校教师是否具有良好的政治素养、崇高的理想信念、合理正确的课程思政方法，是课程思政建设成功与否的关键。所以，高校教师必须具有正确的政治立场、深厚的专业知识、专业的教育方法、优良的道德品质。

开展课程思政建设活动，首先要求高校教师本身具有正确、鲜明的政治立场，时刻牢记自己的使命，让课程思政朝着正确的方向发展，从而带给学生正确的思想引导。其一，高校教师要信仰马克思主义，坚信党的领导，愿意为了中国特色社会主义建设而奋斗终生。其二，高校教师要明确我国在不同时期、不同阶段教育事业发展的重心。在20世纪50年代，中华人民共和国刚刚成立，百废待兴；20世纪80年代，我国进入改革开放时代，以上时期教育以技能为主。而如今我国已经实现了第一个百年奋斗目标，各领域取得质的飞跃，教育更加注重人的全面发展，不仅要关注学生的学习能力，还要强调学生的品德修养。其三，高校教师要认真学习习近平同志的一系列思想与讲话，教学工作要时刻围绕中国梦，要保证教育内容符合国家的政治方向，一定要避免任何歧义性语言，避免反动言论。高校教师正确的政治立场是课程思政的第一前提，要始终坚持对党和国家的信心，促进课程思政不断向前推进。

其次要求教师具备深厚的专业知识，这不仅是课程思政的要求，还是作为一名教师理应具备的能力。在课程思政构建活动中，教师深厚的专业知识具有重要意义。一方面，专业知识比较充分，有利于教师更顺利地进行课堂教学，同时更容易把思政知识与专业知识有机融合在一起。假如教师对专业知识掌握得不牢，则容易导致授课知识、授课体系不全面的问题；另一方面，思政知识要寓于专业知识之中，如果说课程思政是建造一栋大厦，而专业知识就好比这栋大厦的地基，所以坚实深厚的专业知识是课程思政的有力保障。

所以，高校教师要利用课余时间，充实自己的知识储备，注意研读我国社会主义发展史相关文献，充分了解党史、国史，以便根据不同学生和学科的实际情况，更好地开展课程思政教学。

一名教师仅有充足的知识和正确的立场，并不能完全胜任教学工作，还要具备正确、科学、专业的教学方法。关于教学方法的讨论古已有之，且无论是古希腊的苏格拉底、柏拉图，还是春秋战国时期的孔子、孟子，都针对教育方法提出过自己的见解。例如，苏格拉底认为教育要注重启发，尽可能让学生在教师的一步一步引导下领悟到知识的奥秘。孔子认为教育要注重因材施教，从实际出发，考察不同学生的客观情况，并以此为依据制定不同的教学方法与教学目标。可见，教育不能"一刀切"，要根据具体情况运用针对性的方法，才能取得较好的效果。

课程思政建设也需要依赖专业的教育方法，高校教师一定要充分认识这一点,既要保证努力提升自己的专业素养,又要广泛接触和研究专业的教育方法。在教学模式上,要贯彻"生本理念",打破以往单向灌输式的教学模式,激发学生学习的主动性,同时要保证教师的主导地位,促进教师与学生双向互动;在教学体系上,要拓展课程思政的建设方法,同时教学不应拘泥于课堂,也要努力开拓课堂之外的"第二课堂",注重课堂教学与课外教学的结合,从而通过各种渠道将思政知识贯彻于教育工作中;在授课方式上,要擅长学习与吸收有益经验与方法等,适当改变授课方式有利于带给学生课堂新鲜感,提高其参与积极性,从而达到更好的教学效果。另外,由于课程门类较多,教师还要根据课程的不同适当进行教育方式的调整与创新。

高校教师优良的道德品质对大学生有着十分重要的影响,一方面,高校教师具备优良的品德,可以在教学中感染学生,用人格魅力吸引学生使学生更钦佩自己的言谈举止,从而在教学时收获更好的教学效果;另一方面,高校教师保持优良道德,能够起到身正为范的作用,无论是在生活还是工作中,都能够对学生起到引领和引导的作用,真正成为学生的表率。具体来讲,高校教师的优良道德品质包括热爱学生、敬业奉献等,不仅要善教,还要乐教和爱教。教师要时刻保持对中国精神、中国传统文化、中国革命精神等优良传统的向往,努力传承和弘扬社会主义核心价值观,力图用自己的人格魅力感染学生、引导学生。

2.高校教师进行课程思政建设的具体路径

在教育事业发展的新阶段,高校教师要对自己有更高的要求,以往的教师标准并不完全适用于课程思政建设的新进程。高校教师要不断学习,用深厚的理论知识丰富和充实自己,用严谨认真的态度教育和影响学生,将育人意识贯穿课堂教学,用专业素养的提高和优化来实现价值引导,以达到育人与育才相统一的效果。

(1)加强自身学习。当代社会,无论是科学技术还是理论研究,都有一种极快的发展趋势,昨日的知识并不能适用今日的形势,所以为了应对快速变化的社会现状,更为了应对信息时代各种碎片化知识的冲击,高校教师就必须加强学习,时刻保持昂扬的斗志,绝不能随波逐流、停滞不前。

学习的内容包含两个部分,第一部分为高校教师所负责专业的相关理论知识,第二部分为思想政治相关的理论知识。学习第一部分知识,有助于高校教师丰富自己的专业知识储备,提升自己的专业理论水平,并且在不断提升专业素养的基础上，逐渐发掘出有利于课程思政建设的新思路、新感悟，所以专业知识的学习也是课程思政建设的一种重要依托和有效借鉴。学习第二部分知识，能够有效提升高校教师的政治理论素养，能够坚定教师的政治立场，避免其在教学中出现政治立场方向错误，同时这也是教书育人、全程育人、全方位育人的保证。

（2）强化育人意识。育人意识，是教师在教育活动展开之前必须具备的一种观念，有了明确的育人意识，在教学中才能取得更好的效果。如果教师只谈教学，不懂思政，更不会处理"德"与"智"的关系，只会使教学活动陷入一种尴尬的境地。

首先，高校教师要明确课程思政对于育人的重要性，明确课程思政对大学生价值观与思想倾向的导向作用，深化对于思想政治的理性认识。如果只是"知其然而不知其所以然"，不重视思想政治，没有运用思政育人的意识，就会导致专业教育与思政育人这两种教育模式无法有机融合，出现"两张皮"的情况。

其次，高校教师要提升自身育人的责任感。教书育人素来是教师职业的神圣职责，每一位教师不仅要担当教学任务，还要担当育人的使命。然而，许多高校教师在工作中缺乏育人意识，始终抱着一种应付差事的心态进行工作，在教学中不求甚解，所制定教学设计不够合理，缺乏系统性与深入性；有些高校教师虽然能够把教学工作做好，但缺乏育人意识，忽视了对于大学生品德方面的教育与培养。可见，教师要具有思政协同育人的思想，构建协同效应，努力发挥课程结合的优势。

最后，每所高校都有思政教师，思政教师本身就是思政相关专业出身，对于思想政治相关知识具有比较深入的了解，具备较强的思想政治素养。所以，高校思政教师应当具备比其他专业教师更强的育人意识，要把塑造灵魂、传播真理当作工作的核心，要时刻保持充足的育人意识，明确自身育人责任。一方面，要发挥本专业优势，尽量多地把思政知识贯穿到教学工作的方方面面，也包括日常对学生的管理与服务；另一方面，要突出思政教师的身份优势，帮助其他专业教师了解时政热点、马克思主义理论，以便更好地促进校园内教师互动，推行多专业、宽领域教学联动模式，共同促进课程思政的开展。

（3）以热点问题牵引思政贯通。问题意识是在进行知识讲授活动时需要重视的一个关键点，避开问题的知识往往缺乏针对性，更缺乏实践性，所以高校教师要尝试以问题牵引进行知识讲授活动。例如，围绕社会中的某些热点问题进行讲解，既能够激发学生听课和思考的积极性，又能够把理论与实际联系在一起，大大提升课程思政对现实生活的指引作用。学生也会因此对课程思政产生较大的兴趣，今后更好地处理和解决生活中所面对的各种问题。

但是当下，多数大学生比较反感思政知识，这主要由以下原因导致：第一，课程思政建设过于死板，只是照本宣科，教师在特定情况下讲一些政治相关的讲话与文件，而学生则认为这些文件与自己的生活毫无关联，且会产生厌倦的情绪；第二，课程思政的课程立意很明确，要求学生明确自己的职责与义务，要求学生既要具有学习的热情，又要具有一定的觉悟与素养，而学生年龄与身份的特殊性，使其并不想关注以上要求。所以，课程思政要打破以上僵局，就要以问题为导入点，多对现实问题进行解读，让学生通过课程思政认识社会，并逐渐加深对课程思政的了解，意识到学习思政相关知识有助于自己分析各种热点问题，探究问题的根源与处理办法。如此一来，便可极大程度地激发学生对于课程思政的兴趣，并使其主动转换身份，成为课程思政的积极参与者。

（4）以专业素养实现价值引导。专业素养是各种能力与素质的综合，是社会长期发展对职业提出的要求。教师的专业素养包括对自己专业领域知识的掌握程度、工作时的严谨态度、对学生的关爱、良好的品德、正确的价值观等。高校教师要运用自己的专业素养对大学生进行正确的价值引导，从而促进课程思政构建。

学生几乎都希望自己的老师既有渊博的学识，又有高尚的职业道德，甚至后者比前者更为重要。如果一名教师时刻保持优秀的品行与作风，带给学生一种"身正为范"的积极影响，学生就会对教师生出一种崇敬之情，会在长期耳濡目染之中得到思想的"滴灌"。假如高校教师无法高度自律，不能时刻展现自己良好的修养与品行，则无法对学生起到"上行下效"的引导作用。所以，教师要时刻注重提升自我的专业素养，保持对职业的热爱与对学生的关爱。一方面，教师可以经常参加学校或其他机构组织的常态化培训活动，以接触更多行业内新的观念与知识，同时系统地提升自身的教学能力与德育能力；另一方面，教师可以共同构建互学互鉴的教学体系，由教研室主任牵头，成立课程思政研究小组，共同研讨提升教师自我素养以及更好地推行课程思政的各项方案。

总之,课程思政构建已经势在必行,既是教育事业发展的呼唤,又是我国社会发展的时代强音。高校教师应当积极寻求专业课程与思想政治结合的创新路径,找到最适合的方式,避免专业与思政二者出现"两张皮"的现象。然而,创新总是伴随着困难,在遇到困难时,高校教师也应当时刻保持信心,努力提升自己的专业知识、思政素养、育人能力,充实自己的育人意识、价值观念,贯彻落实立德树人这一重要指向。

(三)高职院校推进课程思政的实践逻辑

在高职院校中,理工专业推进课程思政往往具有比其他专业更强的阻力,这是由于理工科与思政联系不够紧密,难以找到二者结合的突破口,很难把课程思政的主旨思想、德育元素融入其中,因此理工专业教师应当付出更多努力。

1.提升课程思政实施主体的德育意识和能力是实施课程思政的先决条件

高校教师是课程思政的实施主体,在课程思政中扮演着较为重要的角色,所以高校教师必须提升自身的德育意识与能力,才能具备高效推行课程思政的条件。第一,教师要以一种开放、接纳、包容的心态接受和学习德育的理念,并自觉把德育理念转化为德育实践,构建立德树人的局面;第二,教师要树立高远的"育德传道"目标,明确"传道授业"的使命,认清中国特色社会主义新时代教师的担当与责任。

古人云:"君子之德风,小人之德草,草上之风,必偃。"这是说,君子具有优良品德,这种品德就像风一样,而小人没有什么品德,就像是草,在二者接触后,就会像草被风吹动一样,小人也会被君子优良的品德所影响。虽然教师与学生并不是"君子"与"小人",但是这种耳濡目染的引领作用却时刻在发生,所以教师必须严格要求自己。所谓"学高为师,身正为范",教师不仅要有丰富的知识储备,还要有人格魅力,教师的人格力量是教育成功的重要条件。高校教师必须以身作则,树立并保持正确的价值观,引导和帮助学生把握好人生方向,特别是引导和帮助青少年学生扣好人生的"第一粒扣子"。

高校教师在课程思政构建过程中要具备充足的育德能力,即把育德观念转变为实践能力,并且要取得实际的效果。这就需要教师既要传播知识,又要塑造人格,致力于学生的"双成",即"成长"与"成才"。"成长"是促进学生人格和品行不断完善,"成才"是促进学生学习知识与真理。

在育德过程中,第一,高校教师要从实际出发,认清学生的特殊性,根据学生的认知特点进行个性化教学,同时不但要着眼于学生目前的发展,而且要聚焦学生今后的发展;第二,高校教师要利用多种渠道拓宽对课程思政教学方式的了解,可以在互联网上查阅相关资料,可以参加思政互动小组,可以时常关注时政热点问题,从而更好地将思政教育有机融入专业教育中。

2.拓展课程思政的融通机制和实践路径是实施课程思政的根本举措

(1)以"立德树人"为载体,统筹教学目标融通过程。高职理工院校构建课程思政体系需要进行更为细致的统筹与布局,要结合专业课程的特点,深入剖析二者结合的有效途径。第一,融合路径要基于理工课程的背景与特性,具体在编写课程标准、制订教学计划时,兼顾思政课程融入环节,既要保证专业课程的教学质量,又要合理融入思政元素,促进二者有机融合;第二,融合路径要二者兼顾,不能只注重专业教育而忽视了立德树人,虽然"鱼与熊掌不可兼得",但是也要尽量做到"统筹兼顾";第三,使理工专业培养目标与育德目标的指向趋于一致,促成更加完整的专业培养目标体系。

(2)以"价值引领"为导向,挖掘专业课程思政资源。思政内容与高职理工专业的融合较为烦琐,教师要注重"价值引领",即在专业课程中尽量找到和发掘出蕴含一定价值取向的内容,并对这些内容进行总结,以便与思政元素融合。这里有几个问题需要注意:第一,要处理好专业课程与思政元素二者的关系,不能使它们融合时显得过于生硬,一定要在潜移默化中对学生进行价值引领,才能取得更好的教育效果。例如,专业课中涉及的名人、事件均可成为课程思政元素。第二,课程建设要注重创新,不能总是沿用过时的教学方法,无论是教材内容还是教学思路,都应当随着思政元素的引入而推陈出新,与时俱进,以"00后"大学生易接受的形式呈现,在知识传播中凝聚思政价值。

(3)以"线上+线下"为基点,创新课程思政教学方法。互联网时代给了各行业新的发展路线,更为课程思政创新提供了新的借鉴。课程思政可以结合互联网技术,抓住时代的机遇,进行创新与发展。高校教师不仅要在课堂上为学生适当灌输思政元素,还要利用网络,结合多媒体带给学生更为全面、更为直观的思政知识。虽然凡事都过度依赖互联网、手机和电脑并不是一个好的趋向,但是互联网受众广,适当运用互联网向学生传播知识能够达到良好的效果,同时能激发学生的学习积极性。

运用互联网创新课程思政要注意以下几点:第一,要注重线上教学与线下教学的有机衔接与有机融合,不能将教学工作完全放在互联网上。第二,要发挥互联网的优势,搜集与中华民族传统美德、中国革命美德相关的纪录片,运用观看视频的方式对学生进行内心熏陶,这样往往能够收获比课堂授课更佳的效果。第三,可以运用互联网的虚拟特性,适当呈现预设情景,给学生以身临其境的感觉。例如,通过观看抗日影片,促使学生产生情感共鸣,让学生从中获得更多情感体验。

总之,运用互联网,开启"线上+线下"的教学模式,是课程思政的一条创新路径,有助于高职院校深化课程思政改革,开创教育新局面。

3. 完善课程思政推进制度和评价体系是实施课程思政的制度保障

(1)加强课程思政的顶层设计。顶层设计,对于任何项目、任何政策的贯彻与实行都具有举足轻重的作用。加强课程思政顶层设计,指学校领导与有关部门协同协作,共同把课程思政建设摆在重要位置,下发相关文件提出要求,并制定较为细致的管理措施。首先,学校领导和主管部门要深刻意识到课程思政在中国特色社会主义新时代的重要意义,把课程思政摆在与其他专业课程同等重要的地位,不可为了快速发展个别学科,把一切有利条件全部转移到该学科教学方面,而忽视了课程思政的发展。其次,学校领导应与思政领域的专家学者成立课程思政小组,小组成员均为思政专业的优秀师资力量。课程思政小组可以适当开展讲座,对高校教师进行培训,提升教师的思政素养,丰富教师的思政知识,以打造出更加优秀的思政团队。最后,学校领导可以设置关于思政的考核评比机制,激发高校教师学习思政知识、进行思政评比、开展思政活动的积极性,以确保课程思政队伍愈发壮大,并具有更多活力。

(2)健全课程思政的保障制度。高职院校内部,除了教师以外,包括人事部门、科研部门、财务部门等,应当共同为课程思政构建保障制度,以促进课程思政实施与研究之路畅通无阻,为课程思政"保驾护航"。人事部门可以深入构建高校教师通过实施课程思政晋升的通道,给其以更广阔的晋升空间,使其在评职评教时能够获得一定的优待;科研部门要与相关机构达成协议,为课程思政申请立项,给教师进行思政领域研究增加动力,以推进思政领域各项教学活动的实施;财务部门要单独为课程思政建立特殊经费津贴,这样教师在进行相关研究时就有了充足的经费。另外,二级学院也可以根据各自专业领域特点,鼓励优秀教师进行相关主题演讲,带领众多教师共同学习和研讨课程思政的进一步规划。

(3)完善课程思政的评价机制。任何课程开展和发展得成功与否,都需要客观全面的评价,课程思政当然也不例外。有效的评价机制有利于修正课程思政发展过程中的弊端,促进课程思政朝着最优发展路线不断前进。第一,要考察课程思政是否实现了专业课程与思政内容的有机融合,且融合不应过于生硬,要把思政元素自然而然地融入专业课程,增加专业课程的人文性。第二,要考察思政内容是否与现实相结合。众所周知,思政课程长期以来饱受争议的最大原因就在于容易脱离实际,许多教师在讲授思政内容时,总是陷入自说自话的尴尬境地,这是由于思政内容脱离了现实生活,无法激发学生的学习兴趣。所以,评价时要注意观察课程思政是否可以有效联系实际,是否能够对学生起到一定的指导作用。第三,评价课程思政的方式方法不要过于单一,应当多样化,具体可以采用结果评价、过程评价、动态评价等形式,这样思政评价才能更加精准、更加客观,才能充分反映时下课程思政的基本情况。

二、素养贯通

(一)职业核心素养的内涵

当代职业核心素养来源于新阶段的经济社会发展需求,也逐渐服务于新时代的人民群众生活需求。新经济、新技术、新产业重塑了职业世界,技术技能人才从事某项工作所需职业核心素养也发生相应改变。传统职业素养指的是职业人在长期学习和实践过程中所获得的综合品质,可划分为通用职业素养和专用职业素养,前者包含一名合格职业人所应具备的基本职业道德、职业意识、职业行为习惯等,后者则是本行业特定的职业技能素养的体现。作为职业素养的关键成分,职业核心素养更加凸显合格职业人在本行业的素养需求。伴随着新一轮产业革命的到来,现代经济社会从规模化大生产范式转向了质量精益求精和改革创新范式。在此背景下,职业素养更侧重于可持续、可增长、可贡献的能力价值,如求实与创新、迁移与思考等通用性关键能力,这构成了新时代技术技能人才职业素养的"核心"。可以说,职业核心素养一方面反映了技术技能人才所处技术时代的新需求,另一方面则是在职业教育价值反省和寻索过程中对人才培养目标的重新思考和架构。

关于职业核心素养的内涵,学者们都强调了在技术革命和产业变革时代背景下能够回应社会需求、应对职业变化的核心素养和能力,指向"匠气、匠心、匠技"的时代内涵。其具有三个基本特征:超越所教的知识和技能;帮助个体在多样化的情境中满足可持续发展的职业需求；内容的相对稳定性和内涵绝对的变化性。基于产业变革时代背景需求以及各位学者对职业核心素养的探索，笔者认为技术技能人才职业核心素养是适应新时代科技革命和产业变革，个体经过长期学习实践和经验反思所获得的，具有相对稳定性和可持续发展性，能够促进自我终身发展、社会参与和提升职业竞争力的专业胜任力素养，其本质是一种后天习得的应对职业岗位发展需求的可持续、可增长、可贡献的高级心智能力。

在西方国家，"关键能力"与核心素养用词基本相同，在我国，早期则主要出现在职业教育领域。有学者指出关键能力侧重于职业教育领域，强调对职业变化的适应能力，只能代表核心素养的"技能"部分。有学者认为，从关键能力的界定和内涵来看，其与核心素养并无二致，关键能力不局限于"技能"，核心素养也不局限于普通教育。在职业关键能力相关研究基础上，已有学者探讨了职业核心素养的内涵、框架和培育等问题，有关职业核心素养的结构维度尚无定论，但职业理想与信念素养、职业道德人格素养、职业能力素养等维度已经得到普遍认可。

"科教兴国""人才强国"，"人才"并不单单指学术方面的佼佼者，也包括技术领域的领路人。可以预知，在未来的十几年中，社会对技能型人才的需求程度将只增不减。在国外，世界各国在高新技术领域的竞争日趋激烈，当国家具备更加先进的技术时，就会具有更多的话语权与主动权；在国内，各项技术不断革新和创造，是加快产能转变，提升生产效率，节约资源，减少能耗的唯一途径。所以，我国加强职业教育，促进职业教育转型与发展的工作可谓任重道远。

具体来讲，职业核心素养并不是一个单一的概念，其包含的内容比较多元，比较全面，主要包括员工的职业伦理与工作道德，胜任工作人员的人格特质，以及员工为了完成任务应当具备的行动能力三个方面。可见，这三个方面各有侧重，但均为职业核心素养中不可或缺的部分，三个方面共同构建出高级技能型人才的核心素养体系。

针对时下学术界关于核心素养的研究与认知，把核心素养放在十分重要的地位，当作人才培养过程中的重要指标尤为关键。职业核心素养既是不同岗位的共同需求，又是高职院校人才必备的素质。职业核心素养，指个体走上社会并走上工作岗位后，自身所具备的工作能力与竞争能力，以及今后职业晋升所必需的关键能力等,包括个人在职场中所需要的知识、能力、态度、观念、价值观等一系列因素。高职院校的学生普遍在毕业后将进入实践性、技术性岗位,这与其在校期间所学专业相关,但要注意的是,工作岗位的需求并不局限于个体的技术能力,还包括技术之外的个人修养、创新意识等方面。而目前多数高职院校只注重培养学生胜任工作的专业能力,却忽视了学生的综合能力。核心素养主张高职学生的全面发展,既要对其进行比较科学系统的专业教育,也要加强对其品格修养、职业素养、创新素养等方面的培养。

（二）将职业核心素养嵌入人才培养目标

1.培养目标与职业核心素养的对应关系

无论是高职院校还是本科院校,都需要预先制定合理的人才培养目标,人才培养目标在一定程度上也是教育过程的行动指南和检验标准。一般来讲,人才培养目标包含培养类型、培养层次、培养规格、职业岗位等内容。对于高职院校来讲,其培养类型与培养层次基本保持一致,无论哪所高职院校目标都是培养技能型人才,而职业岗位却千差万别。虽说众多学生都出自高职院校,但是由于学生所学专业不同,接触的领域不同,学生的习惯思维方式与未来的职业岗位都有所不同。所以,为了使高职学生清楚自己未来的职业走向,要对其职业岗位进行解释和说明。例如,哪些岗位适合自己所学的专业,哪些岗位工资高,哪些岗位晋升快等。同时,要使学生了解不同岗位要求具有不同的核心职业素养,这对于其自身未来发展至关重要。

因此,高职教育要做好以下两方面的工作:既要在教育教学中使学生明确自身职业发展所需的职业核心素养,又要经常开展多样的教学活动与实践活动,使学生提前体验进入工作后的心态与感受,有利于其职业核心素养的培养与发展。

2.职业核心素养嵌入培养目标的设计思路

职业核心素养嵌入培养目标,指对高职学生进行教学之前,先制定培养目标,这与职业分析法相关。职业分析法是目前学界比较认可的一种分析方法,认为学生在开始接受教育时,先要明确自己的目标,带着这一目标去学习、去实践,往往能够收获更多。所以,高职院校应当针对不同学科、不同专业的学生制定培养目标。或许对于此时的学生来讲,目标与现实有着明显的差距,但是目标与自己的专业密切相关,只要努力就能够使目标实现。例如,汽车工程系是典型的理工学科,要以培养动手、实践、解决实际问题能力为主要目标,这是由于该系学生未来的就业岗位往往需要较强的实操能力;又如,信工系的学生与互联网、计算机接触较多,针对该专业学生的培养目标就要以帮助学生在计算机行业就业为主;市场营销、电子商务等专业与市场和社会发展变化相关,就要对学生的适应能力和创新素养有更高的要求。总之,培养目标的明确对于高职高专学生职业核心素养的提升十分重要,培养目标应当按照特定的阶段来制定。首先,要对不同专业对口的职业岗位进行科学合理的分析,高校教师要与行业专家互动交流,征询不同意见,对职业岗位、任职资格、未来发展进行全方位分析;其次,要对人才培养规划进行合理微调、创新、优化,要进一步明确职业核心素养的内在结构,并据此制定切实可行的培养目标;最后,要根据培养目标制定针对性、具体的学生培养方案,包括课程体系、课程内容、课时设置、教学模式等一系列要素。

(三)将职业核心素养训练贯穿课程教学

1.基于职业核心素养的课程体系

从我国目前绝大多数的高职院校来看,其课程体系的设置往往围绕学生的专业知识与专业能力,简而言之即能力本位,把培养学生专业领域能力当作首要任务,这与社会的基本情况也不无关系。目前我国高素质人才比比皆是,本科毕业已经不算高学历,许多高职高专的学生只能以娴熟的操作能力提升自身岗位竞争力,以便找到合适的工作,这也是适应如今社会发展现状的一种方式。

然而,这种能力本位的课程体系也有一定弊端。对于高职学生来讲,能力为主必然会忽视其他方面的发展,单纯追求专业的针对性,会造成综合素养的缺失。所以,站在职业核心素养的角度来考虑,我们更应当针对高职学生设置素养本位的课程体系,素养包含的内容更为广泛,可以说是能力本位课程体系的拓展、升级、创新。

一般来讲,高职高专学生在学校要学习基础课程、专业课程、思政课程等,其中专业课程所占比重最大,无论是教师还是学生都更加注重专业课程,毕竟在学生进入岗位后,专业课程所学最能体现其工作价值。素养本位要求适当提升思政课程的比重,但不少高职学生只会参加一些专业相关的实践活动,却不了解基本的思政知识,甚至部分学生不知道中国共产党成立日期,也不知道我国的国体与政体分别是什么，更何况中国精神、建党精神等。以上内容虽然不能对学生眼下的学习和工作有实际的帮助，但能够有效提升其综合素养，增强其作为中国人的使命感与自豪感，对于学生今后的发展百利而无一害。所以，高职高专课程体系建设要转变思路，由能力本位变为素养本位，促进思政与专业的融通。

2. 基于职业核心素养的课程开发

在制定相应的培养目标与课程体系之后，进入培养内容设置阶段。培养内容设置主要为课程开发活动，在进行课程开发时，先要对专业对应的职业岗位有比较清晰的了解，再针对这一方向进行开发，这是课程开发的前提。如果对工作的性质及其任务没有一个明晰的了解，就无法真正界定知识与能力的边界。成果导向教育理念是美国的一种课程开发理念，该理念以职业核心素养为中心，主张每门课程的开发与建设都指向学生职业核心素养的提升，这为我国高职院校课程的开发提供了指导与借鉴。

3. 基于职业核心素养的课程教学

在理论教学中，要严格选择教学内容、教学模式、教学方法，促进学生职业核心素养顺利提升。

（1）全面拓宽教学内容。传统上，教师在教学中以基础知识教学为主，注重知识的连贯性与基础性，希望学生能够把基础知识掌握扎实，尽管这些知识所涉及的方面比较狭窄，不够全面。长此以往，学生会对书本中的各种基础知识比较熟悉，却牺牲了获取全面性知识的机会，所以传统教学模式通常培养出大批"单向度"发展的学生。如果教育只注重学生的基本知识向度，而忽略了学生职业核心素养的发展，学生就会在一定程度上成为"知识傀儡"，缺乏自己思考问题的能力以及探索和创新精神。而以职业核心素养为主的教学内容与传统的明显不同，它加入了许多创新性、动态性、时代性元素，包含当今社会发展趋势、不同职业的发展前景等。总之，全新的教学观念对教学内容进行了拓宽，强调要突破原有知识体系的局限，打造复合性融合知识体系。

（2）创新与发展教学模式。关于教学模式，不同学者有不同的看法。例如，日本的佐藤学认为，传统教师总是把口述、表达当作教学的主要环节，而这种教学模式所取得的成效有限，真正优秀的教学模式应该让学生多表达，教师多倾听，学生表达的过程也是其思考的过程，能对学生的学习起到很好的促进作用；又如，中国著名教育家蔡元培、陶行知等人，主张教学模式多元化，教学内容多元化，以促进学生全面发展，并支持和鼓励学生表达自己的看法，把自己关于问题的思路表述出来。可见，大多数学者都认为教学并不一定就是教师滔滔不绝地讲述，学生的表达与教师的倾听也很重要。另外，教学模式也要有其他创新形式，如改变传统单调、生硬的讲述与灌输方式，结合自主、合作、探究等方式，调动学生学习的积极性。例如，让学生自主成立学习小组，并给每个小组规定研究课题，既锻炼了学生的协作能力，也锻炼了学生的自主探索能力。总之，教学模式应当多元化，特别是在如今这个多元化、信息化的社会，教学模式也应当随之改变。

（3）革新与丰富教学手段。传统教学手段形成于信息时代到来之前，包含面授、板书、讨论等。如今社会信息化形势愈发明显，各行各业都加入了转型大军，因此教学手段也应当与时俱进，进行适当革新。教师应当熟练使用互联网，适应"互联网+"的大趋势。如今，网络上已经推出多种线上课程，如慕课、网易云课堂等。新型教学手段为教师的教学转型提供了借鉴，运用网络教学，有利于调动学生的积极性，更有利于教师生动形象地授课。由现实可知，在新时代运用多媒体、互联网，能够极大地丰富以往的教学手段，从而带来一场全新的"课堂革命"。

"实践出真知"是亘古不变的真理，实践能够加深人们对于知识的印象，也能够检验知识的正确性。因此，我国有关部门也主张和强调高职院校要注重实践教学，如《教育部关于职业院校专业人才培养方案制订与实施工作的指导意见》中提出，职业教育要强化实践环节，实践性教学的学时原则上不少于总学时数的50%。高职院校之所以大力推行实践教学，是因为其专业往往具有较强的实践性，对学生动手能力要求较高，如汽车系、机械系、信息工程系等。在创新实践教学进程中，有几个要点需要引起注意：

第一，校园内部实习实践。高职院校校园内部举办的各种实习活动是培养学生实践能力最主要的途径。学校具有硬件优势，有大量与不同专业相关的各种器材和设备，可以省去租借设备的开销与时间；学校具有场地优势，校园一般都有实训场馆，可以让学生进入其中进行专业实践。通过实习实践，学生可以加深对于理论课程的印象，并拓展关于理论课程的认识，还可以通过实践提升动手能力。同时，校园内的实习也比较容易组织，没有校外实习的隐性风险，对于学生来讲，有更多的保障。在实习中，教师要尽量全程陪同，及时帮助学生纠正错误，提供精准指导。在实习结束后，教师和教学主管部门可以对学生进行考核和打分，学生再根据教师的评价对自身不足之处进行完善。

第二，校外顶岗实习。校外顶岗实习与校内实习之间具有比较明显的差异。校内实习只是模拟校外实习，具有一定的虚拟性，在许多方面无法与真正的实习完全相同，而校外实习真正把学生放在社会上。从未离开过学校的学生初次进入社会，难免出现不适的情况，这就需要教师对学生进行更加细致和全面的指导。目前，国内所有高职院校都已经开启顶岗实习教学模式，有些高校让学生大二外出实习，也有些高校让学生大三外出实习。进入实习岗位，学生的工作与真正的岗位职工基本相同，如果工作完成得较为出色，学校会给学生打出更高的实习分数。在顶岗实习中，学生相当于"学徒"，企业会有"师傅"帮忙。尽管如此，学生也会遇到一些难以避免的困难，能够切实感受到专业学习与实践的差异，感受到自己对于专业掌握的欠缺之处。通过一段时间的实践，学生普遍能够有效提升实践能力和专业素养。另外，高职院校也要与企业加强双向联系，及时获知学生的实习情况，以确保更好地开展实习活动。

校内实习和校外实习两种模式各有其优势与劣势，高职院校应当根据自身情况，开展实习实训，以促进高职学生素养提升。

（四）职业核心素养培养的具体内容

1. 职业道德

职业道德是员工关于自身职业的道德体系，与自身的品德修养有关，是否具有职业道德，是判断企业员工是否具有创造更高价值潜力的重要依据。员工的职业道德包含负责、认真、专注、严谨等。员工具备基本的职业道德，才能够严格遵守企业的各项规定，如根据要求着装，根据规定按时到岗，不无故旷工；才能够按照要求完成相应的工作，并保证工作质量，在无法完成工作时，也能够保证把自己可以胜任的工作一丝不苟地完成，并及时将困难进行上报，寻找其他解决方案，而不会逃避责任、虚假上报等。假如员工缺乏职业道德，在工作中容易出现消极、懈怠、应付的情况，甚至在出现工作失误时，与其他员工互相推诿扯皮，这不仅不利于提升企业的效益，还无法为行业发展提供动力。所以，具备职业道德是员工称职的首要前提，在一定程度上，职业道德规范调节着员工的行为，只有企业内每一个员工都明确自己应当遵守的义务和应当履行的责任，把企业当作自己的"第二个家"，才能为企业创造更大的价值，为企业带来更多的利润。

在企业的发展尤其是创新过程中,总会存在一些风险,这就使企业不可避免会出现各种各样的问题,问题或大或小,其原因也较为多样,或由于人为因素,或由于客观因素,但总会在特定时间内对企业造成影响,而应对问题就需要员工具有高度的责任心。具备责任心的员工,能够在遇到困难时选择与企业站在同一阵营,能够换位思考,体察企业的困难处境,并尽自己最大努力去找到处理问题的方案。而缺乏责任心的员工只会在各种问题面前临阵退缩、偷懒耍滑,只注重个人利益的得失,这与社会提倡的集体主义背道而驰。

目前,我国较为推崇的是具有劳模精神与工匠精神的员工。劳模精神,指员工在工作中能够甘于奉献、任劳任怨,不因为工作辛苦而放弃,也不会因为工作困难而逃避;工匠精神,指员工在工作中能够时刻专注于工作,保持一颗精益求精的心,时刻保持更高的要求与水准。实际上这两种精神都需要强大的责任心作为支撑。

无论何时,企业最为器重的都是踏实肯干、兢兢业业的员工,而不是投机取巧的利己主义者。所以,高技能人才必须要保持一颗责任心,不要小聪明,不做亏心事,将对工作负责、对企业负责当作自己的座右铭,以高尚的工作精神与人格魅力赢得企业领导的信任。

2.沟通协作能力

人是社会中的人,而社会是人共同组成的社会,所以每一名成员都无法与其他人断开联系,人与人的沟通时刻在发生并且无法停止。一名高技能人才通常需要具备较强的沟通能力。

第一,沟通能够提升工作效率。在工作中任何人都难免遇到各种各样问题,许多问题无法自己快速处理,需要他人进行协助。在请求他人协助时,员工需要具备一定的沟通能力,否则可能会引起同事反感。

第二,沟通能够保持良好心态。当遇到比较烦琐的工作任务时,员工很有可能会产生一系列抵触情绪。如果缺乏沟通,不进行任何倾诉与交流,会使员工自身情绪低落,影响工作。而适当与他人进行沟通,则能够有效缓解心理压力,释放不良情绪。

第三,沟通能够消除隔阂,解除误会。每一家企业都有较多员工,在长期共同工作的过程中,难免会产生各种误会,有效的沟通有利于高技能人才互相交流观点,分享经验,增进了解,从而消除误会与隔阂,共同为企业带来更高的效益。

第四章 专业群课程体系的重构

所以，沟通能力无论是对个人，还是对他人与企业，都具有十分积极的意义，高技能人才更应当掌握沟通的艺术。

协作能力，指员工在工作中的合作与协调能力，协作能力也是高技能人才必备的职业素养之一。单打独斗不如群策群力，即使个人能力再强，也不及能力均衡的几个人的合力强，所以高技能人才要学会与他人合作。实际工作通常包含多个环节和工序，负责各个工序的员工应该合作，有计划地进行工作，共同把任务完成。培养协作能力需要从以下几个方面入手：第一，如果提问，一定要把问题与提问的依据表达清楚，晓之以理；第二，要认真倾听其他人的意见和建议，并且鼓励他人提出自己独到的看法，在充分了解他人想法的基础之上提出自己的看法；第三，时刻注意多听、多问，避免把自己的想法强加给他人。总之，协作能力需要在团队的基础上才能逐渐培养出来，而团队并非"一言堂"，每一个成员都应当认清协作与配合的重要性。

3.学习能力

按照马克思的观点来说，任何事物都处在不断变化之中，我国也基于此曾提出"与时俱进"的发展战略。同样，对企业来讲，任何封闭、僵化的发展方式都行不通，必须时刻与时代接轨才能永葆活力。所以，高技能人才作为企业的主力军，必须具备自主学习的能力，根据行业、社会的变化，以及行业的发展，及时扩充自己的知识体系，调整自己的认知状态，树立终身学习理念，才能应对社会日新月异的发展。

就目前各行业发展情况而言，各种设备频繁更新换代，尤其以电子产品与汽车产品为主，新上市的手机仅在3～6个月后便会被具有更优秀芯片的新机型所取代。高技能人才必须认清社会快速发展和转变的大趋势，时刻重视培养自己的学习能力。

在工作之余，人们需尽可能多地接受与行业相关的新理念，尝试新技术，不断更新自己的知识结构，提升理论和实践水平，才能跟得上生产环境的变化。假如故步自封，只知道埋头苦干，而忽略学习，很可能会被快速发展的行业大趋势淘汰。

4.执行能力

执行能力，指高技能人才在工作中能够贯彻企业的战略意图，并且顺利完成既定目标的能力。员工具备足够的执行能力，才能够快速将企业的规划与意图转化为切实可行的实践活动，促进企业实现效益最大化。

在具体工作中，技术人员要有明确的目标，要做到充分沟通、绝对服从，并且擅长分解目标，以便顺利完成任务；要制订细致的计划，明确的计划和方案可以使员工更高效地进行工作；要具备执行新任务的意愿和能力，完成领导分配的不同任务。

除了以上几种能力之外，高技能人才还应具备良好的抗压能力、解决问题的能力和自我调整能力。

首先，工作总是与压力相伴，高技能人才时刻都有可能面临工作上、生活上的各种压力，在面对压力时怎样应对成了一个重要的问题。企业以营利为主，有时会为了利润给高技能人才分配有难度的任务，如果高技能人才能够正视压力，甚至能够把压力转化为动力，则为一名合格的工作者。假如高技能人才在工作中由于特殊原因，无法承受压力，只会给企业带来损失。所以，技术人员必须时刻注意提升自己的抗压能力，在遇到压力时想办法通过适当的方式转移压力。

其次，任何工作的开展都伴随着各种隐患与问题，工作环境也往往比人们所预想的复杂，技术人员在工作中难免会由于个人因素或客观因素遇到问题，这时解决问题的能力就变得尤为重要。技术人员遇到棘手的问题，如图纸无法顺利制作成产品等，就要利用发散性思维，寻找多种解决途径。如果技术人员面临问题和挑战时，只是一味退缩或者怨天尤人，只会让问题愈发棘手。所以，技术人员要学会变通，结合实际处理工作中的各种难题。

最后，生活中与工作中的复杂问题时常会交织在一起，容易使技术人员情绪不稳，而技术人员的工作往往比较重要，所以他们必须学会时刻调整和控制自己的情绪，不做情绪的奴隶。事实上，自我管理和自我控制也是一项十分重要的能力，其难度不亚于专业技术能力提升一个层次。但是，为了完成既定的目标，实现自我价值与企业价值，技术人员要努力评估、修正自己的情绪和行为。

总之，对于企业来讲，高技能人才的职业道德、专业技能以及其他各项能力都十分重要，其中职业道德与专业技能更是重中之重。

三、课证融通

(一)"课证融通"背景

课证融通,也可被称为"双证教学",要求高职高专学校课程体系的设置和规划要与学生将来考取的证书相一致,这样既节约了学生额外复习备考的时间,又加深了学生对于该领域的研究。

2019年,国务院发布"职教20条",要求在我国的高职高专院校内推行"1+X"制度。事实上"1+X"与课证融通二者趋于一致,"1"指的就是高职学生的毕业证书,"X"指的就是学生经过学习后所考取的各项证书。有关部门同时强调,"1+X"是我国针对高职高专教育采取的重要举措,能够看出国家对于高职院校的重视程度,这也为高职院校发展带来了更多机会。

多所高职院校为了响应政府有关部门的号召,已经加快"1+X"建设步伐,在学校内部课程设置中,开设了较多与学生考证内容相一致的课程,以及部分考试辅导课,受到了多数高职学生的好评。要注意的是,"1+X"虽然注重学历证书与职业证书,但并不是"唯证书论",而是旨在提升学生的职业素养,把证书当作一种评判的依据。同时,这种融通模式旨在促使课程与证书相对接,进而推动学校授课效益最大化。

总之,课证融通是新时代高职高专课程安排的一种新思路,符合目前社会发展趋势,且这种融通方式能够有效衔接学历证书与职业证书,既确保了学生在专业领域的深入性,又使学生具有了更大的社会竞争力。

(二)"课证融通"建设方案

课证融通的发展与建设需要特定的方法,既要考虑课程设置是否与职业培训相一致,并且互相融通,又要考虑建设中的各种具体问题。

1.课证标准互通

课证标准互通就是将职业技能等级证书与国家专业教学标准对接,对现行人才培养方案进行优化。学校按X证书标准分级设置课证互通标准,学生获得职业技能等级证书后经提交证书原件验证,可获得本专业相关1门或多门专业课程学分。

2.课证内容互融

课证内容互融就是高职高专所教授的知识与专业证书需要考试的内容相衔接,即"证书考什么,课程教什么",以大幅提升高职学生考证通过率。当然,通过率仅仅体现的是一方面，更重要的是这种融通方式能够体现职业教育"做中学、学中做"的重要特征。另外，这也有利于提升学生听课的效率。之前，学生认为课程只与期末考试挂钩，而如今学生开始认识到课程不仅与期末考试相关，还关乎学生自身未来考证与就业，因此提高了听课学习的积极性以及听课的认真程度。总之，融通能够有效提升学生的综合能力，也有助于学生更加高效、高质量地修习完各项课程。

3. 教学内容优化

教学内容也要适当有所改变和优化，需要呈现在某个任务领域内如何解决问题的一般知能（系统化问题解决方法，即 SAP）和领域组织方式（领域模式）。学校通过召开实践专家研讨会，梳理出不同难度任务类别的相关知识，最终体现在教学内容中。

4. 改进教学考核与评价方式

关于教学考核与评价，学校可以采取如下两种方式：第一种为以证代考，第二种为开发评估工具。两种方式各有侧重，能够从不同的出发点，运用不同的手段，对高职学生的能力、素养进行评价。

以证代考由相关部门、高职院校、相关企业协同推行，相关部门要构建具有一定权威性、影响力大的考核组织，并在国内的不同地区分别设置附属机构，以确保考核评价能够在国内各个地区进行，考核结果要及时上报汇总。学校与企业要时刻与有关部门保持联系，三方保持协调协作，同时企业要认可考核结果和证书的权威性，发挥企业灵活性优势，大量吸收优秀人才。

开发评估工具是通过将职业组成技能分解，将评估标准细化到每一个基层的组成技能，进而与实践专家进行研讨，制定出一套固定标准，使用多种评估方法参与评估（包括自我评估和同伴评估）。开发评估工具时，需要为学业的所有相关方法构建评估量规，包括描述评估标准以及帮助评估者为所有评估标准设定评判分值。

5. 教材建设

教材建设，指高职高专课程所使用的书本编写、节选、汇总等工作。对于教学活动来讲，教材的建设是一项基础却又具有一定难度的工作。一方面，任何课程的开展都不能缺少教材，教材基本包含了学科的全部重点内容；另一方面，教材"好"与"坏"和多种因素有关，这就需要学校和有关部门进行全面的分析与考察。第一，教材建设要考察市场需求。学校要分析市场在时下与之后几年的走向，了解教材的内容是否与社会发展趋势相一致。第二，教材建设要考察课程建设情况。每所院校课程建设的进度与成绩都有所不同，各高校要善于发挥自身优势，针对师资力量较强的专业和学科，并在教材建设上多下些功夫。第三，教材建设要符合学校特色和办学宗旨。每所学校都有其自身的校训与特色，教材的内容要与其贴合，彰显学校的特色，符合学校办学宗旨。另外，学校还要在内部专门设立教材审查小组，严格按照框架和要求，对教材进行审查，不符合出版规定、与中国主旋律相悖或者措辞有问题的教材，需要重新考虑。

课证融通的教材建设，在遵循以上要求前提下，还需要符合一些新的规定。例如，每门科目的期中考试或期末考试都要与证书考核相融合，要做到合并进行；教材的内容要与国家大政方针相符，要体现国家最新的战略等。总之，课证融通教材开发要促进课程结构化，以课证融通为核心进行一体化设计，以典型的项目、真实的项目和任务为载体，融入四元教学设计指导下提炼的教学内容，将企业要求的新技术、新工艺和新规范融入教材。

6.实训基地建设

现代职业教育提倡搭建现实任务环境和模拟任务环境，让学习者完成那些涉及具体经历的学习任务。考虑教育方面的要求或者实际方面的原因，学生既可以选择带有常规工具和目标的现实任务环境，也可以在模拟任务环境中完成学习任务。

任务环境建设主要指实训基地构建活动，其中实训条件建设是基础性保障工作，要从实训教学条件标准、站点条件要求、场地建设功能、实训场地建设以及实训场地建设案例等方面进行。实训条件建设的核心是建立实训教学条件标准，学校和企业两个主体共同发挥作用，共同开发实训教学条件标准。有了实训教学条件标准，才能准确、科学地进行"1+X"课证融通实训条件完善活动。要促进学校和企业高效合作，学校的高层领导和企业高层领导理念一致，共建实习实训基地，成为一个共同体，才能够更好地开展"1+X"相关工作。

四、专创融合

众所周知，专业教育是目前教育部门比较关心的一个方向，创业教育同样受到教育界的广泛关注，可以说高职高专学生的专业能力和创新创业能力，是目前教育领域重点关注的部分。在当代教育改革大背景之下，无论是专业教育，还是双创教育都取得了一定进步，如今我们所要考虑的是，如何进行二者的融合，即"专创融合"。所谓"专创融合"，指专业教育和创业教育的有效衔接。我国近几年针对专创融合做出过一些努力，但收效甚微。

在如今教学改革的趋势下，专创融合值得引起有关部门更多的关注，主要是由于从前的双创教育和专业教育孤立发展，二者没有实现融合。目前二者融合尚处在探索阶段，对于人才培养没有实质性的帮助。而专创融合能够促进人才综合素养迅速提升。例如，经贸系财务管理与金融管理等是高职高专普遍开设的专业，这些专业的学生毕业后一般在企业中负责公司的财务管理等工作。经济是企业的"命门"，对于企业的生存发展至关重要。这些专业进行专创融合能够有效提升高职人才的专业知识掌握程度，以及其对企业财务状况进行预测和对社会经济发展趋向进行判断的能力。

（一）"专创融合"教育的必要性及意义

创新是一个国家、一个民族不断进步、不断取得更高层面突破的不竭动力，是一个民族不断发展的活力之源，缺乏创新的民族只能故步自封、停滞不前。创业本意为"开创基业"，是一种在旧基础上不断奋斗、不断奠基的积极活动。根据目前的形势来讲，创业是一国之内各行各业继续发展的必要途径。要注意的是，单纯的双创教育并不能取得预想的效果，因为如果该种教育方式与专业教育相分离而独立实施，则会导致课程缺乏实际性。

专创融合强调被培养者要在接受创业教育之前，先进行比较全面、系统的专业教育，通过学习专业知识有了一定的专业素养基础再接受创业教育往往能够取得更好的效果。传统高职教育更加关注针对学生的专业教育，缺乏对其创新精神的培养，容易导致学生进入社会后适应能力差、创新能力差。而专创融合能够打破这一局面，专创融合主张在专业教育中融合丰富的创业教育内容，提升学生对社会的适应力，激发其进取性与创新性品质。总之，专创融合对于高职院校学生的未来发展，以及高职教育转型与创新乃至整个社会教育改革都具有一定的积极意义与价值。

1. 高职院校专创融合的多元价值

（1）高职院校专创融合的时代价值。高职院校是技能型人才的摇篮，几乎全部高职院校都把培养学生的专业能力与实践能力当作第一诉求，其基本课程设置与日常教学安排也都围绕专业技术教学而展开。创新创业教育是我国高等教育普遍开设的课程，其对于高职院校的重要性要比本科院校更为突出，它以创业相关的基本知识为主要内容，以培养学生的创新创业思维方式，提升学生的创业能力为核心，是一种基于时代发展的新兴教学模式。双创教育近年也受到国家大力支持，如2015年颁发的《中共中央 国务院关于深化体制机制改革加快实施创新驱动发展战略的若干意见》强调，加快创新驱动发展的重点在于创新人才的培养，要发挥高校对于学生创新创业能力的培养作用，大力培养创新人才，以充实创业队伍，激发社会的整体创新活力。2018年，习近平同志进一步强调，要求优化高职院校的课程设置与专业设置，并加快创新型人才的培养，这为专创融合的发展指明了方向。进入21世纪的第二个十年，中央组织部等多部门于2020年发布《关于实施高校毕业生就业创业推进行动的通知》，对创业教育提出了必要补充。可见，高职院校实行专创融合不仅是学科发展的要求，还是时代的要求，具有重要的时代价值。

（2）高职院校专创融合的教育价值。专创融合对于高职院校创新教学模式、创新教学理念都具有一定价值。

首先，专创融合是高职院校遵循国家大政方针，进行相应改革的必要举措。近年来，教育部等部门多次强调在高职院校大力推进专创融合，如2019年出台的"双高计划"，该意见强调高职教育不仅要把专业教育当作主线，还要贯穿复合型人才培养模式，加强学生动手能力、创新能力、协作能力的培养。而专创融合恰恰践行与遵循了教育部等部门的各项要求。

其次，专创融合有利于高职院校进一步推进其自身的内涵发展，从而实现内在价值。高职院校的内涵发展，主要包括致力构建技术人才培养平台、专业技术群、"双师"队伍等，而实现内涵发展不仅需要有关部门与学校领导的协同努力，还需要学校内部专业课程的创新与发展。推进专创融合有利于高职院校创新平台的构建。所以，专创融合是实现高职院校内涵发展，并使各项规划与目标实现的可行路径与必然要求。

（3）高职院校专创融合的人本价值。高职院校进行专创融合还具有广泛的人本价值，有助于提升在校生的学习质量，并提高其进入社会后的工作质量。

第一，专创融合有利于提升高职院校课堂教学质量。单纯的专业教育着眼于学生对于其本专业知识的学习，专创融合旨在把创新创业知识与精神融入专业教育中。专创融合课堂会为学生布置与创新相关的实践任务，有效提升学生的双创活力，大幅提升学生的创新持续性，逐渐培养其创新思维。另外，专创融合教学模式的长期实行，有助于传统教学模式发生转变，那么在面对新型课堂时，学生就会表现出比以往更充分的学习兴致，从而提升学习质量与效率。

第二，专创融合有利于高职毕业生今后的就业与创业。如今的社会处于大变革时代，新技术与新领域正如雨后春笋相继显露。在这样的市场大环境下，各企业对于专业能力与创新能力兼备的复合型人才的需要，比以往任何时候都要突出。各企业为了能够在竞争激烈的行业内进步与提升，获得更加长远的发展，都对应聘者提出了新的要求。而传统专业教育仅看重学生的专业能力，总是按照固有的知识体系对学生展开教育，这虽然能够筑牢学生基础知识体系的地基，但所培养的学生却缺乏创新能力，与复合型人才的要求存在一定的差异。专创融合不仅要求高职院校制订专业培养计划，还要求其制定创新创业培养方案与专创融合的发展体系，这对于高职院校培养复合型人才有明显的帮助。在专创融合教育体系下毕业的学生，进入社会后能够与时代接轨，表现出比其他学生更强的适应力、创造力。可见，专创融合有利于提升高职学生毕业后的就业质量。

第三，专创融合有利于高职学生的全面发展。缺乏专创融合的高职教育，无法促进学生专业能力、创新能力、协作能力的一致提升，只能针对学生某一方面的能力进行强化，与教育部提出的全面发展要求不相符。专创融合把专业教育与创业教育的理念合二为一，把创新创业的知识与思维纳入专业教育体系，这对于调整教育模式，促进受教育者发展方向的转变具有积极意义，更有利于学生专业能力、创新能力共同提升，这与全面发展的路径保持一致。例如，高职院校中汽车系学生以前的课程安排主要集中在"汽车构造""检测维修""汽车电器"等方向，缺乏创新性的培养。进行专创融合后，在以上课程为基础的前提下，适当加入创新创业的内容，如"大学生创新创业基础"等，为学生传授丰富的创业知识，促进学生创业理念充分转变，以及创业能力有效提升，从而真正培养出"懂专业""善沟通""有创新"的全面发展的复合型人才。

2.将双创教育根植于专业课程教学的意义

传统教学模式发展至今，面对面的课堂授课永远都是教育教学的主要方式。不过在信息化时代，有必要对传统课堂教学进行革新，把双创教育与课堂教学融合在一起，有利于充分调动学生的学习主动性，并且对于教学模式的创新以及双创教育的发展具有重要意义。

（1）推动双创教育落地。在"大众创业、万众创新"的时代，双创教育与时代的要求相一致，是培养人才的关键。然而在许多高职院校中，双创教育的贯彻与落实却并不理想，许多高校仍然忽视了人才创新能力的培养。而将双创教育与专业教育融合，能在一定程度上促进双创教育更快落地。可以说，将双创教育根植于专业课程教学，是双创理念与双创精神融入技能人才培养发展过程的重要手段。打造双创教育与专业教育融合的课堂文化，可实现提升高职学生双创活力的目的，为促进就业创业奠定基础。

（2）创新课堂教学模式。传统的课堂教学以单向性、灌输性、被动性为特征。单向性即学生单向吸收知识，教师怎么讲，学生怎么听，二者之间缺乏互动性，师生无法形成有效互动；灌输性即教师讲新课时会把主要内容"一股脑"告诉学生，但是这种模式下，学生对于知识的吸收和掌握程度十分有限；被动性即传统教学模式下，学生缺乏学习的积极性与主动性，很难与教师形成良性互动，从而不愿表达自己的看法。而双创教育的主要理念就是创新，不仅要求在创业上进行创新，还要求在日常生活与教育教学中进行创新。把双创植根于专业教学，有利于引导学生转变角色，一反教师单向灌输零互动的常态，为课堂赋予一种全新的面貌。在专业教育与双创教育不断融合的趋势下，课堂在逐渐脱离"满堂灌"的形式，并朝着互动教学的目标发展。例如，适当开展课堂活动，包括创业计划书展示、创业 PPT 创作等，这样支持和鼓励大学生努力把知识转换为各种创作，可以大幅度提升学生的动手能力与创造能力，有利于从根本上解决高分低能、眼高手低的问题。

（3）打造专业"金课"。要努力打造专业"金课"。所谓专业"金课"，指与传统课堂模式形成极大反差的创新课程，它集主动性、互动性、创新性于一体，旨在提升课堂教学质量，提升学生的课堂参与度。第一，以"金课"作为示范，引领课程模式转变；第二，以"金课"作为目标，要求专业课程朝着"金课"的方向转变。要争取创造"学生主导、教师辅讲"的新型课堂，锤炼高质量、高参与度的专业"金课"。例如，高效运用各种新技术、新手段，包括互联网课堂、移动课堂等，尽力使得每一堂课都成为学生自主解决问题、展现创造价值的主阵地，从而全面培育学生双创和系统解决问题的能力。

（4）破解就业创业难题。目前社会上普遍存在大学生就业难的问题，其中高职学生虽然具有较强的专业对口性与实践性，但是进入社会想要找到一份理想的工作也并非易事。而高职学生就业困难的主要原因，在于学生对专业知识并不精通,仅停留在"皮毛"。许多学生对于自身专业领域的知识不求甚解,只清楚在基本情况下应当如何操作,却不知特殊情况下应如何去做,不知其背后的原理。同时,许多学生对自己的未来缺乏整体性规划,为了上学而上学,为了工作而工作,却忽略了每一件事背后的意义,缺乏长远的职业规划。而且,由于自身在高职院校的学习经历,许多学生毕业后不愿从事没有技术性的职业,这种心态导致多数高职学生在就业时"高不成低不就"。归根结底有两方面的原因:其一,学生的心态不够成熟,缺乏计划;其二,目前多数高职高专的教学知识结构与社会需求不能精准匹配。前者属于学生年龄的特性,更是高职学生的特性,而后者则属于教学上的问题,只要对教学模式进行改变和革新,就能够改变这种现状。

事实上,注重双创能力培养的专业课程教学就能够使这种情况明显改善。一方面,这一教学模式有利于高职学生更快速、更全面地了解目前行业发展情况与社会现状;另一方面,这一教学模式有利于学生在课程中树立创新意识,从而养成不断创造价值的思维习惯,并为今后长远发展进行规划,从而达到破解就业难题的目的。

(二)高职院校构建"专创融合"模式实施路径的侧重点分析

当前阶段,"专创融合"模式构建活动已成为广大学者关注的焦点之一。在这里,笔者认为明确其侧重点是必要前提,具体如下所述。

1.深度明确高职院校"专创融合"模式的内涵与目标

毋庸置疑的是,选择与应用某一种教学模式的重要前提是了解其适用性,在这一过程中就需要对其内涵和目标进行深入解读,在高职院校专业群课程体系构建中,选择"专创融合"模式即要如此。该模式的内涵是指专业教育与创新创业教育有机融合,让教育活动由学科专业单一型向多学科融合型转变,进而形成跨学科的交叉融合课程。该模式的应用目标就是要以实践活动的全面开展为手段,确保学生专业知识与技能可以和创新创业知识之间形成耦合,从而确保高职院校学生思维、能力、意识和态度得到全面发展。这显然是面对当今乃至未来时代发展大环境,确保高质量技术型人才得到全面培养的有力抓手所在,将其加以深度明确自然可为打造该模式构建的实施路径指明大方向。

2.内容层面注重创新创业教育与专业教育的高度匹配

从课程模式的基本构成要素角度分析,课程内容无疑是至关重要的组成部分，因为课程内容就是向学生传递的信息，让学生从中知晓究竟学什么，所以在高职院校专业群课程体系构建中，"专创融合"模式的构建必须做到明确课程基本内容，同时还要确保创新创业教育与专业教育内容所占比重科学化，让创新创业教育内容推动学生创新精神、创业意识、创新创业能力全面发展，开拓学生在专业领域实现自我价值最大化的视角。

3. 实践活动要强调校企之间的强强合作

专业教育活动中深度融合创新创业教育往往需要借助外力，单纯依靠学校往往只能局限在理论层面，实践层面的效果通常并不理想。高职院校专业群课程体系构建过程中，打造"专创融合"模式自然也是如此。在这里，学校要深入了解创新创业行业发展动态，积极寻求行业内有影响力的企业、机构、团体，与之建立合作关系，确保优质资源高度共享，由此为高职院校"专创融合"模式的高质量运行提供重要支撑条件。

4. 评价体系要成为全面提升专创融合度的重要保障条件

课程建设与发展是一项长期而又系统的"工程"，具体实施过程中需要多方长期通力合作，不断进行修正和优化，方可形成一套趋于理想化的课程体系，而在高职院校专业群课程体系建设与发展中，"专创融合"模式的构建过程也不例外。在这里，有效进行过程性课程评价是一项重要的实践内容，那么打造出一套完整的评价体系自然成了全面提升专创融合度的有力保证。其间，明确评价原则、评价标准、评价主体、评价方法、评价指标则成了关键中的关键。

（三）"专创融合"模式实施的一般路径

1. 课程目标：开发价值创造力

价值创造力，指学生在一定领域内，通过自己的努力与创新，而创造出的价值总和。价值创造力是当代年轻人最为重要的一项能力，具有充足的创造力，才有更强的社会适应力。

在我国传统教育模式下，教师与学生是两个完全不同的主体，教师是授课主体，学生是听课主体，教师只是一味"灌输"，学生只是一味被动接受"灌输"。在传统授课模式下，学生只要听教师讲课即可，教师怎么讲，学生怎么听，进而在考试时重复老师曾经讲过的答案。此前的几十年间，由于社会发展速度较慢，社会处于实体经济时代，这种授课模式与社会的发展比较同步，二者并未出现明显的脱离与断层。进入 21 世纪后，社会开始进入知识经济时代，经济全球化的趋势不断加剧，各个国家的经济实现重大飞跃，尤其是中国已经实现第一个百年奋斗目标，全面建成小康社会。此时社会中最有价值的并不是实体产业，而是无形的资本，如个人的学习能力和成长能力。所以，教师通过课程教学开发学生的价值创造力就变得尤为重要。

21世纪高职学生必须努力提升自身的洞察力、创造力，无论将来选择自主创业还是进入其他企业，这种能力都是必不可少的。而"专创融合"的主旨即培养学生的价值创造力，只有把创业教育融入专业教育，才能使这一目标得以实现。

2. 课程内容："三螺旋"理论内容

"三螺旋"是得到普遍认同的、能够有效解释创新创业模式的理论，该理论说明政府、企业、大学三者均为独立身份，但又共同作用于教育事业，共同促进教育进步，并在这一过程中能够互相影响和协调。

高职院校的学生首先是一名学生，又是一名社会成员，受到政府的统一管理。同时，根据"三螺旋"理论，学校中的学生也能够反作用于社会，对社会起到影响作用。所以，学生既受到周围环境的制约与影响，又反作用于整个社会。

在学校学习一门课程时，学生通常要不断发现问题，探索问题，并努力解决各种问题。学生努力解决问题就意味着"价值创造"，且教师更愿意看到学生发挥自己的能动性处理问题，促使学生的实践能力提升的行为。

这里需要注意的是，"价值创造力"并不是高不可攀、难以实现的，而可以通过一丝一毫不断积累而逐渐实现。作为社会中的个体，作为学校中的学子，学生要以若干小问题为起点，在克服小问题的同时提升自我，给身边的人和事带来好的影响，就掌握了价值创造之门的钥匙。专业与学科在最初创立之时，就将认识并改造世界当作核心与主旨，无论是物理学、天文学，还是化学等，都希望学生通过认识世界的规律，发现从前没有了解的现象，以达到认识与改变世界的目标。

总之，"专创融合"过程中要认清"三螺旋"理论的内在含义，鼓励学生结合自己所学专业，从小问题入手，不断发现问题、解决问题，进行价值创造。

3. 课程实施：行动化教学

行动化教学，指教学活动不只单纯停留在书本理论层面，而要行动与理论学习相结合。所谓"在学中做,在做中学",其实这一观点在20世纪就已经由著名教育家陶行知先生所提出,他认为教育不应当是空谈知识,而应当与实践结合,一边实践一边学习,把理论知识与实践活动结合起来往往能够收获更好的教学效果。

当代行动化教学沿袭了陶行知先生的主要观点,并进行了一些创新与发展。培养价值创造力的有效途径是"边做边学",所以行动教学法就变成了"专创融合"课程实施的最佳方法。行动教学法在运用时要求学习者在学习探索的过程中有"真正的产出"。教师向学生讲解、传授各种知识,即使运用了具有创新性的教学方法,如分组讨论等,也仍然属于"非行动",只有学生真正进行实践,才属于"行动教学"。另外,项目化的学习不仅应依托于最可靠的问题,还要在解决对应问题的同时有"真实产出",而形式上没有太多的局限性,只要能够明确指出解决问题的策略便可,如视频、模型、报告等。所以,当前较为高效的行动教学方法就是项目化学习,同理,创新创业教育里比重较高的教学法就是项目教学。

4.课程评价:多主体参与

多主体参与的课程评价,是检验专创融合是否具有成效、是否正确、是否应当继续推行的关键。评价过程要遵循如下几点原则。

第一,课程评价的主体要多,如果仅有一个主体或两个主体,无法形成最客观、最全面的评价结果,很可能具有较强的片面性、主观性。由此,需创建学校、企业、专门机构参与的评价体系,并通过对人才培养质量的要素、途径、方法、措施、标准等进行系统研究与设计,建成多维度、立体化人才培养质量监测、评价、反馈体系,开展系统性人才培养质量监测、评价、反馈工作。

第二,需要评价课程是否取得了应有的成效,是否使学生的价值创造力得以提升,是否具有一定的难度。因为课程的效果无法通过数字直接呈现出来,并不具备直观性,所以评估结果无法量化,大幅提升了评估难度。但是,这并不意味着评估无法进行,评价主体只是需要转换角度,意识到"不是为了评估而评估",而是要敦促学生在学习的过程中更加专注、高效,全身心地投入,更好地提升自身价值创造力。所以,在评估价值创造力的时候,强化"同伴评估""过程性的自我评估"与激励学生主动参加的热情都是非常有必要的。

(四)高职双向互融"专创融合"模式构建及实施

1.高职双向互融"专项融合"模式的构建

我国开设创业教育相关课程,并支持和鼓励大学生的创业活动,主要目的在于通过全面创新创业教育与创业实践,有效提升学生的实践能力、适应社会能力、创新能力等素质。高职院校应当认清创新创业教育课程设立的初衷,努力践行课程的"初心",让教育回归其本质,努力提升创业教育水平,丰富和扩充创业教育机制与管理机制,鼓励将创业教育与专业教育融合在一起,把双创精神融入高职教育的全过程、全阶段。要避免双创教育过于功利化的趋向,避免为了提升学校创业教育的排名,或为了提升知名度推行创业教育,这样只会使该门课程失去其应有的价值。为了更好地推行"专创融合",促进"专创融合"合理构建,高校应当从以下几个方面做出努力。

第一,完善双创教育管理机制。要严格筛选管理人员,管理人员必须是各专业领域具有较高学术素养的教师,同时具备一定的双创知识,能够对学生进行正确的指导,也能实行有效的教育管理;要严格细化管理制度,以往创业教育总是浮于形式,很大程度在于缺乏相应的管理制度,对于教师与学生都缺乏相关要求,教师应付差事,学生无心听课。较为先进的做法是创新创业学院主导,相关部门协同工作,共同促进"专创融合"管理机制运行,以取得一定成效;要明确绩效考核,绩效考核是学科发展的动力,教师无法完成绩效要求,就需要承担相应责任,这有利于激发每一位教师展开双创教育的积极性,且由于涉及自身利益,每位教师都会全面落实相应的教学义务与责任;要完善师资培训,有些教师时常在工作之余进行阅读,相当于给自己"充电",然而多数教师很少会有专门的时间用于提升自己,完善师资培训能够强化师资力量,提高教师的教学能力,丰富教师的知识储备,对于双创教育发展有一定的促进作用。

第二,促进"双创"与专业双向互融。谈及"专创融合",许多教师会认为该理念主要是要求把双创教育融入专业教育,从而促进两种教育共同发展,促进学生掌握多重技能。然而,这只是融合中的单向融合,忽略了双向互融的重要意义。双向互融要求专业教育与创业教育形成良性互动,以促进教师对双创教育的深层参与。其一,从专业教育方面来说,专业教育与双创教育互融的优势在于专业教育吸纳了行业背景、职业岗位情况、产业发展目标乃至市场需求等丰富的创业资源,可利用真实创新创业场景调动学生的创新创业活力和学习积极性，倡导更多的专业教师秉承双创教育教学理念推动专业教育的改革；其二，从双创教育方面来讲，让学生专注于所学领域，并在该领域中发扬创新精神，有所建树，离不开双创教育提供的专业知识基础。所以，双向互融比单向融合具有更多优势，可激励教师在创新创业课程教学及活动实践中融入专业知识，在专业教育时融入创新创业内容，针对不同专业或行业特点，通过专业群分类开展精准化双创教育。

第三，建设丰富多样的创新创业教育实践平台。目前，国内许多高职院校已经建有校内实践平台，如创新创业孵化基地、大学生实践中心、大学生创业信息中心等。以上实践平台在高校内建立，对于激发大学生的创业热情，提升其实践能力，具有明显的帮助作用。然而，国内高校实践平台的构建还面临着一部分困难。一方面，虽然有些高校创建了实践平台，却并未全面投入使用，大学生想要利用实践平台将自己的一些创业构思转变为现实，需要经过层层审核与申请，很难获得使用资格，实践平台形同虚设；另一方面，有些高校由于自身发展水平的限制，校内实践平台规模较小，相应的设施也比较陈旧，难以为大学生的创业实践活动提供有效支持。针对这些问题，各高校有必要在之前的基础上，搭建共享型创新创业实践平台，鼓励学生进行实践活动，整合创业资源。另外，教师要努力构建专项团队，支持学生进行实践活动，并促进高校之间协同合作，优化实践平台共享机制，以推动创新创业活动高效开展。

2. 高职双向互融"专创融合"模式实施途径

（1）推进人才培养模式改革，将双创教育内容融入专业教育。想要培养具有创新意识、创新精神和创新能力的人才，就必须在原有的专业教育中融合双创教育，也只有这样才能使创新型与技能型人才替代固有的单一技能型人才，这成了高职人才培养的新目标。为了达成这一目标，学校一定要将"双创"教育理念摆在整个专业教育改革的核心地位，从教学模式、培养方案、课程设计三个方向革新专业教育，让双创教育的优势在专业教育中发挥到最大。

①改革创新高职院校人才培养方案，促进双创课程在专业课程中贯彻与融通。学校与有关部门在制订高职人才培养计划时，要转变传统教育观念，要把"双创"当作学生素质培养的重要环节，同时把"双创"纳入专业教育总体计划，以培养学生的创新意识，推进创业思路的转变。创新创业课程一般分为两类：第一类，以通识性知识为主要内容的课程，这类课程以创业相关的基础知识为依托，结合专业特点进行直接讲授，属于一种显性教学；第二类，"专

创融合"课程,这类课程包含专业知识体系与创业内容,如创业营销、动漫设计与创新、艺术设计与创业等,具有明显的专业特点,以专业为基础,同时具备行业特点。关于第一类课程,学校要将其设为必修课,所有在校生都应当修习,每位学生都应当有关于创业最基本的认知与了解;关于第二类课程,学校应将其设为选修课,经过第一类课程的学习,部分学生会对创业产生浓厚的兴趣,这类学生可以自愿选择继续学习双创课程。以上这种双阶段式的创新创业教育课程设置,既保证了全部学生接触创业知识,又给了具有创业意愿的学生进一步学习相关知识提升创业能力的机会,满足了学生的差异化需求,也符合差异化教学的总体方针,能够更好地保证双创教育的普及化与精细化发展。

②改革创新课程设计,深入贯彻"专创融合"。在"专创融合"之前,多数高职院校的课程设计都以专业教育为主,这与前些年国家对于高职院校的普遍要求一致,即社会缺乏专业技能型人才,迫切需要加强专业教育。然而,近些年社会情形发生了转变,创新创业教育愈发体现出其重要的时代特性,创新创业教育也应当在高职院校取得"一席之地"。但许多高职院校并未迅速做出应对,并未对课程设计进行改革,因此创新创业教育处境较为尴尬。

加快课程设计改革与创新,要求教师把创新创业素质培养目标纳入专业课程培养目标范畴,促进创新创业知识在其他专业课程中隐形融合。同时,要根据不同专业的特性、不同专业未来的岗位情况,针对创新创业教育的融合进行不同的课程设计,要做到与市场接轨、与时代接轨。譬如,学生结合自身特长及所学专业组建策划团队,共同完成创业教学情境中的创业项目以及确定项目标志、名称,开展营销推广活动。

③改革创新教学模式,把客观真实的工作情况融入专业教育的全过程。常规的教学模式以课堂讲授为主,整个课堂缺乏情景引入,缺乏互动参与,缺乏内在体验。这种教学模式相对于部分专业课程以及多数通识性课程能够取得比较好的效果,但是相对于"专创融合"课程却并非如此。"专创融合"结合了专业教育与创业教育的特性,对教学模式有着更高的要求,更加注重教学过程的多样性,提倡将创新创业的真实情景还原在教学过程中,以沉浸式、体验式教学为主,让学生在体验真实的创业情景时可以训练技能、吸收专业知识,努力变为当代企业需要的员工。

(2)按照专业群分类教学,将专业教育内容融入双创教育。推动专业教育与双创教育的互动互融,有利于丰富和发展双创教育的教学体系,有利于更加全面地贯彻双创精神，从而促进广大学生运用其所学专业知识，能动地进行各种创业实践，更有效地提升学生创新创业综合素质。虽然各高职院校推行的"专创融合"都主张专业教育与创业教育互相融合，但是由于不同专业的学生存在差异，每个专业的学生都具有自身特性，具体体现在知识体系、思维方式、就业方向、未来发展等多个方面，所以"专创融合"教学也不应"一刀切"，应当根据专业群的特点，进行具有针对性的分类教学，以期实现最佳的"专创融合"效果。

①根据不同行业发展情况，开发差异化的"专创融合"教育资源。社会上各行各业包罗万象，各具特色，因此要根据不同行业的特性开发教育资源。为使双创教育更切合实际，更具现实性、实际性，教育资源开发要尽量贴近专业，贴近行业，并为此实际考察不同专业的发展状况与对应行业的发展前景。要以目前所具有的教育资源为根本，不断开发和挖掘创新性知识，极力开创具备专业群特性的创新创业知识体系。譬如，无人机方向的创新创业课程，一方面要把无人机原理、无人机研究、无人机产品知识融入创新创业课程，另一方面还要结合无人机行业发展情况，为其介绍行业产品，使其明晰今后自身的就业方向，从而制订合理可靠的发展规划。

具体来讲，双创教育的资源包含三类：第一类，指教学类资源，包括各种课程、教材；第二类，指创新创业项目资源；第三类，指信息服务类资源，该类资源以信息技术为依托，要求建立多元化、体系化的资源库，要求改变固有的教学模式，打造在线学习与实践网络平台，给学生提供更加便捷、高效的学习平台。

②打造"专创融合"共享实践平台。对于双创教育而言，实践是主要的教学模式之一，也是创业的目标，缺乏实践的创业教育通常是"纸上谈兵"，而缺乏落地性与实践性的创业活动也必然沦为幻想的产物。所以，若要双创教育取得实际效果，必须要为之提供充足的实践平台作为依托，具体可充分发挥高职院校专业与创业共享资源的优势，构建更加丰富、优质的双创实践平台。目前国内多数高职院校根据专业群的差异，设置的创业模式包含"连锁经营""技术创新""产品销售""创意设计"四种模式。在这四种创业模式下，实践平台与实践活动形式比较多样。譬如，文创设计类的团队在创业时可以进行广告制作、数码摄影、装潢设计，也可以考虑艺术设计实训室等项目；信息技术类的团队在创业时，能够通过软件技术实训室来承担软件开发类的项目。此外，还可以将科研平台利用起来，师生共同研究项目，把提升大学生创新创业方面的

能力落到实处,将科研当作推动学生自主创业的助力器。

③根据行业不同分类,进行差异化双创教学以及相应的改革与创新。双创教育与其他教育不同,双创教育与社会、行业发展情况接轨,紧密衔接,其知识内容与行业发展情况保持一致,具有较强的时代性与现实性。同时,由于各行各业有不同的特点,所以双创教学与不同专业融合后,更具针对性的"专创融合"教育应当根据不同行业特点,有不同的取舍,要围绕各行业技术、企业等方面的特点,进行有针对性的教学改革。

双创教育建立在专业课程基础之上,有传统创业课程所不具备的特点,更具针对性、具体性。同时,由于双创教育寓于专业课程中,涉及各专业各领域,所以受众显著增加,高职院校任何专业的学生都能够接受创业教育相关知识。然而,绝大多数高职院校仅把该课程当作公共基础课、一种通识课程,由此可见许多院校对于创业课程并不重视。在分配教学任务时,为了节约教育资源,许多高职院校要求行政岗位教师或辅导员去教授创业教育课程,而行政教师与辅导员缺乏教学经验,无法为学生提供高质量的教学服务,因此导致许多院校出现了课程脱节的情况,即校内专业教育"风生水起",而创业教育却"一蹶不振"。高职院校为了响应培养技能型人才的号召,过于重视专业技能培养,把所有优势力量、优秀师资全部用于专业课程教育上,势必造成创业课程教师短缺。这便造成了两类课程两极分化的情况,所以,今后的创业教育应当进一步贯彻落实"专创融合",以专业课程为依托,有效地将创业教育融入人才培养全过程。

"专创融合"的课程实施是保证创新创业教育能够面向全体学生的核心和关键。根据建构主义所强调的"体验式学习"模式(边做边学),结合"专创融合"的目标——价值创造力的培养,可将"专创融合"进一步解读为"边学习专业边创造价值"。在学习专业的过程中创造价值,这是课程目标。为了进行有效的价值创造,教师在专业教学中可以引导学生更多地关注以"可持续发展类"为主题的方向,从专业的角度发现并解决问题,这是课程应该关注的内容。为了有效地培养学生的价值创造力,教师可以选择"可持续发展类"主题的项目式学习,融入相关的行动教学法,以引导学生针对所发现的问题找到"真实的产出",并解决相应的问题,这是课程的具体实施方式。

最后,需要重视对课程的评估活动,除了对课程结果进行评估之外,尤其要重视对"专创融合"教育的过程性评估。评估中要关注学生的听课情况、参与情况，以及积极性是否被充分调动等。同时，为了保障专创融合教育达到预期的效果，学校也要自主或联合校外企业共同开展教师培训活动，旨在提升专业教师的行动教学能力。参与培训的对象要涉及全部教师，包含专业教师、创业教育教师等。培训活动的有效开展，有利于转变教师群体的思维模式，让教师意识到"价值创造"对今后教学的重要性。综上，目前社会已经进入以知识经济为主的信息时代，"专创融合"是时代的主流，不注重专业教育与创业教育的融合，不顺应时代的趋势，便无法促进教育事业稳步发展，只有贯彻落实"专创融合"教育新模式，才能避免之前高职院校双创教育同质化的老路，这对于实现中国特色高水平高职学校和专业建设具有重大意义。

第三节 专业群模块化课程体系的重构

一、模块化课程体系重构

课程的设置与开发是教育事业的重点，也是教育体系各个环节得以联系的纽带。2019年，教育部联合财政部曾发文表示要打造高水平专业群。高职院校专业群需要精准制定专业人才培育目标，增强专业群与产业链对接的耦合度，将行业企业职业标准和先进技术对应，形成相互映射的关系。这表明了我国对于专业群建设的重视程度，以及高职院校专业群与社会中职业岗位群相对应的特点。

（一）高职院校专业群课程逆向设计的内涵

1.课程逆向设计的概念

课程逆向设计是目前比较流行的一种课程设计方法，来源于成果导向教育。成果导向教育在美国曾盛极一时，而课程逆向设计是对成果导向的再研究与细化，以及对其的具体化。课程逆向设计与一般的课程设计不同，一般的正向设计顺序为课程体系、毕业设计要求、培养目标、需求，体现为一种渐进的设计顺序，但是这种设计难以满足需求，无法取得预想的成果。而逆向设计与之相反，能够为教学设计提供更多的理论与实践经验。

2.职业教育课程逆向设计的价值

进入21世纪后，我国的高职教育逐渐加快了发展步伐，但是由于起步较晚，缺少足够经验，所以发展过程中难免会走一些弯路。伴随着全面深化改革进程的推进，我国相关部门下发了关于职业教育的相关文件，又对职业教育做出了严格要求与指示。例如，"职教20条""双高计划"。以上文件的发布，意味着高职教育从未离开过政府视野，高职院校中的高技能人才也是社会普遍需要的中流砥柱。

在职业教育中，课程不仅要有正向设计，还应当具有逆向设计，甚至在某些时候课程逆向设计更为重要，这主要由于逆向设计有以下几点价值，包括提高全域质量意识、健全教学管理体系、完善教学活动评估。

常规设计以课程目标的设定作为起点，以人们常规的思维方式进行设计，最终结果为检验学习成果和评价。逆向设计没有把重点放在课程目标和课程环节上，而是更加注重多项评价机制，反向设计，以最终的学习成果作为起点，然后再开展教学工作。其主张逐渐提升难度，重点把控每一个环节，并对学生的状态进行详细记录，从而形成有效的反馈机制，再根据反馈的结果，进行针对性的培养与教学活动，以促进学生成绩不断提高。

（二）基于高职院校专业群的课程逆向设计依据与模型构建

1.高职院校专业群组群依据

由于高职院校与社会岗位各自的特性，即便是对口专业与社会岗位之间也存在着一些区别，专业群无法完全与岗位对接，两者之间总是存在一些差异。专业群的组群逻辑包含产业群逻辑、岗位群逻辑以及群内逻辑等。也有学者认为专业群的重点是面向产业高端业态培养人才，将产教融合嵌入产业高端业态的人才培养环节中。由高端产业关系逻辑分析出产业业态逻辑，并由此凝练总结出岗位群逻辑。根据所对接的产业群特征，围绕某一产业的空间结构发展进行组群，将群内相关知识分解重构，并按照产业调整和升级，以促进专业在链条各环节的有机整合，实现人才培养横向与纵向的多维度衔接。专业群的整合应发挥各专业间的集聚效应。河北科技工程职业技术大学服务"中国制造2025"、京津冀协同发展、军民融合发展等国家重大战略，紧密对接京津冀战略性新兴产业和河北支柱产业，坚持专业链建在产业链上的专业设置理念，建立与经济社会发展相适应的专业动态调整机制，专业设置与区域重点产业匹配度超过 90%，打造重点建设的专业群。

2.基于高职院校专业群的课程逆向设计模型

（1）职业教育课程定位。专业群培养人才的目标是契合产业链上中下游不同环节职业与岗位职业能力的要求。在不同的行业中，工作受到标准的制约和指导，职业标准是衡量从业人员技能水平和工作能力的尺度。在《悉尼协议》中就曾提出尊重专业个性，同时制定专业认证标准要注重培养目标的确定和课程体系的设置。因此，要打通专业与职业之间的鸿沟，把职业标准引入学校，使人才培养的规格与质量和企业需求无缝对接，以推进更深层次的校企合作。专业群需对自身对应的产业进行调研，基于学校的办学理念、定位和思路，以行业企业的微观需求为依据，确定人才培养的目标、规格。根据专业群内部各专业的不同定位，以及各专业所对应的职业标准、核心岗位群与核心技能的不同，学校要重新调整各专业的核心课程，并建立整个专业群的课程体系。毋庸置疑，课程体系构建是专业群建设的核心和关键。经过调研，专业群确立各专业初始就业岗位、目标岗位和迁移岗位，然后细化职业岗位所对应的职业方向、职业岗位、工作任务和职业能力，开发毕业要求。毕业要求既要依据培养目标，还必须支撑目标的达成，然后将目标解构为具体的毕业能力要求指标点。根据这些能力要求在专业课程逆向开发、设计的总体思路下，应确定专业群应用能力培养的课程设计路径，构建符合职业能力标准的专业课程和素质课程模块基本框架。按照"行业职业能力标准→以岗定位→工作任务分析→职业核心能力归纳→课程结构序化→专业教学标准开发→课程标准制定"项目课程开发路径，进行"工作能力—项目课程"转换，以此指导专业群各专业的课程改革；针对不同专业群课程体系的各自特点设计课程模块，依据培养目标和规格，以学习成果作为课程设计的起点和终点，采取集中实践方向课程模块、职业岗位课程模块和公共基础课程模块互融互换的模式，每个模块里再细分，如职业岗位课程模块可分为专业基础、理实一体和专业拓展等不同的课程模块，每个细分课程模块里包含 4～8 门课程。

（2）顶岗实习模块。顶岗实习是高职院校人才培养的重要环节。顶岗实习是校企合作的具体体现，也是学生检验自己综合职业能力的重要途径。在顶岗实习模块中，学生进入企业真实的工作环境接受真正的职业训练，一方面促使学生自觉认识和适应社会，融入所从事的职业工作环境；另一方面促使学生自觉形成良好的职业素养和求真务实的工作态度。顶岗实习指导教师还要引导学生树立正确的人生观、价值观与就业观,对学生进行各种心理疏导,为学生毕业与就业的零距离过渡打下坚实基础。

(3)集中实践方向课程模块。集中实践方向课程模块是专业群设置的毕业设计环节。专业群的课程设置将毕业设计环节安排在第五学期,让毕业设计与课程教学融入教学活动中。在毕业设计环节,教师组织学生围绕创意设计项目进行综合训练,学生毕业设计项目考核合格才能进入最后半年的顶岗实习模块。这个阶段学生可以根据自己的兴趣及对自己终身学习的安排选取一定方向的课程模块,每个方向的课程安排与内容选取均参照企业行业标准,导入企业真实项目。校企合作共同开发项目课程标准,并根据项目工作任务与教学内容对接的原则,选择和组织课程教学内容。按照行业企业运营标准,强化原创内容生产,了解项目运营模式,为学生提供了解企业的窗口,使学生树立牢固的职业意识,提高学生适应未来工作环境的综合素质和职业能力。这个阶段学生分别进入学生工作坊、大师工作室、企业工厂,参与完整的产品到商品的工作流程,而校企共同完成针对学生的从职业基础能力到职业专项能力,再到职业综合能力的递进培养工作。

(4)职业岗位课程模块。职业岗位课程模块依据职业岗位能力剖析对课程体系进行分层,促进集中实践方向课程模块和素质课程模块完美对接。专业核心课程,顾名思义就是培养学生某个专业核心能力的课程。学校可根据专业群各专业情况拟定出 8～10 门核心课程,同时让每个细分的二级课程模块围绕培养核心职业能力的课程服务。为促进职业岗位课程模块中显性课程与隐性课程相互贯通,专业群需从专业基础、理实一体、专业拓展等细分课程模块出发,提高学生的岗位迁移能力。

(5)公共基础课程模块。公共基础课程模块是学生进校第一年完成的。专业群中各专业强调就业需要的同时,还要兼顾学生核心素养的培养,因此不只要有与专业相关的课程,还应基于人文学科的强大育人作用,设立职业生涯规划课程、思想政治理论课程、德育课程等,使学生形成一定的综合能力、人文素质及可持续发展能力,为学生长远发展奠定基础。专业群在组建时,应使用对标归类的办法,遵循"少而精"原则,将社会、经济、文化、科技当作公共基础课程筛选内容的重要参考条件,并对其进行梳理;在设置通识课程时,应开设互联网思维、素质拓展、创业管理实战及中华优秀传统文化等课程;根据分析综合职业能力得出的结果,在设置课程模块时可以使创新创业、O2O 平台、职业发展、移动互联网思维等能有效培养学生创新创业能力的课程成为通识线上选修课程。

（6）课程评价机制。专业群培养人才的目标是满足产业链上中下游不同岗位职业域的职业能力要求，因此，课程逆向设计评价是在搭建行、企、校三方协同质量评价平台基础上构建的"多方协同平台＋机制"质量评价体系。它强调"校内师生评、用人单位评、社会同行评"相结合，理论考评、实作考评、职业资格考评、就业质量考评相结合，即通过组织学生参加国际国内各类技能大赛，参加校企合作品牌的精英技能大赛等多维度的评价载体，从教学质量监控上全程保障。评价机制引入计量、等级、档期、岗位权重等各类动态性要素，符合行业要求。多方协同平台促进师生和产业发展，有效调动多方主体参与人才培养质量评价的积极性。

3.基于高职院校专业群的课程逆向设计实践要点

基于专业群的"行业职业能力标准→以岗定位→工作任务分析→职业核心能力归纳→课程结构序化→专业教学标准开发→课程标准制定"这一项目课程开发路径，依据《中华人民共和国职业分类大典》和在广泛调研的基础上，专业群可使主要岗位类别与技术标准领域进行对接，逆向重构群内各专业基础课、核心课和专业拓展课程，形成"知行合一、课证融通、创新发展"的模块化、标准化课程体系。学校以产业基地为依托，引企入校设立学校工厂，以"专业带头人和骨干教师"牵头建立专项维修工作室，使行业龙头企业的中高级维修技术人员、能工巧匠和校内专任教师深度融合，共同承担教学任务，开展教学研究，实施教学改革，构建以"骨干教师＋行业专家"为主干的"双导师"队伍，服务于专业群人才培养工作。

（1）课程定位与职业岗位能力精准对接。实际要以成果为导向，逆向细化课程，逐级落实培养目标，对接产业工作链，以职业岗位（包括职业方向）为课程开发的逻辑起始点，强化工作链对课程开发的整体改造作用。通过岗位分析，明确学生应具备的知识技能和素养，确定典型工作任务，明确技能层级要求，再按照实际工作过程的限定性因素由易到难划分学习任务类别，促进学生学习过程和岗位工作任务的对接。运用教学过程最优化策略，建立起专业群人才培养路径。在教学内容安排设置基础上，对产业技术升级所需的跨界复合型人才培养予以重点关注，探索专业群内各个专业之间的联系，并对这种联系进行加强拓展。借助市场媒介的衔接作用和产品生产的发展需求，进一步深化校企联合程度，促使服务产业升级。通过平台功能促进专业协同、企业协同、创客聚集，强化学生综合应用能力培养，实现职业技能与职业精神高度融合，达到"应用娴熟"的培养目标。在人才培养课程设计中，专业群还可以尝试职业技能学习、职业精神培养、自主培训与行业培训贯通的延展式专业学习方法，为毕业生构筑"德技双优"的可持续发展之路。

（2）强化涵盖专业领域前沿的课程标准融入课程。课程逆向设计的重点并不在于学生的课程分数，而在于学生自己所拥有的能力。根据学生的认知规律和人才成长规律，以实际产品生产划定教学内容边界，遵循行业分类标准设计不同的课程模块，形成"双证融通"模块化课程体系，同时结合职业资格标准制定课程标准，使与产业发展相适应的各专业目标和考核标准与各个课程精准对接。赋予教学环境生产性特点，将教学实践与产业发展融合在一起，将专业群当作强大助力，促使教学实践大力发展，打造产教融合一体的模式，将学生主体融入"创意—作品、作品—产品、产品—商品"的转换程序中，设置与专业群各专业相对应的一流核心课程和基础课程，从而对学生进行专业培养，对学生的技术与能力进行新设、重构。将教育教学环境打造成"产业运用实训基地""高校众创空间"等"全市场"或"半市场"，再向课程中融入所开设各个专业对应领域的最新成果和最新技术，不断改进、优化课程内容，并找准典型市场的需求创设新的专业课程，加强校企联合建设程度，建设与企业发展业务方向同步更新课程的机制，稳步落实社会业务领域与高校专业群的动态交叉融合，培养高技能、高标准人才。校企互相配合，共同以层层递进的形式对学生的专业、职业技术技能进行培养，贯彻"生手—熟手—高手"的培养模式，同时落实完整的设计生产程序。在这样的培养过程中，对学生的教学实践与产业新产品研发生产同步进行，以专业群的强大应用能力推动学生加速向职业人转变的进程。

（3）通过逆向设计培育多元课堂以促进师生共同成长。校企相互合作共同打造出"全市场"或者"半市场"的教学环境，并创建出多功能、开放式、实境化的实践教学场所，以专项实训室、信息化网络教学平台、教师工作室、学生创业工坊为媒介，向教学课程中融入社会企业、行业的最新工艺、技术与规范，将教学标准瞄向职业资格证书要求，促进学生快速获得职业岗位能力，真正实现学业、专业、职业、产业及事业几个层面的无缝对接。一方面，采取深化教育教学改革的形式，对教育教学课程体系做出职业化调整，使其内容先进、特色鲜明、对接紧密,还可进行动态调整,促进教学过程更加规范,提高教学和人才培养的质量。另一方面,灵活运用各种现代化信息技术,对教学方法实施改革,提高学生实训效果。另外,在深化融合教育教学与产业发展的过程中,应不断扩大产业规模,强化产业的集聚辐射能力,盯紧战略性新兴服务产业及其他新兴产业对人才的迫切需求,搭建不同梯度的专业教学领域,聘请各产业各专业的精英导师任教,助力学校培育对应人才。落实内培外引、双向挂职的模式,打造行业专家与专业教师双重保障的"双师"教学团队。将教育培训与行业企业衔接起来,开展非商业性科普、技术咨询服务、专业成果转化等项目,全面提升企业功能。实施认证制度与技能培养活动,帮助辅导员强化"双师"素质,使原本纯粹的辅导员转变成集职业、学业及创新三方面教学辅导能力于一身的创业导师。由此,在导入课程项目时,应依据行业企业的用人岗位能力要求,发挥创意设计的不竭动力,深入文化传承的深刻内涵,全面发挥大师工作室等各个教学组织的作用,融合创新能力与工匠精神,实现课内外教学授艺。教育培训的课程中应融入地方特色文化和我国传统优秀文化,创建多样化、差异化的特色产业格局,培育道德技能双开花、一专多能的职业发展型人才。另外,还应围绕学生开展丰富的教学实践活动,关注学生的差异化、个性化特点,帮助学生稳健成长,达到专业毕业目标水平,实现对人才培养目标的逆向支持。在教育课程与教学方式方面,应牢牢抓住每次的产业升级和信息技术发展机会,对教学内容与方法进行动态调整更新,真正做好信息技术与教学手段同步、教学内容与职业实训互通、教育与岗位强强联合,促使产业发展与教育教学共同发展,进而制定更高的发展目标。同时,还应进行新技术职业认证和对应的社会培训,加强培养战略性新兴产业人才,并结合产业发展与技术更新,保持培训课程、内容、标准与体系的动态更新,促进学生个性化成长,实现全面发展。

(4)课程结构的模块化。现代学徒制课程体系的公共基础课程设置与普通高职教育设置基本相同,其专业课包括三大类:一是专业技术技能课程,指专业核心课程,主要帮助学生形成职业能力,适应和胜任职业岗位,解决常见的岗位工作问题,该课程结合了课程培训与典型工作任务,其中包括部分技能训练课程、学科课程、毕业论文设计、综合实训课程;二是学徒岗位能力课程,指专业方向课程,促使企业员工形成更加优秀的创新创造能力;三是专业拓展课程。在制定课程标准时依据简化原理,对主要的课程进行重点安排。不可将全部学时用于这三类课程，预留出一定的学时给予各校自主安排课程，设定专业技术技能课程为必修课，将其作为重点课程结构内容，并限定围绕学徒岗位能力培养课程作为选修课程，自行设置专业拓展课程作为配合辅助教学课程。

（5）课程必须对接职业能力要求。课程为学生实现目标提供了机会和养料，专业人才培养将目标对准职业能力培养方向，因此，职业能力要求与课程内容相结合是必然趋势。这一点主要从现代学徒制专业教学标准中得以体现，要求被培养者必须具备"典型工作任务及职业能力"。除学科课程外，"课程内容及要求"即要求所有专业课程都应明确标示出课程对接的典型工作任务和相应职业能力，以此为根据对课程中的教学要求和内容进行概述，并以此作为课程标准编制和课程内容设计的重要依据。

二、汽车检测与维修技术专业群模块化课程体系

根据针对模块化课程体系重构进行的分析研究，河北科技工程职业技术大学汽车检测与维修技术专业根据就业岗位的任职要求和学生职业领域（生涯）可持续发展的要求，解构教学内容，按认知规律和能力本位导向重构课程，打造了有较大选择空间的模块化、递升型课程体系。课程体系详细内容参见第三章第三节"三、专业群人才培养模式的实证研究"中的"（三）构建创新型人才培养体系"第5点"深化专业群课程模块化改革，支撑分类人才培养模式"。

第四节 专业群课程开发与实施

一、专业群核心课程开发指南

（一）高等职业教育专业群核心课程开发指导理念

1.课程开发遵循"设计导向"的现代职业教育指导思想

设计导向要求职业教育在人才培养方面引导学生对社会经济和环境等方面负责，让学生能够参与改造世界的过程之中。这就意味着，高等职业教育不能简单地为了适应技术发展的需要，把学生的职业工作当作唯一的教学目标，必须更多地关注高职院校学生在教育和工作之间的相互关系。而四元教学设计能够从整体

上对教学设计进行优化，可以有效提高高职院校学生的专业学习能力。

2.职业能力开发课程应能够提高学生的适应能力

高职院校的教学目标是以就业为导向，努力把学生培养成社会所需要的技术人才，让学生成为能够在社会中很好地生存发展的社会人，能够积极参与经济全球化的国际人，所以在提升高职院校学生职业能力的过程中，应以能力本位为核心，正确理解高职院校学生的职业技能、所获得的职业资格与真实的职业能力之间的关系。在中国特色社会主义新时代，随着社会经济的不断发展，企业的具体职业岗位已经发生了非常大的变化，人们曾经拥有的一些职业技能、考取的职业资格，已经不能适应当前职业岗位的具体需求。这就要求从业者立足自身的内化能力，通过不断的自我提升来获得与当前实际需求相匹配的职业资格。

职业能力包括专业能力、方法能力、社会能力。在职场之中，这三种能力是相互交融在一起发挥作用的。同时，职业能力又包括基本职业能力和关键职业能力。关键职业能力在基本职业能力的基础上进行了纵向的延伸，超越了具体职业能力知识的范畴，是对基础职业能力的有效提升。

高职院校的专业核心课程，主要教学目标是引导学生成为高技能人才，有效增强其技术实践能力。高职院校学生的技术实践能力包含了实践性的思考以及实践态度、价值观和动作技能等。

3.课程学习内容的取舍和内容排序遵循职业性原则

设计课程知识内容和课程实施顺序，是进行课程开发的关键步骤。职业性是高职院校专业核心课程开发过程中必须遵循的原则，因为课程项目的实际需求是课程开发的出发点。高职院校在课程开发过程中，必须坚持合理的教学顺序，把握好知识本身的逻辑，建立完善的学科体系，做好对显性知识的应用，确保理论性知识结构的完整性。而在行动体系方面，强调的是隐性知识的作用。专业核心课程设计应该把过程性的知识（隐性知识）当作主要内容，把显性知识当作辅助性内容。

4.课程方案是理论和实践教学一体化的学习领域课程模式

学习领域作为一个主体学习单元，最主要的目的是对学习目标进行有效表达。学习领域课程包含学习的具体目标、学习的具体任务和学习的时间安排三部分。在制定学习领域课程方案时，要把工作过程当作设计的出发点。在学习领域教学方案设计过程之中采用一体化的设计模式，其中包括高职院校专业课程中的数学课程、企业管理课程、法律课程等多种学科的内容。实际可沿着从行动领域到学习领域，再到学习情景的逻辑顺序，来完成对学习领域方案的设计开发。学习领域为学校部分，工作领域为企业部分，内容区分清晰明确。同时，其内容具体包含了对职业的详细描述，对教学目标和教学内容的规定和对教学时间的具体安排。

当前，我国高职院校在发展水平上参差不齐，即使高职院校内部各个专业之间，在教学配套设施、师资力量以及区域行业企业岗位需求方面也存在发展不平衡现象。所以，一体化的教学课程方案并不适合在高职院校的所有专业课程中推行。一体化教学课程的实施需要高职院校校方、教师和学生共同努力，以推进项目完成，促使教学活动顺利开展。

5. 课程实施行动导向的教学模式

以行动为导向的教学要遵循完整的行动过程序列，其中包括资讯、计划、决策、实施、检查、评估等。在具体的教学过程中，教师要让学生主动动手进行实践，进而掌握技能与专业知识，构建出属于学生自己的知识体系和技能经验。基于行动导向的学习方法，学生可以通过自我行动来获得知识，同时增强解决职业方面实际问题的能力。而教师作为整个学习过程的组织者，要扮演好整个学习情景的设计者和引导者的角色。

6. 课程开发工作的工学结合、校企合作

校企合作开发的专业核心课程具体内容主要包括人才培养目标和培养计划，校企合作可让学生的工作岗位、典型的工作任务以及具体的方法达成一致，同时充分利用学校和企业的资源，为学生的顶岗实习创造良好的环境。企业和学校共同付出人力和财力，为学生的学习构建合适的教学资源，完善学生的顶岗实习管理制度，搭建科学合理的成果考评办法。学生在企业环境中进行顶岗实习的过程中，校企要充分合作，实现共同管理，确保教学的顺利进行。校企之间要实现共同管理，建立课程教学、岗位培训和技术开发等专业的教师队伍，共同谋求长远发展。

（二）以"四元教学法"为基础的专业群核心课程开发

四元教学设计（four-component instructional design，4C/ID）是一种处方性的教学设计方法，它通常把学习任务当作首要任务，属于整体化的教学设计方式。四元教学设计把焦点集中在高职院校的教学目标，即培养学生的综合职业能力上,要对学生的各种能力进行一体化的培养,包括知识能力、技术能力等,并确保学生在课程中所学到的理论知识能够在新任务和新问题中进行迁移。实现上述教学目标,就需要聚焦真实的学习任务,通过构建完整的任务序列,整合所有的知识点,培养学生良好的学习迁移能力。

学习任务、程序间信息、专项训练和支持性信息是四元教学设计中的四大要素。

四元教学法主要包括以下步骤:完成学习任务设计工作,对评估工具进行开发,对具体的学习任务进行排序,对相关的知识技能进行确定,完成对认知策略的具体梳理,心理模式方面的具体测定,完成对支持程序的设计,确保认知规则清晰,对专业的专项操练要做好安排等。运用四元教学法,先要完成学习任务的设计。具体而言,要设计具有完整性且有意义的任务,而且要以现实生活中完整的具体任务为基础,要对任务环境的真实性进行考虑。另外,任务设计要落实好对于问题解决的指导性内容。学习任务的设计要以对市场的专业调研为前提,可以把学习任务的基础性内容确定为工作岗位中的具体工作任务。立足于四元教学法的四个基本元素,结合其具体展开的步骤,可顺利完成核心课程专业性设计。

1.专业市场调研

开展有效的市场调研活动,可以对高职院校专业所要服务的具体内容做好定位,进一步明确不同岗位在现实工作中的具体要求,并据此完成高职院校专业核心课程设计,为更好地完成学习任务奠定基础。

(1)调研内容。要确定专业服务的定位和培养规模,了解区域性的社会经济发展情况;根据高职院校专业所对应的相关产业,以及产业的结构和发展趋势,确定专业所对应的具体岗位;对当前岗位方面的具体人才结构和企业的需求进行了解;对岗位的人才数量需求进行预测。要充分考虑区域经济中,行业对专业人才的实际需求,以区域经济的行业发展综合情况来确定专业的具体服务内容。同时,要兼顾区域社会经济的发展情况,根据高职院校自身的师资力量,最终确定专业人才的整体培养规模。

对其他的社会因素做好分析。高职院校教育的发展受到多种社会因素的影响,因此在具体的课程开发方面,对能够产生影响的社会因素要做好了解,主要包括我国的政治、经济、文化、法律法规以及科学的发展和社会文化的影响,也包含学生的择业兴趣,以及劳动市场的供需关系。

做好专业人才培养定位。要对专业技术领域岗位的任职要求做好分析，同时对专业的认知条件和社会认可度做好分析。随着科技的升级换代，社会对高职院校学生的专业技能提出了更高的要求。所以，要根据具体的工作任务进行深入分析，确定具体的培养目标，同时基于对专业的实际调研成果，以及对多种因素的综合性分析，最终确定高职院校专业的自我定位。

对专业具体教学方面做好分析，同时对学校专业人才培养具体情况做好分析。要按照企业对高职院校毕业生人才素质的要求进行课程设置和教学内容安排，确保它们高度契合，同时保证其与学生的职业规划愿景有较高的契合度。课程设置必须以学生的整体水平和未来的发展需求为参照依据。在课程开发和具体实施的过程中，高职院校要对教师团队进行严格的培训，确保教师对学校的具体要求有明确的了解。最后，要充分掌握学校的教学条件，包括教学措施、教学时间安排等方面的详细需求。

（2）信息调查渠道。当前，调查信息的渠道非常丰富，在线上可以利用网络媒体、网上问卷调查等方式，在线下可以通过人才招聘现场、学校的招生就业办公室和政府组织的线下招聘会等进行信息调查，尤其要对重点行业的企业负责人以及相关的专业团队做好信息调查。

（3）市场调查方式。具体的市场调查方式主要包括网络调研、广告分析、现场问卷调查和面谈等方式。高职院校需要成立专业的市场调研组，做好相应的市场调查准备工作，确定好具体的调查对象和调查方案，而且调查组成员必须对应企业的各项要求，明确好各自分工，确保调查工作顺利进行。

（4）调查对象。要把技术实力雄厚的行业头部单位作为重点调查对象，对技术一般的单位进行兼顾。

（5）调查方案。关于调查方案，先要明确调查目标，进而确定调查的具体范围、具体对象、具体内容和调查的方式方法，以及对调查的质量要求，确定好具体的时间安排。在对企业进行调查的过程中要认真倾听专家的意见。对企业的一般员工或者企业毕业生的具体情况，在问卷调查过程中要有所侧重。

高职院校的教师也应该积极走出院校，深入工厂一线，与一线的技术员工交流沟通，了解相关企业所要求的技术技能，为职业岗位分析、工作任务分析、选择重点调查企业、选聘行业企业专家及校企密切合作做好各项准备工作。另外，教师在与企业专家进行访谈交流之前，要事先查阅相关的技术材料和岗位资料，做好准备工作，有的放矢。

2.进行职业岗位分析,编制职业能力标准

职业岗位分析需要对职业岗位工作全过程进行分析,并综合考虑影响职业岗位工作活动的各种要素。职业岗位分析采用的方式是在基本确定的专业服务面向区域行业内,对专业对应的技术领域和职业岗位(群)进行分析。

(1)工作职责和任务分析。分析工作职责及每一项工作职责所包含的具体任务,这是工作的第一阶段。

高职院校组织"工作分析专家委员会",主持人必须是学校工作和任务分析专家:第一,清晰把握工作任务分析的目标和要求,对于课程框架的设置和发展具有预见性;第二,具有敏锐的洞察力和思考能力,能够及时发掘并整合行业专家的思维;第三,具备丰富的工作分析经验,对于工作分析基本操作要做到信手拈来;第四,要善于把控工作时间和工作进程。专家分析委员会的其他成员也应是本行业的职业技术和管理技能专家,活动在企业生产活动一线,对于这些成员也提出了相应的要求:第一,作为工作分析专家委员会成员,每个人都必须具有高级工以上职业资格证书。第二,各成员要有本职业领域内丰富的一线工作经验,对于所从事的工作岗位有着清晰全面的认识和前沿性的了解,工作时间要求是十年以上。一些高新技术产业的工作经历要求可以根据本行业的具体情况另行规定。第三,要具有团队合作能力和人际沟通能力,与组内其他成员广泛开展交流合作。第四,各成员来自毕业生就业区域内,与毕业生就业岗位相对应的不同类型、规模的企业,以保证工作项目基本覆盖就业岗位群,且每次聘请八名以上工作分析专家委员会成员。专业教师不参加工作职责分析,避免教师主观意志的介入。工作分析专家委员会集中讨论分析三天左右,采用贴纸板的办法,把暂时确定的本职业相应岗位的职责、任务制成长方形小纸板贴在墙板上,并逐条进行评审、研究,制定出"职责和任务表"初稿。

通过制定出的"职责和任务表"初稿,梳理出岗位(群)的典型工作任务,并运用以下几个要素转化为综合学习任务的整体描述(要求基于工作流程关注任务执行者完成任务的完整行动模式):在什么条件下,利用什么工具/材料,与什么人员配合,完成什么事,达到什么要求。其中,要能准确描述出职业的工作环境,如人员、工作对象、工具/材料/方法、条件、工作要求和工作过程。

(2)任务和能力目标分析。第二阶段是"任务和能力目标分析":分析从业者在其工作职责的每项任务中应达到的最终绩效目标"TPO"(能够完成的工作）和能力目标"EO"（知识、技能、态度等任职要求）。对原有的"专家委员会"成员做出相应的优化，更换四名行业专家，并在此基础上纳入四名专业骨干教师，组成"任务分析专家委员会"。委员会对DACUM（教学计划开发）表进行复查，对部分"任务"补充、删减，形成DACUM表完成稿。然后委员们分组研究、编写各项"任务"的"TPO"和"EO"。通常一项"任务"只有一个"TPO"，但有两个以上"EO"。各组拟出初稿后，由全体委员逐条复查评审，最终形成详细的"任务分析汇总表"。

与行业专家进行讨论之前要充分做好各项准备工作。行业专家都是学校从企业邀请而来的，学校要在讨论之前将工作分析程序和要求告知专家，在重新沟通的基础上，让专家对接下来的工作有所准备。在与专家讨论时，主持人要积极引导专家，把自己的不同意见和独特想法大胆表达出来，鼓励专家们进行热烈深入的讨论，在讨论中掀起一场头脑风暴。一般情况下，职业岗位的工作职责分为八项到十五项，这些工作要求多用行为动词来表述。每一项工作职责又会被分解为更为详细的具体任务，大致在五项到三十项，书写格式是"名词+动词"。每一项具体工作任务都对完成该项任务应具备的工作能力提出了严格要求，被称为专项能力（skill），用"能（会）分析（判断）……"（智慧技能）、"知道……"（陈述性知识）、"能（会）操作（使用）……"（动作技能）、"理解……"（解释性知识）等句式进行表述。要把这些要求写在纸板上，对其进行整合，删减或合并相同内容，并对结果进行补充。在这个过程中，每一项具体任务和要求都必须经过专家分析并认可后才可以选用，做到高度重视专家的意见。在讨论的过程中要注意进行记录，在讨论结束的时候就可以得出一个相对成体系的"任务分析汇总表"，从而大大提高专家分析和讨论的效率。

职业岗位的业务范围不同，岗位分解出的具体工作任务及专项能力的要求也各不相同，职业岗位根据其分解的粗细程度，大致可分解为一百到二百项。专项能力的要求更为具体，包括完成工作任务所必备的工具、人员的工作态度、工作知识与技能、完成时限以及质量标准等。对每一专项能力都要确定其在职业岗位工作中出现的频度、学习掌握的难度以及学生毕业时应掌握的程度（确定等级），即职业入口水平；对每一项职责、任务和专项能力都需要基于一定标准进行等级评定（表4-1）。

表 4-1　职业能力等级评定标准

等　级	评定标准
A	能高质量、高效率完成此项任务的全部内容，能够解决遇到的问题，并能指导他人完成
B	能高质量、高效率完成此项任务的全部内容
C	能圆满地完成此项任务的全部内容，不需要任何指导
D	能圆满地完成此项任务的全部内容，偶尔需要帮助和指导
E	需要在现场指导下才能圆满地完成此项任务的全部内容

3.明确综合学习任务，进行课程结构分析

在明确综合学习任务的基础上，委员会需要对学习任务的类别进行具体划分，而难度相仿、体现和运用同一类知识技能的为同类学习任务。

通过开展实践专家研讨会，专业教师和企业专家共同讨论，对综合学习任务进行具体的任务类别划分，这样的任务类别划分更有代表性和权威性，更加符合企业实际。

开展实践专家研讨会时，主持人致辞、介绍代表相互认识，介绍实践专家研讨会的背景、目的、基本指导思想及会议代表的挑选依据，介绍研讨会日程安排、说明研讨会举行方法和要求；主持人和会议代表依次做自我介绍，这一过程大致需要半个小时的时间，每位发言人的发言时间控制在两到三分钟，介绍自己的姓名、工作岗位、个人学习经历和职业经历等。这一系列流程完成以后，正式进入会议研讨程序。

步骤一：填写个人职业历程。在填写之前，主持人会向会议代表明确表格填写要求，并强调"典型工作任务"和"职业发展阶段"这两个基本概念，以便与会代表对于这两个概念的理解达成共识。个人职业经历要求会议代表简要介绍自己所接受的职业教育，并阐述自己成长为实践专家这一成长历程中的技术实践实例。实践专家要独立完成表格填写，时间要在十五到二十分钟以内，在填写过程中要对那些具有挑战意义、对于其专业发展具有深刻意义的工作任务做出明确标记。

步骤二：陈述职业历程。要求发言代表分享对于其专业成长具有挑战和升华的工作任务，并与主持人及其他与会成员进行问答互动，补充所填的职业工作履历表格，时间控制在五分钟以内。对于个人工作历程的了解，为专家研讨会提供了较为翔实的第一手资料。

步骤三：工作任务汇总。在工作任务汇总之前，主持人先向与会代表解释说明典型工作任务的内涵，然后再分组进行工作任务汇总。与会成员可以由主持人随机分配结组（如果存在职业专门化差别，主持人也可以按照与会人员的专门化方向进行分组），也可以自由结组。主持人举例说明完成汇总工作任务的如下步骤。①集中所有成员都从事过的工作任务；②确定只有部分成员从事过，但对职业有普遍意义的工作任务；③所有成员都未从事过，但具有代表性或不久的将来会有需要的工作任务。每个小组将工作任务标题和表述填写在工作任务表上，汇总的工作任务数量为十到十二个。将工作任务表复印分发给每一个研讨会成员，将工作任务标题和分组编号分别写在卡片上，以备汇报时张贴介绍用。工作汇总任务的完成时限控制在1小时以内。

步骤四：工作任务的汇报与典型工作任务归类。会议成员人手一份复印好的各小组详细工作任务描述。在进行工作任务汇报时，各小组要将本组编写好的标题卡片贴在粘贴板上，然后轮流介绍本组汇总的各项工作任务，并结合其他小组的汇报情况，全体小组共同参与谈论，把类似的工作任务整合在一起，合并同类工作任务，并展开讨论，最终确定。初次全员审查分析后，要再次进行审查，查漏补缺。最后，为归类整合的工作任务拟定标题、编号，最终形成一个系统的、统一的工作任务表。在这一过程中，要注意对会议时间的合理把控。

步骤五：典型工作任务分析。这一步骤以组为单位通过调查问卷的形式进行。调查问卷对工作任务难度及特征进行了描述，包括八项问题；各个小组针对这八项问题进行讨论思考，并给出答案，这一工作步骤的时间是四十五分钟。

步骤六：典型工作任务按难易程度归类。典型工作任务分为两到四个难度级别，具体按照步骤四中的程序和方法进行划分。分类结果由全体与会成员共同商讨以后确定。

专业核心课程按照工作的相关性设置，课程结构分析任务主要由分配课时、安排课程、开发课程门类、编写课程计划表、构建专业课程体系等组成。这些任务的制定都建立在国家教育法规要求、专业调研确定的专业人才培养目标和职业岗位分析得到的职业能力标准基础之上。

明确的任务边界确保每一门课程中的学习内容不会重复，从而促成前后贯通、有序列性的一系列核心课程。专业教师加入"工作分析专家委员会"，通过内部的充分沟通，梳理出以下格式的综合学习任务整体描述（要求基于工作流程关注任务执行者完成任务的完整行动模式）：在什么条件下，利用什么工具/材料，与什么人员配合，完成什么事，达到什么要求。其中，要能准确描述出职业的工作环境，如人员、工作对象、工具/材料/方法、条件、工作要求和工作过程。

"教学分析专家委员会"增加有关课程教师，通过典型的综合学习任务确定核心课程数量，并根据职责频度（教学层次）、等级确定各课程的学时数量和时间安排，对一些课程的教学内容和教学方法提出具体要求，对课外培养、社会实践等提出明确要求，进而初步提出人才培养计划草案。

在高职教育人才培养过程中，学校应该让学生较早接触专业内容，如专业概论等，让学生提前适应社会知识。为突出高职教育教学特色，专业核心课程的名称应尽量采用动宾结构，同时应制定与专业人才培养相适应的人才培养方案。

4.进行课程分析，编制课程标准

基于四元教学法的课程开发包括典型工作任务分析、组成技能分解、完整的课程设计等主要步骤。

（1）典型工作任务分析。在进行典型工作任务分析的过程中，四元教学法将工作视为一个不可分割的整体，更加强调完成这项工作任务所具备的创造性。四元教学法除了重视创造性之外，还重视工作经验，鼓励开发者参与企业一线实践，提高工作任务分析能力。

通过典型工作任务分析和深入、广泛的市场调查，学校对专业相关的企业、职业、专家有了更为清晰的认知，有助于骨干教师和课程开发者在研究中选择更为合适的工作任务。

典型工作任务分析的准备工作主要包括以下内容。

先要组建课程开发工作小组，选择三四位专业或职业背景相同的成员，既有企业的兼职教师，也有学校的专业教师，当然还有必不可少的实践专家。课程开发工作小组在听取和整合企业负责人、工作人员等相关观点的基础上，在企业当中选择典型的、重要的工作岗位，即对专门人才的资格和能力具有较高要求的工作岗位。在工作时间，对每一项工作任务进行三次及以上的分析，最大限度地涉及不同地区、规模和行业，并在此基础上寻找它们之间的共同点，相应地调整个体案例的调查结果，保障职业工作任务分析的全面性、客观性和普遍性。

观察、访谈、记录、制作照片或草图、收集或组织有关工作资料是工作分析小组的五大任务。为了提高分析结果的针对性、客观性和普遍性，工作分析小组的成员应充分熟悉工作任务分析的八项引导问题，如表4-2所示。

表4-2　工作任务分析的引导问题目录表

分析要点	引导问题
工作与经营过程	哪些工作过程涉及该工作任务？生产哪些产品或提供哪些服务？怎样获得原料（前期产品）？如何接受任务？如何交付完成的任务？产品如何得到再加工？客户/顾客是谁？
工作岗位	被分析的工作岗位在哪里？照明条件如何？环境条件（如温度、辐射、通风、气雾、烟尘）对员工有何影响？员工在完成任务时有哪些肢体活动？
工作对象	工作任务的内容是什么（如技术产品或技术过程、服务、文献整理、控制程序等）？该工作对象在工作过程中的作用是什么（如是操作设备还是维修设备）？
工作器材	完成该工作任务要用到哪些工具和器材（如万用电表、扭矩扳手、计算机及应用程序等）？如何使用这些工具？
工作方法	如何完成工作任务（查找故障、质量保证、加工、装配）？
劳动组织	如何组织安排工作（如独立工作、团组工作）？哪些级别对工作产生影响？与其他职业或部门有哪些合作及如何分界？
对工作的要求	完成任务时必须满足企业的哪些要求？顾客有哪些要求？社会有哪些要求？必须注意哪些法律法规及质量标准？
与其他工作任务的区分点	与其他典型工作任务有什么关系？与其他已完成的典型工作任务有何可比之处？与企业中其他工作岗位的相同任务有何共同或不同之处？本岗位是否可能进行职业培训？

①典型工作任务分析活动实施。在典型工作任务分析活动实施之前，工作分析小组先要向学校主管部门和企业相关领导申请报备，在征得同意后，方可开展后续工作。工作分析小组为所选工作岗位上的工作人员介绍工作分析的内容和方法，确保得到职业员工的理解和支持，并在此基础上进一步开展观察、访谈、记录、制作照片或草图、收集或组织有关工作资料（技术图纸、程序文件等）各项工作。为确保分析工作的全面性和客观性，避免忽略个别分析要点，小组成员需要时刻携带问题目录表等参考资料，并及时做好笔记，做好资

料总结和分析工作。一般情况下，完成一项典型工作任务分析的时间大约为 2 小时，较为复杂的任务分析可能消耗更多的时间，因此需要小组成员付出相当的细心和耐心。

②典型工作任务分析活动记录。上一阶段工作完成后，需要召开分析小组会议，小组分别上报工作分析要点并记录下来。要尊重每位小组成员的工作汇报内容和相关观点，并加以分析权衡，进而通过整合得出最终成果。分析小组会议召开时间在 60 分钟左右，由撰写工作记录的负责人负责会议记录工作。并且，小组分析成果用文本方式呈现，也可以根据工作需要在其中加入图标、图片、表格等相关资料进行补充说明，让工作任务分析结果更加一目了然。典型工作任务的分析记录可用于专业的核心课程开发。

（2）组成技能分解。通过组成技能分解，可确定一组综合学业目标。组成技能分为两种，一是创生性技能，一是再生性技能，分别对应两种不同的学习内容，即支持性信息和程序性信息。支持性信息是帮助学习者完成学习任务的创生性技能和知识，通常包含问题解决和推理；程序性信息是帮助学习者完成学习任务的再生性技能的程序，也就是学习任务中每次都以相同方式进行的行为。

（3）完整的课程设计。由资深专业教师、企业兼职教师、课程专家组成的单元课程开发组，以团队的形式充分合作完成课程设计工作。单元课程开发组需要在教学论和方法论层面对综合学习任务进行校本处理，在课程学习目标、工作与学习内容、学习时间安排等层面对其进行具体化处理。课程设计过程中必须综合考虑各种影响因素，如学生的个性化特征、学校的教育教学设施、学校所属地区的社会经济文化特征等。

课程的名称：课程要通过名称让人们知道工作关系的内涵，因此课程名称要和典型任务的简化名称相统一，运用"工作对象＋动作＋补充或扩展（必要时）"句法命名，具有简洁性和概括性。

描述综合学习任务：综合学习任务必须系统解释两个问题，一是工作对象问题，即完成了哪些工作；二是工作过程问题，即为完成典型工作任务所采用的工具是什么，运用到了哪些具体方法，具有哪些劳动组织。对于综合学习任务的描述要和对典型工作任务的解释保持统一。

学习目标描述：对于学习目标的描述要注意两组关系。首先，确保理论与实践的直接联系，注意理论学习和实践培训是通过同一个"工作对象"建立起直接联系的;其次,注意能力表述与职业行动领域的直接联系。应结合学校和企业两个视角来进行目标描述,确保理论与实践的有机统一。

确定工作与学习内容:要注意学习内容与实际工作的直接联系,确保学习内容(知识与技能)对职业行动的指导和引领作用。工作过程中蕴含的知识是职业课程开发的基础。实践专家研讨会上的典型工作任务分析是职业教育课程开发的基本方法。其中,专业工作对象描述要考虑工作情境和工作过程;根据学习目标来确定"工具、方法与劳动组织";对于专业工作,要确定按照不同观点从不同侧面对工作过程和工作对象提出要求,需要从企业、社会和个人等方面对专业工作的基本要求进行细化。

制订课程计划:课程计划的制订建立在之前一系列工作基础之上。

5.准备教学媒体(教材等)和教学设施

(1)编写教材和选用教材。教材编写要体现一体化设计,以四元教学设计为指导,对典型的项目、真实的项目和任务进行提炼,以作为重要的教学内容,同时将企业要求的新技术、新工艺和新规范融入教材。

目前,高职教材的编写和选用存在学问化、著作化等突出问题,高职院校所选用的教材大多是教师通过查阅学术资料和学术文献等方法编写出来的,只注重理论知识的灌输,缺乏实践性,且实用性不强,不符合高职培养应用型人才的需要。作为高职教育教学理念的重要载体,专业核心课程教材的编写和选用不容忽视,这就要求教师改变传统教材编写理念,寻找更为适用的教材选用和编写方法。

课程教材所选择和组织的专业知识体系是以工作任务为标准确定的,在以工作任务为核心的专业知识体系中,那些使学生从初学者一步一步成长为职业精英,对工作实践具有重大引领和指导作用的知识应该成为教材的首选内容,因为其具有显著的实用性和指导性。

教材必须将能够帮助解决问题的系统问题解决方法当作重中之重。我们把能够帮助解决问题的系统信息称为辅助完成教学任务的信息。其中,支持性信息和程序性信息都是可以辅助完成教学任务的信息。

教材编写体例:①教学目标;②工作任务;③实践操作(相关实践知识);④问题探究(相关理论知识);⑤知识拓展(选学内容);⑥练习。

教材的编写要体现实用性、通用性,同时要体现科学性和先进性,因此在对典型产品和服务等资料进行选择时要慎重考虑,确保符合教材要求。教材编写要遵循用完整工作任务引领专业知识，以及用典型产品或服务引领工作任务这两大工作原理。

辅助教材的开发运用必不可少，这些辅助教材包括传统的纸质辅导材料开发、信息技术背景下的网络信息学习资源开发以及与专业核心课程相关的视听媒体教材开发。

（2）信息化教学资源建设。教学的多媒体化、数字化、智能化、网络化是信息化教学的重要特色。其突出特点为教材多媒体化、教学个别化、学习自主化、环境虚拟化、资源共享化、活动合作化、管理自动化。信息化教学设计遵循建构主义理论，引导学生通过丰富的情境理解信息化教学的重点。信息化教学强调培养学生的综合能力，坚持以学为中心，利用各种可用的信息化材料支撑学生的"学"。信息化学习还强调合作学习，提倡跨年级、跨学科学生、教师之间的资源共享和合作。"任务驱动"和"问题解决"是信息化教学的主线，并在相关具体意义的情境中确定和教授学习策略与技能。

仿真与虚拟现实、多媒体课件、网络课程、多媒体素材、网络资源等都是信息化教学的重要资源。工程技术应用的仿真类型主要有三大类：物理仿真，这种仿真技术采用实物进行仿真，所需的成本很大；半物理仿真，这种仿真技术相对于物理仿真花费较少，属于混合仿真；计算机仿真，这种仿真技术采用数字化手段进行仿真，是所有仿真技术中花费最低的。在新型教学媒体中，虚拟现实技术与计算机仿真技术的运用较为广泛，运用计算机仿真系统可以为学习者创设探索性学习环境，让学生有身临其境的感受，以便更好地进行技能训练。

多媒体课件可以分为多种类型，具体根据课件的内容和作用可分为教学游戏型、模拟实验型、资料工具型、课堂演示型、自主学习型、操练练习型等。

网络课程最鲜明的优点是开放性、共享性、协作性、自主性、交互性。除此之外，网络课程还有教学情境多样、学习方式多样、师生角色多样、跨时空、对象广、资源丰富、多媒体、信息更新发布迅速等特点。

（3）教学场所的设计及设施（设备、基地、工位等）。教学场地建设要重视实训基地建设，这是环境建设的重要组成部分，也是教育教学的基础性保障工作。环境建设要从实训场地建设、场地建设原则功能、实训教学条件标准、站点条件要求以及实训场地建设案例等方面进行。

实际要在进行工作任务分析的前提下进行实践教学基地建设，按照空间结构与工作现场相吻合的原则设计实训室，同时在设计过程中要考虑教学场所的布局、教学设备设施条件进行适应性配置等。教学场所的布局要以教室为辅,以实训室为主。实训室更加强调实践性教学,注重理论知识与实践的结合。当然,我们不能把实训室的功能单纯理解为技能训练,其主要是为"教、学、做"一体化提供了一个适用场所。在高职院校,有一些专业由于其性质的特殊性,很难在校内或者企业创设结合真实工作过程的学习环境,那么为了增强此种专业的实践性,让学生体验到"做中学"的乐趣,学校需要针对部分专业开设虚拟实训情境,并采用智能化媒体,结合校内仿真生产环境进行之后的培养活动。由此可见,高校为了适应改革要求,也相对做出了不少努力,不仅改变了教学模式,还改变了管理制度,以便不断适应新情况、新形势的要求。

二、专业群课程资源建设

(一)建设背景

随着计算机技术的发展和网络技术的逐步成熟,信息数字化蓬勃发展,成了衡量社会经济发展的重要指标,也成了衡量一个国家现代化发展程度、综合国力的重要标准。数字技术的发展也为教育界带来了巨大变革,教育思想、教育模式、教育手法等相继发生了重大变化。高职院校教育信息化、建设数字化校园成为高校教育改革的必由之路。高职院校数字化在很大程度上促进了职业教育的发展。

数字化课程资源以数字化为基础,以课程为中心,以专业和学科为主线,是数字化教学环境建设的核心。数字化课程资源是对教学文件信息和各种类型教学资源的系统归纳和有机整合,运用到教学过程中,可为教师开展教学活动和学生参与课程学习提供全面、系统、实用的教学资源,为教育教学在信息技术大环境下的繁荣发展做出重要贡献。在线教育突破了传统面授教育在时间、空间上的限制,学生能够更加便捷地获取知识。在"互联网+教育"的大时代背景下,建设更加丰富多元、优质实用、高效互动、开放共享、灵活易学的课程资源,是提高教育质量的有效途径。教育部等十一个部门在2019年联合印发《关于促进在线教育健康发展的指导意见》,指出要鼓励学校积极研发并共享在线教育资源,加大优质在线教育资源供给量,以提升教育质量。

信息技术的蓬勃发展,使线上教育成为一种普遍的发展趋势。线上教育对教学资源探索、教学管理以及教学评价的要求也更加严格。

高职院校在新型教育模式下表现出以下三方面的显著特点。

1. 教学过程中互动性更强

线上教学强调在教学过程中要充分联系学生的学习实际，尊重学生的创造性，提高学生的学习积极性、主动性，而不是简单地将课堂从线下转为线上。学生是教学活动的中心，教师则由以往的知识传递者转变成教学活动的设计者、组织者。线上教学强调教师与学生密切互动，拉近彼此之间的心理距离，同时提高教学活动的创造性和灵活性，吸引学生的注意力，激发学生的学习热情，引领学生积极参与到教学活动中来。

2. 课程资源更为开放

随着慕课的蓬勃发展，大量网络用户开始接受线上学习，而这种全新的学习方式的大规模推广，将网络上的开放性课程资源最大化地利用了起来。优质教学资源和课程资源的开放性和共享性，得到了广大学习者的认同。高职院校也在逐步提升自身课程资源和教学资源的开放程度，转变发展理念，探索新的发展思路，不断推进高校教学信息化的深层次改革。

3. 学习者的学习机会相应增加

传统的高职教学模式被称为填鸭式教学，学生在这种模式下往往被动学习，学习效率低，学习效果差，不能达到教学目标的要求。而线上学习的出现为学生创造了更多的学习机会，使学生可以根据自己的兴趣和需求选择课程，不再受时间和空间的限制，极大地提高了积极性。随着互联网技术的发展，网络技术对人们生活的影响越来越大，学生的学习方式和学习观念也发生了转变，可以说线上学习的出现大幅提高了学生的学习效率，有利于高效教学目标的达成。

（二）建设意义

1. 为课堂教学提供辅助

教师在高职教学中可利用微课程达到辅助教学的目的。以英语教学为例，教师往往会利用微课程当中的视频资源来锻炼学生的口语表达能力，利用微课程当中的辅助性视频资源向学生介绍西方文化相关知识，旨在拓宽学生视野，提高英语学习的趣味性。微课程资源的使用对于提升英语课堂教学效果具有重要价值，因此教师需严格根据教学目标，在每个章节设计、规划、落实好对微课程资源的利用，突出重点与难点问题，确保微课程资源的选择更加符合学生实际，更加具有针对性和合理性，以便更好地辅助课堂教学。以大学英语为例，教师可以通过微课程让学生巩固听力部分学习，起到强化学生听力训练的作用，以在很大程度上弥补课上听力时长上的欠缺。

2.促使学生落实自主学习

基于手机APP（应用程序）的微课程最大的优势是能够促进教师灵活教学，落实学生的自主学习。手机APP微课程促进了学生碎片化时间价值的最大化，使学生可以在就餐前、入睡前、上学放学的路上进行学习，充分利用了碎片时间。学生随意点开想学的微课程便可以巩固旧知识、学习新知识、检测重要知识点，体现了信息化教学改革的新方式，很大程度上可以促使学生落实自主学习。

3.促进教学技术体系转型

教师的教学水平体现在诸多方面，如教师对课堂知识的把握程度、对课堂结构的规划、对教学环节的运用、对教学时间的把控、对多种教学手段的运用以及对教学效果的检验等。随着信息技术的发展，教育与信息技术的融合对于教师的教学能力和教学水平提出了更为严格的要求，即要求教师除了具有上述能力外，还要掌握操作信息设备的技能，以及根据教学目标的要求搜集、整合和运用信息化教学资源的技能。因而，基于移动APP所实现的微课程资源建设，不仅能够逐步提高教师的教学水平，还能促进整体教学体系向技术型转变。信息化时代高职院校日常在线教学以学生为中心，以学生自主学习为主，而学生学习效果的提升等显然离不开教师的引导和参与。由于教与学的时空分离，学习者需要具备较强的自我控制力，才能在虚拟的、没有教师面对面监督与管理的学习环境中做到自我监控、调节、计划。与此同时，学习者同样需要更多来自外界的源源不断的激励、引导。在在线学习中，协作与交互是至关重要的。学习共同体的建立以及在线学习社会临场感的营造，都离不开新式的交互媒体和丰富的交互工具、交互形式组织的应用和在线学习的实施。与此同时，学伴间碰撞的思维火花也有助于学习者从多维度、多方面认识和考虑问题。

（三）建设内容

信息化时代高职院校课程资源建设的内容多维度、多层次地影响着在线课程资源的建设。教师和学生既是教学过程中的两大主体，也是需要关注的核心。只有使在线资源支持与学习者之间的供需关系达到均衡，才能使在线课程资源得到充分、有效的利用,从而真正做到"教育"与"在线"的有机融合。

1.选择搭建在线课程平台

在线课程平台为在线教学活动的顺利进行提供了环境支持。建设在线课程平台可以通过自主研发或借助现有平台来实现。研发实力较强的高职院校可考虑自己开发或购买学习平台,但大部分高职院校倾向于选择现有的成熟的学习平台。我国现有多种在线课程平台,如中国大学 MOOC(慕课)、智慧职教、学堂在线、网易云课堂、智慧树等。平台建设应遵循"统一平台、统一标准、合作建设、分头维护、集中服务、全面共享"的方针,贯彻"追求质量、强调应用、兼顾数量"的原则。利用现有的平台不仅可以顺利解决平台建设难题,还有利于扩大课程影响力、实现资源共享。移动设备的普及化发展,使教师也能利用学习通、云班课、云课堂等平台参与到移动在线课程的开发当中。需要注意的是,自主研发在线课程、平台成本相对高于直接应用现有的在线平台,其中后者课程受制于平台自身的操作模式,但可依据课程建设特点满足课程需求。

2.课程资源的开发及编排

(1)课程基础资源的开发。课程基础资源涵盖教学任务、计划、视频、音频、课程标准和电子课件等。负责课程开发建设的教师需要熟悉、整合现有的课程基础资源,并在此基础上完善教学设计、开发新课程。优质的课程基础资源既能留住已参与课程的学生,也可以保障学生的学习效果。基于移动 APP 的微课程资源设计、开发和选择要以教学目标为导向,同时充分考虑不同学科的教学需求。以英语教学为例,教师在对微课程资源进行选择时,要以西方的语言习惯和文化认知为主体,要为学生提供英语交流、实践的场地与氛围,在有效提高学生语法能力、表达能力和听写能力的同时,也要及时检验其学习成效,帮助其反思总结实践经验、改进方法。

第一,在选择相关辅助课程资源时,教师要根据实际课程内容和教学目标,结合自身授课思路,规划好讲课的基本流程和基础结构。由于一节微课的时间是比较短的,所以在教学规划中要定位重点主题,突出重点、解决难点。

第二,教学设计是教学过程中的关键。完善微课程教学设计,可使课程资源结构满足学生的学习需要。为了保证微课程与教学活动的深度融合,教师需要在教学过程中利用相应的教学设备与方法进行搭配组合。例如,在运用微课程的基础上,让学生在大学英语课上对比分析俗语与西方文化之间的形成关系，进行实际对话，这样可以大幅提升微课程资源的教学价值。

第三，微课程资源开发形式多样化。微课程教学资源的开发与多种教学目的密不可分。首先，在微课程前期引导阶段，要制定完备的学习目标和任务清单列表，接着在介绍微课程的内容时不仅要细致全面还要突出主体和重点；其次，要确保学生在学习过程中将在课堂上学到的知识与在微课程中学到的知识紧密结合起来，达到巩固、丰富知识的目标；最后，为进一步开发课程资源，教师须在学生学习过程中给予必要的、详细的总结和评价。

高职教师可以结合院校的实际资源现状，根据自己的教学习惯选择微课程开发工具。目前，高职教师运用较多的微课程开发工具及其功能如下：运用二维动画软件 Flash 教学课件实现教学资源的转化和整合；利用 PowerPoint、Prezi 制作 PPT；利用制图软件 Photoshop 和 CorelDRAW 创造更加多元的界面和丰富的动态图形；使用智能手机或者其他电子设施拍摄相关素材作为实践教学的案例；利用录屏专家 Camtasia Studio 制作教学视频等。这些教学工具的开发和利用，在很大程度上丰富了教学资源，体现了教学资源的实用性、趣味性。总体而言，微课程资源开发方式和方法具有多样性，所以教师要不断学习，提升自己开发微课资源的能力和技巧，既要充分利用既有的教学资源，又要善于开发教学工具，不断丰富课程资源的功能和元素，提高学生学习的主动性和积极性。丰富、有趣的课程资源可使学生获得知识、技能，进而在提升微课程教学价值的同时，提高教育教学成效。

（2）课程拓展资源的开发。课程拓展资源主要用于学生自学，学生可以通过慕课加深和巩固所学，包括相关学术论文、试卷库、知识点的拓展以及与知识点相关的真实企业案例。把课程基础资源和课程拓展资源有机结合在一起，有助于学生对课程内容进行理解和巩固，提升学生的学习效果。因此，课程拓展资源不仅能够帮助学生巩固基础知识，还能够培养学生的创造性思维和自学能力。

（3）课程资源库的开发。课程资源库涵盖课程标准、课程规范、经典阅读、习题库、参考教材与资料等。开发课程资源库时，课程团队应依托相关的知识点搜索行业或企业标准，并将这些标准引入参考教材，拓展课程参考资料，尤其要重视课程知识点与职业岗位标准之间的有机联系，并对教学内容进行相应的调整。如果条件允许，高职院校更应依据行业企业对专业人才的需求，结合自身专业的办学特色，编写符合专业人才培养的特色教材。

（4）课程资源开发时的注意事项。首先，合理编排与组织资源内容。在线课程资源是开展在线学习活动的基础，资源建设不仅要满足学习者的基本需求，还要从发展的角度考虑课程资源对学习者未来发展的影响。知识点是资源组织与传递的基本单元。在组织在线课程资源的过程中，教师应以诺瓦克教授的概念图理论、瑞格卢斯的细化理论为指导，系统分析教学内容，进而根据可视化的图示展示各知识点之间的联系及层次，用概念图有策略地组织知识点，帮助学习者构建知识体系。进行在线课程资源展示时，教师可先展示涵盖各个知识点的概念图，辅助学习者从整体上掌握课程内容，搭建清晰的知识结构体系。概念图具备资源导航和检索的功能，学习者可根据自我实际需求，根据概念图的引导，查找与定位资源，选取适合的知识点，从而增强学习者学习的针对性和有效性。在线课程资源建设在注重数量与质量的基础上，更要实现学习与资源的完美契合。通过知识点、学习资源、概念图之间的有效映射，学习者能够更快捷地获取所需资源，提升学习效率。

其次，加强协作式在线课程资源建设。多元、适度、动态、新颖的优质课程资源才能满足学习者差异化、个性化的需求。在"互联网+"时代，对网上陆续涌现的学习资源进行有效整合，可有效补充在线课程资源建设。MOOC的发展成熟，使教师可利用MOOC课程建设自己小规模的在线课程，即SPOC。在"MOOC+SPOC"模式下，教师可以充分利用MOOC资源。SPOC在弥补MOOC不足的同时，更有利于提供具有针对性的个性化教学服务，实现因材施教。教师可以依托课程培养目标，选择适宜的MOOC资源和SPOC平台。利用MOOC丰富的资源，教师省去了消耗在资源建设上的时间和精力，从而可将更多的时间和精力用于关注学生与改进教学活动。课程资源的丰富离不开学生的参与，充分发挥学生的智慧能够加强教学过程中的互动交流，建立学习共同体。教师引导学生通过各种渠道获取课程资源，在交流探讨资源中建构学生知识体系，有利于内部认知结构中原有知识与新知识的交互。教师应帮助学生对搜集到的资源进行整合加工、补充完善，同时为以后的学习者积累丰富的学习资源。

3. 创设良好的在线学习环境

良好的在线学习环境可以有效减轻教、学分离的在线学习带给学习者的孤寂感，强化凝聚力、亲师性，促进学习者持续学习。在线学习环境包括显性的网络课堂、综合运用各种信息技术手段、多样化学习环境三个方面。教师、助学者、学习者等共同组成了在线教学共同体，营造良好的虚拟社区环境有利于提升教学交互临场感。在在线学习模式下，学生可掌握学习主动权，同时各种环境的有效组合可为学生个性化的学习、学习任务的完成、师生间的交流创设良好的氛围。教育组织者需要建立良好的反馈系统，给予学生及时的关注；需要提供学伴之间交流、讨论与协作的渠道，营造浓厚的学习氛围。为构建更好的在线沟通机制，教师可以创建在线社交空间，促进学习者参与、会话、建构，建立生生互动的学习共同体，使生生间形成多层联系，增强归属感，实现知识建构与表达，提升在线学习的社会临场感。在网络社交媒体空间中，教师要营造积极向上的学习氛围，要引导学习者树立正确的世界观、人生观、价值观。

4. 进行有效的学习跟踪与评价

在教、学分离的模式下，在线学习质量的提升离不开学习过程监控。学习过程监控包含学习过程跟踪与评价，跟踪记录学习者的学习过程可以督促学习者高效率展开学习活动，发现学习者学习过程中的问题并及时调整；为保证学习者的学习质量，可以采用形成性评价与终结性评价相结合的学习评价方式。学习过程跟踪是对学习者的学习活动进行一系列计划、检查、评价、反馈和调节的过程。在教、学分离的在线教学活动中，教师无法直接看到学习者的学习表现，但学习平台可以记录学习者的登录平台时间、完成作业情况等，所以借助大数据与学习分析技术，教师可以间接了解学生的学习表现、学习模式和行为特征，对学生的学习行为进行及时客观的评价。教师还可以基于数据分析，为学习者提供满足其学习需求的支持服务系统。同时，依据在线学习平台的数据记录，教师可以有更多的时间对教学信息相关问题进行思考，与学生共同探讨其他学习者的观点，解决和教与学相关的各种问题。

对于在线学习，教师可从学习参与、质量、交互与共享等多维度进行评价。第一，通过评价学习者各项学习活动，涵盖在线学习时长、学习态度等，达到激励学习者积极参与在线学习的目的。第二，通过评价学生在各种在线活动中的表现，包括作业质量、在线测试成绩、发言质量等，达到及时发现并解决学习者学习中存在的问题，提高其学习效率的目的。第三，交互与共享是指学习者与学伴之间的交流、互助，包括上传有价值的学习资源，分享自己的学习经验，在协作学习过程中发挥作用等。通过评价学习者的交互与共享，可促进学习者与学伴间互帮互助，积极沟通交流，协作学习，建立学习共同体。

（四）建设问题与对策

经过多年的慕课建设，各高职院校在课程资源建设方面攻克了诸多难题，探索出一条适合自身发展的道路。但在自身课程资源开发和建设过程当中依旧面临诸多挑战，发展之路任重道远。目前课程资源建设中存在的问题有以下几个方面。

（1）信息化资源制作水平有待提高。各高职院校积极建设慕课平台，加紧开发课程资源迎接后慕课时代的到来。随着慕课的增加，数字化教学资源的需求相应增加。然而，绝大多数院校信息化资源的制作水平普遍较低，缺乏专业技术团队提供技术支持，在动画设计、幻灯片美化、视频制作方面的技术有待提高。

（2）对课程资源建设的重视程度有待提高。在我国，慕课虽然已经发展了很长时间，并逐渐在高校普及，但是很多院校对于慕课的重视程度不够，在慕课资源建设方面缺乏积极性。不少院校由于师资力量相对匮乏，并没有实际开发和建设符合自身实际的课程资源，仅通过慕课平台挪用其他院校相对质量较高的课程资源，与自身教学特色不符。

部分高校教师受自身知识结构和综合素质的影响，对于课程资源的认识存在一定的误区。有些教师甚至认为课程资源就是教材，就是课程本身，由此导致大量课程资源被忽视、被闲置，造成了课程资源的浪费。课程的概念是不断发展的，是为实现教育目标而规定的学习目标、学习内容和学习进度等的总和。

从课程定义的变化来看，主要从片面强调名词意义上的、静态的"学科内容"，转变为对动词形式上的、动态的"学生经验或经历"的积极关注。课程意识应该随着课程观念的转变而转变，对课程概念进行重构和优化，做到与时俱进，否则动态的、丰富的课程资源就会被浪费。顾明远先生认为课程资源就是为了保证教学效果和教学进程而消耗的所有人力、物力和财力的总和，也包括教育相关的信息、资料以及教育相关的学术经验。从广义概念来看，课程资源是指有助于课程目标实现的所有积极要素的总和；从狭义概念来看，课程资源是指形成课程的直接因素，包括条件性资源和素材性资源等。惯习是一种外在性的内在化，是指教师在教学实践中通过经验的积累所形成的一种习惯性教学方法，是教育行为的权威定式。绝大多数教师由于受到教学的惯习束缚，会在教学过程当中采取措施刻意规避教育风险。因此，当面对流动性的课堂情境时，教师总会根据自己的实际需求对课程资源中的信息进行选择，而这种选择的不可重复性和偶然性意味着教师要在课堂教学过程中承担相应的风险。但是在应试教育思想的束缚下，教师往往将关注点放在学生能否吃透教材，能否拿到高分上。当动态性课程资源出现时，教师不得不采取谨慎的态度进行选择，最终导致一些优质的、动态的、有价值的课程资源被浪费。

（3）课程资源开发的体制性障碍。我国的教育改革是自上而下的，课程管理体制也是从中央集权到地方分权，这就决定了教师是课程资源开发的实施者。课程改革要求学校开发校本课程，这就赋予了教师课程决策的相关权利，要求教师具有课程开发的意识和课程开发的素质，同时要转变自己在教育教学过程中的具体行为。但在教育实践工作中，绝大多数教师存在课程开发意识淡薄、课程开发能力欠缺的问题。从空间范围来看，教师只能够把学校一些显而易见的内部资源，如校内的人力、物力、财力等转化到实际课程资源当中，而忽视了对校园内部空间资源、时间资源、氛围资源的关注。校园外部层面的科技馆、博物馆、图书馆等相关社会资源，也没有被运用到具体教学当中。

从课程资源的功能特点来看，由于任课教师课程资源开发意识淡薄、课程资源开发理论生疏、课程资源开发技术欠缺，所以他们只关注课程资源的显著功能，如习题、教材、参考书等，误以为学校提供的条件性资源，如网络电视、影音设备等的应用会影响教学效果，不能有效地把握和利用课堂上有价值的、有意义的生成性资源，造成了课程资源的浪费。校本课程不同于国家课程和地方课程，在课程资源的开发、选择和利用上，校本课程更具有灵活性，这也赋予了教师灵活选择课程资源的自主权利，有利于教师在课堂实践当中自主选择课程资源，促进教学效率和效果的提升。但是教师仍然处于权力结构的低端位置，受本身教育地位的影响和教育惯习的束缚，并不愿意积极主动地参与到课程资源的开发和建设过程当中，即便是由于种种原因参与其中，由于受到其本身理论知识和开发能力的限制，也很难达到理想的课程开发效果。

针对以上问题，高职院校课程资源建设的对策如下。

（1）加强政策引导。资源建设与应用并重的数字化教学资源开发与应用，是教学信息化工作的核心，也是高职院校进行教育信息化改革的关键因素。高职院校教育信息化改革对教学团队的综合素质提出了严格要求，也需要政府从政策上给予高校相关的人力、物力和财力支持。优质的课程资源只有在投入实际应用的情况下，才能体现其实际教学价值。因此，高职院校应该积极引导教师和学生在教学活动和学习过程当中广泛使用信息化教学资源，提高资源的使用率和价值。教师只有不断更新自身教学观念,提高自身利用课程资源的能力和技巧,才能真正提升信息化教学水平,不断满足时代发展对于教师职业提出的更高要求。

(2)构筑课程资源的思维导图。构筑课程资源思维导图是课程资源建设的重要途径。思维导图的构筑要从以下三个方面着手:①划分课程资源的类型和框架。根据空间分布状况,课程资源可以分为校内课程资源和校外课程资源;根据功能特点,课程资源可以分为条件性课程资源和素材性课程资源;根据存在状态,课程资源可以分为自然性课程资源和社会性课程资源。②确定课程资源的筛选原则。一是教学理论筛选,即教学理论要符合教师的实际教学水平;二是学习理论筛选,即学习理论要符合学生的心理发展特点,满足学生的学习需求;三是教育哲学筛选,即所运用的教育哲学要能够反映社会发展方向,紧跟时代步伐,有较高的理想高度。③规划课程资源的开发利用渠道。除教科书、教辅材料、习题、课程标准之外,教师还可以从关注社会生活预测社会需要、审查学生在实现目标过程中获取的资源、了解学生的素质现状、辨别和利用校外自然人文资源、建立课程资源管理数据库五方面的基本路径,来规划课程资源的开发利用渠道。

(3)建立课程资源协调共享机制。课程资源共享有利于充分开发和利用课程资源,有效解决课程资源短缺问题,避免课程资源浪费,在一定程度上促进教育公平的实现,保障利益最大化,这是实现课程资源建设优化不可缺少的路径。建立课程资源协调共享机制,首先需要教师合理运用教材,既要重视教材的基础性作用,又要打破唯教材论的樊篱,将教材当作重要辅助材料,而不是唯一的教学材料;其次学校内部要积极地对课程资源进行筛选和有效整合,不断调整教学策略,使教育教学方式与学生的身心发展需求相适应,让学生真正体验到课程资源的价值和意义;再次学校需要做好与其他学校之间的沟通工作,增强与社区之间的联系,在充分挖掘校内课程资源的基础上,引用和借鉴兄弟学校的课程资源,广泛利用社会课程资源,促成学校、社会的良好合作,实现优势互补,资源共享;最后互联网技术的快速发展打破了课程资源的空间界限,校内校外资源共享可行性越来越大。在建立课程资源协调共享机制时,更应着重建立和完善校内外之间课程资源互通互换机制,使校内外在公共资源方面互通有无。因此,建立课程资源协调共享机制需要学校、社区、教师、学生以及政府等多方主体参与,形成合力,促进课程资源优化整合。总而言之,课程资源建设的意义重大，牵涉广泛，涉及课程改革、资源共建共享、教育体制改革、教师队伍优化等诸多问题，应该受到国家、社会以及教育界的广泛重视。作为教育工作者，教师要认识到当前课程资源建设面临的困境和挑战，并以积极的心态去面对这些问题，努力提高自身理论素养和实践能力，积极探索课程资源优化的可行性路径。

网上课程资源建设应结合多元化学习需求，开发和利用优质的教学资源，实现教学资源的共建共享，进而以课程设计方案为主线，促进我国教育事业迅速发展。高职院校建设慕课课程资源，在一定程度上促进了教学改革的实现，对于提高教学质量、提升教学效果、转变学生学习方式、提高学生创新性思维具有积极作用。高职院校通过慕课实现课程资源的共建共享，可以吸引更多的学生关注课程、学习课程、利用课程、分享课程，提高学校教育教学资源的影响力，提高学校自身的竞争力。

（4）打造课程资源一体化开发模式。对于课程资源的开发，上到政府，下到学校教师，都应积极参与进来。从政府政策角度看，政府必须采取相应政策保障课程资源的顺利开发，将课程资源建设纳入课程改革规划当中，并督促改革规划按时、按质、按量完成，进而突出重点并逐步深化，保障课程资源建设的良性发展。另外，在分配政策上，政府必须保障基础教育资源能够满足课程标准实施要求，同时为课程资源的开发提供必要的经费支持。学校是课程资源开发的主体，应积极建立相应的教学机制，保障教师能够在最短时间内获取有效的课程资源。学校应为教师的专业发展提供必要条件，以更好地适应课程资源建设的要求。具体做法如下：第一，教师应积极探索能够适应学生学习水平、满足学生学习需求的教学模式、教学方法，以学生的兴趣爱好为出发点，开发各种创造性的教学工具，提高学生的学习兴趣，为学生提供有价值的学习信息。第二，践行实践出真知的理念，在教育教学过程当中紧密结合本地乡土资源，最大程度挖掘乡土资源优势，让学生通过丰富的课外实践活动深化对所学内容的理解。第三，教师需要不断总结和反思教学经验，拓展自己的教学发展路径，如通过写个人教学记录、工作笔记、工作日志等，总结自己在教学过程当中的得失，提升自己的资源开发和利用能力；第四，积极挖掘网络资源的价值。随着信息技术的普及，资源传播的时空限制被打破，教师获取教学资源的途径和方式呈现出多样化的特点，教师可以利用网络资源促进自身专业能力的发展，不断提升自己的理论水平和实践能力，提高自身开发课程资源的能力，以便不断适应时代发展的需求。

（5）教学实施：线上线下混合。在教学实施过程当中，基于教学平台实际而开发的一种全新教学模式即线上线下混合教学模式，将教学过程分为课前、课中、课后三个阶段。课前学习阶段是以数字化教学资源为平台，在教学活动开展之前引导学生自主学习；课中学习阶段运用翻转课堂，强调在教学过程当中引导学生展示学习效果；课后学习阶段通过拓展课程资源，丰富和深化学生对课程内容的认知。这三个阶段都设立了有针对性的学习评价和检测环节，既能引导学生主动学习，积极思考，又能激发学生的学习积极性。通过这一全新教学模式的运用，教师的角色也发生了转变，由原来的知识传播者转变为学生学习的引导者，师生之间的互动性增强。将教学过程三个阶段有机串联，可深度挖掘学生的学习潜能，并推动教育教学的稳步发展。

（6）教学设计：理实一体。高职教育向来提倡在实践中学习知识，这是高职教育的基本思想。在高职课程设计和资源建设中，也应该秉持这一教学思想，强调教育实践的重要作用。首先，在教学设计环节，教师应该将传授知识与训练技能结合在一起，让学生参与更多的技术实践活动，在实践中检验自己的能力，从而提升学生自身的学习、实践积极性，增强学生的职业归属感；其次，在教学资源的设计和运用上也要坚持"学""做"的结合，教师可以采用信息化技术教学手段，利用慕课或者微课，将教育教学的重点和难点结合起来，鼓励学生通过实践验证自己所学的知识；最后，在课程设计中根据实际情况适当增加实践教学环节，通过广泛深入的社会调研，让学生更多地参与到核心岗位技能实习、实践活动中，增加实践课程在教育教学中的比重，让学生提前接触职场生活，从而有效锻炼和提升其岗位核心技能。

三、一体化教学组织与实施

（一）一体化教学概述

1.一体化教学的含义

所谓一体化教学就是把理论教育与实践教育有机结合起来，既要培养学生的理论能力，又要提高学生的实操技巧。一体化教学需要单独制定课程标准和教学计划，由一位教师牵头，一个团队的教师共同研究制定与学生实际相适应的教学进度、教学方法、教学内容，并利用头脑风暴、项目教学等教学方法，融合理论和实践两个教学环节。一体化教学通过各个教学环节的落实得以体现。一体化教学以职业能力整体培养为目标，是高等职业教育改革的必由之路。

2. 一体化教学产生的背景

我国高职院校针对工科专业建设提出了"专业建设要跟着主导企业的需求走""课程的开展要跟着典型任务走""教学内容要跟着工作的具体过程走"。依据这样的工科专业建设思路，学校可与知名企业建立深厚的合作关系，在课程和教材方面实现共同开发，共同设计实训方案。同时，根据企业在岗位方面发生的实际变化，学校要及时对人才培养方案进行优化提升，实现与行业内知名大型企业的人才需求无缝衔接，零距离培养。通过大量社会调查可知，现代企业所需的高素质人才必须具备的能力如下：一是良好的团队精神和团队协作能力；二是良好的人际沟通能力；三是高超的技术能力；四是分析问题、解决问题的能力；五是语言表达能力；六是创新创造能力。由此可见，高校在培养学生时，不应单单重视对学生理论知识和技能的培养，更需要加强学生社交能力和职业精神的培养。传统的教学目标显然已经无法满足社会发展的需求，一体化教学理念在此基础之上产生并逐步发展。

3. 一体化教学的特点

一体化教学将提高学生技能作为教学目标，在教学过程当中充分尊重学生的主体地位。理论教学的教学环节、教学内容、教学目标、教学进度等，需要根据学生技能训练目标来确定。掌握理论知识的目的是实际运用。一体化教学根据课堂特点以及学生自身实际情况，强调将课堂所学的知识运用到实训场地，教师在实训场地一边讲解理论知识，一边示范操作技能，学生在巩固理论知识的基础之上，动手能力也可得到提高，最终实现理论教学与实践技能锻炼的有机结合。将一线生产技术引入课堂，解决了生产一线技术学习问题，提高了学生的学习效率和学习积极性。对学生的考核重视生产任务的完成性评价和过程性评价相结合，强调实践技能的考核，旨在提高学生的职业素养。一体化教学可以实现如下转变：教学不再是教师单纯地传授知识，而转变为师生之间的知识转换；教学组织形式摆脱了原来的集体授课、固定场所授课，转变为"一体化教学"；教师的角色发生了重大转变，成为学生的"行为引导"；学生的角色也发生了转变，由原来的知识接收者转变为主动学习者；教学手段朝着实践化、实用化、多样化发展。

随着我国职业教育体系的改革，项目一体化教学也得到了进一步的完善。当前高职院校十分注重项目课程的打造，而项目课程模式注重对学生职业能力的培养和塑造，所培养出的人才能够适应当今时代对于职业人才的职业化要求。这一课程模式的价值已经得到了各高职院校的普遍认可，同时受到了教育行政部门的高度关注。

由于学校的组织情况不同，教师之间存在个体差异，各高职院校项目课程教学实施的效果自然也各有差异。在项目课程教学实施过程当中逐步暴露出在课程教学组织与实施阶段的深层次问题，需要各高职院校和教育工作者认真思考，主要包括以下方面：项目课程开发的主体是谁；其功能定位是什么；教学中心怎样确定；怎样实现教学针对性和实用性的有机统一；怎样构建共享性实践教学平台；怎样保障项目课程的良性健康发展。这些问题既存在于教育教学研究当中，也存在于具体教学实践过程当中，只有清楚地认识到这些问题，并有针对性地思考和解决，项目课程才能真正实现可持续发展。

（二）项目一体化教学设计中的关键

1. 高职项目课程功能定位

近年来，高职院校越来越重视对学生的就业导向教育，这符合教育部门的政策要求，也满足了社会公众的实际需求。为此，高职院校制定了专业人才培养方案和具体的教学项目。涂尔干认为："教育就是一种使年轻一代系统地社会化的过程。"这一观点虽然没有获得学术界的广泛认可，但与高等职业教育吻合度较高。在社会发展过程中，高等职业教育所承担的教育功能与社会就业问题密不可分，虽然很大程度上超出了高等教育应该承担的社会责任，但这已经成为一种社会发展趋势，也是高职教育摆脱其高等教育边缘化地位的必由之路。以上因素决定了高职教育的课程功能定位，也体现了高职教育在教育教学中的功利化和工具化取向，即高职教育的目标就是培养就业能力强、职业竞争力强、职业技能过硬的高素质劳动者。高职教育的功利性教学目标是高职课程开发的主旋律，虽不能代表高职教育的全部宗旨，但是其意义和价值十分重大。由上可知，高职院校项目课程功能定位指向是塑造某种职业能力。

结构功能主义认为，具体的能力构成要素并不是影响能力形成的主要因素，其更深层、更重要的因素在于所学知识与个体经验之间的相互关系，即这些能力要素之间的组合关系，这说明围绕着什么来学习课程内容，远比给学生什么课程内容重要得多。要提高学生的职业能力，就必须让学生在所学知识与个体经验之间建立密切联系，让学生动态地与情境相联系学习知识。因此，高职教育应该更加注重对学生的情境化、实践化教学，为学生提供开放的、实用的学习实践场所，这也正符合了徐国庆提出的课程组织改革远比课程内容改革更为重要的观点。

2. 谁是项目课程开发的主体

项目课程开发的主体由课程开发方式决定，而课程开发方式则由课程的功能定位决定。通过研究发现，在很多院校课程建设当中，课程开发和课程教学之间存在着很大的差异。课程开发集课程的设计、研究、实施、评价于一体，是课程计划从无到有、从有到优的各项操作程序的综合。教师在参与项目课程开发的过程中，也需要面对以下三个方面的问题。

第一，作为教育实践者的教师是否具备进行课程开发的能力？

教师作为教育实践者，应该成为项目课程开发的主体。在没有教育研究者参与的情况下，教师应该怎么进行课程开发成为一个值得思考的问题。研究发现，在高职教师中存在这样一种怪现象，即企业实践经验越丰富就越轻视课程理论和技术。由此可见，"期望通过等到教师素质达到相当程度之后、期望一般教师都拥有相当的课程理论和技术之后，再放心地让教师参与课程发展，是不明智的设想。"因此，学校在重视课程团队建设和课程开发的同时，也应该积极为教师成长提供学习平台，不断提高教师的课程理论和技术水平。

第二，学校如何在课程组织设计中帮助教师开发高职项目课程？

实践证明，高职项目课程的开发仅仅依靠专业教师是无法实现的。课程的组织设计是一项复杂的工作，包含了多方面的设计和组织建设工作，如依据任务、依据情境等进行课程组织设计。在具体的项目课程开发过程中，课程的组织设计需要寻求一个稳定可靠的校企合作平台。比如，某高校连续多年组织教师和学生定期参加所在区域的专业技术会展活动，鼓励教师和学生积极参与到技术实践中来，成为该地区唯一一家参与专业技术会展和行业交易会的高职院校。以这一校企合作基地为平台，该高职院校与当地四百余家技术企业达成了合作关系，并与二百多家企业达成了合作意向，为学校项目课程开发建设增添了活力。此项目实施一段时间后，借助学校和企业之间建立起来的密切联系，高职院校教师与企业内技术人员之间的联系与合作不断扩展深化，逐步加深了高职院校教师对于企业核心岗位要求、用人计划、典型职位工作任务要求等的认识和理解，有利于教师在实际教学过程中逐步明确教学思维、教学目标，对于高校课程体系的组织设计、开发创新等工作具有重大意义。

第三，学校如何通过制度设计帮助教师开发项目课程？

纵观高职院校发展历程不难看出，高职院校课程改革与校企合作平台的建设息息相关。获得课程载体是高职教师开发设计项目课程的重要依托，所谓课程载体，就是企业的典型工作任务。学校应该积极进行制度建设和改革，引导教师主动参与课程设计，积极参与到企业实践工作当中去。高职院校必须建立健全专业建设制度，转变传统的以教师、课堂和理论为中心的教学模式，建立一套校企合作新机制，为教师与企业的密切联系和合作提供平台。

部分高职院校已经着手尝试通过制度设计帮助教师开发项目课程，并且取得了不错的成绩。比如，有些高职院校进一步对各学科、各专业的教学计划进行完善，要求将生产任务、工作过程贯穿在课程中，在课程设计上要坚持工学结合理念，要求填写教学内容设计表，把教学单元分为现场教学、课堂教学、实训教学、理论教师讲授、企业人员讲授等环节。校方还建立了专业调研机制，将行业企业调研作为硬性教学指标，要求教师和学生关注行业企业人员需求动态。同时，校方还十分重视教师培训与提升工作，安排教师定期参与企业挂职培训，并将培训成果纳入考核范围。

一体化教学对于教师的能力和素质提出了更为严格的要求，除了具有丰富的理论知识、高超的技术实践技能，其还要有较高的组织能力和综合职业能力，以及高瞻远瞩的目光定位、严谨的工作作风等。在引进和培养优秀专业带头人的过程中，高职院校应严格遵循"专兼结合、重点培养和引进"的原则，引进和培养一批职业化、专业化、符合"双师"标准的骨干教师。校方应安排教师参加各种培训项目和各项学术交流活动，提升教师的职业教学理论水平和专业素质，如参加职业教育理实一体化课程改革、参加国内外一体化师资培训项目等。鼓励教师参加技师、高级技师师资培训，系统学习与核心技术专业相关的课程资源、制作知识等，积极考取技师资格证书。邀请国内外职业技术教育专家到校对高职院校专兼职教师进行培训，引导他们学习先进的教学理念和教学方法等。同时，高职院校还可聘请行业专家和企业高级技工来校兼任教师，这样可有效提高教师团队的技术能力。通过这些途径，高职院校专兼职教师的专业能力和综合素质即可大幅提升，而且很多原来素质和能力达不到"双师"素质要求的教师通过不断学习也可逐步达到标准。

3. 谁是项目课程教学的中心

以活动为中心的课程实施方式，是由项目课程的功能定位及组织设计原则决定的。杜威认为，课程是学生自己组织的活动，学生通过课程可以培养兴趣、习得知识、发现并解决问题、提升素质和能力。以某校项目课程实践为例，该校课程组根据学生的意愿和兴趣，分成不同的模拟工作团队，按照其所模拟的角色和岗位，设计不同的作业和工作任务，激发学生的学习兴趣，做到了理论联系实际，从而实现了预设的教学目标。在项目课程实施过程中，课程组教师紧紧围绕工作任务组织教育教学活动，让学生在"做中学"，在模拟操作中总结学习经验，引导学生主动探索和发掘自身潜能，真正实现了以学生为中心、以社会实践为中心的课程教学，获得了良好的教学效果。通过对项目课程的研究，笔者也发现了其中存在的一些问题，具体表现在如下几个方面：首先，某些教学组织设计与学生兴趣爱好不符，打击了学生的学习积极性，导致学生行动迟缓，不能按时完成学习任务；其次，有些学生虽然可以迅速习得知识、掌握技能、按时完成任务，但知识迁移能力较差，对于所学知识的实际运用能力有待提升；最后，不同的预设岗位，由于学习目标和学习难度不均衡，导致学生有的忙，有的闲，现场节奏比较混乱。为了有效解决这些问题，课程组应积极求变，转变教师在教育教学中所扮演的角色，使教师在课程中成为学生学习的组织者、引导者、评价者，充分发挥学生的主体作用和主观能动性。

（1）围绕课程活动内容准备情景资料。教学活动情景的设计与营造情况关系到以活动为中心的项目课程教学的成效。为了保障教学效果，教师应该在教学各个阶段做好相应的准备工作，以保障课程顺利高效进行。首先，在教学准备阶段，教师应该事先搜集和整理相关的企业资源信息、相关行业的动态发展信息、典型任务的技术需求信息、相关行业企业的人才需求标准等，与教学项目相关的信息与材料一起提供给学生。教师具备搜集、筛选、整合相关企业专业前置信息并将其转化为重要教学资源的能力，是课程活动有效进行的基础。传统教学把教学理论与教学实践分开进行，割裂了工艺理论和实践操作的有机联系，不符合社会发展的需求，也无法满足行业企业对于人才的需求。只有转变这种教学思路和教学模式，将理论和实际紧密结合起来融入课题实践，建设符合职业教学特点的校本课程，并且通过参与课题实践，建设与艰深晦涩的理论知识相配套的教学情境，改善学生对知识的认知过程，提高学生的学习积极性，才能提升教学效果，达成教学目标。

（2）结合团体或个体差异引导学生发现问题。学生分析问题和解决问题的能力，是以活动为中心的项目课程教学重点培养的学习能力之一。为了提高项目课程的教学效率，教师在教学过程当中应充当学生学习的组织者和引导者。在组织项目活动时，教师应引导学生积极探索，在实践中发现问题、分析问题，并寻找解决问题的途径。但是在教学过程中，由于学生团体或者个体的差异，学生知识和技术的掌握程度和掌握速度不同，这就要求教师面对问题情境要尊重学生的差异性，结合团队或者个体的差异性有针对性地展开教学活动。比如，在教学活动中，团队或个体的个性特征、地域差异、性别差异、性格差异等对于教学任务、教学效果和教学进度等都会产生一定的影响，对于解决现代产业中的具体工作问题也会产生影响。所以教师在具体的项目课程实施过程中，应该注重观察，及时帮助学生解决问题，从而达成教学目标。这就要求教师在教学实施过程中，结合学生特点和问题情境组织教学，进而提高项目课程教学的效率。

（3）针对课程目标启发学生进行不同情境的问题思考。学生对于知识技能的掌握程度和实际运用能力，是衡量以活动为中心的项目课程教学质量的两大标准。在教学评价阶段，教师应该积极启发学生，帮助学生提高分析和解决问题的能力，并且引导学生进行总结和反思，鼓励学生寻找解决问题的新方法和新路径。另外，教师还应积极引导学生不断增强知识迁移的能力，将原有的知识经验迁移到类似的工作情境中，做到对所学知识的融会贯通、迁移运用。

4. 项目课程如何兼顾普遍适用性和针对性

高职项目的课程功能定位决定了课程内容的具体组织形式，项目课程需要按照行业内特定工作岗位的典型工作过程来对知识和技能进行建构。项目课程在设计方面的基础内容是确定工作的典型过程，因为这决定了教学项目的开展能否使培养出的人才既能满足特定企业的实际需求，又可以复制迁移到其他企业运作管理之中，并发挥出作用。

对于技术水平比较成熟、整体发展水平较高的行业，企业对工作人员在技术方面的要求比较同质化。以电子工程、装备制造等传统行业为例，由于激烈的竞争，企业之间的技术差距比较小，而在对该类型高职人才进行培养的过程中，需要找到行业之内主导企业的原型，把其典型的工作任务科学解构，以开发出符合企业人才实际需求的项目课程。

5.如何建设具有共享性的课程实践教学平台

项目课程建设除具有本体意义之外，开展好课程组织设计工作也有助于同类院校之间进行交流合作。我国高职院校的高质量项目课程大多是国家级或省级精品课程，可为同类课程的开发进行示范。对于项目课程的建设来讲，共享性和实践性非常重要，因为项目课程拥有这两个特点，就可以随着社会的不断发展，更好地发挥出其应有的作用。所以在开发具体项目课程的教学组织设计方面，更应该关注项目课程的共享性和实践性，以充分发挥项目课程在学校内外的实践教学平台功能。

在高职院校项目课程建设过程中，笔者发现在提高项目课程的共享性和实践性方面，部分院校做了一定尝试。比如，有的院校采用构建一体化教室的方式，即通过增加新的教学设备，对教室的功能区进行重新划分，来实现对原有实训车间的有效改造，进而实现了对高职院校在教学设施方面和训练场地方面的升级优化，为高职院校一体化教室的实际应用提供了坚强有力的硬件保障。高职院校在开展一体化实训教室改造的过程中，需要对企业的具体情况进行有效的市场调研，针对实际情况，购买企业生产调试设备及材料，引入企业场地设备管理理念，对校内实训基地进行全面升级，使教学活动对接企业真实生产过程，有效提升教学质量。

（1）通过制度安排建立稳定的校外实训基地。在对国家级精品课"汽车构造与拆装"进行建设的过程之中，课程组教师通过企业调研发现，汽车制造与售后企业，在生产旺季时对短工的需求量非常大。而由于高职院校教学周期方面的要求，在生产旺季学校能提供校外实习的学生数量只能满足需求的十分之一。针对这一问题，高职院校可及时调整教学周期，使学生的上课时间和顶岗实习周期与企业的用人周期保持一致，这样既满足了企业在用人方面的实际需求，又满足了高职院校课程教学的需求，深化了校企之间的合作，可推动学校与企业之间建立非常稳定的校外实训基地，为课程教学的深入发展提供帮助。

（2）建立校企合作平台提高课程共享性。加强企业和高校之间的合作，顺利推进高职院校的应用技术研发工作，这不是某个单一的项目课程所能够满足的。所以，学校应与企业在共同打造校企合作平台的同时，进一步提高课程项目的共享性，同时与行业协会合作，共同开发行业标准。课程建设推动了学校与企业的密切合作，也推动了网络教育教学资源和行业服务项目的深入发展。因此，在项目课程建设过程之中，应该把打造国家级精品课程实践教学基地作为切入点，融合企业、行业协会和同类型高职院校，打造既可以开展课程教学，又能够提供企业管理经验和技术支撑，能够兼顾各方利益需求的协作体。以该协作体为依托可以建立一个具有开放性和实践性的课程实践教学平台，而该平台的良好运转有助于项目课程开发团队携手完善行业的新技术标准，积累企业新的管理经验，共享核心岗位就业信息，而且有益于同行业企业之间在业务动态信息和新的管理经验等方面实现互相共享。

6.如何保持项目课程的可持续发展

在高职院校项目课程建设过程中，能够决定其具有较强针对性和相对较弱普遍适用性的，是对工具理性的功能定位和以工作导向为标准的课程组织方式。在项目课程建设过程中，应该坚持课程跟着岗位的能力需求去建设，课程教材要跟着行业的生产过程去研发，课程教学要跟着企业的项目任务去对标。

高职院校在建设国家级精品课程的过程中，课程组每年会对课程建设进行专题性调研，会聘请企业的管理人员参与到课程的设计优化之中，根据企业的实际发展情况来更新训练项目的具体内容。而且，坚持所有的训练项目都要有企业的管理人员实地参与。同时，课程组在此基础上还要深化与企业的合作，把本地行业人才培养作为建设校企合作人才培养实训基地的重点内容，把项目课程的建设融入基地培训。项目课程的发展与行业的发展实现同步，可确保高职院校学生在学习项目课程之后，能够在操作技能方面得到有效提升，并获得学校、企业和行业协会三方的认证，有效确保课程的功能、作用的发挥和课程项目的可持续发展。

四、顶岗实习教学组织与实施

毕业顶岗，是高职院校实践教学体系中非常重要的内容，而且是校企合作的重要内容，所以对高职院校学生到企业顶岗实习方面的深入研究，具有非常重要的意义。

高职院校早期在安排学生顶岗实习方面存在一系列问题。比如，部分院校主要采用了自由式的教学模式，需要学生自主联系实习单位，因此学生的实习单位遍布全省各地，甚至部分学生需要到省外进行实习，这也就导致专业教师无法对学生的顶岗实习情况进行有效地把控。而且，每个企业接收的实习学生数量是有限的，对进一步加强校企合作产生了不利影响。当前，浙江省针对高职院校学生在顶岗实习方面存在的问题，出台了一系列的扶持政策。比如，通过减免税收、经费资助和建立奖励模式等，鼓励企业和个人积极为学生提供更多的实习岗位。而且在优惠政策扶持之下，高职院校各专业都把与企业的对接合作作为本专业发展的重点内容。比如，嘉兴职业技术学院计算机图形图像专业就立足浙江省的实际情况，在优化学生顶岗实习方面进行了有益实践。

（一）实施高职毕业生顶岗实习教学改革的重要意义

围绕高职院校毕业顶岗实习对教学改革方面的重要作用，我们可以从微观和宏观来分析。从微观层面来看，加速针对高职院校毕业顶岗实习的教学改革，是高职院校工学结合培养人才的重要内容，能够为高职院校毕业生提供更多的就业机会，有效提高毕业生的就业率。顶岗实习作为高职院校教学方面的基本规范，更有利于提升高职院校职业教育的职业化。对高职院校的学生而言，将高职院校专业课上学到的专业技能运用到实际工作中，可有效提高就业的成功率。所以，高职院校毕业顶岗实习是教学改革方面最关键的内容。顶岗实习使学生有机会把所学到的理论知识和专业技能与实际工作很好地结合起来，进一步提高高职学生的实践能力，从而满足用人单位对高职院校毕业生的要求，推动毕业生就业。对于企业来讲，高职院校学生的顶岗实习能够让学生在真实的工作环境之中提前适应从学校到企业的变化，让学生更好地了解企业的职业规范，增强其岗位意识，为企业的良好发展降低时间成本，更有利于企业做大做强。

从国家加速高等职业院校转型发展的宏观层面来看，推行高职院校毕业顶岗实习，是人才培养模式的重要途径。对高职院校教学改革进行深入探索，是推动人才培养模式向技能型转变的重要内容。高职院校学生通过顶岗实习，能够更好地做好本职工作，增强自身自主学习的能力，养成良好的职业素养，为今后步入社会参加工作奠定坚实的基础。比如，长春职业技术学院在大力进行顶岗实习教学改革之时，进一步规范了顶岗实习教学工作的管理内容，把培养高素质人才当作教学改革目标，大力推进以学校为核心，学生和企业共同参与的工学结合人才培养模式，把高职院校顶岗实习从理论转向实践，取得了良好效果。

（二）高职顶岗实习改革初探

高职院校顶岗实习改革主要考虑从两个方面入手：一是实习制度的规范化；二是教学组织与实施过程。

1.实习制度规范化改革

当前我国高职院校从学校层面和专业层面都对学生的顶岗实习进行了一系列改革，但是在制度的实用性方面仍然不够完善，需要从学校、企业等多个方面对实习制度进行规范化改革，确保制度的可行性和操作的简单有效性。在高职院校开展顶岗实习的各个阶段，各个主体需要明确自身的职责，有效完成自身的工作任务。

2.教学组织与实施过程改革

顶岗实习仍然是高职院校的分院进行统一安排。因此，高职院校的专业顶岗实习和毕业顶岗实习两个阶段都需要进行改革。

（1）学生顶岗实习前的准备工作。高职院校专业教研室要负责本地区、本专业在就业岗位的种类方面的调研工作，要通过近三年的调研数据进行分析，以确定适合高职院校各专业的所有行业和具体岗位。以浙江嘉兴地区高职院校计算机图形图像专业为例进行分析。在电子商务行业，部分企业为高职院校实习生提供的初级岗位是照片修片岗位，提供的中级岗位是淘宝店铺装修设计岗位，能够提供的高级岗位为活动策划岗位等。在广告行业，能为高职院校提供的初级岗位为照片修片和排版岗位，中级岗位为广告设计岗位，高级岗位为相片模板设计和商业人像修片岗位。从最近三年的情况调研可以看出，这两个行业为高职院校提供的初级岗位都包含对照片进行修片的岗位，从而可以确定，高职院校计算机图形图像专业在开展顶岗实习的过程中，初级目标可以设定为胜任照片修片的工作岗位。高职院校的专业教师要详细讲明专业顶岗实习和毕业顶岗实习的具体目的，教导学生在实习的过程中学会做人做事，学好技能。学生在顶岗实习前，主要通过岗前综合培训来掌握技能。在这个过程之中，教师会让学生按照企业准员工的标准进行训练，在工作量上也对照企业对员工的要求，目的在于确保学生在岗前综合训练中能够提升自己的工作技能。

（2）学生顶岗实习组织与实施过程。首先要对教学模式进行改革，将原来自由的教学模式，改为由学校专业教研室统一安排和学生主动联系相结合的方式。在顶岗实习的过程中，学生拥有双重身份，既是尚未毕业的学校学生，也是企业的员工。实践证明，高职院校学生进入就业单位，能够很好地服从企业的管理，工作积极肯干，组织性非常强，掌握岗位技能的效率非常高，能够综合运用所学的知识解决工作中遇到的实际问题，顶岗实习的整体效果非常好。

实践表明，成绩比较好的高职院校学生在实习单位的选择上有自身的想法，对自身的职业发展有一定的规划。所以，高职院校可以允许专业成绩靠前的40%的学生自主选择实习的具体方式。

实践表明，学习成绩比较差的学生由于自律性比较差，依赖性很强，因此让他们自主选择实习方式会存在很多问题。比如，专业对口性不强，在劳动中不能遵守纪律，不能按照要求参加顶岗实习，甚至有个别学生根本不参加顶岗实习。所以，对于专业成绩靠后的60%的学生，高职院校可统一安排实习企业，加强监督力度。针对学生的顶岗实习过程，可以采用双主体、全过程的教学管理方式。学校方面可以建立三级管理制度，由教务处、分院和指导教师构成，对于具体顶岗实习单位信息，顶岗实习具体任务以及顶岗实习学生的工作日志、实习报告等，通过实践教学网络管理平台进行管理，确保顶岗实习的顺利进行。

对于高职院校自主联系实习单位的学生或者直接到就业单位进行顶岗实习的，可以采用以企业为主的管理模式。在这种管理模式中，企业负责教学计划的组织实施和学生管理以及考核，学生成绩由企业根据学生的实际表现进行综合确定。顶岗实习的综合成绩要作为学生该课程的毕业成绩，更要作为高职院校学生由准员工转为正式员工的重要参考依据。

以学校为主的管理模式，主要是针对高职院校统一安排的顶岗实习情况。高职院校各专业根据学生的人才培养具体目标，结合顶岗实习单位的实际情况，校企共同确定教学计划。在这种模式之下，专业指导教师需要亲临现场，企业也需要参与到综合成绩评定之中。高职院校开展的顶岗实习教学内容，对高职毕业生就业起到的作用非常重要。嘉兴职业技术学院针对顶岗实习的教学改革，对教学计划进行了重新修订，在与企业的充分沟通交流之下进行了创新。比如，在2013年，企业的兼职教师就直接走进了高职院校的课堂，对学生开展岗位分析，便于学生到企业中进行顶岗实习。通过对高职院校计算机图像图形专业在顶岗设计中的效果进行分析，当前本专业在顶岗设计方面已经非常顺利。本专业学生在就业率和工作技能方面都有了大幅度的提升，高职院校在办学水平和专业教师的教学水平方面也有了很大的进步。

又如，长春职业技术学院充分利用顶岗实习管理系统，在学校的顶岗实习教学方面进行深入的改革探索，对实际管理办法进行创新，严格控制顶岗实习的具体过程，进一步深化了与企业之间的合作，顶岗实习教学质量得到了稳步提升，增强了学院的整体教学质量。

（三）提升高职院校顶岗实习教学质量的建议

高职院校为有效推动毕业生顶岗实习，要把现有的《顶岗实习管理办法》作为基础内容，对管理模式进行进一步创新，对教学过程进行严格把握，对评价体系进行科学构建，有效完善高职院校在顶岗设计方面的管理制度，提高高职院校教学水平。

1. 加强校外实习基地建设，健全顶岗实习管理制度

为加强校外实训基地建设，高职院校需要与企业进行长期合作。校企之间共同努力完善实践教学体系，提高实训基地的使用效率。通过校企合作的不断深入，校外实训基地得到不断拓展，为学生提供了更加充分的顶岗设计条件，更有利于学生适应企业的生产环境和具体的岗位职责，保证了学生顶岗实习效果。

2. 创新顶岗实习教学管理平台，严格顶岗实习过程控制

下面以河北科技工程职业技术大学为例进行分析。河北科技工程职业技术大学为了进一步规范顶岗实习教学的组织和实施，确保学校顶岗实习教学工作的顺利开展，实现校企合作、工学结合，投入了大量的人力和物力，研究出了具有创新特色的技术管理平台"河北科技工程职业技术大学顶岗实习管理系统"。学校利用超星学习通网络管理平台，对毕业顶岗实习实行全过程管理，有效解决了高职院校学生离开学校失去控制的问题，对高职院校顶岗实习学生的管理由粗放转向精细，对顶岗实习学生的具体工作情况进行实时监控，深入推进了校企合作的实质化内容，提高了毕业顶岗实习的管理效率。

顶岗实习管理系统针对实习学生建立了实习学生入口模块，学生可以非常便捷地了解到高职院校毕业顶岗实习的详细规划和顶岗实施流程。实习指导教师可以利用顶岗实习管理系统，针对顶岗实习学生发布任务通知，掌握顶岗实习学生在企业实习的情况和实际的岗位情况，并且能与企业沟通，建立详细的实习任务，对学生的实习总结和毕业论文进行审阅并提出修改意见，对学生在顶岗实习阶段的各项成绩进行考核，最后给出学生具有科学性和客观性的实习成绩。顶岗实习管理系统还能够对学生的实习情况和教师的指导情况进行双重的实时监控，包括实习任务、学生实习的总结情况、毕业论文的完成情况以及指导教师对顶岗实习学生的辅导情况等。综上所述，高职院校在推进学生顶岗实习的教学过程之中，要不断优化教学改革，更新教学理念，采用更加切合实际的管理模式，才能保证高职院校毕业生顶岗实习工作有效开展，促使毕业顶岗实习的整体质量有效提升，同时促使学生的职业能力和社会竞争力以及综合

能力等得到提升，使学生更具有就业竞争力。

五、汽车保险与理赔专业课程的开发实例

（一）课程标准

课程名称：汽车保险与理赔。

参考学时：48。

适用专业：汽车营销与服务（车险试点班）。

1. 课程性质与任务

汽车保险与理赔是汽车营销与服务专业的一门专业核心课程，实践性较强。其任务是使学生拥有汽车保险承保与理赔业务能力，掌握汽车承保与理赔的基本知识与技能，初步具备根据客户需求与用车风险进行承保的能力，具备常见事故查勘、定损、理赔能力；对学生进行职业意识培养和职业道德教育，使其形成严谨、敬业的工作作风，为其今后在汽车保险行业的工作与发展奠定基础。

汽车保险与理赔前修课程为汽车构造与拆装Ⅰ、汽车构造与拆装Ⅱ、汽车服务礼仪、消费心理学、汽车营销实务、汽车法律法规、市场调查研究等，后续课程为汽车营销策划、汽车销售实训、汽车服务企业管理、汽车维修服务接待等。

2. 课程目标与要求

学生在教师指导下，能够正确使用现场查勘工具、汽车保险业务综合管理平台、相应网站、工具书等，并能在规定的学习时间内完成汽车承保与理赔工作，完成下列目标。

（1）知识目标。

①了解风险的含义及其类型。

②了解《中华人民共和国道路交通安全法》。

③熟悉车险理赔中的相关法律条款。

④掌握汽车各险种保险责任与除外责任。

⑤掌握保险原则。

⑥掌握汽车保险相关业务的操作流程。

（2）技能目标。

①具有自主学习能力。

②具备汽车保险代理的能力。

③具备汽车保险事故定损与理赔能力。

④能够将理论与实践相结合，能有效识别投保误区与常见骗保情形。

⑤具备对新知识、新技能的学习能力和创新创业能力。

（3）素质目标。

①具有自主学习保险行业新标准、新规范的能力。

②具有较强的客户意识和严谨、诚信意识。

③具有小组团结合作和协作能力。

④具有良好的心理素质和克服困难的能力。

⑤具有一定的人际交流能力。

3.课程结构与内容

根据对企业用人需求的调研，为增强学生知识应用能力，本课程需强化工作过程训练，融入车险行业的新标准、新规范，缩短人才培养周期，依照投保方案险种由少到多、事故物损由易到难、事故人伤由轻到重、情境难度逐渐提升的模式，基于真实工作任务及工作流程，将原有课程内容整合成3个模块，共12个项目，如图4-1与表4-3所示。

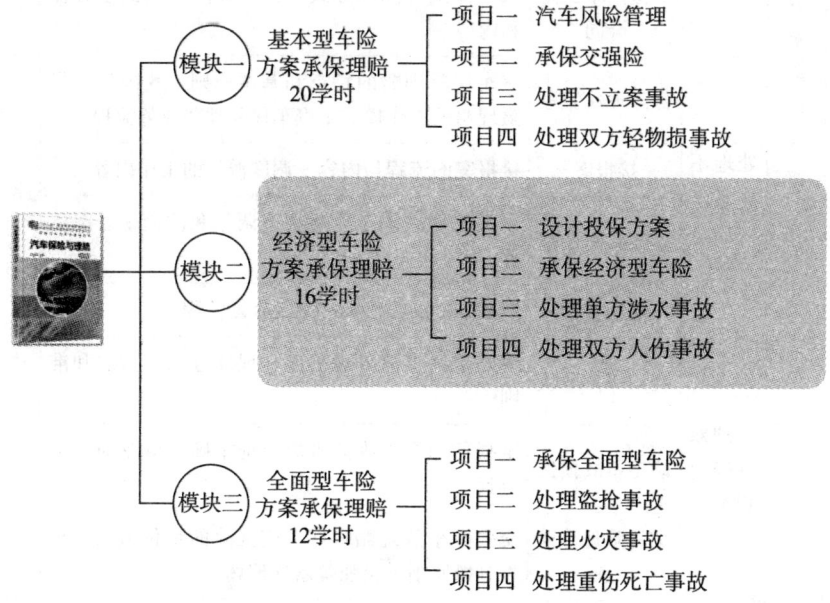

图4-1 汽车保险与理赔课程结构

表 4-3 汽车保险与理赔课程模块内容

序号	学习模块	学习项目	学习任务	学习内容	学时	
1	基本型车险方案承保理赔	汽车风险管理	认识汽车风险	风险的含义与构成要素；风险的特征；风险的分类；风险的管理	4	20
			风险与保险的关系	保险的含义与分类；保险的要素；保险的作用		
			认识汽车保险	汽车保险的含义；汽车保险的职能；保险活动的基本原则；我国汽车保险的发展		
		承保交强险	认知交强险与商业险	交强险的含义、特点、发展历程；交强险的保险责任、赔偿限额、责任免除；交强险的费率；初识商业保险	6	
			了解汽车保险承保	保险承保的流程；保险承保的工作内容		
			了解核保流程	核保的主要内容；核保的重要意义；核保的工作流程		
			掌握汽车保险合同	汽车保险合同的形式；汽车保险合同的主客体和内容		
		处理不立案事故	保险理赔流程	汽车保险理赔的特点和基本原则；我国汽车保险理赔的工作模式；汽车保险理赔业务流程	6	
			接报案	接报案的流程与内容；调度派工的工作内容		
			立案状态调整	立案处理时限；立案状态调整和注销；立案流程		
			现场查勘	现场查勘的方法和准则；查勘流程		
		处理双方轻物损事故	查勘双方事故	道路交通事故处理程序；现场查勘的方法和准则	4	
			确定事故损失	定损的原则；收集事故单证；确定事故损失的流程		
			交强险理算赔款	交强险事故理赔程序；交强险的垫付追偿；损失分摊原则；交强险赔款理算		

续 表

序号	学习模块	学习项目	学习任务	学习内容	学时
2	经济型车险方案承保理赔	设计投保方案	选择车险险种	制定保险方案的基本原则；投保方案的主要内容；制定保险方案；最大诚信原则	4
			选择投保渠道和公司	投保的主要渠道；承保公司的类别；选择投保渠道、公司；常见商业保险投保误区	
			解读车损险及附加险条款	机动车损失险；车损险附加险及特约条款；近因原则	
			解读三责险及附加险条款	第三者责任险；三责险附加险及特约条款	
		承保经济型车险	计算新车保费	计算车损险保费；计算三责险保费；计算附加险保费	4
			计算旧车保费	保险金额与实际价值；无赔款优待； 费率调整系数	
			承保验车验证	查验证件；查验车辆	
			变更保险合同	保险合同变更流程；保险合同争议处理方式；保险利益原则	16
		处理单方涉水事故	受理涉水案件	水淹车接报案记录要点：被水浸泡多长时间；水位高度；二次打火对水淹车的影响	4
			查勘涉水现场	核实水淹案情；确定水淹高度；水淹证据收集	
			确定水淹损失	水淹车定损规范；发动机水淹损失确定；电气系统水淹损失确定	
			理算水淹赔款	全部损失赔款计算；部分损失赔款计算；发动机涉水损失赔款计算	
		处理双方人伤事故	查勘人伤事故	交通事故责任认定原则；现场伤员救助	4
			查勘定损人伤	人伤查勘原则；人伤定损项目	
			确定车辆损失	非结构钣金件定损修与换；塑料件定损修与换；玻璃制品定损修与换；结构钣金件定损修与换	
			理算医疗赔款	医疗跟踪；医疗审核；其他费用审核	

续表

序号	学习模块	学习项目	学习任务	学习内容	学时	
3	全面型车险方案承保理赔	承保全面型车险	解读车上人员责任险	车上人员责任险保险责任；车上人员责任险除外责任；免赔率；车上人员责任险保险金额	2	12
			解读盗抢险	盗抢险保险责任；盗抢险除外责任；免赔率；盗抢险保险金额		
		处理盗抢事故	查勘盗抢事故	盗抢事故处理流程；常见骗保情形；盗抢险的除外责任	3	
			理赔盗抢事故	盗抢险的赔款计算；盗抢险理赔处理要点		
		处理火灾事故	查勘火灾事故	火灾事故类型；火灾事故的除外责任；火灾事故查勘要点	3	
			理赔火灾事故	火灾事故定损；火烧车的定损规范；火灾赔款计算；保险合同终止		
		处理重伤死亡事故	查勘人伤事故	判断保险责任；认定伤残等级；死亡案件估损	4	
			确定伤亡损失	伤残等级标准；索赔单证核实要点；确认施救费用		
			确定车辆损失	事故分级及评价标准；事故车安全评价；确定事故车损失金额		
			理算核赔	丧葬费理算；死亡补偿费理算；残疾赔偿金；精神损害抚慰金等		

4.课程实施与保障

（1）教材选用。建议选用理实一体化教材，选用"十二五"职业教育国家规划教材《汽车保险与理赔》，同时结合最新政策与行业规范，融入"1+X"考核要求，编写活页补充内容，制定任务工单。

（2）教学资源与软件。应重视现代教育技术在教学中的应用，使用理实一体化实训教室，综合运用多媒体课件、企业案例库、虚拟仿真实训软件、电子试题库等数字化教学资源，创建适应个性化学习需求、强化实践技能训练的教学条件，提高教学效率和质量，积极探索信息技术条件下教学模式和教学方法的改革。应用线上线下混合式学习方式，使用微课视频、动画等在线课程资源。

具体教学软件包括汽车保险承保实训软件、交通事故模拟仿真系统、汽车保险三维情景定损软件、汽车保险模拟查勘实训软件。

（3）实训条件。实训场所满足课程需要的虚拟实训与实车演练等条件，配备理实一体化智慧教室、虚拟实训中心、实车训练车间等场所。

（4）师资条件。教学团队由在校教师与企业导师共同组成，年龄结构与职称结构科学合理，具有较强的专业课理论知识与实践技能，具有先进的教学方法，以学生为主体，采用任务驱动、案例教学、讲解示范等教法，采用自主学习、合作探究、实战演练等学法，使学生通过讨论、训练等实践活动，掌握汽车不同险种的承保与理赔工作方法，同时具有良好的职业道德和敬业精神。

（5）考核与评价。课程整体将教学与职业技能挂钩，统筹课程考试与技能考核。同时，学生在课程结束后参与"1+X"职业技能等级证书"汽车营销评估与金融保险服务技术"（中级）考核，证书考核成绩折算20%课程成绩。另外，要促进学历证书和职业技能等级证书互通衔接，实现书证融通。

这一考核方式围绕课前、课中、课后构建了一套覆盖全过程、涵盖多元评价主体和评价维度的教学评价体系，实现了课程中对知识掌握度、过程参与度、技能熟练度、反馈有效度的实时监测评价。

课程在教学实施过程中，设置理论知识考核和虚拟实训考核，并结合"1+X"职业技能等级标准设置任务评价标准，督促学生课后具备考取"1+X"证书的能力（表4-4）。

表 4-4 课程考核与评价

类型	比重	评价方式	考核内容
过程考核	80%	课前（20%） 平台评价 教师评价	资源学习课前测试
		课中（60%） 教师评价 学生评价 平台评价 企业评价	课堂活动 虚拟仿真 实车演练 阶段成果 职业素养
		课后（20%） 企业评价 社会评价	课后拓展 真实客户评价
结课考核	20%	证书评价	"1+X"职业技能等级证书考核

5. 授课进程与安排

授课进程与安排如表 4-5 所示。

表 4-5 授课进程与安排

模 块	项 目	任 务	学时安排	授课地点
1.基本型车险方案承保理赔	1.汽车风险管理	1.认识风险与保险	2	理实一体实训教室
		2.认识汽车保险	2	
	2.承保交强险	1.认识交强险与商业险	2	
		2.完成交强险承保	4	
	3.处理不立案事故	1.熟悉保险理赔流程	2	
		2.完成不立案事故	4	
	4.处理双方轻物损事故	1.查勘现场	4	
		2.确定损失		
		3.理算交强险赔款		

续 表

模　块	项　目	任　务	学时安排	授课地点
2.经济型车险方案承保理赔	1.设计投保方案	1.选择险种与投保渠道	2	理实一体实训教室
		2.解读车损险与三责险	2	
	2.承保经济型车险	1.计算新车保费	2	
		2.计算旧车保费		
		3.承保验车验证	2	
		4.变更保险合同		
	3.处理单方涉水事故	1.受理涉水案件	4	
		2.查勘涉水现场		
		3.确定水淹损失		
		4.理算涉水赔款		
	4.处理双方人伤事故	1.查勘人伤事故	4	
		2.查勘定损人伤		
		3.确定车辆损失		
		4.理算医疗赔款		
3.全面型车险方案承保理赔	1.承保全面型车险	解读车上人员责任险与盗抢险	2	理实一体实训教室
	2.处理盗抢事故	1.查勘盗抢事故	2	
		2.理赔盗抢事故		
	3.处理火灾事故	1.查勘火灾事故	4	
		2.理赔火灾事故		
	4.处理重伤死亡事故	1.查勘人伤事故	4	
		2.确定伤亡损失		
		3.确定车辆损失		
		4.理算核赔		

（二）教学设计

1.行业需求理内容，对接岗位重构模块

截至 2019 年 6 月，全国汽车保有量 2.5 亿辆。2019 年上半年，全国共发生道路交通事故 15.9 万起，直接财产损失 5.4 亿元。由此可见，车险出险频率非常高，作为车险试点班的学生，熟练掌握汽车承保与理赔业务就显得尤为重要。汽车保险与理赔是汽车营销与服务专业的核心课程，为满足行业对高质量人才的需求，要基于车险行业的新标准、新规范，落实人才培养方案与课程标准，根据真实工作任务，依托"十二五"职业教育国家规划教材《汽车保险与理赔》，梳理整合课程内容，以投保方案险种由少到多、车辆损失由小到大、事故人伤由轻到重为条件，重组为 3 个模块 12 个项目，每个项目都是面向完整工作流程迭代递进设计的。

重构全流程工作模块如图 4-2 所示。

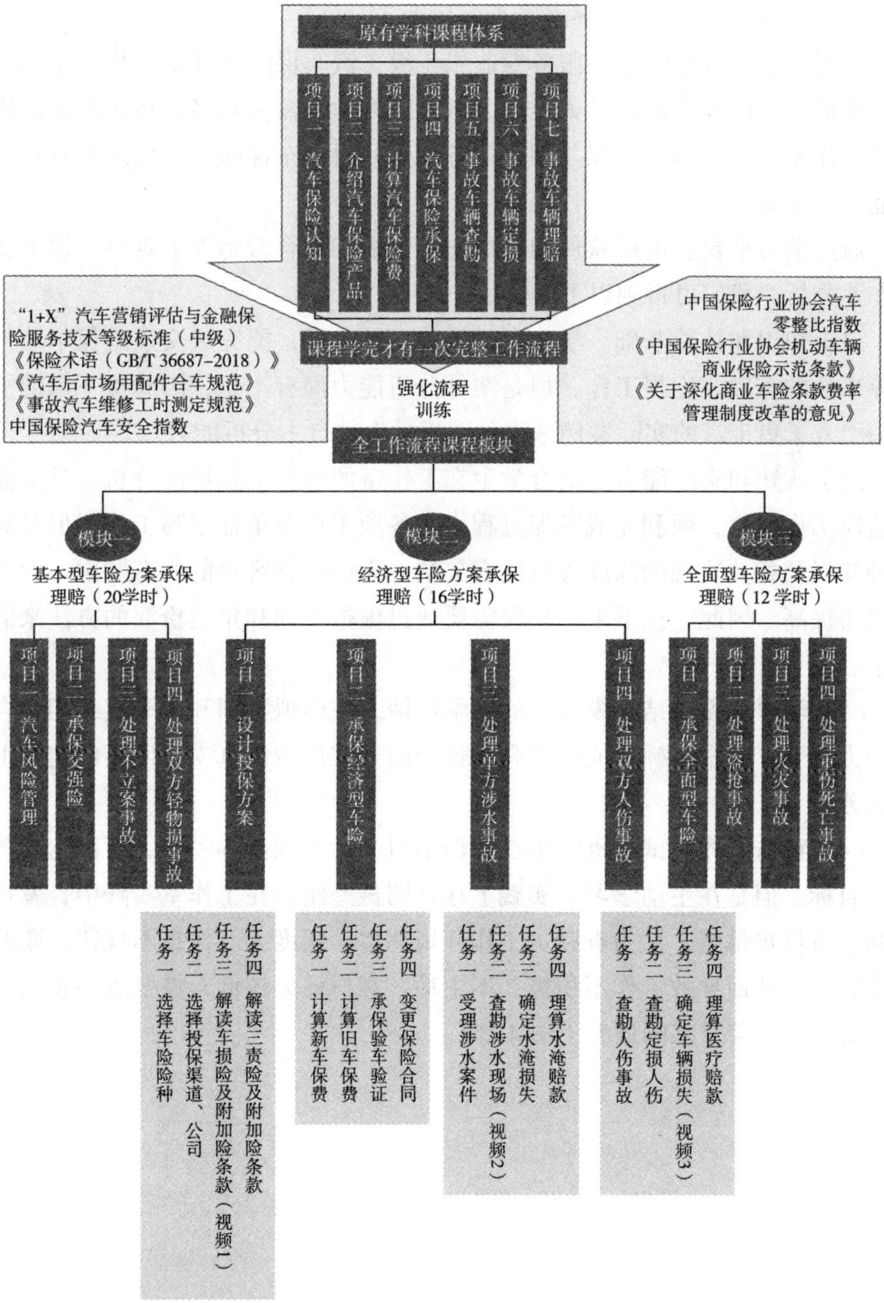

第四章 专业群课程体系的重构

图 4-2 重构全流程工作模块

2.差异学情出思路，精准施教明晰方法

授课对象为汽车营销与服务专业二年级（汽车保险服务试点班）学生，预期主要职业方向为车险服务人员。因试点班的学生需参与经营校企共建的汽车保险工作室，承接部分承保与理赔业务，因此对汽车保险产品代理与查勘定损的能力要求更高。

通过学习平台、虚拟软件的数据统计分析，结合教师课上观察、课下访谈与作业分析，我们可得到以下学情。

（1）知识和技能基础。学生经过模块一的学习，能完成交强险保单填写与简单事故的查勘、定损工作，但是案件分析能力尚有不足，因此接下来的模块当中引入了更丰富的实际案例来强化锻炼学生的自主分析能力。

（2）认知和实践能力。结合学生在工作室的承保实践情况分析，学生能很快适应工作内容，顺利完成承保过程中的各项工作及单证填写工作，但是对于险种知识及相关法规的深度理解还有欠缺，无法解答客户的所有疑虑，沟通能力仍需提高。因此，接下来的模块需要通过虚拟实训和角色扮演的方法来锻炼学生。

（3）学习特点。结合模块一的教学反馈，在虚拟实训和实车演练相结合的教学方法下，教学目标达成度更高，更倾向于在虚拟仿真支持度高的情景下完成任务。

（4）特殊个体。试点班学生在知识学习上的步调基本一致，可以达成各项教学目标，但是在主动学习和实践上存在明显差距。在工作室实践中，发现两位同学有畏难情绪，认为查勘员工作环境恶劣、强度大、作息不规律，职业认同感较低，从而导致工作不积极、不主动，客户评分较低，需要进一步加强劳动教育与职业荣誉感的培养（图4-3）。

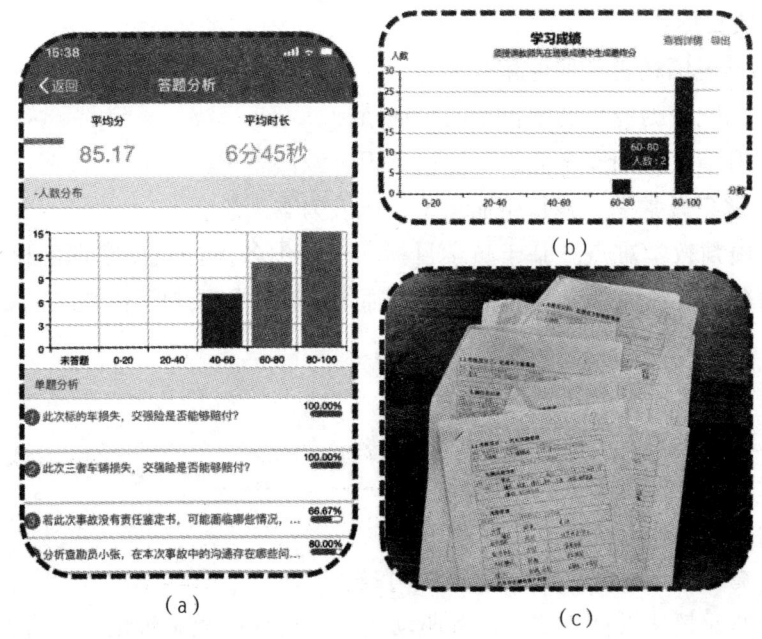

图 4-3 学情分析

3. 多重标准定目标，厘清重点预判难点

（1）教学目标与教学重点。"经济型车险方案承保理赔"是课程第二个教学模块，涉及配件定损与人伤案件，基于模块一的学情分析，以课程标准为依据，结合中国保险行业协会最新标准、"1+X"职业技能等级标准，确定了本模块的三维目标与教学重点。

①知识目标：

A. 熟悉车损险、三责险及其附加险保险责任（重点）。

B. 理解影响保费的因素（重点）。

C. 掌握保险原则（重点）。

D. 掌握涉水、人伤事故的查勘、定损与核损的方法（重点）。

E. 掌握交通事故责任认定原则。

②能力目标：

A. 能够为客户解读保险条款（重点）。

B. 能计算车损险、三责险、常见附加险保费。

C. 能理算车辆损失、医疗损失赔款（重点）。

③素质目标：

A. 培养爱国精神与职业荣誉感。

B. 发扬吃苦耐劳、实干苦干的劳动精神。

C. 提升道路交通安全意识、法治意识、诚信意识。

D. 了解急救常识，践行生命至上、以人为本观念。

（2）预判教学难点。基于教学目标和车险中各岗位需要掌握的核心技能，结合学情分析及往届学生学业情况和教师经验，我们预判了模块二的如下教学难点。

①能够运用保险条款解答客户异议。

②能对涉水和人伤案件现场进行查勘。

③能准确理算涉水事故损失。

④能准确理算人伤事故医疗费用。

4. 立德树人选策略，全程监测闭环控制

基于四元教学设计方法、任务驱动法、行动导向教学理论，结合教学目标与学情分析，教师可采用的整体教学策略如下所述。

（1）"四贯通两融合"模式引领，全面提升学生素养。"四贯通两融合"的教学模式，即思政贯通为指导方向，校企贯通为落实方法，理实贯通为教法支撑，虚实贯通为辅助手段，全面促进学生品德素养与专业技能融合提升（图4-4）。

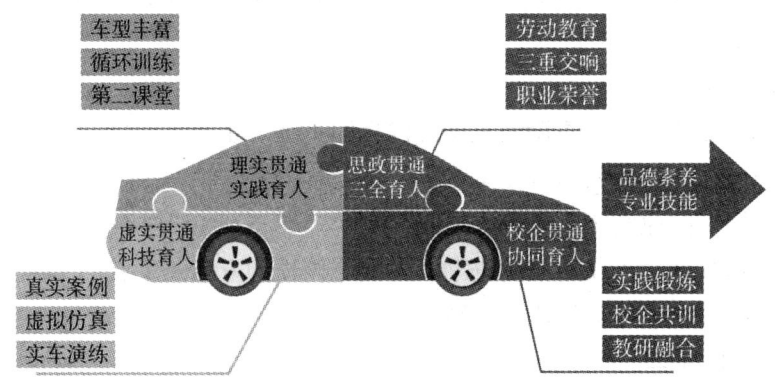

图 4-4 "四贯通两融合"模式

①思政贯通，三全育人。结合课程特点，教师将教学内容与思政元素有机

融合在一起，培养学生兼爱、诚信与严谨思维，促成"三重交响"的思政结构。在教学过程中，课前学生自行准备车辆、工具，课后恢复场地，进行劳动习惯培养。课中通过对比中外汽车市场与车险条款，使学生体会到祖国的日益强大，培养学生的爱国情怀。在承保教学中，深化学生诚信意识、法治意识。在涉水事故查勘定损中，强化严谨认真、实干苦干的精神。在人伤事故中，使学生进一步体会生命至上的观念。课后针对部分同学，特意增加与企业员工出现场的次数，加强劳动精神培养。课余时间通过行业工匠讲座，树立标杆榜样，使学生学习工匠精神。引导班级所有学生在家族群、社区群中提供公益车险咨询，帮助他人解决实际问题，增强自信，培养学生的职业荣誉感（图4-5）。

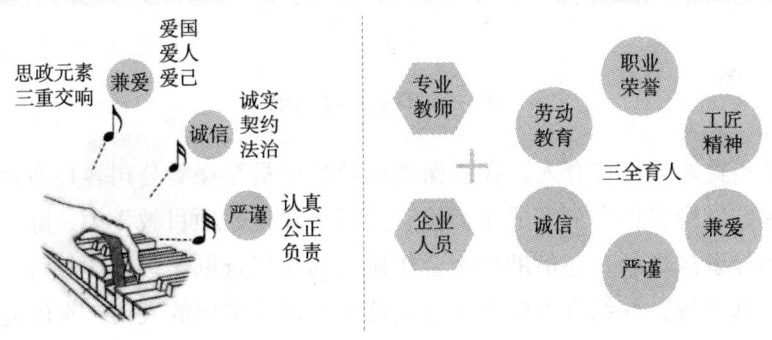

图4-5 "三重"思政三全育人

②校企贯通，协同育人。学校联合太平洋保险公司，成立汽车保险工作室，由企业人员、专业教师指导试点班学生共同运营。同时，安排教师挂职锻炼，经验丰富的老教师将典型工作任务转化为教学案例，年轻教师带领学生处理承保业务，企业人员指导课程实践，带领学生参与理赔业务。校企协作引导学生创新实践，注重承保查勘、财务经营等能力培养，提高学生的创业意识。

③理实贯通，实践育人。囿于实践场地匮乏，传统教学重理论轻实践，学生无法实现技能的有效迁移。现依托汽车系3 000平方米实训基地，可提供丰富的实训车辆与教学资源，有效开展课堂实践，模拟完成保险事故中的碰撞、涉水等事故，辅助完成拆解与定损等工作流程，助力理实一体化教学。同时，实训基地课后向学生开放，由实验室值班老师指导设备使用，为学生提供了实践锻炼的第二课堂（图4-6）。

图 4-6 理实一体场地

④虚实贯通,科技育人。在承保项目教学中贯穿保险公司客户案例与仿真承保系统,借助实训车辆完成车辆检验过程;在理赔项目教学中,除了借助实车还原部分事故现场,还借助校企合作研发的模拟查勘实训教学软件、交通事故模拟仿真系统,并结合 VR 设备完成教学中难以实现的人伤、水淹复杂事故查勘工作,更贴近实际工作,可增强学生的技能水平(图 4-7)。

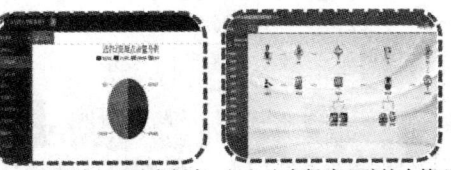

提供真实案例 丰富课堂教学	训练出单制单 熟悉业务流程
（a）汽车保险与理赔案例库 （真实客户案例）	（b）汽车保险理赔综合管理平台 （企业内训软件）
融合线上线下 实现混合学习	更新最新政策 紧跟行业步伐
（c）智慧职教网络 国家教学资源库	（d）最新版电子保单
还原事故现场 训练查勘技能	再现监控场景 锻炼分析能力
（e）汽车保险查勘仿真3D软件	（f）汽车交通事故模拟软件
还原定损场景 规范车辆拆解	虚拟现实教学 代入工作情景
（g）汽车保险三维定损软件	（h）汽车保险VR仿真

图 4-7　丰富的信息化手段

（2）"查、定、理、核"闭环控制，全程跟踪培养质量。根据车险理赔工作流程"查勘—定损—理算—核赔"，将工作过程与教学紧密结合在一起，针对学生之间的差异化学情，在"四贯通两融合"的教学模式下，采用"查、定、理、核"闭环控制教学策略，融入"情境导入—分析问题—虚拟仿真—实践演练—评价诊改"教学过程，实现教与学全过程的信息采集（图4-8）。

通过多元评价，实时跟踪学生的知识掌握度、过程参与度、技能熟练度等状态，并及时做出启发思考、强化训练、提升能力等调整。依然存在不足的学生要在课下投入第二课堂进行诊改提升。通过学生的工作室业务，核查品德素养与专业技能的培养成效，并做好总结反思工作。

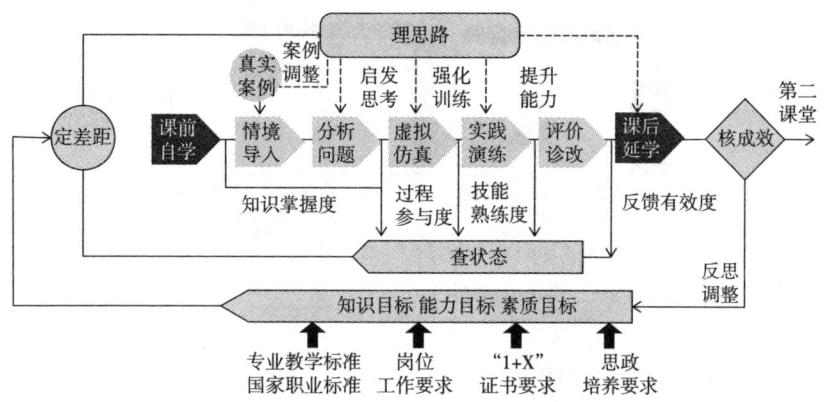

图 4-8 闭环控制策略

(三)教学实施

1. 整体教学实施过程

模块二通过总结用户车险生活中的重要环节,将保险公司的工作过程转化为学习项目,每个项目下的任务都对应保险公司的具体工作。在教学内容中有机融合品德素养与专业技能,借助丰富的教学手段与教学方法,可有效解决重难点,达成教学目标(图 4-9)。

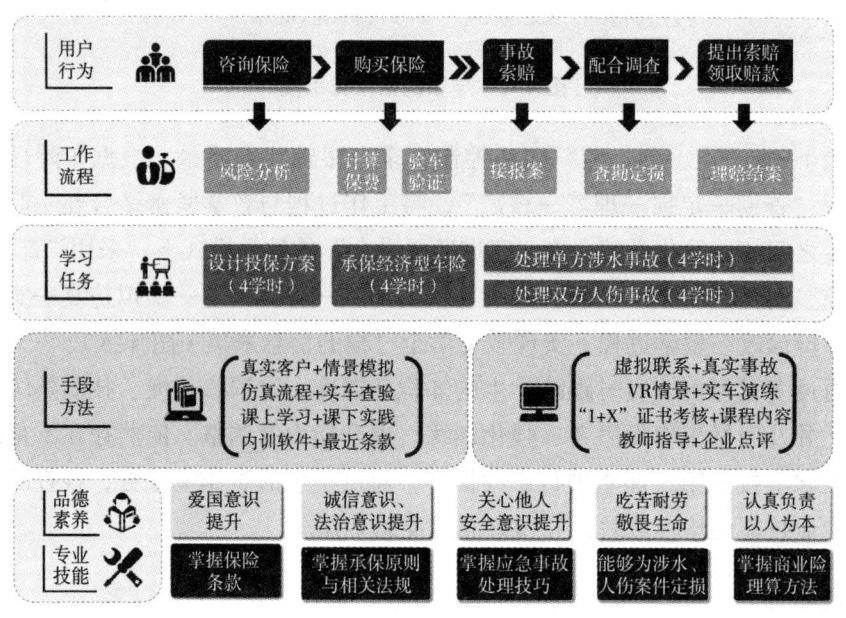

图 4-9 整体教学实施过程

2.单次任务实施流程

以项目三任务二查勘涉水现场为例。

课前,要求学生在国家专业教学资源库中自学涉水事故查勘流程与水淹等级划分标准。课中,各小组讨论决定实施方案,教师通过剖析查勘环境的多变性,启发学生发扬吃苦耐劳、实干苦干的伟大精神。面对教学重难点,结合仿真软件与实训车辆进行突破,最后各组通过诊改完善,提升品德素养与专业技能。课后,去保险工作室了解更多涉水案件,积累工作经验。实施流程见图4-10。

图 4-10 单次任务实施流程

3.教学考核评价体系

学校应构建多主体、多维度的教学考核评价体系。教学过程中教师对理论知识和虚拟实训进行考核,重点监测学生的知识掌握度、过程参与度等数据,在学生虚拟实训达标后,进入真实场景化训练,并结合"1+X"职业技能等级标准设置任务评价标准,进行技能考核。课后企业和社会人员对学生在工作室的实践情况进行评价。

学生在课程结束后还要参与"1+X"职业技能等级证书"汽车营销评估与金融保险服务技术"(中级)考核,将考核成绩折算成 20% 课程成绩,实现课证融通(图 4-11)。

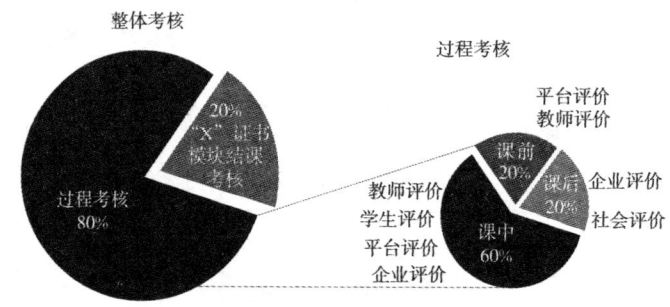

图 4-11　评价体系

(四)设计保险方案教案实例

1.单元整体设计

教学课题:模块二　经济型车险方案承保理赔。

授课对象:汽车营销与服务专业(车险试点班)二年级学生。

授课学时:16 学时。

课程名称:汽车保险与理赔。

授课地点:保险实训教室。

内容分析:汽车保险与理赔是汽车营销与服务专业的核心课,培养的是汽车保险服务行业从业人员,不仅注重学生对知识的应用与实践,还侧重培养学生的品德素养与爱岗敬业的劳动意识。

本教学单元为课程模块二"经济型车险方案承保理赔",总计 16 学时,涵盖交强险、车损险、三责险、涉水险等险种的事故类型,在教学中起到了承上启下的作用,同时工作流程全,教学难度大。

第四章 专业群课程体系的重构

基于汽车保险公司各岗位工作流程，根据职业教育国家教学标准，对接中国保险行业协会最新协会标准，本课程融入"1+X"职业技能等级证书"汽车营销评估与金融保险服务技术"（中级）等级标准，将原有课程内容整合成 3 个模块（图 4-12）。

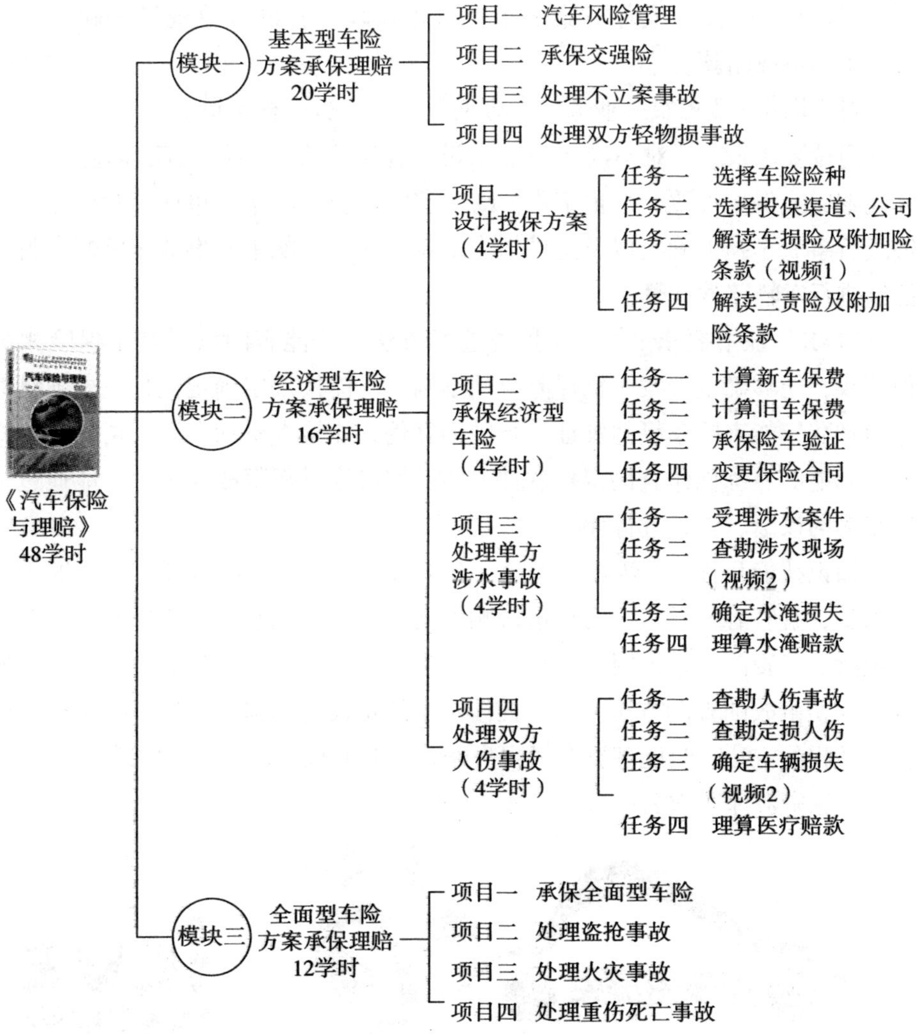

图 4-12 汽车保险与理赔课程内容

《汽车保险与理赔》 48学时

- **模块一** 基本型车险方案承保理赔 20学时
  - 项目一 汽车风险管理
  - 项目二 承保交强险
  - 项目三 处理不立案事故
  - 项目四 处理双方轻物损事故

- **模块二** 经济型车险方案承保理赔 16学时
  - 项目一 设计投保方案（4学时）
    - 任务一 选择车险险种
    - 任务二 选择投保渠道、公司
    - 任务三 解读车损险及附加险条款（视频1）
    - 任务四 解读三责险及附加险条款
  - 项目二 承保经济型车险（4学时）
    - 任务一 计算新车保费
    - 任务二 计算旧车保费
    - 任务三 承保险车验证
    - 任务四 变更保险合同
  - 项目三 处理单方涉水事故（4学时）
    - 任务一 受理涉水案件
    - 任务二 查勘涉水现场（视频2）
    - 任务三 确定水淹损失
    - 任务四 理算水淹赔款
  - 项目四 处理双方人伤事故（4学时）
    - 任务一 查勘人伤事故
    - 任务二 查勘定损人伤
    - 任务三 确定车辆损失（视频2）
    - 任务四 理算医疗赔款

- **模块三** 全面型车险方案承保理赔 12学时
  - 项目一 承保全面型车险
  - 项目二 处理盗抢事故
  - 项目三 处理火灾事故
  - 项目四 处理重伤死亡事故

使用教材：《汽车保险与理赔》，祁翠琴主编，机械工业出版社，2016 年 9 月第三版"十二五"职业教育国家规划教材。

参考标准：《中国保险行业协会机动车辆商业保险示范条款》《关于深化商业车险条款费率管理制度改革的意见》《人体损伤致残程度分级》《保险术语（GB/T 36687—2018）》《汽车后市场用配件合车规范》《事故汽车维修工时测定规范》、中国保险汽车安全指数、中国保险行业协会汽车零整比指数。

工作流程：设计投保方案—承保汽车保险—查勘事故现场—确定事故损失—理算事故赔款。

对应岗位：业务员—业务员—查勘员—定损员—核价员。

岗位要求：①针对不同客户需求设计保险方案，能够按流程签发保险单。②能够完成保单批改、变更工作。③能够完成资料收集与单证填写任务。④能够进行事故车损失确定以及配件损失估算工作。⑤能审核事故车索赔资料。⑥能够进行车辆赔款计算。

"1+X"证书要求：①保险种类选择方法。②能查阅汽车基本保险相关法律法规；能够确定涉案车辆保险合同细则。③能按规定确定流程，处理机动车保险理赔；能查验车辆驾驶证、行驶证真伪，能检查机动车登记情况、年检情况。④能够熟练操作查勘定损软件；能够按流程进行事故定损。⑤能通过图形对车辆的钣金、工时进行计算。

知识技能目标：①熟悉车损险、三责险及附加险保险责任。②能够运用保险条款，解答客户异议。③理解影响保费的因素。④掌握保险原则。⑤能计算车损险、三责险、常见附加险保费。⑥掌握交通事故责任认定原则。⑦掌握涉水、人伤事故的查勘方法。⑧掌握涉水事故定损与核损的方法。⑨掌握人伤定损与核损的方法。⑩能理算车辆损失赔款。⑪能理算医疗损失赔款。

国家资源库职教云平台如图 4-13 所示。

(a)   (b)

图 4-13 国家资源库职教云平台

优势：

（1）教学资源丰富（动画、视频、课件、题库等）。

（2）监测学生线上学习效果，全过程记录学生学习轨迹。

汽车保险理赔案例库（真实客户案例）如图4-14所示。

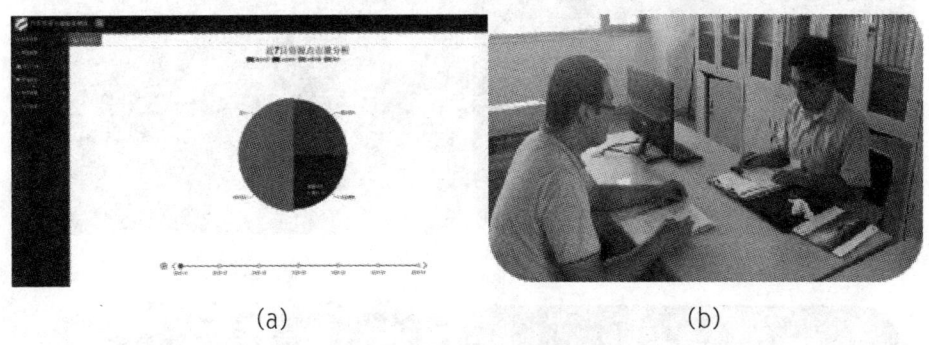

图4-14 汽车保险理赔案例库

优势：

提供丰富案例，将企业真实案例引入课堂，难度等级不同，学生可多次练习强化业务能力。

优势：

对接行业最新标准，便于学生解读最新保险条款，与时俱进地不断学习新知识，紧跟行业前沿。

保险业务综合管理平台（企业内训软件）如图4-15所示。

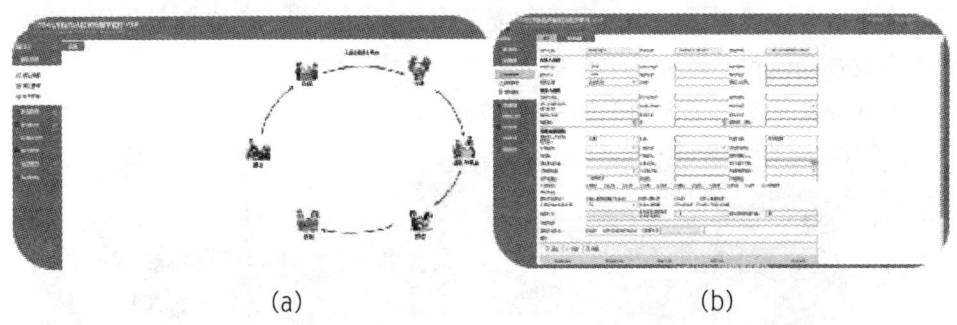

图4-15 保险业务综合管理平台

优势：

借助企业内训软件，学生熟练掌握设计保险方案、制单、出单等真实工作流程，实现与企业的无缝对接。

交通事故仿真实训软件、保险查勘仿真 3D 软件、保险三维定损仿真、VR 情境仿真如图 4-16 所示。

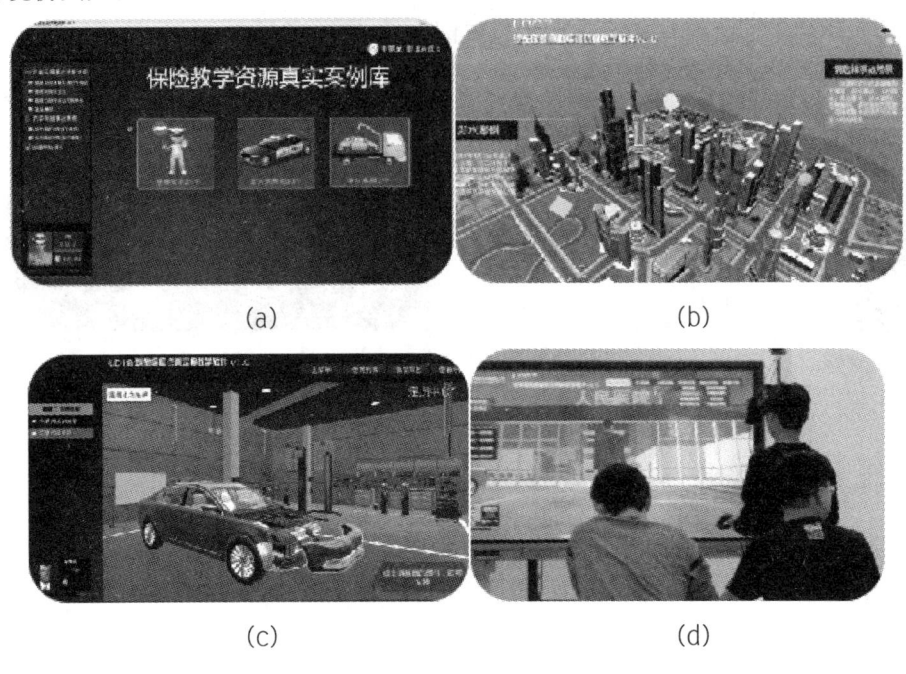

图 4-16 辅助教学仿真软件

优势：

虚实结合，展现课堂难以呈现的复杂事故案例，代入工作情景，便于学生体验事故查勘流程，解决教学重难点。

硬件资源（实车＋场地）如图 4-17 所示。

图 4-17 硬件资源

优势：

丰富的车型以及良好的教学场地助力理实一体化教学。

汽车保险理赔工作室如图4-18所示。

(a)　　　　　　　　　　　　(b)

图4-18　汽车保险理赔工作室

优势：

企业人员、专业教师指导试点班学生共同运营，承接实际业务，无缝对接企业。

2. 项目一　设计投保方案

（1）选择车险险种、选择投保渠道和公司。

教学课题：教案一　选择车险险种、选择投保渠道和公司。

授课对象：汽车营销与服务专业（车险试点班）二年级学生。

授课学时：2学时（90分钟）。

课程名称：汽车保险与理赔。

课程类型：理实一体。

授课地点：保险理赔实训教室。

教学内容：

本次课为模块二中的项目一"设计投保方案"，授课内容为"选择车险险种""选择投保渠道、公司"，总计2学时。本次课根据课程标准并结合客户真实投保情景进行设计，同时根据课前智慧职教平台学生学习反映的问题，设置本次课的教学内容，具体如图4-19所示。

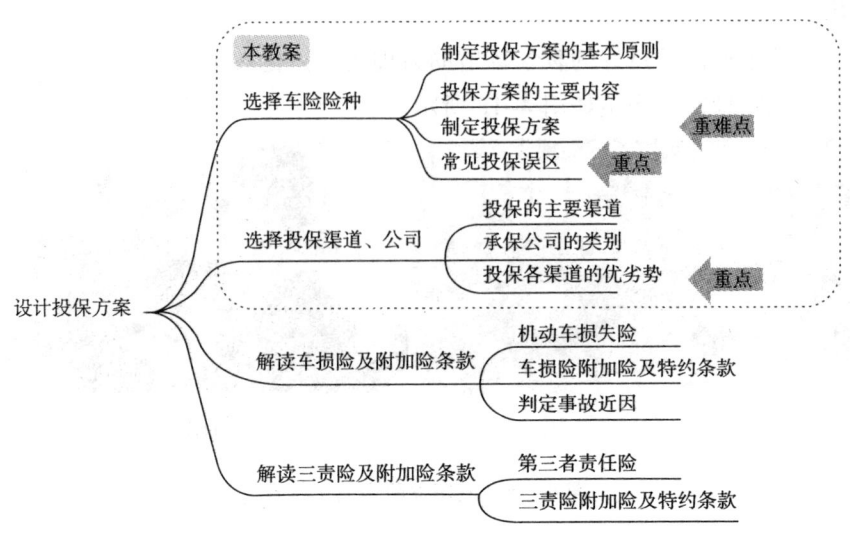

图 4-19 教案一所设定的教学内容

学情分析：

授课对象为汽车营销与服务专业二年级的学生，课前对学生的学习状况做了调查。

①知识基础。已在模块一交强险的学习中了解我国车险市场结构；已完成不同投保方案、投保渠道、车险公司优劣势等内容的学习；具备新标准、新政策学习能力。

②能力基础。具备分析用车风险能力；能够与客户进行简单的沟通交流，挖掘用户需求。

③学习特点。不喜欢被动式的知识学习方式，愿意更多地参与到实际工作过程中进行锻炼；喜欢合作、开放的学习方式，喜欢有更多的实践机会。

教学目标：

①知识目标。掌握投保方案的制定原则与流程；熟悉各投保渠道、公司的优缺点；掌握常见汽车商业保险投保误区。

②能力目标。能够根据客户的需求量身定制投保方案；能够引导客户恰当选择投保渠道与公司；能指导客户避免商业险投保误区。

③素质目标。提高与时俱进、不断学习的意识；增强诚信意识；培养以人为本意识，关怀客户切身利益。

教学重难点：

①教学重点。制定投保方案；常见汽车保险投保误区；投保各渠道的优劣势。重点解决措施：学生课前通过智慧职教学习平台学习各险种保险金额（责任限额）、险种的组合方式。课上通过虚实结合的形式，让学生为客户制定保险方案，同时对比真实案例，掌握制定保险方案的流程与原则。

②教学难点。制定投保方案。难点突破手段：利用汽车保险业务综合管理平台，反复完成"风险分析—车险需求分析—确定险种组合—确定责任限额"的过程，并结合视频、动画与老师点评进行总结，解决本次课教学难点。

教学方法：

①教法。任务驱动、案例教学、讲解示范。

②学法。自主学习、合作探究、角色扮演。

教学资源：

①智慧职教学习平台。利用此线上学习平台，学生进行课前学习，完成测试及作业，记录学习的全过程。

②汽车保险案例库。大量真实客户案例，难度等级不同，学生可以进行多次练习。

③汽车保险业务综合管理平台。利用此企业内训软件，可以进行风险分析、选择车险险种等工作，可与企业对接让学生能更好、更快地适应工作岗位。

④"交强险责任限额""全险与全赔"动画和视频。直观、生动的展现手段，有助于激发学生的学习兴趣。

教学流程如图4-20所示。

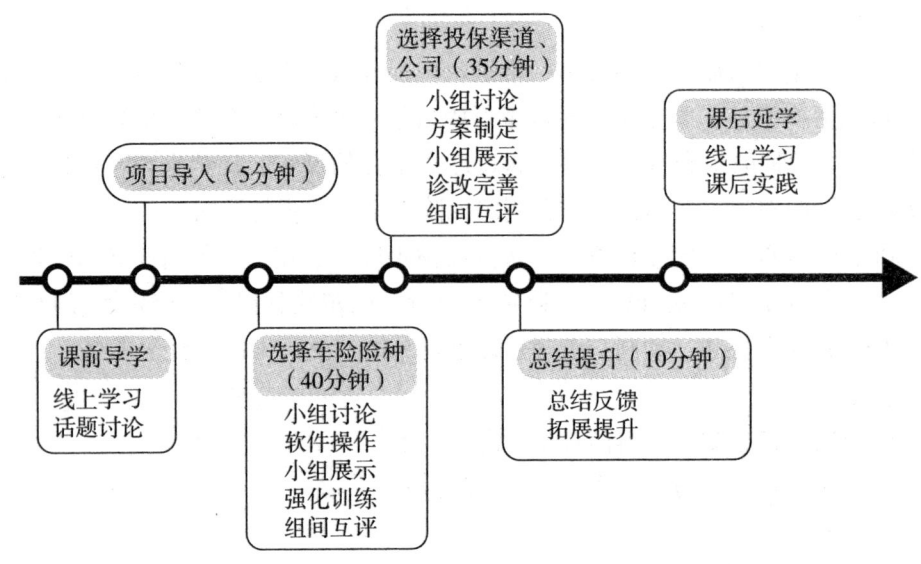

图 4-20 基于教案一的教学流程

教学活动安排如表 4-6 所示。

表 4-6 基于教案一的教学活动安排

教学活动安排				
教学环节	教学内容	教师活动	学生活动	设计意图
课前导学	智慧职教教学知识点： 1. 投保方案制定流程 2. 各投保渠道、公司优缺点	1. 发布学习任务与测验题，并根据平台的统计，调整教学策略 2. 平台发布话题，讨论车主一般会为爱车买什么车险 3. 发布课前实践任务，即在学校周边调研有车人士购买保险情况，并上传平台 4. 审核学生上传的案例并与学生沟通，解答学生的疑问	1. 完成智慧职教学习与测试，即完成学习任务与测验题，总结学习问题 2. 参与平台话题讨论，对问题进行深入思考 3. 完成实践任务，即讨论收集案例，并整理上传至平台	在智慧职教线上教学平台上设计好这次项目相应的学习知识点、视频、练习，供学生课前预习

第四章 专业群课程体系的重构

续 表

教学活动安排				
第一学时				
教学环节	教学内容	教师活动	学生活动	设计意图
项目导入（5分钟）	1.教学组织，签到考勤 2.预习反馈，掌握学生智慧职教任务完成情况 3.明确课堂任务，引入本课内容	1.通过智慧职教平台对学生进行签到考勤 2.组织预习反馈，评价各组课前任务完成情况 3.教师明确课堂任务，按教学设计引入本课内容	1.通过手机在智慧职教平台上签到考勤 2.找到自己的不足，加深对本课内容的理解 3.认真听讲，明确本课任务	1.学生自主总结学习成果，主动提出对课前方案的疑问，有助于将学习期待显性化 2.由课前总结引入本次课程内容，增强知识的连贯性，突出所学知识的应用性
任务一	选择车险险种（40分钟）			
教学环节	教学内容	教师活动	学生活动	设计意图
布置任务（5分钟）	1.制定保险方案的基本原则 2.制定保险方案的基本步骤	发布任务，即播放动画：客户为新车购买保险，各小组为其制定投保方案	接受任务：小组接受任务并准备	锻炼学生风险分析、制定投保方案的能力
任务实施（30分钟）	1.常见汽车保险方案 2.常见投保误区	1.巡视指导：对普遍存在的问题进行讲解 2.方案展示：安排各小组展示制定的投保方案 3.点拨提高：对比保险公司真实保单，讲解常见的投保方案和投保误区 4.强化训练：从案例库中挑选四个客户进行方案制定	1.小组讨论：为客户的用车进行风险分析，并制定投保方案 2.软件操作：登录保险业务综合管理平台，为客户选择车险 3.小组展示：展示为客户制定的方案 4.强化训练：为选到的客户制定投保方案，展示方案	通过强化训练，加强学生掌握险种组合、为客户制定方案的能力 课程思政：增强诚信意识，不断学习，与时俱进，强调以人为本

续 表

		教学活动安排		
任务诊改（5分钟）	点评各小组的方案	点评诊改：对比保险公司真实保单，点评各小组的方案	1. 修改完善：修改完善各组的方案 2. 组间互评：对其他组的方案进行评分	每组学习其他小组的设计思路，提升设计能力

第二学时

任务二	选择投保渠道、公司，并进行总结提升（45分钟）

教学环节	教学内容	教师活动	学生活动	设计意图
布置任务（5分钟）	1. 汽车投保主要渠道：保险公司营业厅、汽车4S店、网络投保、专业代理机构 2. 投保各渠道的优势与劣势 3. 选择承保公司：偿付能力、售后服务质量、保险公司规模、价格与附加值	发布任务，即播放动画：客户要买保险，但是不清楚选择什么渠道和保险公司	接受任务：接受任务并进行准备	加强学生对于投保渠道、公司的理解和认识，能够帮助客户选择适合的投保渠道
任务实施（20分钟）		1. 巡视指导：对各小组普遍存在的问题进行讲解 2. 方案展示：组织各小组展示方案	1. 小组讨论：各小组讨论分析投保公司、渠道的优劣势 2. 方案制定：搜集资料将渠道和公司的优势及选择的理由做成PPT 3. 小组展示：各小组展示方案	通过方案制定，锻炼学生搜集材料、整合材料的能力，为客户选择最适合的投保渠道 课程思政：强调以人为本，站在客户的角度思考问题
任务诊改（10分钟）		1. 点评诊改：点评各组方案 2. 总结提升：总结投保各渠道、公司的优劣势	1. 修改完善：对照老师的点评，修改完善各组的方案 2. 组间评分：各小组为其他组的方案打分	每组学习其他小组的设计思路，提升思辨能力
总结反馈（8分钟）	课程内容总结与回顾	布置课后任务：各小组绘制险种组合的思维导图，上传至职教云平台	回忆与总结所学内容，强化记忆与理解	回忆所学内容，加深记忆

第四章 专业群课程体系的重构

续 表

		教学活动安排		
教学环节	教学内容	教师活动	学生活动	设计意图
拓展提升（2分钟）	引出下节课题：解读车损险及附加险条款	1. 引发思考：车损险的赔偿责任有哪些，什么情况下是不赔的 2. 布置线上学习任务与课前测试 3. 布置实践任务：去校企合作的保险公司实践锻炼	1. 引发好奇，关注下次课程内容 2. 完成课后任务安排，为下次课做准备 3. 了解实际工作过程	为下次任务做准备

	考核评价			
评价阶段	评价环节	评价内容	评价方式	分值/%
课前	课前学习	线上学习	平台（100%）	10
	课前任务	实践任务	教师（100%）	5
课中	课前表现	课堂投入情况	教师（100%）	10
	课堂任务	1. 选择车险险种 2. 选择投保渠道、公司	教师（50%） 组间（50%）	35
	团队合作	任务完成质量	自评（50%） 组间（50%）	10
课后	项目实训	企业实际工作	企业导师（100%）	30
合计				100

教学反思
问题与改进：经过完成课中任务，学生对于险种组合的选择能够较好地进行掌握，为客户推荐适合的投保方案，但是在沟通交流中有些关键内容没有讲清楚，还需要后续加强语言表达能力，做到知行合一

（2）解读车损险、三责险条款。

教学课题：教案二　解读车损险、三责险条款。

授课对象：汽车营销与服务专业（车险试点班）二年级学生。

授课学时：2学时（90分钟）。

课程名称：汽车保险与理赔。

课程类型：理实一体。

授课地点：保险理赔实训教室。

教学内容：

本次课为模块二中的项目一"设计投保方案"，授课内容为"车损险及附加险条款解读""三责险及附加险条款解读"，总计2学时。本次课根据课程标准以及保险公司真实工作情景进行设计，同时根据课前智慧职教平台学生学习反映的问题，设置本课教学内容，具体如图4-21所示。

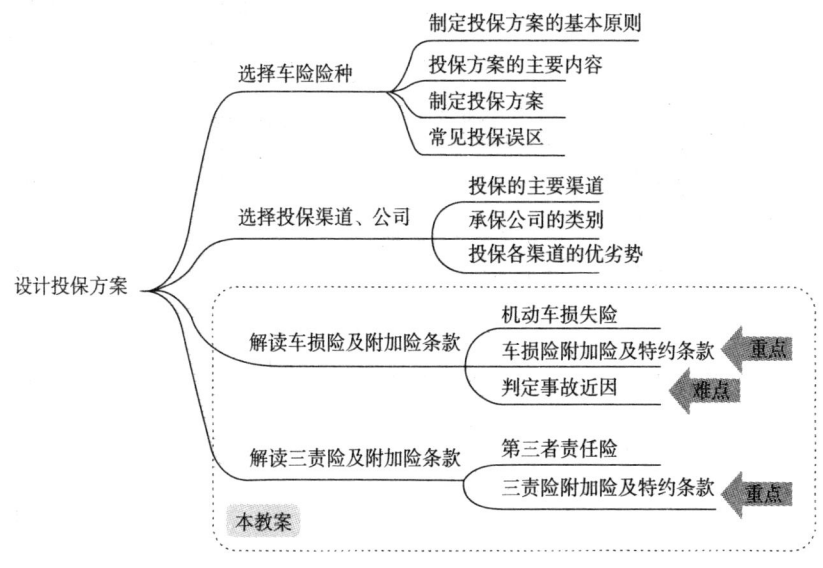

图4-21　教案二所设定的教学内容

学情分析：

授课对象为汽车营销与服务专业二年级的学生，课前对学生的学习状况做了调查。

①知识基础。已对车损险、三责险及附加险知识进行了学习，对条款内容有了一定的了解；根据学习结果反馈，学生基本掌握投保方案的设计流程。

②能力基础。已了解车损险及附加险条款内容;已了解三责险及附加险条款内容。

③学习特点。不喜欢被动式的知识学习方式,愿意更多地参与到实际工作中进行锻炼;喜欢合作、开放的学习方式,喜欢有更多的实践机会。

教学目标:

①知识目标。熟悉车损险及附加险的条款内容;掌握近因原则;熟悉三责险及附加险的条款内容。

②能力目标。能够运用车损险条款解答客户异议;能够判定事故近因;能够运用三责险条款解答客户异议。

③素质目标。树立诚信意识;强调实事求是、有理有据的工作态度;培养以人为本意识,关怀客户切身利益。

教学重难点:

①教学重点。车损险及附加险的条款内容;判定事故近因;三责险及附加险的条款内容。重点解决措施:学生课前通过智慧职教学习平台学习车损险和三责险条款的内容和责任范围,以及近因原则的判定方法。课上通过角色扮演、虚实结合的形式,使学生能够为客户解读车损险和三责险条款内容、处理客户的异议,并能判定事故近因,分析车损险赔不赔。

②教学难点。判定事故近因。难点突破手段:由于学生对复杂事故近因判定存在逻辑上的问题,可利用汽车保险案例库,引入真实案例强化学生对于事故近因的判定,同时结合视频、动画与讲解,引导学生进一步深入理解近因的判定方法,解决本次课教学难点。

教学方法:

①教法。任务驱动、案例教学、讲解示范。

②学法。自主学习、合作探究、角色扮演。

教学资源:

①智慧职教学习平台。利用此线上学习平台,学生进行课前学习,完成测试及作业,记录学习全过程。

②汽车保险案例库。大量真实客户案例,难度等级不同,学生可以进行多次练习。

③交通事故实训仿真教学软件。丰富的事故案例资源可再现真实事故场景,帮助学生判定事故责任,寻找近因并学会分析车险责任。

④ "多种原因连续发生""发动机泡水发动机损坏"动画。通过直观、生动的展现手段，激发学生的学习兴趣。

教学流程如图 4-22 所示：

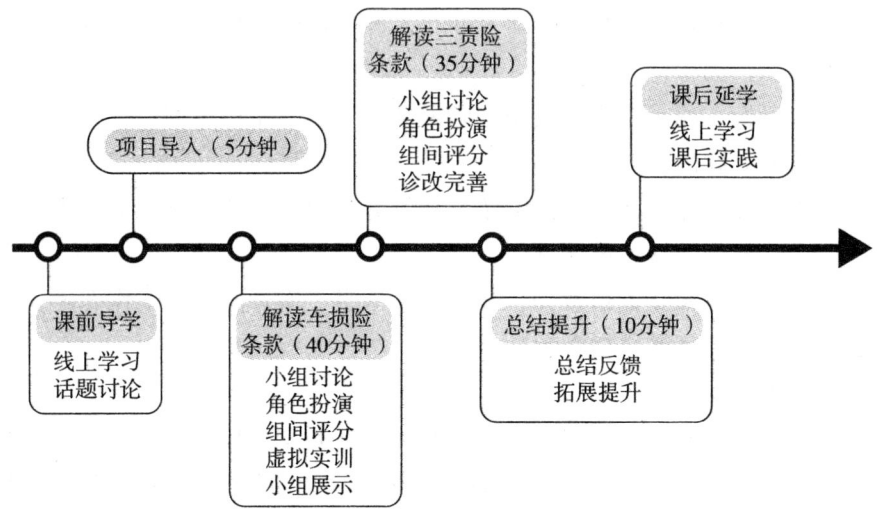

图 4-22　基于教案二的教学流程

教学活动安排如表 4-7 所示。

表 4-7 基于教案二的教学活动安排

教学活动安排				
教学环节	教学内容	教师活动	学生活动	设计意图
课前导学	线上教学知识点： 1. 基准保费计算 2. 无赔款优待	1. 发布学习任务与测试题，教师根据平台统计的学习结果，调整教学策略 2. 平台发布话题，讨论费率调整系数都有哪些内容 3. 发布课前实践任务，去校企合作保险公司观摩承保流程，并总结上传平台	1. 完成学习任务与测试：在学习平台上完成知识点的学习，同时完成相应的测验题，总结学习问题 2. 参与平台话题讨论：对问题进行深入思考 3. 完成实践任务：小组讨论总结流程，并整理上传至平台	在智慧职教线上教学平台上设计好这次项目相应的学习知识点、视频、练习，供学生课前预习
第一学时				
教学环节	教学内容	教师活动	学生活动	设计意图
项目导入（5分钟）	1. 教学组织，签到考勤 2. 预习反馈，掌握学生智慧职教任务完成情况 3. 明确课堂任务，引入本课内容	1. 发布签到 2. 组织预习反馈，评价各组课前任务完成情况 3. 教师明确课堂任务，按教学设计引入本课内容	1. 通过手机在智慧职教平台上签到 2. 找到自己的不足，加深对本课内容的理解 3. 认真听讲，明确本课任务	1. 学生自主总结学习成果，主动提出疑问，有助于将学习期待显性化 2. 由课前总结引入本次课程内容，增强知识的连贯性，突出所学知识的应用性
任务三	解读车损险及附加险条款（40分钟）			
教学环节	教学内容	教师活动	学生活动	设计意图
布置任务（5分钟）	车损险条款内容	发布任务：为上次课其他小组设计的投保方案设计两个车损险异议	接受任务：小组接受任务，讨论设计两个关于车损险条款内容的异议	加强学生对于车损险条款的理解和认识，锻炼学生发现问题、解决问题的能力

续　表

		教学活动安排		
教学环节	教学内容	教师活动	学生活动	设计意图
任务实施（30分钟）视频1	1. 车损险条款内容 2. 部分附加险条款内容：不计免赔险、发动机特约险、找不到第三方险、玻璃单独破碎险 3. 判定事故近因的方法	1. 巡视指导：对普遍存在的问题进行讲解 2. 角色扮演：安排各小组进行角色扮演问题预判：车损险责任判定，近因是谁，在不在赔偿范围内 3. 任务评价：点评各小组角色扮演完成情况 4. 判定近因：安排学生挑选事故案例进行近因判定 5. 点拨提升：总结常见事故类型以及近因判定的步骤 6. 强化训练：从仿真软件中挑选复杂事故，再次判定事故近因	1. 小组讨论：设计两个关于车损险条款内容的异议，提交问题给老师审核 2. 角色扮演：各小组派出一个代表来扮演客户，被抽到投保方案的小组来扮演业务员，展示处理异议的过程 3. 组间评分：对其他组角色扮演进行打分 4. 虚拟实训：各小组通过交通事故仿真模拟软件，再现还原事故现场，小组讨论判定事故近因 5. 小组展示：各组展示判定近因的过程与思路	1. 小组通过角色扮演，锻炼解决客户异议的能力以及如何与客户更好地交流沟通 2. 通过强化训练，加强学生对于事故近因的判定 课程思政：强调实事求是、有理有据的工作态度，遵循以人为本、顾客至上的原则，培养职业荣誉感
任务诊改（5分钟）	点评诊改完善	点评诊改：对比交警责任判定书，修改各组的近因判定	修改完善：修改完善事故的近因判定	掌握复杂事故近因判定

续 表

教学活动安排				
第二学时				
任务四	解读三责险及附加险条款，并进行总结提升（45分钟）			
教学环节	教学内容	教师活动	学生活动	设计意图
布置任务（5分钟）		发布任务：各小组针对三责险及附加险条款设计两个异议	接受任务：接受新任务并进行准备	加强学生对于三责险条款的理解和认识，锻炼学生发现问题、解决问题的能力
任务实施（20分钟）	1. 三责险条款内容 2. 部分附加险条款内容：不计免赔险、精神损害抚慰金、责任险 3. 三责险的除外责任	1. 巡视指导：对各小组普遍存在的问题进行讲解 2. 组织展示：各组进行角色扮演，针对三责险异议进行异议处理	1. 小组讨论：各小组讨论分析设计出两个关于三责险条款内容的异议，提交问题给老师审核 2. 角色扮演：分别进行角色扮演，解决其他组设计好的三责险异议	小组通过角色扮演，锻炼解决客户异议的能力以及如何与客户更好地交流沟通 课程思政：增强诚信意识，遵循以人文本、顾客至上的原则
任务诊改（10分钟）		1. 点评诊改：总结与点评各组角色扮演以及异议的处理 2. 总结提升：总结常见的三责险异议类型以及处理方法	1. 组间评分：各小组对其他组的角色扮演打分 2. 修改完善：完善各组的异议处理方案	提升学生处理三责险异议的能力
总结反馈（8分钟）	课程内容总结与回顾	布置课后任务：各小组绘制判定近因的思维导图，上传至职教云平台	回忆与总结所学内容，强化记忆与理解	回忆所学内容，加深记忆

续 表

教学活动安排				
教学环节	教学内容	教师活动	学生活动	设计意图
拓展提升（2分钟）	引出下节课题；保费计算	1. 引导思考：相似价格车型，每年买相同的险种，保费是否一样 2. 线上学习，完成课前测试 3. 布置实践任务：去校企合作的保险公司了解理赔流程并记录	1. 引发好奇，关注下次课程内容 2. 完成课后任务安排，为下次课做准备 3. 了解实际工作过程	为下次任务做准备

考核评价				
评价阶段	评价环节	评价内容	评价方式	分值/%
课前	课前学习	线上学习	平台（100%）	10
	课前任务	实践任务	教师（100%）	5
课中	课前表现	课堂投入情况	教师（100%）	10
	课堂任务	1. 解读车损险及附加险条款 2. 解读三责险及附加险条款	平台（30%） 教师（40%） 组间（30%）	35
	团队合作	任务完成质量	自评（50%） 组间（50%）	10
课后	项目实训	企业实际工作	企业导师（100%）	30
合计				100

教学反思
问题与改进：完成课中任务后，学生对于简单事故的近因能够进行准确的判定，但是对多因复杂案件进行分析时还存在一些疏漏，为了帮助学生更好地理解和分析事故案例，后续要丰富交通事故案例库，为学生准备更多真实案例，帮助学生掌握复杂事故近因的判定

第五章 专业群教学创新团队建设

当前，我国高职教育发展与改革正在如火如荼进行中，高职院校由一开始规模和数量的增长转变为当前重视人才培养质量的提升，实现了发展模式的重大跨越。当前，我国高职院校正处于转折性发展时期。"职教20条""双高计划"等这些政策的出台和角色部署从国家层面为高职院校的发展和改革指明了方向，也为"双师型"教师教学团队建设基础和目标的实现提供了有力支撑和重要保障。

作为我国"双高计划"建设背景下的一个重大项目，教师教学创新团队的建设问题成了新时代职业教育政策的重点关注对象。

第一节 职业教育教师教学创新团队的内涵

一、职业教育教师教学创新团队的建设背景

"职教20条"中提出"探索组建高水平、结构化教师教学创新团队，教师分工协作进行模块化教学"。"高水平"强调的是教师的"执教"和"职教"标准的提升，要求"双师型"教师，既是教育专家，又是相关企业的工匠，是行业的权威。这意味着高职院校的教师要具备多重能力，如新形态和新模式课堂教学组织与实施能力、教学理念自我更新和提升能力、应用技术研发与创新能力、信息化技术运用与教学资源开发能力等。而"结构化"教师教学创新团队更加强调团队的交流与协作。组建"双元结构教师小组"或"多元结构教师小组"，可促进校企领军人物、权威专家、技能大师等进行技术交流、学术研讨以及技术创新等，实现师资力量的优化重组，提升专业教师的专业教学能力和技术技能。

国家层面出台的政策性文件和建设项目,如教师教学创新团队建设、"职教 20 条""双高计划",为高职院校的师资队伍建设规划了明确的发展布局,为"双师型"教师教学创新团队的建设和发展指明了新方向。高职院校在师资队伍建设上有了清晰的指路明灯,在很大程度上促进了高职院校师资力量的发展。在国家政策的引领下,高职院校积极采取措施,迅速应对,具体表现如下:一是完善"双师型"特色教师队伍建设制度,建立健全分层分类的职教教师专业标准体系;二是聚焦"1+X"证书制度开展教师全员培训;三是建设校企、校际协同工作机制,构建共同体之间教师资源共享制度,搭建教师发展创新平台;四是全员全程参与专业建设,促进教师团队整体建设。

二、高职院校教师教学创新团队的概念

高职院校教师教学创新团队是由多名教师基于共同的目标和要求所组建的教师群体,群体内成员为完成共同目标分工合作、互帮互助、利益共享、责任共担。这一团队以校企合作为主要原则,以培养技术人才为目标,以专业(群)为主要建设平台,属于高职院校基层教学组织。

随着我国经济结构的调整,专业逐步完成转型升级,同时国际国内大环境的变化使社会人才需求有所调整,并对人才的知识与技能、社交与沟通、态度与观念等综合素质和专业能力提出了更高的要求。高职院校作为高素质技术技能人才的培养基地,也迫切需要转变教师教育理念,构建教师教学创新团队,为国家和社会培养专业能力强、社交能力强、工作技能和方法熟练的应用型高素质人才。教师教学创新团队作为高校基层教学组织,应该承担起培养高素质技术技能人才的使命,打造高素质技术技能人才培养共同体。

哈耶克认为,受个体自身因素的影响,每个人只能占有和掌握知识和技能的某些片段,而不能掌握全部的知识和技能。为了拓展知识和技能,需要各个传授、创造知识片段的个体之间互通有无,相互协作,实现资源和知识的共享。教师教学创新团队就是实现教师知识与技能互相沟通和转化的良好平台。通过这一平台,教师在合作完成教学工作的同时,还可以合作进行教学设计,开发教学课程,总结新的教育教学模式,形成团队教学科研成果。

职业教育的本质属性和根本规律是开展校企合作,实现产教融合。教学创新团队以产教融合、校企合作为平台,致力于校企双方在知识、技术、服务、人才、创业等全方位、多领域的深度合作,建立了资源共享、责任共担、利益

共享、互助互信的合作机制，建立了校企命运共同体，这是作为基层教学组织的高职院校教师教学创新团队发展的必由之路。

三、"双师型"教师队伍专业化的能力构成

国家对于"双师型"教师队伍建设高度重视，为促进"双师型"教师专业发展，2019年1月国务院颁布《国家职业教育改革实施方案》，对"双师型"教师的能力进行了具体规范，要求"双师型"教师要同时"具备理论教学和实践教学能力"。这恰恰体现了职业教育跨界行动的"双重"特征：对于教师理论教学能力的要求体现了教学实践要存在于教学的具体组织和实施过程中；对于教师实践教学能力的要求体现了生产实践存在于生产劳动具体组织与实施过程中。职业教育的任务就是让学生在掌握理论知识的基础上，将理论知识转化为专业技术工作必备的职业能力，因此职业教育必须坚持其教育特色，职业教师也应该积极适应时代发展要求，提升自己的理论和实践能力。

高职教育工作要紧跟时代步伐，不断适应社会动态的发展需求，同时教育教学工作要实现对教学理念、教学内容、教学手段、教学方法的持续更新。高职教育专业化发展对于教师的素质能力提出了更为详细的要求，要求职业教育教师团队成员具备优良的师德师风、先进的职教理念、深厚的专业知识、熟练的实践技能、扎实的科研能力。

以上能力要求与高职院校教师的具体工作内容相互关联。第一，师德师风职业道德是教师素质能力的基础，其内容涉及教师的思想政治素质、职业道德理念、价值观、道德观等；第二，职业教育中职业能力的认知、人才培养方案的设计、课程建设方案的制定都需要先进职教理念的指导；第三，专业知识的转化与应用有助于课堂教学组织与实施、教学资源开发及利用；第四，熟练的专业实践技能有助于实践管理与指导；第五，科研能力有助于开展专业服务的建设与组织，涵盖校外实训基地建设、校企合作和产学研项目建设，如科研转化、对外技能培训等内容。

第二节 职业教育教师教学创新团队的建设意义

一、教师教学创新团队是新时代职教改革战略实施的组织保障

为适应时代发展要求,促进高职院校的良性发展,我国教育主管部门大力推进高职院校改革,相继开展了"双高计划""学历证书+若干职业技能等级证书"(简称"1+X")制度试点等相关工作,旨在提高高职院校基层教学效果。从基层教学组织重构视角来看,教师教学创新团队是对高职院校传统专业教研室组织形式的创新,具有重要的现实意义。就高职院校当前发展形势而言,教师教学团队创新建设还面临着诸多挑战,如团队建设组织目标不清晰、目标高度不够;组织构建的思维逻辑混乱,不符合当前高校发展实际;组织建设措施不到位等。因此,高校应积极采取措施改变这一困境。首先,要扭顺职业逻辑,打破传统壁垒的束缚,对教学创新团队进行优化重组;其次,要多措并举,数管齐下,促进教学创新团队的建设;最后,要建立健全创新团队的条件保障机制,提升创新团队的建设水平。教师教学创新团队作为高职院校的基层教学组织,需要不断强化教师队伍建设,提高技术技能人才培养质量,与职业教育综合改革相适应。

二、教师教学创新团队是高职院校教学组织类型建设的内在诉求

很久以来,我国高职院校在基层教学组织建设上缺乏自身类型特征,基本上是对本科院校教学组织模式的直接运用,不符合高职院校自身特征,因此存在教师职业能力较低、教学结构功能不足、教学文化碎片化等缺陷。随着高职教育类型特色的逐步凸显,其基层教学组织也发生了重大转变。姜大源教授认为,随着科技发展和社会劳动组织形式的变化,职业教育教学组织范式也随之发生转变,变化过程大致如下:企业劳作主导→学校理论主导→学校实践主导→校企合作主导。在这四种教学组织范式中,校企合作主导实现了学校知识技能与企业岗位实践的有机结合,提升了学生的专业能力、社会能力和技术能力,是最符合高职教育特征要求的教学组织范式。而高职院校教师教学创新团队坚持资源共享、人才共用、校企联合、产教融合,构建了模块化教学分工合

作机制，打造了高水平"双师"团队，强化了教学体系建设，有益于提高学生的综合职业能力，体现了高职院校的类型特征和综合发展方向。

三、教师教学创新团队是高职院校教师专业发展的重要抓手

目前，我国高职院校教师专业发展中还存在一些突出问题，如教师专业发展缺乏团队支撑、"双师"综合素养较低、教师实践经验不足、企业工作经历较少等。教师专业发展不是一蹴而就的，而需一个持续进阶、不断提升的过程。教师专业发展之路要经过新手教师→熟练教师→骨干教师→专家型教师的成长阶段，这一过程也是教师不断积累职业教育理念、教学方法、教学实践经验的过程。经过长期的知识、经验积累和实践历练，教师的专业化水平才能不断提升，最终成长为这一领域的领军人物和学术权威代表。

教师教学创新团队通过组建技术技能人才培养校企共同体，汇聚行业资深技术专家、技能高手、教育专家、教学能手等多方资源，不仅可促进企业技术发展，还有利于高校教学模式的创新，弥补了教师在高素质技术人才培养中的不足。通过老带新、朋辈教育实现团队成员之间的"传、帮、带"，可激发教师内部各主体新技术元素学习和探索的积极性，可促进"双师"综合素质的提升，拔高教师的职业能力，对于教师专业发展大有裨益。

四、教师教学创新团队建设是产业转型升级的时代诉求

随着产业转型升级，中国经济增长的核心将从低附加值转向高附加值，从高能耗高污染转向低能耗低污染，从粗放型转向集约型，这就需要大量适应区域产业转型升级的高素质技术技能人才。但目前的现实问题是学校人才培养的供给侧与企业人才的需求侧之间存在一定的矛盾。有效解决这一矛盾的关键在于高职一流"双师型"教师教学创新团队建设，因为一流"双师型"教师不仅需要具备扎实的专业理论基础，还需要具备丰富的企业实践经验和创新能力。在教育教学过程中，一流"双师型"教师能够根据行业企业对专业技术人才的要求实时调整专业人才培养方案与授课内容，以培养出区域产业转型升级发展所需的专业技术技能人才，所以一流"双师型"教师教学创新团队建设是产业转型升级的时代诉求。

五、教师教学创新团队建设是"双高计划"建设的必然要求

我国非常重视"双师型"教学团队建设,自1995年以来,"双师型"教师队伍建设多次出现在相关政策文件中。2019年1月,国务院在印发的《国家职业教育改革实施方案》中明确提出,到2022年高职院校"双师型"教师占专业课教师总数超过一半,多措并举打造"双师型"教师队伍,实施职业院校教师素质提高计划;2019年3月,教育部、财政部联合发布的《关于实施中国特色高水平高职学校和专业建设计划的意见》也提出基于"四有"标准打造数量充足、专兼结合、结构合理的高水平"双师"队伍的具体建设任务;2019年8月,教育部等四个部门在印发的《深化新时代职业教育"双师型"教师队伍建设改革实施方案》中提出,到2022年将建成360个国家级职业教育教师教学创新团队的具体目标。这一系列文件凸显出一流"双师型"教师教学创新团队建设是"双高计划"建设的必然要求。

第三节　职业教育教师教学创新团队建设对策

一、以优化团队结构为途径,为职业教育创新提供教师团队

职业教育"双师型"教师队伍建设实际从团队负责人的选择、政治建设、人员配备、管理制度四个角度入手进行团队结构优化,旨在为促进职业教育教师教学创新提供优秀教师团队。

美国学者戴维·麦克利兰认为:"胜任力模型指承担某一特定的任务角色所必须具备的胜任特征的总和,是针对具体职位表现和要求组合起来的一组胜任特征。"《全国职业院校教师教学创新团队建设方案》(以下简称"《创新团队建设方案》")认为,科学合理的团队结构意味着要有能力突出的团队负责人,同时要有合理的专业结构和合理的年龄结构。

胜任特征与工作绩效息息相关,是评价一个人工作能力的重要指标,一个人的胜任特征可以通过一定的标准来衡量,也可以通过学习和培训得到进步和发展。"双师型"教师教学创新团队负责人的选择应该以个人的胜任特征为重要指标。在选拔团队领头人时要制定严格的选拔标准和选拔程序,只有具备

《创新团队建设方案》中明确规定的硬性条件并具有相关的工作能力的人才有资格参与选拔。同时,还要建立健全团队领头人培养体系,针对团队领头人的特点,有计划、有组织地开展培训活动,以提高其领导能力、科研能力、技术研发能力和课程开发能力等。但是,当前我国绝大多数高职院校的团队负责人同时是高校的管理层人员,大量的行政管理工作占据其相当多的时间和精力,这就意味着其作为团队负责人的专业性被忽视了。在双重角色的压力下,团队负责人往往不能很好地完成团队引领工作。因此,在科层管理体制之下,面对多重角色的矛盾,如何明确权责划分责任,实现角色身份的专业化,成了一个值得思考的问题。

为确保团队发展方向,需要落实"双带头人"培育工程,这就对团队带头人提出了更高的要求,即带头人要有相当高的政治觉悟,既是党的带头人,又是团队的学术引领者。同时,团队成员要牢固树立社会主义思想,坚持走中国特色社会主义道路,在科学指导思想的引领下,确保教育教学的社会主义办学方向,全面贯彻落实党的教育方针,坚定"四个自信",做到"两个维护",为国家培养社会主义事业的接班人和建设者。

实际执行中要积极变革人才引进模式,根据市场实际需求实现技术人才的智力流动,实施"候鸟"计划,动态选聘高级技术人员担任重要技术领域的导师,实现契约式用人。同时,对于技术人才要做到"人尽其才,才尽其用",强调技术人才的能力水平和业绩贡献。实施"群雁"计划,建立健全人才考核标准和人才考核制度,让技术成员意识到,在团队中工作要有进取精神和危机感,在团队中的位置能上能下,对团队没有贡献随时走人,以优化团队人员配备。另外,在团队建设中要做到"传、帮、带",把控好团队不同年龄梯队的价值作用,做到人尽其才。

团队建设要制定能够促进团队发展的"双师型"教师资格标准,强化师风师德建设,建立健全相关法律法规和团队管理制度。要定期对教师进行职业技能培训和考核,要求教师定期到企业参加技术实践活动。建设校企联合人才培养基地和实践基地,实现校企之间互聘互用,提高教师专业水准。在薪酬分配上,以工作业绩为主要标准,将技术专利、科研成果、知识和技术贡献等当作工资收益的重要指标。工作能力强、技术贡献高、绩效考核优的教师和企业职工要体现出收益优势,实现多劳多得、优绩优酬。

二、从保障条件入手，推进职业教育教师教学创新团队建设

"工欲善其事，必先利其器。"在进行职业创新教育教学过程中，要着重完善相应的保障条件，促进教师队伍建设，从而推动职业创新教育良性发展，最终达到"一石三鸟"的效果。

学校应秉持"以人为本"的发展理念，促进教师能力提升，关注教师的自我发展，重视教师研究能力和实践能力的提升；为教师提供提升信息化能力的平台，鼓励教师积极参与培训项目，努力提升探究能力、提升信息素养、转变教学理念，建设教师专业发展中心，通过教育部教师培训基地将成果辐射全国。

以"集约建设、开放共享"思想为依托，政府、银行、企业、学校共同出资，对校内外实训设施、公共实训基地、生产性实训设施进行现代化改造，汇集科技资源，打造高质量产教融合的实训基地，构建联合创新中心，加大人才培养、团队建设、技术服务等综合创新基地建设力度，促进人才技术能力创新发展。

挣脱传统管理思维的束缚，走开放、共享、自主发展的道路。在人才引进、经费分配、团队建设、科研创新等方面要坚持开放思想。建立学校、社会、政府多元结合的投入机制，为高校教学、科研团队建设和教育教学工作开展创造相对宽松的政策环境。

教师是教育教学的一线实践者和基层教学人员，在教师团队建设过程中往往面临不少外部制约因素，这就需要教育主管部门和高职院校积极采取措施，为教师团队专业建设提供有利的条件保障以及相应的制度、政策支持。具体而言，要为教学创新团队建设提供坚实的制度保障，而教学创新团队建设要秉持开放、共享、自治的理念，跳出传统基层教学组织形式的圈子，摆脱科层制管理的樊篱，做到创新、自主发展。教学创新团队在人才引进、人才培养、队伍建设、经费利用等方面要具有相对的自主权。要为产教融合机制提供有利的发展环境，同时教学创新团队建设应坚持多元主体广泛参与，实现学校与政府、企业、行业、社会等主体的广泛联盟，构建目标一致、资源共建、资源共享、利益共享的产教融合平台。这一平台将校企组织间合作变为平台组织内部合作，既促进了教学创新团队的发展，又能打造高素质人才培养新基地，为教师教学创新团队发展提供了坚实的平台保障，有益于提升教学创新团队的建设水平。

第五章　专业群教学创新团队建设

在高校教学管理部门和人事部门的努力下，以往"双师型"教师培养过程中凸显出来的结构失衡、激励性不足、动态性差等问题得以解决。目前，高职院校建立了"双师型"教师全链条工作机制，囊括了"双师型"教师资格认定、"双师型"教师的引进培训、"双师型"教师工作评价机制等；制定了包含团队组建、管理、奖惩、研修等的"双师型"教学团队系列管理制度；形成了教师团队成员选拔、培养、考核、晋升系统，并在此基础上进一步对教师团队结构进行整合和优化，为教师团队建设提供了健全的、实用的制度保障。

在优化"双师型"教师团队结构的过程中，高校以及相关负责人可以采用公开招聘、直接考察、精准引进等方式，引入和培育优秀"双师型"教师，优化团队结构。比如，长春职业技术学院直接引进长白山技能名师刘志毅、聘任中车长客股份公司的技能大师罗昭强、焊接机器人专家谢元立、长春市轨道交通集团的机电一体化技术专家李志强担任兼职专业带头人，并通过企业大师带项目进校建立工作室，开展高铁制造新技术应用项目研发、技艺传承、产品技术创新、实习实训资源开发等活动，提高团队专业技术技能水平和技术攻关能力。

在对教师的考核中既要重视结果，也要重视过程。高职院校应制订专任教师职业生涯发展规划和教师企业顶岗实践计划，实施教师轮训制度，要求教师每满三年都应到企业去参加轮训，提高工作技能。对"双师型"教师的评价，既要监控过程又要考核结果，构建多层级绩效考核指标，形成能进能出、可上可下的教师聘用机制，保障高水平、结构化团队建设成效，持续优化团队结构。

三、以校企合作融合为借力点，推动产教融合，促进教师创新能力提升

学校和相关企业要建立校企协作共同体，建设校企协同工作机制，实现校企之间资源共享，为教师高水平发展提供良好的生态环境，探索双师培育新方法。比如，高职院校可以和企业共同合作，建设校内生产性实训基地，并邀请相关企业入驻。在基地内可以依托企业的高级技术工匠建设技术与服务中心，鼓励教师积极承接企业的相关产品研发和技术改造工作，并在此基础之上进一步研究与创新。同时，还要广泛引领学生参与进来，共同进行知识探讨和科技研发。高职院校可以采取企业、行业、学校和其他社会团体联合育人的方式，

加强对教师的资格认定管理，定期对教师进行培训和考核，打造知识含量丰富、创新能力强、科技研发能力过硬的高级"双师型"教师，进而提高教学团队的协同创新能力，更好地服务于人才培养和社会文化工作。

在"双高计划"背景下，我国高职教育"双师型"教师教学创新团队建设也需秉持"提质"的思路行动。高职院校和企业要加强联系，持续深入地开展多领域、全方位、多层次的合作，持续深化产教融合，实现"双师共育"，有效地优化和整合校企双方现有的资源配置。校企深化产教融合的前提是双方具有共同的需求和共同的利益诉求，那就是塑造知识水平和实训技能相结合的优秀人才。高职院校要综合自身实际情况，以当地实际社会状况为基础，在政府的引领下实现校企双方的资源整合。探索"双师型"教师教学创新团队建设的新路径，建立健全校企联动机制和协同创新中心，实现校企之间的岗位连通，实现教育链和产业链的有机融合。同时，高职院校也应充分利用产教融合的优势，与企业共同商讨、研究教师企业实践方案，鼓励专业教师与兼职教师积极参与到企业科研、实训等实际工作当中，提高教师专业技能和创新能力。

加强学校与学校之间的交流沟通，联合建立同类院校合作机制，实现校际资源共享，合作协同探索人才培养新模式。积极推进产教融合，同时同类院校合作开发课程体系，实现智慧教学，构建院校联盟协作共同体，谋划产教融合新布局。

研究落实校企合作新的道路、方案技术以及政府的支持政策，加大校企合作力度，形成"战略共同体"；整合多方资源，搭设"技术转化"平台、"创投孵化"平台、"信息服务"平台，创新"创投孵化+技术咨询+信息服务"的成效转化方式，促成效益、成果共享，构建"利益共同体"；加大与龙头企业的合作力度，实行"双师共育"的现代学徒制、"双师共训"的创新创业能力培养机制、"双师共评"的学分互认和弹性学分制，实现"校企互通、合作共赢"，提高协同育人成效，共创"育人共同体"。

校企应探索人才培养新机制，推进现代学徒制改革，建立健全校企合作育人机制。学校和企业共同制定人才培养标准，共同建设符合学生实际需求的教学资源，完善校企人才流动机制，打造"双师型"教学团队，推行校企合作共育人才的新机制。

四、从整体和个体入手打造创新型师资队伍

1. 以机制和逻辑为理论导向，推动创新型教师队伍建设

（1）健全体制机制，回应需求建立资格认证标准。在"双高计划"背景下，高职院校需要健全"双师型"教师教学创新团队建设的机制。目前，我国还没有出台国家层面的"双师型"教师资格认定标准，这就导致高职院校缺乏严格的、行之有效的"双师型"教师资格标准制度，所以需要高职院校健全管理机制，努力为教师团队的建设提供良好的制度环境。根据"双高计划"，高校应建立一套行之有效的"双师型"教师资格认定标准，根据职业教育的现实需求，丰富和完善"双师型"教师的内涵，对教师的实践能力、教学能力、科研能力做出具体规定。另外，还要实现教师资格认定程序的制度化，对资格认证标准实行动态管理，要求相关教师定期参与培训和考核，打破教师资格一旦认定便永久有效的现状，监督教师不断提升自身职业技能，以更好地适应经济社会发展变化对教师提出的更高要求。教师资格动态管理制度是动态调整与动态监督的有机结合，促使教师根据时代发展要求不断提升自身技能。同时，还要制定相应的配套管理政策，将教师资格认定与学校的各项考核标准衔接起来，实现教师资格认定与学校教育教学创新团队建设工作的有机结合，保障高职院校有效统一的运行机制。

（2）基于职业逻辑，跨壁垒重构教学创新团队。首先，要对职业逻辑概念有清晰的认知。职业之所以能够成为职业，是因为职业本身对于工作任务、工作过程、工作技能、工作工具、工作场所、工作组织形式、工作方法等提出了特定的要求，而这些要求可以体现职业的独到之处。职业教育教师教学创新团队的构建和发展也必须遵循职业典型工作任务为主线的职业逻辑，彻底打破传统的侧重知识学习的学科逻辑，强调教育教学的实践性。

其次，在正确理解职业这一概念的基础上，采取多种措施构建教学创新团队，将教学团队的建设上升到"组织联盟"的战略高度。在建设创新团队的过程中，打破常规壁垒，实现校际、校企之间以及学校内部各领域之间的深度合作，构建校企命运共同体，构建人才培养体系，促进教师职业能力发展。

2. 多措并举，打造教学创新团队

（1）以尼克·海伊斯理论为立足点，进行教师团队建设。尼克·海伊斯对于团队构建问题进行了详细深入的研究，他认为角色界定、价值观、人际关

系、任务导向等都是团队构建的有效途径，他的这一观点对于高校建设教学创新团队的路径探索具有重要的启发作用。打造教学创新团队要遵循组织建设规律，实行多措并举，提高建设效率。第一，要坚持共同的价值引领，增强团队成员之间的向心力，激励团队成员团结协作，共同面对挑战，克服困难，这是团队长期稳定发展的重要精神纽带。第二，要坚持任务推动，明确团队的任务目标，以这一任务目标为主线，引导教师团队在教师专业发展、教师专业建设、人才培养方面广泛、深入地开展合作，打造优秀教学创新团队。第三，构建角色体系规范，明确团队带头人、骨干教师、专任教师、企业技术人员等教学创新团队不同角色的具体任务和工作职责，促使他们各司其职，各出其力。第四，促进人际关系的和谐。团队成员在团队中所扮演的角色和所承担的工作任务不同，这就要求不同成员之间加强交流和沟通，互帮互助，互相信任，确保各工作环节有机衔接，在平等、民主、和谐、团结的氛围中，提高团队的工作效率。

（2）开展专业培训，增强团队合力与创新能力。当前，我国各类高职院校普遍认识到了"双师型"教师在高校发展中的重大作用，将建设好"双师型"教师教学创新团队当作共同的教学追求。"双师型"教师教学创新团队要求团队成员之间资源共享、广泛合作，强调团队成员之间互相依存、不可分割的共生关系，在注重教师专业发展的基础上，强调团队的合作。

高职院校有义务为教师专业发展提供广阔的平台和有利的环境，在团队协作中提高教师团队的整体创新能力，提升教师科研水平，使教师在教学实践中发挥出强大的职业引领作用。此外，要建立促进教师专业能力发展和创新能力提升的长效机制，引导教师积极从事技术创新和技术研究工作，鼓励教师将科学技术引入实际教学层面。"双师型"教师教学创新团队的建设关系到我国职业教育改革，关系到我国技术人才的高质量培养，关系到我国在国际上的综合竞争力。因此，教育行政部门和职业院校都应积极参与进来，广泛发动社会资源，提升教师团队创新能力和专业技能，更好地服务于高素质人才培养工作。

（3）开展分层分类教师培养工程，打造高水平团队。对于教师培训工作的开展，要做到"因材施教"，根据教师所处的层次、岗位、职业经历和社会背景，有针对性、有差异地展开技能培训和强化工作。对于不同教师的类型划分，大致可以从横向和纵向两个角度入手。横向包括四个层面：团队负责人、骨干教师、青年教师、产业导师；纵向包括六个层面：教师专业发展能力、实践创新能力、信息技术应用能力、教学研究能力、社会服务能力、国际交流合作能力。在对教师分层分类的基础上，有针对性、有计划地按需培养，可以打造高水平教师团队。

首先，重点引进和培养专业带头人。高职院校应让相关专业的领军人才广泛参与技术项目研讨、专家指导咨询、行业标准制定等重要工作，在专业带头人的引领下打造行业权威，提升教师团队的专业能力。

其次，打造技艺精湛的骨干教师团队，提升骨干教师专业水平。高职院校要鼓励和引导骨干教师参与高新技术研发、技术难题攻克、国（省）培进修等专项项目，在不断学习和实践中提高综合能力和教育教学专业性。

再次，高职院校专门设立学校教师发展中心，为青年教师提供一系列相关的知识和技能培训活动，旨在提高教师的科研能力，促进教师专业发展。高职院校还鼓励教师积极参与合作企业的技术培训和科技研发工作，为青年教师提供技术交流论坛平台，培养和储备具有科技发展潜力的优秀人才，增强教师团队的活力和竞争力。

最后，实施兼职教师和产业导师建设工程。引进行业企业高精尖人才担任产业导师，引导学校专业人才培养工作；引导企业专家带项目驻校创建工作室，鼓励教师和学生广泛参与，学习经验，提高专业能力和技术水平；邀请企业技术专家到校担任兼职教师，专兼教师相互配合，取长补短，提升技术水平，实现专兼互补。

在教学资源建设过程中，多种技术力量、多种技术人员共同参与进来。企业生产的多种典型案例是由企业技术人员提供的；将经典案例转化为实用性教学资源是由高校教师完成的。高职院校应鼓励教师广泛参与教研课题研究，学习最新科学技术成果，提升科研能力。高职院校应该重视教师教育教学能力和科研能力的提升，采取相应的措施，制定相关政策，激发新老教师参与课题研究的积极性。在技术研发实践过程中，老教师要发挥引领作用，新老教师共同学习和实践最新专业技术成果，积极关注与教育教学和本专业相关的科学动态信息，及时做到专业知识积累和更新，提升综合素质和实践能力，将学习和研究成果转化为教学资源运用到实际教学活动当中。高职教师通过申请专利、撰写论文、撰写科研成果报告等，可总结和提炼教研成果，促进自身科研能力和教学能力的发展。

高职院校可以积极承接小微企业技术设备改造升级工作、相关企业生产设备维护与保养工作、社区家用设备维修工作以及高校智能控制设备的安装设计工作。通过提供服务，高职院校可为合作者节省一大笔技术维护保养开支，又能服务社区群众，提高高校的社会赞誉度，提高教师和学生的技术实战水平，形成团队建设示范效应。

3.打造"双师型"教师创新团队的实施策略

（1）制定团队教师资格认证标准。按照区域产业转型升级的高端化、智能化、特色化、集群化、融合化和国际化方向，依托战略性新兴产业、先进制造业和现代服务业为主体的产业结构，构建一套科学规范、特色鲜明、制度完善、内容翔实的"双师型"教师资格认证标准是提升一流"双师型"教师队伍建设水平的核心。结合不同区域产业经济发展的实际情况与各高职院校的实际建设情况，学校可设置分级、分层、分类的"双师型"教师资格认定标准。

根据层级划分，"双师型"教师可以分为初级、中级和高级三种类型。从时间上来看，刚任职的新教师大多为初级"双师型"教师，由于工作经验不足，一般都需要经过两三年的职业历练，才能相对熟练地处理教育教学中存在的问题，所以中级"双师型"教师资格认定需要在初级"双师型"教师资格认定满三年后申请。认定为中级"双师型"教师后，需要经过五年的工作历练，具备相当丰富的教育教学理论，并参与丰富的科研、教育活动后，才满足申请高级"双师型"教师资格的条件。

从内容上来看，"双师型"认定要考虑不同层级标准之间的密切联系，把握不同标准之间的连贯性和深入性。比如，为了促使广大优秀教师积极投身职业教育，初级"双师型"教师资格认定相对宽松，只需达到教师资格标准，并符合行业企业标准即可；中级"双师型"教师资格认定在此基础上增加了一些赋值条件，需要教师具备相关的教学经验、企业实践经验、技能大赛奖项等；高级"双师型"教师是"双师型"教师的最高级别，其资格认定标准要求更高，申请者需要具备丰富的知识储备、极强的科研能力、丰富的实战经验等，需要通过自身的奋力追求才能达到标准。

（2）对接产业转型升级需求，培养新时代"四有"好老师。区域产业转型升级需要打造一支德才兼备的一流"双师型"教师教学创新团队，因此必须坚持"四有"标准，构建教育、宣传、考核、监督、奖惩相结合的师德师风建设长效机制。对于教育行政管理部门来说：第一，制定一套师德师风建设政策文件，把政治标准和师德师风放在首位，引导教师以德立身、以德立学、以德施教、以德育德，培养新时代"四有"好老师；第二，充分发挥教育行政的监管作用，对师德师风建设进行动态性监控与评价。对于高职院校来说，第一，定期组织开展师德建设主题教育月活动，定期举办师德师风讲座、师德师风主题演讲比赛、师德师风建设高端论坛等活动，提高教师的思想政治素质和职业道德水平；第二，健全师德考核制度，将师德建设融入"双师型"教师聘用、考核、培养的全过程，并将师德表现当作教师招聘录用、资格认定、考核评价、职称评聘、评优评先的首要内容。同时，推行师德考核负面清单制度，建立健全教师个人师德档案，严格执行师德表现一票否决制度，全面提升教师师德水平。

（3）对接职业教育发展需求，多路径提升教师能力。高职院校可实施研修访学计划，提升教师的教学设计和课程标准开发能力，加强与德国等"汽车强国"的交流合作，依托中德和中澳教育等留学生教育培训合作项目，以及政府组织海外合作培训项目，定期组织教师出国（境）研修培训，开展模块化课程开发能力培训工作。

学校应积极推进"课堂革命"，不断提升团队教学素养和信息技术应用能力；强化专业教学法、信息技术培训，持续提升教育教学质量；积极组织校际联合公开课、校内外师资培训、教学能力竞赛、教法改革研讨会等活动，大幅提升"双师型"教师队伍素质，促进教师成长为"名师"。

学校应积极发挥校企合作平台的作用，选择重点企业构建教师实践工作站，鼓励教师深入一线作业，学习先进技术，提高实际操作能力，并在此基础上进行科技研发与创新，鼓励教师积极上岗，在企业内争取获得"技师"等级证，使教师成为"技师"。

学校应鼓励教师积极参与科研创新活动，通过推广加快技术的改进与创新，提高教师创新能力和专业技能，把团队教师打造成研发工程师。

（4）立体协同，保障团队建设。地方政府、行业企业、知名院校共同形成立体化的团队建设支撑保障结构，助力打造"双师型"教师教学创新团队。

对于政府来说，第一，从政策上加强宏观引导，鼓励职业技术师范院校与行业企业进行深度的产教融合，借鉴国外先进的职教理念，实施校企"双元制"培养模式。加强职业技术师范院校建设，培养具备"双师型"教学能力的职教师资，精准地为高职院校提供"双师型"教师。第二，制定关于深化高职院校"双师型"教师职业能力提升行动计划的实施意见、师资培养实施办法等政策性文件，建设一批一流"双师型"教师培训基地，出台一套教师赴企业挂职锻炼指导方案，把教师企业实践、社会服务的实绩与教育教学、科研项目等一起当作职称评审指标。第三，建立培训经费保障机制。设立一流"双师型"教师培养专项经费，并制定专项经费的实施规划与具体实施细则。

对于高职院校来说，第一，与企业建立深度稳定的双向交流互动机制。在企业建立"双师型"教师培训基地，打造教师发展全周期培训体系，实施青年教师学历与职称提升计划，重点选拔和资助一批专业青年教师到基地顶岗培训，完善青年教师"校企双师傅"指导机制，落实教师5年一周期的全员轮训制度，使教师能够真正融入企业的生产过程，了解行业前沿知识与专业新技术、新技能，提高岗位实践能力和实践教学能力。第二，与国内知名大学或者职业技能培训中心建立长效的教育教学能力培训基地，分批次培训青年教师、骨干教师、兼职教师，提升"双师型"教师团队的教学能力与管理水平，培养校级、省级、国家级名师梯队。第三，多方筹措资金，实施"走出去"与"引进来"相结合的骨干教师国外访学研修计划。每年有计划地选派一定数量的专业带头人、中青年骨干教师或优秀管理工作者赴境外进行为期3周以上的国际（境外）学习培训或交流，建立海外专业培训基地来培养教师的国际化视野，以此提升一流"双师型"教师的国际化水平。企业给教师提供挂职实践的岗位与平台，让教师参与企业的技术研发，教师承担企业课题；给每位挂职或参与企业实践的教师配备一名企业导师，通过"传、帮、带"等方式，让教师掌握产业转型升级下的新工艺、新方法与新技术，全面提升一流"双师型"教师的科技服务能力。同时，企业与高职院校共同制定一套企业培训考核体系，定期对受训教师进行考核，以此提升教师专业实践能力，增强教师服务产业转型升级的能力。

（5）实施"引智"计划，持续优化团队结构。以"学者、名师"为引领，实施一流"双师型"教师多元并举引进模式。

第一，高职院校制定一套人才引进、兼职教师聘任、教师培养培训、大师（名师）工作室建设等方面的规章制度，实施产业背景专业教师引进计划，明确引进的专业教师必须从企业技术骨干或中层及以上管理人员中招聘，且此类应聘人员必须具有三年及以上的企业工作经历，对特殊高技能人才可适当放宽学历要求。

第二，实施产业教授选聘计划。根据高职院校的专业发展需求，对相关产业进行深入广泛的市场调研，有针对性地聘请科研能力卓越、工作经验丰富的企业专家进驻学校担任产业教授，作为高层级的专业带头人，引导骨干教师广泛参与科研工作，形成专业教师与产业教授相结合的"双师型"教师梯队。

第三，实施企业兼职教师库管理计划。企业推荐优秀工程师、技术技能大师、企业专家到学校兼职，设立技师工作站，建立大师工作室，担任"实训教授""课程教授"，指导和开展教师培训、人才培养和技术创新活动。校企双方建立深度合作的产教融合机制，学校大力引进行业企业的高级技术技能专家、能工巧匠和非物质文化遗产传承人担任兼职教师。

第四，积极引进专业群建设带头人，诚心邀请科技研发能力突出、团队协调组织能力优越、团队组织管理能力卓越、相关学科赞誉度高的专业群建设带头人。

第五，柔性化引进并储备高科技人才，如领军人才、海外高层次人才、国家杰出人才、院士等。高校应根据需求设置院士工作站以及专家顾问、讲座教授等重要岗位，建立健全各类人才选拔和认定标准，实施政、行、企、校协同的高端人才资源共享机制，聘请国际知名专家担任国际化办学顾问。

第四节 "汽车运用与维修"国家级职业教育教师教学创新团队建设

一、校企学研协同，优化创新团队结构

高职院校按照模块课程教学要求，结合教师自身在工程实践、科研创新和技能培训等方面的优势，吸纳企业技术专家、技能大师，组建校内外专兼结合的结构化教师教学创新团队，系统设计团队的职责分工，相互协同，保障模块化教学高效实施，为技术技能人才培养提供有力支撑。

（一）团队教师"双师"化

高职院校应建立教师每五年在企业实践半年的全员轮训制度，使教师到生产一线掌握行业标准、前沿技术，强化职业规范；提升教师职业精神、工匠精神和创新精神，提升教师专业建设、课程开发、模块化课程教学能力，促进教师的新技术应用和新产品研发能力全面提升，为国家级职业教育教师教学创新团队的建设奠定良好的基础。

(二)师资来源结构化

1.建立校企双向流动"双积分"制度

校企应共同制定互通互认教师和技术岗位任职资格标准,实施校企双向流动"双积分"制度。专业群教师和企业兼职教师在校企互通过程中取得的成果涉及工艺革新、效率提升、流程改进、管理改善、成本降低、安全管理、环境保护、技能比武、申请专利、指导学徒等各个方面,均认定相应积分,且积分在各自单位可作为绩效得到认定。

2.实现校企混编的"钻石"结构

"钻石"结构的校企混编师资团队第一层为专业群领军人才和企业首席技术专家,第二层为专业带头人和企业项目技术主管,第三层为教学名师与企业能工巧匠,第四层为骨干教师和企业车间主管,第五层为青年教师和企业技术骨干。它可以建立"校企双带头人""一企一师不断线"和"一课一兼职"的制度保障(图5-1)。

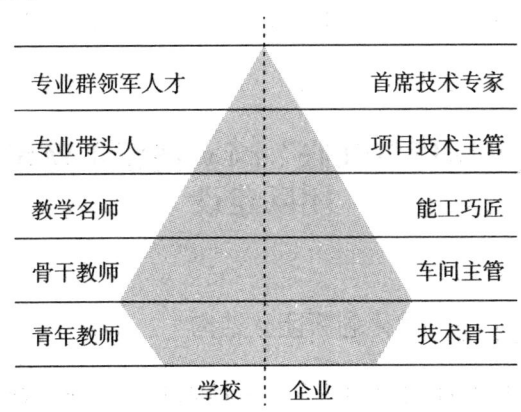

图5-1 汽车专业群"钻石"结构的校企混编师资团队

(三)教师专长结构化

学校搭建专长结构合理的师资团队,建立包括思政课教师、创新创业课教师、企业兼职教师和专业课教师的师资团队。思政课教师与创新创业课教师为全模块的课程改革提供支持,专业课教师和企业兼职教师为专业模块和自选模块课程提供支撑,并且随着群共享模块到自选模块的过渡,专业课教师的支持力度越来越小,企业兼职教师的支持力度越来越大。不同专长教师对课程模块的支撑如图5-2所示。

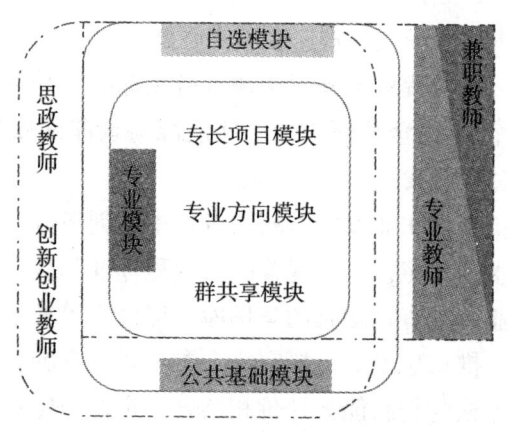

图 5-2 不同专长教师对课程模块的支撑

学校据不同模块的教学需要，引培不同专长的教师。从比亚迪、长城汽车、北京理工大学引进新能源和智能网联汽车行业领军人才 1~2 名，培育具备国际化视野、深厚汽车产业知识的专业群领军人才 1 名，带动汽车专业群建设，把握专业群发展方向。引培新能源汽车技术和汽车智能技术两个专业的专业带头人和专业带头人培养对象 4 人，提升两个专业的专业建设、科研与服务水平。引培 10~20 名教学名师、能工巧匠、技术能手，领衔打造汽车诊断、车身修复等 5 个大师工作室，打造汽车产业工匠培养摇篮。引进 4 名科研创新专家，领衔打造汽车智能网联技术、特种车辆改装技术等 3 个技术创新工作室和未来汽车创意等两个方向的创客空间。引进 30~50 名企业技术骨干，指导学生实习实训。

（四）任务分工结构化

根据人才培养目标需求，创新团队应包含思政教育教师、创新创业教师、企业兼职教师和专业领域教师，他们在团队中充分发挥专长、充分协同，共同促进学生能力和素养双重提升。

思政教育教师：携手企业导师、各专业领域教师，共同开发涵盖汽车文化、职业素养、大国工匠、毕业生案例等多元内容的立体化课程思政手册，将爱国教育、励志教育、文化教育融入专业课程，强化学生的服务意识、规范意识、安全意识、大局意识，建设全覆盖的专业课程思政教育优质资源。

创新创业教师：在分流、分类过程中，针对不同类别、不同层次学生的职业生涯进行规划，带领企业导师、各专业领域教师，共同开发专创融合课程标准，在理论教学环节突出创新思想、创新理念，在实践教学环节突出创新思维、创新方法，注重培养学生的理论联系实际能力。

企业兼职教师：在课程资源开发中融入行业标准、企业标准、职业技能标准等产业需求元素，在教学过程中导入新能源与智能网联汽车新技术、新工艺、新方法等生产过程元素。

专业领域教师：提取职业技能、教育过程中的创新方法、创业意识及立德树人元素，将新技术、新工艺、新规范融入课程标准和教学内容，建设课程思政、创新创业与专业课程有机融合的案例库、课件库等教学素材，将团队科研成果融入教学内容，推行启发式、探究式、参与式、头脑风暴式等多种教学方式，采用专业知识考核与创新能力评价相结合、定性与定量相结合、形成性评价与终结性评价相结合的多元化考核方式。

二、构建师资育训体系，全面提升教师能力

高职院校以当代职业教育思想为指导，科学划分教师能力层级和成长阶段，建立专业带头人、名师名匠、骨干教师、青年教师4类教师，在职前、入职和在职3个阶段，提升教学和科研2种能力的"432"育训体系。根据能力层级，针对不同发展阶段的教师设定培养目标，制订培养计划，开设相对应的成长坊，确定各阶段的评价方式，使职前培养后教师必须取得任职资格，获取高校教师资格证；入职培训教师必须达到入职培训标准；在职的各种培训必须取得相应的证书，系统化培养高水平师资队伍（表5-1）。

表5-1 培养不同类别师资能力

师资类别	培养方式	培养能力		
		面向教研室	面向工作室	面向企业
专业带头人	院校交流 国际交流	指导专业建设，教学改革	指导科研项目，提高科研领导能力	实践调研，找准专业发展方向
名师名匠	个性发展 重点突破 精益求精	创新教学模式 教改先锋	汽车技能能手 汽车技术带头人	项目合作，新技术、新工艺应用与发展
骨干教师	做中学 学中做	独立设计实施专业课程	申报科研项目，组建科研团队实施完成	技能训练，项目实践，实践课程建设
青年教师	新老教师 师徒结对	互评互比听课制，提高教学能力	辅助完成科研项目，找准自己科研方向	获得实践经验，提高实践教学能力

第五章 专业群教学创新团队建设

实施新能源汽车"三横三纵"师资提升计划，聚焦新能源汽车"三横（电池、电机、电控）、三纵（燃料电池、混合动力、纯电动）"关键技术，提升教师新能源专业水平。实施智能网联汽车师资提升计划，聚焦环境感知、智能决策、底层控制关键技术和辅助驾驶、自动驾驶、车路协同技术，培养"新四化"汽车师资。

强化青年教师的培养，调动青年教师教学教研的积极性，推进信息化建设，构建高效课堂，不断提高青年教师综合能力。

为各发展阶段教师设定培养目标，制订培养计划，规划模块化教师能力提升路径，有计划地组织各层级教师通过师德师风、教育科学、信息技术、企业实践、项目研发、课程建设、技能大赛等模块的专题培养活动，校企联合出台激励制度，激发内驱力，促进教师教科研能力提升。最终，建成一支技术技能全面又各具专长的专家型"双师"团队，有助于在教学管理中采用灵活的矩阵结构支撑项目化教学，保障职业院校高层次技术技能人才培养质量的提升。

三、校际联合，打造创新团队共同体

（一）创新团队共同体内涵

教师教学创新团队建设是促进职业教育师资水平提升的重大举措，也是"双高计划"建设的重要组成部分，更是提升职业教育教师能力应对未来经济社会变革的重要策略。

职业教育教师教学创新团队是以专业群建设为载体，由专业技能强、知识水平高的团队带头人负责，由具有相同价值观、团结协作的教师组成的结构化、能力强的教师团队。职业教育教师教学创新团队应该是目标共识、结构多元，能够通过团队内外知识传递，引领职业院校教学改革，提升人才培养质量的优质团队。

1. 目标共识：团队的使命与愿景

具有共同的目标是一个团队的必备条件。职业教育教师教学创新团队的目标在于基于同一专业基础，共同推动高素质职业技能人才培养质量提升，促进职业教育教学模式改革探索与实践创新，增强高职院校综合竞争力，形成专业群改革和发展的内生动力。随着我国产业结构的变化，高素质复合型技术技能人才需求缺口不断扩大，要求教学创新团队根据专业群的性质和要求，制定直

接对接岗位的系统化创新型人才培养方案；探索出与我国职业教育发展现状相适应的中国特色的职业教育教学模式；在教学改革与实践过程中，团队成员本身要不断提升自身的理论知识、专业技能与教学水平，在保障人才培养质量提升的同时获得良好的职业发展；为保证团队的良好运行，应建立科学的管理机制和绩效考核办法，并在实践中不断完善和优化，保证团队的可持续发展。

2.结构多元：成员的选择与角色

为满足专业群的教学需求，同时促进创新团队持续发展，团队成员应具备合理的年龄结构、职称结构和知识技能结构；为适应产业的不断发展，团队成员中应具有相当数量的"双师"素质成员以保障人才培养质量的提升；为实现校企深度融合对接，团队中必须有来自企业一线的技术技能人才；为准确把握行业发展最新态势，掌握行业先进技术，团队中还应有一定数量的行业专家。贝尔宾团队角色理论认为，团队工作的效率取决于团队成员的协作能力。在教师教学创新团队中，各成员在团队中承担适合自身特征的角色。其中，团队带头人负责督促和协调团队工作；教授和行业专家可以起到引领和决策的作用；骨干教师和企业技师可成为团队的中坚力量和任务的主要执行者；青年教师则保持团队成长的活力，并不断提供创造力。结构化团队合理的角色分配，可以有效地提升团队和个人工作绩效。

3.知识传递：群体的成长与发展

教育部等六个部门印发的《关于加强新时代高校教师队伍建设改革的指导意见》指出，要"健全高校教师发展制度"，以满足职教改革背景下职业院校对教育工作者的素质要求。职业院校教师个人素质与能力的发展提升需要大量的理论学习、技能锻炼及一线教学工作的积累，同时教学理念和教学方法的验证也需要完整的教学周期，所以教师个人能力提升是一个长期而复杂的过程。团队的建设可以成为非常有效的知识创新途径。通过团队协作，每个团队成员的经验和智慧被充分发掘，进而通过团队共同愿景和运行机制来触发"知识螺旋"，创造出新的概念、思路、方法和模式，不断为团队发展带来新的契机。在这个过程中，成员之间的知识共享也有助于个人专业技能的提升，而基于团队组织的知识重构与创新，可帮助团队和个人形成持久的竞争优势，促进教师能力不断提升。

4.成果产出：实践的积累与创新

教师教学创新团队建设的最终成果，一方面体现为教师的成长和能力水平的提升。教师教学创新团队建设可为教师成长开拓通道，助力教师职业发展；形成科学的管理制度，凝聚优化团队成员组合能力，促进团队的良性竞争；形成共同的价值理念，提升团队的工作效率。另一方面体现为实践创新成果的产出，特别是对"三教"改革具有重要推动作用。教师教学创新团队是践行"三教"改革的主体，通过校企、校际协同工作，主动追踪行业前沿，及时更新课程标准和教学内容，构建对接职业标准的课程体系；在教学过程中融入"1+X"职业技能标准，促进"1+X"证书与学历证书互通；融合企业优质资源，系统开发模块课程，以课程为依托，建设优质立体化课程资源。

（二）汽车运用与维修专业领域创新团队共同体建设意义

为了深入学习贯彻习近平新时代中国特色社会主义思想和党的十九大精神，全面贯彻落实全国教育大会精神，按照《国家职业教育改革实施方案》工作部署，根据《创新团队建设方案》及国家大力发展汽车产业，特别是新能源汽车产业的战略方针，汽车运用与维修（含新能源汽车）专业领域创新团队共同体（以下简称"汽车运用与维修创新团队共同体"）应运而生。

汽车运用与维修创新团队共同体是由汽车运用与维修（含新能源汽车）专业领域创新团队培训基地、立项建设单位及相关院校、企业等自愿组成的产教联合共同体。共同体坚持"资源共享、包容互信、优势互补、协同合作"的原则，探索新时代高等职业院校汽车运用与维修（含新能源汽车）专业领域创新团队教师教育教学改革创新与实践，进而推动职业院校教师培养机制、人才培养方案、课程、教学质量评价等方面的综合改革，实现高等职业教育高质量发展的目标，以更好地对接汽车（含新能源汽车）产业，服务高职学生、国内外汽车（含新能源汽车）行业学习者终身学习，而这通常以校际合作为基础，以校企合作为依托，以提高人才培养质量为核心。汽车运用与维修创新团队共同体充分发挥行业协会、职业院校、企事业单位各自的优势，促进职教资源优化配置，推动职业教育专业教学改革，扩展教与学的手段与范围，带动教育理念、教学方法和学习方式变革。

汽车运用与维修创新团队共同体成员之间借鉴创新理论、人际关系理论以及企业创新、科技创新等相关成果，构建起能够指导高职院校教师教学团队建设的相关理论。教学团队深化教育教学改革实践，分析"双师型"教师、骨干教师、教学名师、兼职教师在团队建设中的作用及其成长轨迹，进一步充实职业院校教师专业发展理论，丰富高职院校教育教学理论；完成指导职业院校开展"三教"改革、形成世界水准、获取中国特色高职院校汽车运用与维修（含新能源汽车）专业整体教改标志性成果以及提供国家级高水平职业院校教师教学创新团队建设指导方案的终极任务。

共同体协同工作有助于加强行业、企业、学校之间的全方位合作，以先进的教育思想与理念为指导，以培养高素质、创新型技术技能人才为目标，以专业建设为抓手，以专兼结合的教师为梯队，利用较强的创新能力、优良的协作精神，按照《国家职业教育改革实施方案》等职业教育改革要求和产业人才需求，深化教育教学改革，形成一套体现职业教育类型特色、服务专业建设的教改成果，包括深化人才培养方案改革、加强专业群建设、完善人才培养体系、深化课程改革，建设新式教材、加强标准化建设、完善教学资源、构建国内一流的教师教学创新团队，提高教学质量，为汽车运用与维修（含新能源汽车）行业的发展培养高素质、能力强的应用型人才。

（三）共同体工作重点

（1）建立协作共同体，完善校企、校际协同工作机制，促进团队建设的整体水平不断提升。推进专业设置与产业需求对接、课程内容与职业标准对接、教学过程与生产过程对接。增强立项院校之间的人员交流、研究合作、资源共享，在团队建设、人才培养、教学改革、职业技能等级证书培训考核等方面协同创新。推动院校与企业成为命运共同体，共建高水平教师发展中心或实习实训基地，在人员互聘、教师培训、技术创新、资源开发等方面开展全面深度合作，促进"双元"育人，切实提高复合型技术技能人才培养质量。

（2）协同完成可推广、可复制的最优化团队建设方案。制定出国内一流、对标国际的团队建设方案，建立健全团队管理制度，落实团队工作责任制。组建校企合作、专兼结合的"双师型"团队，不断优化团队人员配备结构。提升教师模块化教学设计实施能力、课程标准开发能力、教学评价能力、团队协作能力和信息技术应用能力。促进关键技能改进与创新，提升教师实习实训指导能力和技术技能积累创新能力。

（3）协作构建对接职业标准的课程体系。服务"1"与"X"的有机衔接，校企共同研究制定人才培养方案，按照职业岗位（群）的能力要求，制定完善课程标准，基于职业工作过程重构课程体系，及时将新技术、新工艺、新规范纳入课程标准和教学内容，将职业技能等级标准等有关内容融入专业课程教学，促进职业技能等级证书与学历证书相互融通。研究制定专业能力模块化课程设置方案，积极引入行业企业优质课程，建设智能化教学支持环境下的课程资源，每个专业按照若干核心模块单元开发专业教学资源。组织团队教师集体备课、协同教研，规范教案编写，严格教学秩序，做好课程总体设计和教学组织实施工作，推动课堂教学革命。

（4）以学生为中心，健全德技并修、工学结合的育人模式，构建"思政课程"与"课程思政"大格局，全面推进"三全育人"，实现思想政治教育与技术技能培养融合统一。开展国家级团队教学改革课题研究，创新模块化教学模式，打破学科教学的传统模式，探索"行动导向"教学、项目式教学、情景式教学、工作过程导向教学等新教法，支持每位教师形成特色教学风格。明确团队教师职责分工，每位教师要全面参与人才培养方案制（修）定、课程标准开发、教学流程重构、课程结构再造、学习管理与评价等专业建设全过程，教师分工协作进行模块化教学，不断提升教学质量。推动人工智能、大数据、虚拟现实等新技术在教育教学中的应用，有效进行教学过程监测、学情分析、学业水平诊断和学习资源供给，推进信息技术与教育教学融合创新。

打造满足职业教育教学和培训实际需要的高水平、结构化的国家级团队，而基于高水平学校领衔、高层次团队示范，教师按照国家职业标准和教学标准开展教学、培训和评价的能力全面提升，教师分工协作进行模块化教学的模式全面实施，辐射带动全国职业院校加强高素质"双师型"教师队伍建设，为全面提高复合型技术技能人才培养质量提供强有力的师资支撑。

第六章 职业教育实训基地建设

使产教融合提升至国家教育改革和人才资源开发水平的是2017年12月由国务院办公厅印发的《关于深化产教融合的若干意见》中的基本制度部署,次年2月《职业学校校企合作促进办法》又由教育部等六个部门联合发布,意在为促进校企合作、产教融合的共同育人机制指明方向。2019年1月,高职教育随着国务院印发《国家职业教育改革实施方案》正式跨进高品质的发展机遇期。首先,这一文件提出,截止到2022年职业院校教学水平要达到基本要求,大量普通本科高等学校朝着应用型院校进行改革,扶持50所高水平的高等职业院校以及150个骨干专业(群);其次,加强政策的影响力度,融合各方力量积极主动创新职业教育改革,带领各级政府、企业以及职业院校创办一批高水平的职业教育实训基地。共享资源、实践教学、社会培训、真正的企业生产以及社会技术服务,是高水平职业教育实训基地用来造福地方经济发展和培养高素质技术人才的基础。面对当下的机遇与挑战,高水平高等职业学校(以下简称"'双高'院校")的首要支柱便是建立高水平职业教育实训基地。因此,高职院校要对高水平职业教育实训基地采取合理的管控方式,尤其是管理实训基地资产,使资产效益最大化,进而使其在推进"双高"院校建设工作中成为坚强后盾。

第一节 校内生产性实训基地概述

一、校内生产性实训基地的内涵及基本特征

高职院校和行业企业间产教融合的基础是互利互惠、实现共赢,即双方根

据自身资源优势实现校企合作，创建以教学、生产、技能锻炼、职业素养提升、技术创新及服务社会一条龙，并直接与行业企业生产发展衔接的校内生产性实训基地。

校内生产性实训基地在产教融合的基础上有四个明显的特征：一是具有社会性。从前的校企合作只是建设功能单一的实训场地，而现在以产教融合为基础的校内生产性实训基地，在教授过程和生产性活动中都采用社会化标准，重点培养受教者的社会性技术技能。二是具有实践性。以前的实训内容以模拟技能训练为主，而现在以产教融合为基础的校内生产性实训基地在给受教者提供了真正的工作任务和环境的同时，既保证了高职院校教学活动的意义，又不影响企业生产经营活动的进行。三是具有对接性。产教融合的现实意义是在岗位工作和职业标准中实现有效的校企对接。与以前顶岗实训方式不同的是校内生产性实训基地在产业实训活动中融合了学校与企业的合作规划，在教学任务中引进了产业的前沿科技、理念、文化以及产业力量，在授业育人的过程中全面培养符合企业行业发展要求的专业型人才。四是具有全程性。传统实训任务是单一定向培养员工。而今，规划专业内容、规范课程任务、制定职业标准、满足岗位要求、符合生产运营标准等都深度包含在以产教融合为基础的校内生产性实训基地学习过程中，校企双方优势互补，通过商酌人才培养方案，共同打造就业孵化与企业生产实践相结合的适合市场人才需求的多功能实训基地。

二、校内生产性实训基地建设的意义

高水平实训基地建设对发展新时期职业教育具有重大影响。

（一）高水平专业化实训基地是职业教育现代化的重要体现

根据国家对职业教育体系的建设规划，职业教育要顺应发展要求、产教融合要求，形成中国特色的、体现世界水平的现代职业教育体制，最终实现现代化教育。规划对职业教育提出了新的要求和希望，即为了实现中国现代化职业教育的目标，在10年内要建立具有高水平教育体系的职业教育。职业教育系统中各方面的完善、进步与改革都和建设职业教育体系有着紧密的联系。实训基地不仅是构成职业教育体系的关键，也是职业教育现代化总任务得以完成的主要保证。

《国家职业教育改革实施方案》于2019年1月颁发并明确提出，需在2022年年底前建设成功300座高水准专业化的产教融合实训基地。目标任务的确立，更加体现出实训基地在实现职业教育现代化的活动中起着至关重要的作用。实训基地不仅在职业学校的教育过程中起着重要的延伸作用，还承载着职业学校的教学、管理、科研、就业等工作任务。在学校接受完相应教育的学生，可以通过实训基地亲身参加与专业相符的实训实践活动，而且其他社会组织和企业也参与其中，进一步丰富了实训基地的教学资源，有力地满足了教学理论与生产实践相结合的社会要求。目前，产教融合的深入发展使具备高水准、高效率、超专业的实训基地逐渐培养出与社会、市场、企业相匹配的技术人才，也为职业教育现代化建设的完成提供了强有力的保障。

（二）加强实训基地建设是进一步完善职业院校人才培养体系的重要举措

《国家职业教育改革实施方案》的基本要点是，截至2022年所建设的中国职业教育标准体系不仅要具备先进的国际水平，还要涵盖大多数的行业领域，指标体系中的首要内容是建设实训基地。由此可得出：新时代高水平的职业教育发展改革任务和重要内容是建设实训基地。在中国特色社会主义新时代，高水平运作支持职业院校发展和推动职业教育的根本力量是职业院校的人才培养体系。组成人才培养体系的内容比较繁杂，其中基础硬件设施不可或缺。笔者特意调查了天津职业大学等多所很有说服力的职业院校，这些院校所配备的基础设施所需的资金都占全校总开销的半数以上，并且它们的合作公司在本地都极具代表性和影响力。因此，实训基地的"扎实"性不仅是校企双方合作的根本，还影响着学生在接受学习时对技术应用、实际操作、顶岗实习的真正掌握。实训基地的设立可使学习者真正学会就业技能，成为优秀的技术人才，做到毕业即就业，同时造福当地的经济发展，为当地的城市化创建做出突出贡献。由此说来，从职业院校的角度出发，校企双赢终极目标的实现都基于实训基地建设，所以我们应该科学指导实训基地创建活动，确保实训基地作用顺利发挥。

（三）高水平实训基地有利于进一步整合校企资源，促进校企合作深度发展

国家强力支持校企合作和产教融合，职业院校和企业行业之间也因实训基地建设产生紧密的联系。校企合作设立的实训基地不仅具有重大的现实意义，还是培育职业人才的首要力量之一。在校企合作中，企业开设实训基地的原因

和培训内容的设定充分体现了企业是用来培养一线职工、班组长的专业性培训系统。企业在实训基地建立模拟训练场地，并展示企业发展史、技术革新史、创新管理理念、建设生态文明理念等培训知识，促使企业职工增强工作技能、丰富业务知识、提高思想水平。因此，校企合作设立实训基地为企业资源利用和人才培养方法指出了新的方向。实训基地的建设可以解决职业院校教学实践不足的问题，提升学生的一线技能，丰富学生的一线工作经验，并指导职业院校培养符合企业所需的技术技能人才。而且，职业院校与企业之间通过建设实训基地实现"双赢"。企业开展的实验项目要求职业学校的授课教师、科技骨干专家掌握前沿科技理论。他们带领出的实训学生队伍，不仅能在企业的发展中展现严谨治学、勤奋努力、刻苦钻研的正能量氛围，还能带动企业职工不断学习、追求进步的积极性。最终，校企双方资源互惠，互利共赢。

校内生产性实训基地不仅体现出了校企深入合作的重要性，还有益于双方制定培养人才的标准，强强联合培养出高质量人才，实现互惠双赢。

在以产教融合为基础的校内生产性实训基地建设中，产业行业在拟定职业标准、人才培养规范及方法上掌握话语权，这也是促进高职院校和产业行业进行融合的内在动力。同时，高职院校的实践教学课程在实训基地的帮助下更具针对性，使学生在真正的工作环境和生产氛围中提升自身技能、熟知企业运营和管理模式，大大缩短上岗适应期，提高就业竞争力。

在当前职业教育发展中，高职院校师资力量对学生培养活动有着重大的影响，但并不具备与行业企业项目对接的能力。大部分教师由于不了解行业企业的背景且缺乏相关的工作经验，导致学生所掌握的知识和技能无法直接对接企业行业中的工作岗位。因此，高职院校在人才培养方面不仅应当对行业企业采取调研的方式，还应通过"借脑"的方式邀请企业技术人才加入教学实践活动，并积极采纳和尊重行业专家提出的意见，在专家的主导作用下进行人才培养。

高职院校与企业的共赢发展和共赢合作机制是使产教融合具有长期性的根本保障。企业在产教融合的促使下积极参加校内生产性实训基地建设，可以收获更多的创新型技术人才，也可在一定程度上助力院校的教学水平和人才培养质量的提升。人才培养的过程是多方协作的过程，政府、学校及企业间承担着很多相似的社会责任，因此形成互惠多赢的局面不仅需要合作方给予软硬件的资源，还需参与方相互配合、支持、学习、优势互补，最终实现利益共享。企业深度参与校内生产性实训基地建设，提供真实有效的工作环境，使学生职业能力强化提升，不仅能实现校企共同育人的目标，还能满足企业对高素质人才的稳定需求，从而在真正意义上实现校方、行业企业、学生三方共赢。

（四）高水平实训基地是职业院校开展"X"培训的有力保障

1. 实训基地是职业院校进行实践教学、培养技能型人才的主要场所

对于实训基地而言，教学、培训和鉴定属于基本功能，生产、科研和技术服务则属于扩展功能，而实训平台、工程训练中心等的功能基本与之相似。在建立和运转的过程中，实训基地与社会、行业企业和政府之间存在的联系也正好与"1+X"的证书制度相符合，因此它在"1+X"证书制度的实行过程中起到至关重要的作用。

2. 实训基地是"1"与"X"的连接桥梁

承载单一教学的专业（群）或者具有多样综合性能力的实训课程教学，是实训基地的首要功能，实训基地的建设可满足"X"和"1"所需，也是"X"证书和学历证书无缝衔接的桥梁。在"1+X"证书机制落实过程中，对多项综合技术实训课程或单一实训课程进行内部重新构建和外部深入拓展，是以"X"为标准的学历证书所要求的。在校企合作与产教融合的推动下，实训基地在实训项目课程中将满足"X"证书新规范、新技术、新要求、新工艺等的标准并及时进行融合，以保证实时革新"X"的培训内容；基于专业（群）是学历证书人才培养的重要内容，因此革新项目实训内容在全局中并不能对学历证书人才培养体系的稳固性产生影响，从而化解了动态性与静态性之间的矛盾。在实训基地进行技术实训的过程中，受教者既能选取学历证书教育所要求的实训内容，也能结合自身喜好选取与"X"有关的实训内容，从而越来越强化专业技能、职业素养和知识力量的本质，同时能符合"X"自主选择性和学历证书强制性的任务要求。

3. 实训基地是保证"X"培训质量的重要依托

站在职业院校管理角度上，设立一套确保"X"培训质量的独立系统和机制是必要的。

实训基地通常是单独设立的，不同于学校的二级院校，因此能使学习者的职业技能和实践训练得以强化，这样单独的管理模式也正符合了确保"X"培训质量的根本要求：第一，在实训基地设立"X"选择指导体制。根据指导体制选择性特点，学习者和社会成员可以结合自身喜好、目标方向、专业基础

等情况挑选合适的"X"学业和实训课程,从而在"X"课程实训中提高自主性、目标性。第二,实现"X"实训课程中全部评定制度和学历证书评定制度的独立性。为选拔出真正的人才等,实训基地在评选过程中可以设立独立的证书评级体系,而且为保证"X"证书培训时的竞争性、公开性、动态性和自觉性,需要行业、事业单位、相关院校和当地政府的综合性评估。第三,设立区别传统的具有独立性的管理体制和师资团队。为了充分落实"1+X"教育观念和方式,实训基地需要依据"X"培训要求和准则来明确与之对应的团队结构、技能资格认定、人才培养规范方法和招聘规则、绩效考察机制等,只有这样才能保障"X"计划的人才培养质量;实训基地可灵活变通机制,招聘来自企业、事业单位的高素质、高技术优秀骨干出任"X"实训课程的专家,改善学校师资团队来源单一的问题。

4. 实训基地是承担"X"培训工作的主要实体

实训基地的首要作用是承接"1"与"X"以及确保"X"培训质量,此外还有其他特别的作用:第一,"X"证书内容和规范是实训基地建设技能技术项目训练体系的基础,该体系的建设夯实了"学分银行"管理模式的根基,同时符合了国家资历框架在"试点方案"中的相关条件,这也是其他普通的二级教育部门无法达成的。第二,与其他专业(群)或二级院校相比,实训基地在体制革新和注入资源上更具有灵活性。第三,学校可更好地满足实训基地对实训场所、资源配置的需求,防止重复设立实训基地,从而节约了"1+X"工作的成本,减少了"1+X"基地的建设。第四,"X"试点工作的招生和培训是面对全社会的,因此实训基地与二级院校相比在学历教育教学的过程中不限制资格,也没有繁多的条件,使得相关工作能有更大的进展。

第二节 高水平职业教育实训基地的建设路径

一般高水平、多元化职业教育实训基地的设立采取以当地政府、学校或企业为核心的管理形式。在当前新形势的带动下,公司、院校、政府之间不仅积极主动探寻新的合作体系,还在共享设备、创研产品、建设团队、共育人才等方面达成了共识。在实训基地设立过程中,投资建设主体朝着多元化的方向发展,逐渐形成以学校、政府、社会相关部门、企业单位、社区有关团体以及个人等为运作主体，多元化管理、多元化创建、多元化投资、多元化受益的合作模式。

建设高水平的职业教学实训基地一般离不开企业的大力支持。学校和企业都深度参与实训基地建设，不仅可有效地解决产业需求与人才教育培养之间不对口、不匹配的矛盾，还可减轻高职院校发展中资金投入、资源需求等方面的压力，而且可提高实训基地的质量，有助于提升学校竞争力及整体水平。实际当中，越来越多的学校将高水平职业教育基地创建在校外的工业、产业园区。依靠园区开展基地教学，可借助园区的电力设备、物流设施、交通设施、排污设备等，减轻学校的投资负担，从而增加实训基地的运转效益。很显然，实训基地可助力校企互惠共赢，还能促使两者利益共存、资源同享。另外，实训基地还主动承担起了新增加劳动力创业就业培训、农村剩余劳动力培训就业、退伍军人创业就业培训等责任，最终将自身价值发挥至最大。全国各个地区都很注重高水平职业教育实训基地的建设，秉持校企同享、高端定位、需求导向、促进就业及公共服务的理念，坚持高规格、高起点的设施配备原则，购买了数目多且价格高昂的先进高端设备，建设了大量有影响力的实训基地。比如，贵州电子科技职业学院采用德国"双元制"教育模式和智能制造设备，为国内智能制造有关产业培养工程技术专业人员和高端的技能型人才。把"工业4.0"当作发展进步方向且联合德国相关专业企业进行"浙江智造"公共实训基地建设，使浙江机电职业技术学院所创建的机电类基地在省内成了同类别学校中极具先进工业化生产氛围和高端专业技术的实训基地。高职院校资产管理负责人应当仔细考虑怎样合理地掌管巨型仪器和高端设备，使之在高水平职业教育实训基地中发挥出最大的投资效益。高水平的职业教育实训基地的根本功能是培养多样化技术技能人才，其拓展功能是社会培训、科学技术创新、形象展现、生产服务、技能资格考证等。合作单位的职员与校内教师对基地设备的保管领用具有同享权。由于使用实训基地设备和仪器的人员多且杂，不仅有事业单位的职员和校内的老师、学生，还有相关社会人员和其他院校的教师、科研人员，因此做好设备、仪器使用者登记记录等工作是非常必要的。

一、校内生产性实训基地建设的路径

（一）夯实基础，建设符合行业发展需求的软硬件设施

第一，学校寻找本地一线企业单位或周围具有影响力的企业进行合作，具

体高职院校供应人力资源和实训场地等，企业投资建设基地和仪器、设备的采购等。企业基于对当地行业产业发展状况的了解，在实训基地基础设施搭建的过程中给予专业性的意见和建议。针对经济不发达地区的高职院校，为解决其建设实训基地基础设施启动资金等问题，可采取跨省联合学校、企业的合作方式，通过双（多）省资源的优势互补促使经济落后地区的高职院校与经济发达地区的企业进行合作。第二，向国外学校学习并借鉴其校内实训基地建设经验，理清层次。在实训基地建设中，学校不能盲目跟从，如德国的"双元制"在国内的可行性并不是很高，因此要根据本校的现实情况、站在不同的角度，根据不同的人才需求来主次分明地建设实训基地。以校内实训基地建设为主的有服装设计等专业；以校外实训基地建设为主的有汽车制造、通信电子等技术性很强的专业。第三，要对学校内、外实训基地信息交流平台建设进行强化。现代信息技术的推广使各大行业基本上都引入了智能办公、经营和生产模式，并在技术技能方面对劳动者提出了更高的要求。为了顺应行业的发展要求，高职院校需要在实训基地加强信息平台建设，提升基地信息化能力水平。高职院校通过与校内信息技术负责人联合，把实训基地的信息平台设立在校园网站上，并开设项目任务申请、实训线上沟通、实训基地信息公布等功能，满足实践教学对专业的需求。第四，实训仪器、设备的采购力度需增加。高职院校通过调研结果得知，不同学科和专业在实训设备、仪器方面有不同需求，因此要防止盲目进行设备采购。与此同时，为让教师顺利学会使用这些新设备、新仪器，并熟知其功能，学校要对教师进行相关培训，为实践教学任务提供相匹配的软硬件条件。

（二）完善师资，打造高素质"双师型"实训教师团队

第一，明确实训教师的责任与义务。高职教校必须加强建设和管理师资团队，并规范实训教师的责任与义务，以提升自身在实训基地中的软实力。实训教师需要承担的责任与义务有以下几条：①讲解课程内容并有计划地进行技术技能指导；②在其他教学资源和实训教材研发过程中自发地加入进来；③参照教学任务计划和教学纲要，合理调整实践课程体系的相关内容；④要坚持"能力优先""以人为本"的教学理念，严格遵循实训基地的制度和规范要求。与此同时，为了使实训基地的教师及时了解行业企业的发展动态和地区经济发展情况，需要采取网络会议等方式，实时更新教学内容，提高其教学理论水平和实践教育水平。第二，对实训基地的师资团队结构进行优化改进。高职院校要紧抓学校、企业合作的机会，扩充兼职教师团队。比如，诚邀在行业企业中具有丰富工作经验的专家担任学校的客座教授或者兼职教师，公开聘请行业企业、社会上的兼职教师。与此同时，学校可通过提高兼职教师的薪资吸引各个行业的优秀人才参与到师资团队的建设当中。这样一来，不仅提升了实训教师团队的专业化技术技能水平，还有利于更好地建设实训基地。

（三）实现校内生产性实训基地供给侧和需求侧协调共振

学校通过校企合作的方式，才能真正清楚市场对人才在职业技术技能方面的要求，从而在定制人才培养方案、教学方法、专业课程调整与设置上有所依据。站在需求侧的角度来看，高职院校为了符合产业发展的新势头和产业调整的结构模式，必须依靠校内生产性实训基地进行实训教学，才能把学生培养成高素质技术技能人才。由此可见，实训的最终效果以及现实培养专业人才的目标都受实训基地教学模式和建设规模的影响。不论实施什么样的校企合作方式，学校都应该积极地创造有利于企业发展的条件，从而加速企业的参与和合作。学校应主动吸引优秀企业与之同享同建生产性校内实训基地。行业企业作为人才培养的主导者，应该从高质量人才培养、输出和专业人才市场需求的角度出发，积极主动地开展实践教学活动。行业企业在校内生产性实训基地运转过程中，不仅要保证业务的正常运营，还要融合到学校育人过程当中，在保证生产效益的前提下，积极担负起与学校共同培养符合市场需求的高素质技术技能人才的任务，充分展现出辐射和依托作用。与此同时，企业通过对高职院校中优质人才和科学研究创新平台等资源的充分利用，可以展开新业务合作，并谋求合作中的供需平衡，以提升企业的核心竞争力，保证双方平稳的合作机制。

（四）校内生产性实训基地"产"与"教"的协调运转保障

学校推进校企合作创建校内生产性实训基地的先决条件是"教"，确保校内生产性实训基地得以持续发展和企业参与的必要条件是"产"。校企合作是产教融合推进的结果，完善和推动校内生产性实训基地运作是管理好实训与生产经营的关键，更是对学校公益性"教"与企业经营性"产"的机制保证。

在校企双方的协商下，投入使用的生产性实训基地在协商好的时间段内需要承揽"业务"，通过企业专家和专业教师的带领、监管、加入，让学生转换成职员来完成生产经营中轮值排班和分工合作的任务。同时，以市场化的检验标准来判定实习生在生产经营中工作的质和量,且单独核算管理和生产成本(内含顶岗实习生的相应报酬),不仅可以出色完成教学任务并提升学生职业素质、专业技能,还能获得一笔经营收入,使基地建设真正实现可持续发展。

启蒙思想家霍布斯说过:"不带剑的契约不过是一纸空文,它毫无力量去保障任何人的安全。"互惠双赢的合作契约与制约双方的权责制度是学校、企业共同创建实训基地并使其长远发展的保障。校企两方签订契约,可防止双方过分关注切身利益,而增加违反约定的成本则是双方追求核心权益最大化的前提保证。

学校可开设企业大讲堂、建立企业展厅或实训基地生产经营训练营,同时邀请企业负责人有偿担任相关职务,按期负责开展帮助学校师生了解企业动态、人才需求标准等的讲座讲学工作,真正将校内生产实训基地转变成人才孕育、培养和成长基地。

如何使学校、企业的合作成本在产教融合深度推进过程中维持动态平衡是要经过深思熟虑的。企业是市场的主体,先要考虑的是在合作中如何获利、获多少利,只有最核心的利益才能促使企业参与到以产教融合为基础的校内生产性实训基地建设当中。因此,在进行产教融合时,学校、政府、企业之间必须平衡好参与方投入的成本和力度。在政策支持、立项审批、用地财税等方面,政府可以适当倾斜支持,学校的场地、设备及人才供给等物资、人资可以作为产教融合的原始资本,从而高效减少企业参与产教融合的成本,使加入产教融合的企业获得真正的实惠。在相关政府的指导下,校企联手推动建设校内生产性实训基地,调节好参与方的利益需求,才能使其担负起产教融合人才培养的相应责任并承担相应的义务,也唯有如此,企业、社会资本才能参与到校内生产性实训基地建设当中,通过共建共享为推动职业教育的发展做出贡献。

二、工业 4.0 背景下公共实训基地建设与管理

(一)工业 4.0 公共实训基地建设

培养具备扎实专业知识、项目管理能力、创新精神和技术研究能力的综合性人才是建设工业 4.0 公共实训基地的要求。实训教学与工业 4.0 技术的融合形成了实践教学体系,该体系重个性、重创新、多层次,注重培养学生的专业能力、职业素质、实践能力等,同时配有极具合理性、完整性、科学性的实践

教学体制。搭建多层次的综合性实训平台是公共实训基地的要求，其具体包含创新应用层、专业实验层、基础实验层和综合设计层，可带领学生完成探索性能力、综合性能力、基础知识和技术能力教学训练任务。

利用可持续发展形式进行智能制造是工业4.0的核心部分。先进的制造技术在管理模式、企业组织模式和发展模式上对制造业产生了很大的影响，也使国内市场对高技能人才的需求进一步增加，因此急切需要高职院校创建具有特色的智能制造公共实训基地。3D打印机、轨道交通、云计算平台、高端数控设备、工业机器人、物联网等实训室是智能制造实训基地的建设重点。工业机器人的运用不但是未来智能制造的重要组成部分，而且提高了相关专业人才的需求量。

要在工业4.0实训基地培养出高水准、高质量的实验技能型人才，就需要一个实践动手能力强、教学水平高、创新思维能力强以及经验超丰富的基地管理团队。当下，获取高水平的实训师资有以下两种途径：一是高校毕业的人才，其优势是理论知识和见解非常广泛，但缺少实际践行的经验；二是企业的工程师、技师，这部分人员具有专业的技能和丰富的实战经验，但缺少相关的理论知识储备。因此，要创建符合工业4.0的实训基地，就需要培养出更优秀的师资队伍。借助公共实训基地所创设的利益驱动制度，更好地提升实训教师的社会认同感，同时关注基地教育者的职业发展空间和薪水等问题，定期为基地教育者提供参加演讲、学术活动或再培训的机会，可保证基地教育团队的稳定性。

企业的加盟为工业4.0实训基地打造高层次技术型人才提供了有力支持。企业应当注重产学研合作，推动产业技术升级，达成自身发展和教改双赢的目标。校企共同创设实训基地的根本动力是利益，核心目标是互利共赢。为此，合理且完备的利益分配制度在校企合作中显得尤为重要。首先，确立正确的利益价值观念，企业不可忽略或影响基地育人功能，更不可只维护自身利益；其次，设立公平公正的利益分配制度，使双方利益最大化。站在实践理论的角度分析，学校与企业合作共同创建实训基地能使学生提高实操能力。学生在真正的生产环境中进行实训练习，不仅可提升技术技能、掌握专业知识，也可真正地践行理论与实践相结合的真理。

（二）工业4.0背景下公共实训基地的管理

随着工业4.0时代的生产经营模式更为服务化、精密化和智能化，实训基地的管理难度也在增加。公共实训基地应由所属事业单位法人进行管理，奉行监督、决策与执行分立原则。在决策时，要衡量利益，考虑所有利益相关方；在监督时，实行内外双向监督，确保运转效率。担任实训教育的教师必须具备丰富的实践经验和过硬的专业技术，同时依据本地职业学校的企业人员数量、学生数量匹配相应的管理负责人和教育工作者。保障经济来源是公共实训基地最主要的问题，可以把省属院校的运转资金拨款当作基地项目资金分配的标准，以确保资金在实训基地能正常运行。具体的问题如下：①各个行业职业标准一致化，工业4.0时代务必要处理的问题是保证企业、职业、地区行业与国家职业标准统一化；②结合实习和生产设备，既要防止浪费材料，又要增强学生的自信心，更好地接轨企业生产；③绩效评估很重要，需要邀请专门的机构对实训基地的运营状况进行督查和定期评测。

对内来说，因为技术和信息等方面的资源掌握在行业企业手中，所以在培养技能型人才的过程中，制定标准、审定职业技能、建设实训教材和评估合作项目都需要企业的协助。对外来说，要学习和借鉴发达国家的经验，取长补短，并与国际知名企业探寻新型的交流合作模式，携手建立校企合作实训基地。

三、"1+X"证书制度下实训基地的建设

（一）"1+X"证书制度下实训基地建设原则

在"职教20条"中，职业教育改革的主要方向是重视产教融合以推进学校与企业合作，从而实现双元育人；在"试点方案"中，职业教育培训领域需要提高社会资本的参与度，积极倡导社会资本协助实训基地的创设和运营。因此，实训基地的建设在"1+X"证书制度的要求下要遵照产教融合的原则，而"1+X"证书制度设立的目的在于满足国家及市场需求，并提高学生的就业能力。

实训基地创设、打理和运作遵从相对独立原则，针对"X"培训，实训基地需创建单独的师资团队、单独的管理机构、单独的绩效考核制度等，进而改革人才培养模式。对于专业课程中没包含的内容或者需特殊加强的实训内容，需创建单独的项目实训体系，以充分展现典型岗位（群）在专业技能、专业素质和专业学识等方面的需求，体现学生自身、企业行业、市场以及社会的需求。

育训结合原则要求实训基地在开展教学实践的整个过程中将学历教育与职业培训结合起来，达到书证融通要求。其一，在以"1+X"证书制度为基本要求进行实训项目内部拓展与重建时，要结合各二级院校的各个专业、"X"证

书的准则与要求进行准时反馈，从而在保证学生符合学历教育要求的综合性和可持续发展性的同时，保证专业教学的需求；其二，为了促进学生及社会成员个性化发展，并帮助其自主择业，需要让"X"技术技能在实训项目中模块化、学分化、等级化。只有这两个方向的实训教学能够同步发展、互相补充，学历教育和职业培训才能更好地推行，从而顺利培养复合技术技能人才。

（二）"1+X"证书制度下实训基地建设路径

混合所有制的实施是为了完成促使企业融入教育、推动学校融入社会公共服务及深化产教融合等任务。混合所有制实训基地的运作模式在"1+X"证书制度下可从以下几个方向进行搭建：第一，通过吸引"1+X"试点工作参与者，采取多种资金注入方法协同创建实训平台。由证书标准制定参与企业、教育培训评价组织或者相关机构等以知识产权、资金、企业成员、生产设备等多种方式参与创建实训平台；产权结构的形成需要成为试点的院校加大学习设备、教师团队、场地建设等资源的投入。第二，将股份制当作基础来创建现代化的企业管理模式。依照各参与方的产权比率，成立监事会和董事会等管理层相关机构，并由各个参与方一起组成有关"1+X"证书试点的专业创建指导委员会，设立现代化企业制度下的投入方脱离机制、效益分配机制、任免聘用机制、鼓励制约机制、监督管理机制等，促成高效率、高效益运行的实训基地。

依据"试点方案"对书证融通所展现出的学习成绩进行积累、转化与判定，研究"学分银行"的主旨，分析企业任职岗位群和技术技能标准，对"X"证书对应的专业重心能力部分进行明确。结合担任岗位的能力准则，可在纵向发展上把专业重心模块划分成多个等级，在横向发展上把每个等级再划分成多个子模块，从而匹配各种级别的技术技能证书。学历培育中与子模块相关的教学模块要融合到专业中心课程中，相关的实践教学模块应融入实训基地的项目体系中；在实训基地中，将"X"证书对素质、技能和知识的拓展要求对应到各个模块化实训教学中；培训评定的组织围绕知识、技能、素质共同商量研发每个模块的教材和学习资源、规定模块的学分、拟定考试和教学标准。在模块化的基础上，设立适应职业岗位、逻辑与功能模块搜索、学分合计等内容相对应的"X"证书专业自选体制，同时学生在实训基地技术技能模块和专业课选择中，要能够参考个人的职业倾向和专业人才的任务要求。这样不仅学生能够取得相应的学分和证书，也能促成"X"与"1"的结合。同时，社会人员也可依照自身喜好、工作需求选择技术技能培训模块和专业衔接，获得相应的证书或者学分。为了实现学历证书和职业技能等级证书二者间的互换互通，在校学生或者社会人员只要取得了"X"培训的学分或证书，就可以在职业教育国家学分银行利用本人的账户进行积分兑换，从而免除对应课程或模块的学习。

"1+X"证书制度的落实离不开一支深度了解职业等级证书准则、精确把握"1+X"证书制度核心理念及符合新技术技能培训要求的教学创新团队。专职教师队伍的组建需要实训基地从多方面进行努力，而结构化且专兼结合的师资团队需要：第一，采取培养或者引入的方式，建成一支具备专业整体设计能力并能担负"X"证书培训任务和连接课程教学任务的专职师资团队；第二，聘任和引进参与"X"证书标准制定和培训评价组织的专业人员、技术专员或企业，建成一支能够进行"X"证书技术技能培训、考核、评价的兼职师资团队。培养优秀的队伍领头人在师资团队的建设中是至关重要的。领头人深入学习和研究"1+X"制度理念的前提，是准确把握试点工作的背景和意义、职业技术技能等级证书和标准的内涵和要求，基于此其可更好地领导基地师资队伍完成"X"与"1"衔接、"X"证书实训项目体系顶层设计工作，这也要求教师团队不断提升考评、培训、教学这三项能力。专职或兼职教师必须定期主动参加提升素质的相关培训项目及职业技能等级证书相关的师资培训并获得对应的认证，在教师、教材、教法的改革探究中不断提升自我。

为了保障"X"的培训质量，基地或实训校区需要遵循相关的国家法律、政策，联手培训评价组织、参与证书标准制定的企业，进行多方协同共创"X"的质量保证体系：第一，实训教学的标准系统，包含教学内容、教师角色、过程考评、标准体例结构、教学步骤、教学方式、教学目标等内容；第二，实训中的改进系统与教学质量评定，包含计算方式、改进措施、评定方式、评定指标、评定人员等；第三，教师绩效考核系统，包含聘任方式、教学事故认定、奖励惩罚标准、教学资格认证、工作任务计算等；第四，技术技能等级考核系统，包含考核纪律、保密规章、考场安全、学分制定、考场设置、考核标准等；第五，跟踪证书质量反映系统，包含教师、社会培训成员、在校学生、企业职工、培训评价组织等对"X"证书社会使用实际情况的反馈。质量保障系统运作时，基地评价组织能够及时了解学生、社会反映的问题以及参与方在培养人才过程中遇到的问题，有利于鞭策其制定有效的教学标准，更新并改良证书相应的标准要求，从而进一步提高证书的含金量，提升证书培养效率。

能否增加社会人员的参与度是检验"1+X"证书制度效果的重要标准。实训基地在引导在校生取得"X"证书的同时要兼顾社会人员的培训：第一，以"百万扩招"为踏板，将"1+X"证书制度融入面向社会招生的专业，让社会人员获得实训基地的技术技能帮助，为社会提供更多的技术技能人才；第二，让更多的待业人员、社会务工人员了解这一措施；第三，为在职的企业员工提供培训，帮助企业带动内部的竞争环境，提升员工的整体素养。实训基地按照社会人员培训数量和社会人员所反馈的证书在社会中使用的程度等，帮助培训评价组织调整培训内容、考核标准等，把社会人员所反馈的适应生产需求、就业需求的新工艺、新要求、新规范、新技术等融入培训内容，使调整、更新培训内容更加方便，也更能迎合产业与社会的发展要求。

四、社会多元办学格局下职业院校高水平实训基地建设与发展的长效机制

（一）建立涵盖教学、科研、生产、服务等多环节、系统性的高水平实训基地

国务院在《国家职业教育改革实施方案》中提到，要逐步推进未来教育，打造多元化办学格局。在多元化办学格局下，职业教育从追求规模扩张转向了提高质量，同时借鉴普通教育的办学模式向专业特色鲜明、企业社会参与的类型转变。在中国特色社会主义新时代，职业教育水平急剧提高，可为增强国家竞争力以及促进经济社会发展提供充足的优秀人才资源。孙进、孙宁在《中国就业：职业教育现代化建设》一书中曾经说过以校企合作为形式，以高质量教学为基础建立职业教育大系统就是职业教育现代化，实训基地为提升职业教育教学质量、转化教学和科研成果提供了保障。所以，要想搞好实训建设，达到高水准、辐射范围广的标准，就必须将企业生产模式、科研内容、教学内容、服务保障几大因素充分融合。响应国家号召，主动与企业及其他社会组织力量合作，共同办学，可大力推进人才培养建设活动。

在"职教20条"中，职业院校实训基地的建设目标明确强调了要改革和巩固强化学生的基础知识、实践操作和专业拓展三个环节。这一点完全符合新时期实训基地的特点。实训基地从这三个层次出发，对学生进行科学合理的培训与指导。为了让学生在脱离课本后还能把握专业内容核心，实训基地可运用

基础知识、专业内容、实践活动相结合的方式，来帮助学生攻克实践中遇到的问题并了解相关的操作技巧。在增强理论知识方面，学生可以通过参加基地内的知识实践技能比赛来解决；在专业拓展方面，学生可通过实训基地取得很好的成效。很多学生在学院提供的培训资源的帮助下，进入外企、实训工厂等单位进行实习实践，这让原本就拥有专业理论知识的学生不但获得了学历证书，而且取得了相关的职业技能证书。"职教20条"中明确提出复合型技术技能人才培养培训模式改革，鼓励开展"1+X"证书制度试点工作，充分发挥高水平实训基地的教学功能，从而达到相应目标。在实训基地打造过程中最不可忽视的一部分就是科研工作的推广。为了让基地更加符合高层次的要求，学生需要在学校教师和企业工作人员的引导下，参与相应专业的专利发明、科技研发工作，成为集创新型、技术型、研究型于一体的新时期职业院校复合型人才。实训基地建设的中心环节是生产环节。在实际操作当中，河北科技工程职业技术大学将企业放在了主要位置，让其引导多元化办学的方向。学生进入企业后，会有专门的员工进行引导，让学生真实体验工作环节。这样一来，在企业主导、员工辅助的双重保障下，学生会得到更充分的锻炼和提升。服务作为实训基地的主要元素，也是企业的有力保障，政府、职业院校、社会力量、企业等组织要在社会多元办学格局下发挥各自的职能，携手推进人才培养计划。服务内容包括企业安全知识教育与风险防范讲座、实训企业信息的获取、就业政策的解读等，可确保学生在实训基地的学习效果和素质的有效提升。

（二）构建从国家到地方和行业组织的多层次政策保障与评价体系

实训基地来源于社会多元化的环境模式，是多种资源整合的结晶，是连接职业院校、企业、国家、社会组织、政府等各方面力量的桥梁。在多种主体参与和组织的背景下，主体的多样性和丰富性是实训基地政策体系构建所必须要考虑的。国家应建立能够有效调动各方积极性的政策和评价系统，为建立高水平实训基地提供有效指导和保障。国家和政府应充分保护实训基地，不断完善相关法律、政策。目前，国家关于实训基地建设方面的政策和制度还不够完善。多数情况下，实训基地的管理措施和建设制度都是由省级领导指定的。国家对职业教育实训基地建设缺乏政策指导，因此很容易出现各地区发展水平参差不齐、质量低下等问题。针对这一现象，国家应该发挥总指挥的职能，为实训基地建设提供大方向指导意见，在引进技术支持、基础设施建设、资金保障等方面提供政策帮助，让各地在结合自身情况进行建设时有更明确的制度方向。例如，河北科技工程职业技术大学汽车系建有中央财政支持的国家级实训基地——汽车技术中心，中心面积26 000多平方米，其中理实一体智慧教室32个、实训室50余个、实训工位2 600多个，设备总值达5 000多万元。学校之所以能够大力培养职业人才，并且支撑学校不断发展，是高水平实训基地建设和投入的结果。实训基地教学过程检查、评价制度也需要不断完善。自2019年起，进行组织行为培训评估及培训质量监测和评估后，实训基地要向社会公开职业教育的质量年度报告。根据这一改革思路，对于政府、行业、企业、职业院校等合作参与的质量评价机制，高水平实训基地应积极建立并加以完善，各主体方要确定详细的年度计划和工作重点，采取目标责任形式，同时引进第三方组织对主体方各项工作进行考察评估，而表彰奖励、政策支撑、绩效考核都根据考核结果来确定。要完善实训基地职业教育监督评价方法，建立定期监督评价和专项监督制度。各地的实训基地要落实监督报告和公告，发现问题，并及时实施奖惩制度，限期整改，约见领导。同时，对于职业教育的督导评价情况，各级政府教育督导委员会要及时、定期听取报告。

（三）建立能够调动校企双方积极性的动力机制

在社会多元化的背景下，校企合作不但是职业院校的主要发展方向，而且是职业院校办学的根本内容。为了使校企合作更好地起到核心力量的作用，合作机制必须能带动企业、学校双方的参与热情。企业以营利为主要目标，所以优质的企业在运营过程中会重视良好社会声誉所带来的营收效果。政府应该把握这一点，在职业院校与企业合作创建实训基地的基础上，对有杰出表现的企业在财务税收政策上给予倾斜和扶持，为优秀企业颁发荣誉称号，对其行为进行大力表彰。同时，强化对该类企业的宣传，使其成为企业发展的正面导向，让更多的企业了解到校企合作的重大意义并加入校企合作的队伍之中。企业与职业院校采用"双师"兼职制度，让企业优秀职工和在校教师进行交换，在企的优秀员工入驻院校进行技术教学，在校的优秀教师进入企业担任技术工程师。就职业院校而言，学校应该投入更多的资金来引进和培训老师。增加引进新人才的安置费用和项目启动资金，可吸引优秀的人才积极投身于职业教育建设中去。同时，对于学校老师来说，实验、教学、科研等通过统一的计算方法，可被换算成工作量。各级政府应加大对高水平实训基地的经费投入比例。

为使教育支出的结构更加优化,增加教育实训基地获得的资金支持,也为了保证教育的投入更加合理,政府必须建立和质量、成本、实训规模相符合的财政投入系统。除此之外,拓展投资形式也是非常有必要的,具体可以借助社会力量。随着补贴政策和实训基地奖励政策的实施,学校在合理范围内可增加实训期间实训学生的校外资助范围,并完善补贴标准动态调整机制等。总的来说,建立高层次的实训基地是职业院校培养人才过程中的关键一环,21世纪的职业教育对推动教育现代化起着至关重要的作用,我们应充分调动社会多方办学力量,通过企业、政府、院校等组织的共同协作,建设辐射广、高层次的实训基地,积极探索促进技能提升和行业人才培训的有效场所。

第三节 汽车专业群实训基地建设与应用

河北科技工程职业技术大学汽车专业群瞄准汽车产业发展新态势,结合京津冀区域汽车产业发展需求,校企共建了集辅助研发、产品测试、生产制造、车辆改装和应用创新功能于一体的区域共享的产教融合实训基地(图6-1)。

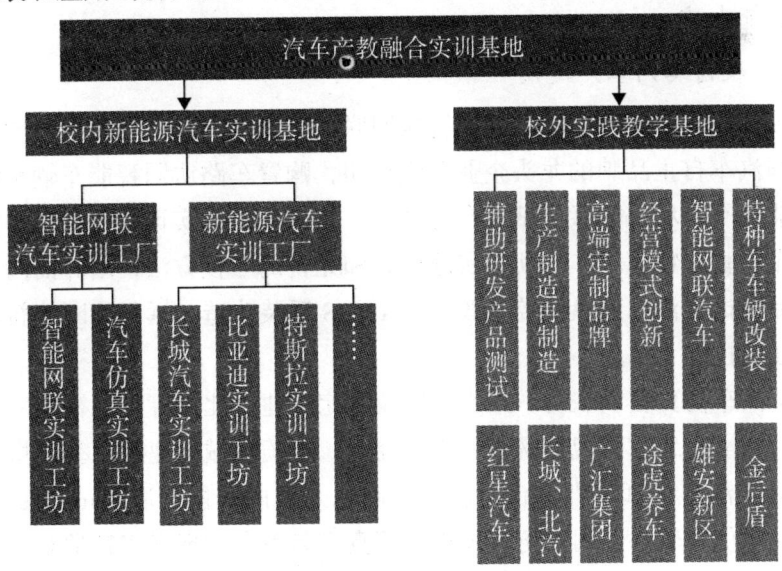

图6-1 汽车专业群校企协同实践育人基地升级版

一、建设校内新能源汽车实训基地

（一）实训基地建设模式

（1）建设项目规划。在学校军民融合产教园区的"智慧工厂"建设规划下，对接雄安新区智能网联示范基地，建设智能网联汽车实训工厂，下设智能网联实训工坊和汽车仿真实训工坊，校企共建新能源汽车实训工厂，下设戴姆勒奔驰、捷豹路虎、特斯拉、长城汽车、北京汽车、比亚迪、一汽-大众、上汽通用、上汽通用五菱、博世十大新能源汽车品牌实训工坊。针对中高职院校、军民融合企业、汽车类企业、社会培训机构进行实训工厂资源开放共享。

（2）校企共建共管共育。联合戴姆勒、特斯拉等世界500强企业和长城汽车、北京汽车等中国汽车自主品牌的龙头企业，共同建设新能源汽车实训基地，引入国汽（北京）智能网联汽车研究院等研究院所、河北省汽车工业协会等行业协会、广汇集团等规模以上企业优质项目资源，采用企业化运营管理模式，为学院和区域内高职汽车专业学生提供生产计划稳定的生产性实训，进行高端定制培养、校企"双元"实践育人，培养面向战略性新兴汽车产业的技术技能人才。

（二）校内实训工厂建设

（1）智能网联实训工坊。面向智能网联汽车高端产业，联合世界500强企业及中国汽车自主品牌的龙头企业北汽集团，购置车路协同智能车辆系统软硬件、智能汽车环境感知系统试验台等"高、精、专"的实训设备，通过构建缩微智能车、智能物流小车等项目实施体系和完备的考核方法，培养面向辅助研发、产品测试、汽车底盘线控化改装、ADAS后装改造、远程诊断等新领域的复合型技术技能人才。

（2）汽车仿真实训工坊。跟进特斯拉、比亚迪、北汽等涉足智能网联汽车的厂商，国汽（北京）智能网联汽车研究院，全国机械职业教育教学指导委员会等，建立汽车仿真实训平台，利用定制化开发的智能网联Carmaker（汽车制造商）等仿真软件与驾驶仿真模拟器等真实装备，实现虚实教学双线交融互通；采用模块化形式，可灵活拆分与组合，适合不同技术主题和教学模式，满足学院汽车专业和冀南区域高职院校专业仿真实训需求。

（3）新能源汽车高端定制品牌实训工坊。新能源汽车品牌实训工坊面向新能源汽车战略性新兴产业，助力河北新能源汽车产业发展，联合一批世界500强企业及中国汽车自主品牌的龙头企业，集聚各个品牌车企传统车型和新能源车型教学用车，利用企业技术优势与学院场地、设备、师资优势，共同制定人才标准、实训标准、岗位能力标准、课程标准，结合品牌厂商的人才需求，开展生产性实景教学，实现汽车品牌技术技能人才高端定制。

二、建设多元校外实训基地

（一）打造校企协同育人与创新服务综合体

学校对接捷豹路虎、戴姆勒-奔驰、长城汽车、北京汽车、领途汽车、红星汽车等国际国内龙头企业和区域发展型企业，建设汽车生产制造领域、辅助研发与产品测试领域、高端定制品牌领域、经营模式创新领域、智能网联汽车领域、特种车辆改装领域6类实践教学基地，建立校企"双导师制"，通过生产任务、创新项目、服务项目协同育人，为企业培养技术技能型、技术应用型、技术创新型后备人才。

（二）打造国家级技术技能创新平台

学校围绕汽车产业的科技前沿、国家及河北省战略，依托"河北省高校汽车工程应用技术研发中心""河北省汽车内饰技术创新中心"，院士领衔，建设军工特种车辆技术研究中心、智能网联汽车技术集成应用中心、现代汽车综合试验服务中心，进行战略咨询、标准制定、技术指导、关键技术攻关、技术成果转化及创新领军人才培育；大师引领，建设4个技术技能大师工作室，传承汽车改装、诊断、营销及车身修复方向的企业绝技绝活；空间营造，培育未来汽车创意、新媒体运营等方向的创客。建成国家级技术技能创新平台，助推京津冀汽车产业向高端发展。

1. 建设车辆关键技术研究中心

以核心技术和关键技术创新需求为动力，基地引进国内院士级专家和海内外知名学者，与龙头企业合作，组建混编团队，购置一批前沿核心技术设备，规划教学、科研、大赛等项目，通过院士轮流指导机制，针对特种车辆制造与改装、智能网联、汽车轻量化、氢燃料电池等前沿技术领域，开展支撑区域汽车产业发展的关键技术攻关，培养汽车检测与维修技术专业群创新领军人才，为自主创新能力和技术服务能力提供强有力的支撑，为京津冀区域产业发展增加创新动力。

（1）军工特种车辆技术研究中心。主要方向：设计开发特殊用途无人驾驶车辆、特定功能的军用保障车、应急保障车、军民两用保障车等综合保障车，形成自主研发改装创新能力。

（2）智能网联汽车技术集成应用中心。通过智能网联汽车传感器安装、标定与检修，底盘线控化改装，车路协同缩微智能车软硬件开发与仿真系统等，形成自主智能电动汽车硬件拓扑及软件架构体系，打造智能网联车路协同示范区，制定智能网联汽车底盘线控化改装标准1套。针对军工、消防、交通、救护等多个应急救援特种车的改造升级，设计研发系列智慧消防车、系列智慧机器人等智慧产品，服务军民融合高新技术企业。

（3）现代汽车综合试验服务中心。主要方向：紧跟试验领域的最新发展动态，紧密结合国家最新的试验标准和试验方法，消化吸收关键核心技术，促成相关军工产品的路试、新能源汽车性能及续航里程测试、性能可靠性及环保性测试体系和试验标准，以进行产品测试与辅助研发。

2.建设专项攻关大师工作室

围绕汽车科技含量较高的岗位，基地通过引进广汇集团、蓝池集团等规模以上企业的能工巧匠，在阚有波大师工作室基础上，新建汽车诊断、车身修复、汽车营销与汽车改装4个大师工作室，实现国家级、世界级技能大赛指导、生产技术攻关与创新，带徒传技等功能，推动技能大师实践经验的传承和推广，培养传承企业绝技绝艺的教师及高技能人才。

3.打造汽车创客空间

基地依托"河北省汽车内饰技术创新中心"，开拓汽车市场新领域，促进学生创新创业意识的培养，建设创新成本低、创新风险小、创新效率高的汽车创客空间，通过以学生为主、以教师为辅的工作模式，融入汽车文化与汽车元素，在未来汽车创意、汽车新媒体运营方向，为学生提供唤醒创新创业意识的企业真实生产环境，培育创新高能的技术技能人才。

（1）未来汽车创意方向。举办未来汽车概念创意设计大赛，输出高质量创意项目，并通过设计人员新颖、独特、超前的构思和创意对未来汽车进行概念设计，融入最新汽车科技成果，摆脱生产制造水平方面的束缚，尽情地甚至夸张地展示学生们的独特魅力，从而向合作企业输出学生创意。

（2）新媒体运营方向。与知名汽车资讯平台合作，进行新媒体运营，指导蓝池集团、广汇集团等规模以上企业的汽车经销商更好地利用新媒体提升附加功能，满足新型营销的切实需求，增强服务区域能力。

三、创新实训基地应用模式

（一）依托实训基地运行标准与制度，夯实学生实践增强与职业素质养成体系

依托十大校企合作品牌项目，实训基地以行动论为指导，进一步创新学生实践体系和职业素质养成体系，并通过完善品牌项目自管运维组织架构、制度体系和标准体系，升华学生运维管理模式，助力校企品牌定制、校企循环互动、学生多维度参与、深度行动内化，彻底解决人才培养过程中校企协同维度单一，企业参与度低，各要素不相适应、不能互为支撑、不配套、不系统的问题。

1. 创新"两训一赛"实践增强体系

针对企业"上岗即上手"和学生"上岗适应快"诉求长期不能满足的"痛点"，实训基地深入开展专业能力培养研究活动，利用校企共建的校内品牌培训中心，创建"两训一赛"实践增强体系，即课后复训、校企同训、同题复赛（图 6-2）。

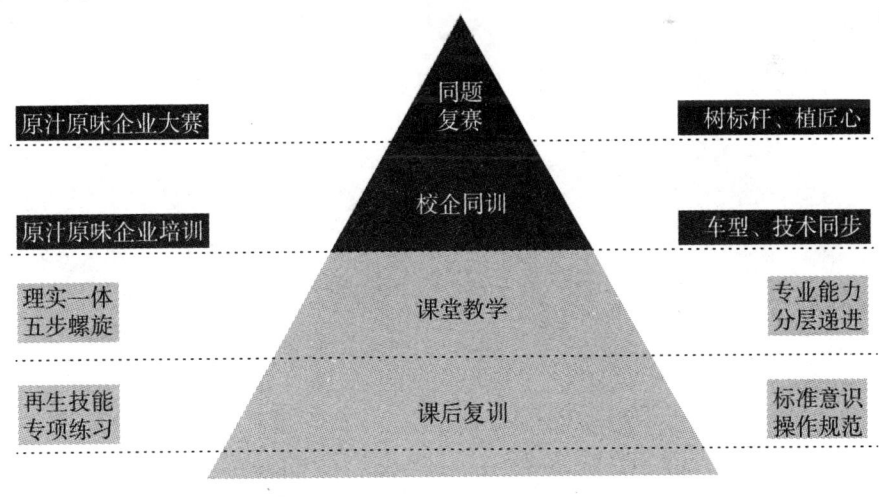

图 6-2 "两训一赛"实践增强体系

（1）课后复训：在专业课程教学的基础上，通过日常课后复训，开展再生技能专项练习，强化标准意识和操作规范。

（2）校企同训：通过校企共建的品牌培训中心，引入企业原汁原味的华北大区在岗职工新车型、新技术培训，借助信息技术，利用相邻工位加强企业职工与订单班学生同训，实现品牌车型、技术校企同步更新。

（3）同题复赛：通过校企共建的品牌培训中心，引入品牌车企大区在岗职工技能大比武，赛中组织同品牌订单班学生进行赛事保障与观摩，赛后利用相同场地、相同设备、相同车辆开展学生的同题复赛，借助企业原汁原味高水平技术比武，为学生树立标杆，植入匠心。

2.创新职业素质养成教育体系

针对汽车专业职业素质养成教育体系不科学，学生职业素养难以满足企业人才需求的"痛点"，基地可运用知行合一理念，借鉴建构主义学习、行动学习、卡甘合作学习等学习理论与方法，充分挖掘校企合作中的"契合点"，通过核心职业素养筛选，在培养标准、途径、管理要素等方面进行深入研究，创建以品牌"三会"（品牌故事会、竞品吐槽会、创意分享会）、自主运维为核心的"品牌沁润、行动内化"职业素质养成教育体系。开发一系列指导方案、运行制度和执行标准，解决汽车专业职业素质养成教育体系不科学、指导方案不落地、组织形式单一、缺少统一的标准和规范、运行制度不匹配等问题（图6-3）。

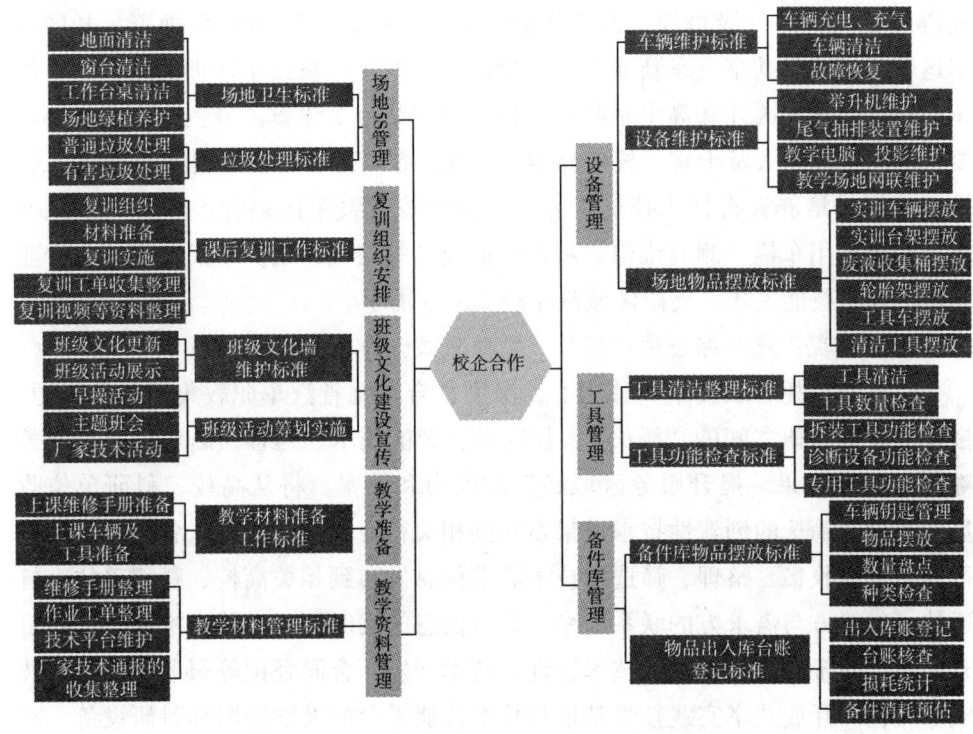

图 6-3　品牌项目自管运维标准体系

（二）构建一体化汽车产业服务体系，助推区域汽车产业高端发展

依托汽车职教集团、省级技术成果转化中心、省级军民融合产学研用示范基地、雄安新区创新服务中心等服务平台，学校完善师生参与一线企业实践、参与企业技术研发、传承民族工艺等社会服务活动的成果认定、考核激励等制度，提升社会服务管理效能。针对新能源与智能网联汽车产业高端领域，开放共享基地资源，在师资类培训、社会培训、技术支持、成果转化、公益性服务等方面发挥优势，培养京津冀区域传统汽车产业升级紧缺领域技术技能人才，助力中小微企业破解产业前沿应用技术难题，助推河北省汽车支柱产业与战略性新兴产业高质量发展。

1.打造华北区域汽车培训基地，促进区域汽车产业高技能人才素质提升

围绕京津冀区域汽车支柱产业、新能源和智能网联汽车战略性新兴产业，专业群依托区域性产教融合实训基地，打造华北区域汽车培训基地，开展针对产业高端技术人才（包括职校师资）、产业紧缺技术技能人才、产业新增就业

或再就业人员的三级培训。面向车企经销商、国内外职业教育师资，开展汽车运营新模式、共享汽车新业态、新能源"三电"等新技术培训活动，培养汽车产业高端技能人才和高水平师资队伍；紧密结合京津冀区域汽车产业发展需要，面向退役军人及士官、校内外学生、社会新增劳动力，开展专业群"1+X"认证培训，培养大批技术技能人才；依托学校省级军民融合产学研用示范基地，开展军用车辆检测与维修、特种车辆改装等培训，培养军民融合特色产业领域的技术技能人才，支撑区域汽车产业人才需求。

2.依托现代汽车综合试验基地，助推区域汽车产业提质升级

专业群依托省级技术转移中心，深度整合河北省汽车职教集团优质资源，搭建产业和科研之间的"桥梁"，加速转化智能技术、远程诊断等汽车产业关键技术研究成果，提升服务区域经济的能力和效率。将从高校、科研单位收集、整理、筛选的创新性技术成果发布到相关行业、企业，将从各地区、相关行业、企业收集、整理、筛选的技术需求信息发布到相关高校、科研单位，打通技术供给方与需求方的联系壁垒。通过信息的实时更新、精准推送，定期召开、参与对接洽谈会，提供技术咨询、技术开发、合同登记等服务，促进科技成果转化。开放共享实践教学基地和技术技能平台的教学资源和科研设备，对接雄安新区、威县、清河等科技服务站，通过开展特种车辆、整车及零部件试验测试、标准建设等应用技术和新产品开发服务活动，以横向科研项目委托等形式，吸引企业入校与走进企业上门服务相结合，满足中小微企业的技术研发和产品升级需求，切实解决生产生活中的实际问题，推动区域汽车产业提质升级。

第七章 专业群人才培养质量评价体系构建

第一节 人才培养质量评价体系设计与评价模型

一、人才培养质量评价概述

(一) 人才培养质量评价的概念

人才质量与人才本身的价值息息相关,实际上,人才的培养方向是由人才主观上的需求决定的。在当前社会生产过程中,要更加重视人才在表达、收集和分析客体未来规划方面的能力,以帮助上级管理部门得到有效的信息,选择更加妥善的解决方法,来促进客体自我价值的体现或增长。

对于人才培养质量评价的概念,国外很多优秀的教育学家都曾提出相应的解释,而伴随着社会教育的不断发展,人才培养质量评价的概念逐渐发生变化,人们对教育评价也有了更为深入的了解。不同社会的评价标准也发生了不同层次的思维碰撞,矛盾的核心是把人才培养质量评价看作人才培养过程中的一种价值取向,还是对全体教育的一种梳理,但中心思想都是为找到问题、解决问题。基于对历史的梳理和对概念的收集,从核心的思想来说,教育评价是一种对现阶段价值的决断,将各种不同意见汇总起来,助力解决教育带来的不同问题。

在对教育发展状况进行总结的基础上,仔细划分人才培养质量的相关整理过程,依据现阶段高校教育的状况和目的,全面分析其各方面的优缺点,确定高等院校人才培养质量的价值,这就是人才培养质量评价。对于人才培养内容的解释是多方面、广角度的,其中的理解概念包括对其本身价值的研判和对行为因素的判断。详细来讲，具体包括对学位授予质量的评价、对研究生培养质量的关注以及对学位授权点的评价。从以上几方面所占的比重来看，人才培养质量评价可以看作输出成果质量评价、输入条件质量评价和培养过程质量评价。

实际人才培养质量评价应注意以下所述：要保证在人才培养过程中质量评价的科学性与公平性。依据得到广泛赞同的质量评价标准，可以保证评价指标的科学性，也可以突出高等院校多样性的质量评价过程，避免"一刀切"的情况出现，同时要多根据当地高等院校和地区的实际情况来确定人才培养质量评价方式，如此不仅可以体现出高等教育质量评价的特征，也可体现高等教育质量评价的多样性。当与评价质量标准概念冲突时，高等院校可以依据当时的实际情况来解决问题。国际上普遍认为，"高等教育的质量还应包括国际交往工作方面的内容，如互联网、知识交流、教师和学生的流动以及国际研究项目等，当然也应当关注本民族的文化价值和本国环境。""提高高等教育质量的有效途径是质量评价，但不能只考虑到财政问题，或者主要涉及高等院校的那些质量指标，在整体工作中最好用数量来表示。""更应该设立独立的国家评估机构，并且制定国际公认的能够比较的质量标准。但是，应当多考虑学校、国家和地区的具体情况，避免用一个统一的尺度来衡量。"

（二）人才培养质量评价体系的内容

高校人才培养质量评价体系应该包括评价依据、评价目的、评价客体、评价主体以及评价方式五个要素，各要素之间相互联系、相互促进，进而形成一个完整的评价体系。

1.评价依据

相关的法律法规以及高校自身的办学政策、目的和高等教育的发展规划是高校人才质量评价的依据。

2.评价目的

为了确定合适的评价标准和评价方式，先要确定评价目的。只有确定好评价目的，才能确定评价标准、评价方式和评价结论，评价主体要实现的目标是评价目的确立的标准。

3.评价客体

评价客体即评价对象，是人才培养质量自主评定的指标系统。对指标系统进行全面分析和判断就是评价,而评估行为的内涵和性质则根据评价指标系统来确认。

4.评价主体

评价主体即进行评价活动的人或组织。在评定的整个过程中,评价主体参考第三方专家的建议及全方面了解客体,是保障评价结果完整性和权威性的关键。

5.评价方式

评价方式主要包含数据统计的方法、综合判断形成最终结果的方法、获取评价信息的方法等。评价活动的可用性、有效性、准确性以及可信性取决于评价方式的选择。

二、职业院校人才培养质量评价体系存在的问题

当人才培养质量评价的观念被大众所熟知后,结合现在的高校人才培养质量评价指标,目前职业类院校人才培养质量评价体系还存在着一些不足,具体包括以下几点。

第一,当前社会参与度低,最为明显的就是以政府的评价要求为核心,始终体现着政府对人才培养评价的把握。应当将评价主体的各个方面都考虑进去,加强对社会意见的重视。

第二,不同的评价标准影响着我国职业院校的人才培养质量评价结果,因此其忽略了学生的全方面发展。应改变学生在教学过程中的被动地位,对学生的潜能进行深度挖掘。

第三,评价结果参差不齐,只因评价未提到学校的办学水平,且许多高等院校将就业当作重点,忽略了学生的培养质量水平。

第四,能力培养涉及少,过程评价体现少。许多院校舍本逐末,把更多的精力放在了基础理论知识的检测上,而忽略了职业能力、技术知识、职业道德等方面的评定,所以评价过程中出现了片面性和单一性的问题,忽视了社会对职业人才质量需求的改变。

职业院校要着重将学科设置的专业结构与所处的地域环境特征、教师与学生构成、生源结构、自身的历史传统、共性与个性以及派生出的教育观念等结合起来,并结合学校的发展方针和办学特色,量身打造属于自己学校的评价标准、评价系统,以此来树立人才培养的模范。

三、人才培养质量评价指标体系的设计

（一）人才培养质量评价的依据

1. 现行人才培养质量评价体系与指标体系

在国家职业教育得到较好发展的前提下，国家教育部门专门制定了与人才培养相关的政策、指标，在这个基础之上，各地方职业类院校根据自身特色制定了相应的人才培养质量评价指标体系与方案，为我国完善职业类人才培养体系打下了基础，提供了贴近现实的信息数据。

（1）《普通高等学校本科教学工作水平评估方案》。教育部出台的《普通高等学校本科教学工作水平评估方案》共包含了一级指标七个、二级指标十九个、主要的观测点四十四个，这些主要通过申报自身有特点的项目而产生，目的在于培养学生。从国家政策出发，《普通高等学校本科教学工作水平评估方案》中不仅包括对教学效果、教学内容、教学目标和教学组织形式的评价，还有对教育影响、教育者、教育对象的相关要求，其内容对高职专科具有一定的参考价值。《普通高等学校本科教学工作水平评估方案》中所涉及的人以及事、范围、内容具备整体性的要求。指标的完整性要求其中的任何一部分都是不可分割的，是每个高校都必须遵守的基础准则。指标的内容极其广泛，包含了教学过程中所有相关内容。除此之外，《普通高等学校本科教学工作水平评估方案》在治学思路、治学理念、治学策略几大模块上体现出了学校的特色；在人才培养、教学模式上体现出了教育的特色；在教法设计、教改中的重大问题、课程体系等方面体现出了教学的特色；在良好的校风、教学管理体制、运行机制中体现出了教学管理的特色。具体内容如表7-1所示。

表7-1 《普通高等学校本科教学工作水平评估方案》指标体系

一级指标	二级指标
办学指导思想	1. 学校定位 2. 办学思路
师资队伍	1. 师资队伍数量与结构 2. 主讲教师
教学条件与利用	1. 教学基本设施 2. 教学经费
专业建设与教学改革	1. 专业 2. 课程 3. 实践教学
教学管理	1. 管理队伍 2. 质量控制
学风	1. 教师风范 2. 学习风气
教学效果	1. 基本理论与基本技能 2. 毕业论文或毕业设计 3. 思想道德修养 4. 体育 5. 社会声誉 6. 就业

（2）《高等职业院校人才培养工作评估方案》。教育部出台了《高等职业院校人才培养工作评估方案》（教高〔2008〕5号），这标志着我国职业类院校在人才培养工作评估方面已经提升到了一个新水平。为了满足我国发展的需要，《高等职业院校人才培养工作评估方案》要求高校在"以服务为宗旨，以就业为导向，走产学结合发展道路"的办学方针指导下评定人才培养工作，高职院校要坚持"以评促建、以评促改、以评促管、评建结合、重在建设"的方针来办学，从评价标准组成及评定方案整体构架来看待《高等职业院校人才培养工作评估方案》，强调以平等互动为途径，以实际效果为检验的基本目标，以主体要求为标尺，以激发自觉为目的。高等职业院校人才培养工作评估指标体系如表7-2所示。

表 7-2 高等职业院校人才培养工作评估指标体系

主要评估指标	关键评估要素	建议重点考察内容
1. 领导作用	1.1 学校事业发展规划	当地区域社会经济发展规划、学校发展规划及专业结构
	1.2 办学目标与定位	在校生结构
	1.3 对人才培养重视程度	经费收入 经费支出 领导关注教学及学生情况 教师培训进修 校企合作 奖学金
	1.4 校园稳定	无校园不稳定事件、违规办学事件发生
2. 师资队伍	2.1 专任教师	专任教师基本情况
	2.2 兼职教师	兼职教师基本情况
3. 课程建设	3.1 课程内容	课程教学目标 校企合作开发课程
	3.2 教学方法手段	课程教学设计 教学方法、手段 考试/考核方法 授课地点
	3.3 主讲教师	授课教师情况
	3.4 教学资料	选用教材 校企合作开发教材 馆藏图书资料 校园网

续 表

主要评估指标	关键评估要素	建议重点考察内容
4. 实践教学	4.1 顶岗实习	专业顶岗实习记录 校外实习基地
	4.2 实践教学课程体系设计	专业课程设置 专业产学合作
	4.3 教学管理	校内外实践教学管理 教学质量管理 专职教学管理人员 专职学生管理人员
	4.4 实践教学条件	校内实训基地 校外实习基地 实践教学经费 专业合作 社会捐助
	4.5 双证书获取	专业职业资格证书
5. 特色专业建设	5.1 特色	专业设置 特色专业建设规划 现场专业剖析
6. 教学管理	6.1 管理规范	教学制度与运行管理 专职教学管理人员基本情况 随机访谈教师、学生、管理干部
	6.2 学生管理	教学制度与运行管理 专职学生管理人员基本情况 随机访谈学生、家长、教师
	6.3 质量监控	教学制度与运行管理 专职督导人员基本情况 随机访谈教师、管理干部
7. 社会评价	7.1 生源	招生
	7.2 就业	就业
	7.3 社会服务	教师技术服务情况 产学合作 社会技能培训开展情况 鉴定站（所）

2.专业人才标准、专业人才培养标准与资源标准

新的职业院校人才培养质量评价体系及其指标体系的设计依托于现有实际

情况分析。这一分析为研究职业院校人才培养建设的培养条件、培养过程、培养结果的逻辑路线，提供了直接的现实依据。首先，在相关标准方面，培养标准、培养成果，以及有关专业方面的建设标准，是评价人才培养结果所要尊重的事实；其次，要想了解职业类院校如何培养人才，就要关注职业院校人才标准、人才培养标准以及相关资源标准。

（二）人才培养质量评价指标体系设计

根据相关资料可以看出，当前职业院校人才培养质量评价指标体系已经进入成熟阶段。该阶段的工作内容主要包含以下两点。

（1）根据国家相关政策要求，根据"输入—过程—输出"等线性道路，对评价指标进行系统设计。

（2）将指标体系框架影响下学校所制定的指标体系、人才培养质量评价策略和学校独立制定的人才培养质量评价方案做对比，同时在评价标准、指标等级和指标内容等方面对该培养质量评价方案进行说明。根据以上核心标准，我国可提出一套系统的职业院校人才培养质量评价指标体系，并且通过示范试点，对上述人才培养质量评价方案和评价指标进行改进与完善。具体措施如下。

第一，邀请相关专家对方案进行改进评审，对方案提出可行性的修改意见。

第二，根据现实情况，确定符合实际情况的评价过程和使用的工具，进而确保人才培养质量评价方案应用的可行性。在应用过程中，需要逐项对方案中的指标和比重进行完善、调整。

1.人才培养质量评价主体

评判以及检验培养结果、过程管理、培养资源建设，主要依据职业院校人才培养质量评价结果，进而通过和专业人才培养标准、课程资源、专业人才标准等进行照应对比，从而演变为完善的专业人才培养质量保障系统里必要的构成部分。

在整个评估的过程中，评价主要负责方如下：①相关教育主管部门；②职业院校自身；③第三方评价机构；④用人单位；⑤社会公众及媒体。

在人才培养工作完成后，不同的责任方采用不同的评价方式，然后双方相互评价，产生不同的验证结果，如表7-3所示。

表7-3 职业院校人才培养质量评价主体、形式与目的

评价主体	评价形式	评价目的
培养院校	内部评价（自我评价）	利用信息共享机制收纳外部信息，提高职业院校人才培养质量
教育行政主管部门	外部评价	解决职业院校人才培养的资源支持决策问题，进而加强政府和社会对职业院校人才培养质量方面的监督、了解和管控
用人单位		
专业评价机构		
社会公众及媒体		

2.人才培养质量评价目标

针对职业院校人才培养质量评价指标所进行的研究，要严格遵守"培养条件—培养过程—培养结果"这一顺序进行评价，职业院校人才培养质量评价目标主要包含输入、过程和输出三个阶段，各个阶段的职业院校人才培养质量评价目标如下。

（1）在培养条件评价过程中：在输入阶段主要根据教学资源建设的结果和专业人才标准，对职业院校培养质量进行评价。根据职业院校自身的人才培养方向、未来职业规划和现实生活条件进行相应的评价，可以发现在自身水平和自身定位中，职业院校都有清晰的自我认知。因此，职业院校在人才培养输入阶段的培养质量评价目标是，通过对自身专业条件的判断，来评价生源素质的结构和专业定位的科学性、教学环境与师资队伍对培养过程的支持力度，并且以此为依据来改善输入条件，增加生源素质与培养标准的适配度。

（2）培养过程阶段的质量评价目标：在职业院校人才培养过程中，借助教学资源的建设成果、培养标准和专业人才标准，可从培养标准、专业定位、课程体系、课程实施、课程结构等方面进行培养质量评价。实际可从教学保障、产学研合作、能力素质培养等方面对专业重点、教学环节培养过程体系进行评价。从评价的结果可以看出培训内容的完整性和培训过程的系统性。因此，在职业院校人才培养过程中，要想知道职业院校人才培养是否能达到培养标准中要求的质量指标和内容，就要对培养过程和内容进行人才培养质量评价，这样也才能完成人才培养质量评价的目标，并且根据质量目标和实际状况的差距，改进和完善培训标准以及教学资源，及时对培训流程进行改进和调整，最终能够系统性和针对性地完善职业院校人才培养流程。

（3）培养成果阶段质量评价目标：在人才培养成果阶段，职业院校主要从学业成绩、学生满意度、用人单位和学生就业等这几个部分来评价培养质量。高职院校人才培养成果的质量都从其评价结论中显示出来。因此，在培养成果阶段中，要想评价职业院校人才培养成果的水平，就要依据用人单位和学生这两个层面的内容，并且在输出的过程中发现培养成果与培养目标之间的差距，这就是这一阶段培养质量评价的目标。职业院校要提高学生培养质量水平，并优化调整学生培养体系，从而进一步改善专业人才标准、人才培养标准、投入条件等。

因此，要在高职院校人才培养质量评价内容基础之上，创建高职院校人才培养质量体系目标，对培养运行体系、人才培养全过程以及运行状态监控体系进行持续跟踪。高校人才培养质量体系建设要助力高职院校人才培养质量的提高。

上述培养质量评价目标的构成及其相互支持、耦合关系如图 7-1 所示。

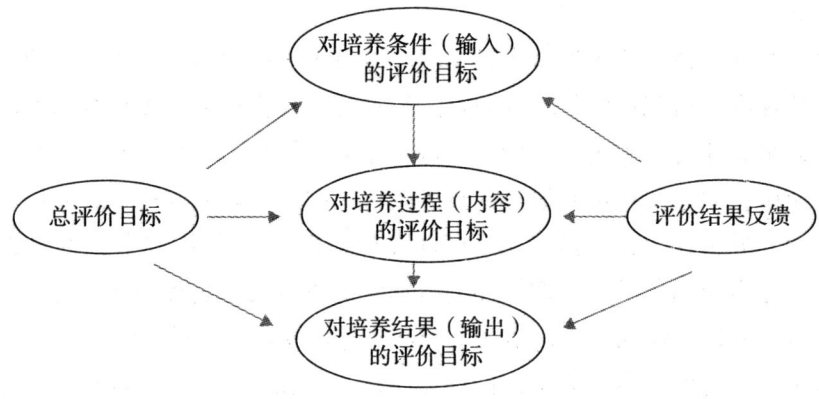

图 7-1　培养质量评价目标的构成及其相互关系

3. 人才培养质量评价指标体系构成

基于对相关概念的理解，根据现行评价体系研究、实地研究和理论研究成果，本书得到了具体的职业院校人才培养质量评价指标体系。

指标体系包括四个评价方面，其中有十二个一级指标，三十八个二级指标，如表 7-4 所示。

表 7-4 职业院校人才培养质量评价指标体系的整体构成

评价方面	一级指标	二级指标
培养条件	专业办学资格	软硬件设施条件与培训流程
培养过程	专业定位和培养标准	专业定位 专业培养标准和专业人才标准
	课程体系和课程结构	课程设置与课程结构体系 实践课程与职业证书教育 课程创新和课程整理合并 专业培养方案
	课程实施	课程范围 课程类型 教材使用和教材制定
	教学方面	教学档案与教学文件 考核标准和考核类型 教学水平、教学方法和教学方式 教学运用和管理
	专业关键能力与素质培养	专业人才关键能力和素质培养设计 专业人才关键能力和素质培养实行 专业人才关键能力和素质教育变革
	教学条件与保障	基础教学设施 教学实践条件 专业教学和创建经费 组织结构和规章准则 质量保障与监测 学生服务与校风学风
	产学研合作实施	产学研合作实施 产学研合作机制
	师资队伍	师生结构 师资结构 师资力量 代课教师 师资队伍创建

续 表

培养结果	学生素质	专业技术能力与基本知识技能 专业知识与理论知识 专业关键能力与素质 专业证书获得率
	毕业生就业	首次就业率 就业指导和毕业生质量反馈 社会名誉
专业特色		在产学研合作教育模式、人才培养模式、专业建设思路等方面形成了鲜明的专业特色：①产学研结合；②人才培养模式；③教学内容、方式以及手段；④专业建设观念、思路；⑤学生能力培养；⑥教学管理制度创新等。

四、输入—过程—输出评价模型

（一）输入评价

1.教师队伍评价

在很大程度上，教师直接引导和传授学生专业知识和技能，所以学校的教师队伍建设与教学水平紧密相连；专任教师在学校主要主导着日常教育教学工作，他们也是学校办学的主体力量和学校人才培养的关键要素。因此，为了提供高质量的专业人才，职业院校必须狠抓师资队伍建设。同时，学校专业特色和教学特色主要受到教师技术水平和专业特点的影响。主要是以下三个因素影响了师资队伍的建设：学校师资队伍素质、师资结构和师资要求。

（1）学校对专任教师人数有一定要求，学校要整体提高师资比例。要根据学校基本教学规律，不断提高师生比和教师职称比例。学校长期聘用的专职教师可以作为专业课教师，同时具有丰富企业经验的兼职教师也可以成为专业课教师。但无论是什么类型的教师，都必须具有较高的知识水平，始终保持着良好的职业道德，同时要具有相关的应用技能和理论知识。每个学科或教研室应至少有一名专业带头人，负责在教学科研工作中指导专业教师进行工作。要确保专业教师数量充足，师资力量雄厚，结构合理，此外还必须能够满足学校各专业教学工作需求。要严格把控专业教师比例范围，所有专任教师必须满足本科学历要求，至少25%的专任教师具有高级职称，30%的专任教师具有"双师型"职业素养，企业兼职专业教师必须占20%。另外，学校在师资队伍建设过程中要特别重视专业教师的引进和培养,同时要注意德育教师的数量,并且严格要求教师对自身素质进行规范管理。另外,学校要加强专业教师的引领和示范作用,包括教研室主任、学科带头人和专业骨干教师。

(2)职业院校教师要严格对自身素质进行规范和要求,确保满足职业院校对教师素质的要求。一方面,教师要同时具有专业的应用技术和实践操作能力,以及充足的专业理论知识和能力,满足学校对"双师型"教师的需求。另一方面,人们由于受当前社会的影响,普遍认为"职业院校学生素质低下",从而导致职业院校的生源受到限制。所以,职业院校要严格保证校内的专业教师具有良好的业务素质、职业态度和身心素质。

(3)从职业院校师资总体结构来看,职业院校主要培养的是技术技能人才,与其他类型院校相比具有特殊性。所以,职业院校教师应该同时具备企业兼职教师和专职教师,打造"双师型"结构特色。对兼职教师要有严格要求,即兼职教师必须要有深厚的行业和企业专业技术造诣和实践技能,同时要保证具有丰富的专业知识。职业院校的"双师型"教师结构凸显师资队伍专业优势,可保证学校"双师"结构良性发展。

为满足职业类院校更高层次的发展需求,学校要提升相应的政策管理模式,进而加强职业院校的师资队伍建设。加强师资队伍建设不是一朝一夕的事情,必须从职业院校的特点和特殊性出发,有针对性地开展工作,同时要结合学校的自身定位和脚下道路。所以,在构建"双师型"队伍时,学校应该重视扩大专业教师队伍、优化教师队伍结构、稳定师资队伍和提高师资队伍教师素质等几个方面。

2.教学设施评价

学校的教学设施与学校教学任务的实现、教学质量的提高以及教学目标的实现紧密相关。教学设施不仅能够保障学校的正常运行,还发挥着重要的基础作用。职业类院校主要培养学生的动手能力,所以学校要配备与工作岗位类似的教学设备或仪器,方便学生进行实地训练,从而更好地培养学生的实践能力和创新思维能力。

高职院校需要配备的教学设施有很多,主要包含以下几种。

(1)体育场馆和运动设备。学校要配备能够满足学生运动需求,能达到锻炼身体素质基本标准的、必需的体育设施,并建立相当规模的体育场馆,如足球、篮球、田径场、羽毛球馆等,以丰富学生的课外体育生活,满足师生日常体育锻炼需求，提升师生身体素质。

（2）图书馆藏文献资料。图书馆是教师和学生自主搜索信息和学习的重要途径。要想保障学校的可持续发展，就要保证图书馆有丰富的资料和馆藏文献资料。借阅图书文献资源是一个比较复杂的过程，需要大量的人力物力支持。一方面，师生要充分利用图书馆的借阅机制进行图书借阅和还书；另一方面，学校要加强网络图书资源开发应用以及电子图书馆建设。学校管理机制要与自身情况相吻合，让师生充分利用图书馆资源和文献资料，提高图书馆借阅效率。

（3）校内和校外实习实训条件和设施。培养具有良好操作能力的学生是职业学校的目标，因此学校要坚持理论与实践相结合，促使学生到实训室或实验室进行实践，从而逐步提高学生的专业操作能力，使其达到一到工作岗位上就能上手操作的水平。所以在职业类院校中，实训中心应该满足校园实训的基本要求，保证专业教学计划顺利进行，同时实训中心必须满足学校正常实验需求，使每个学生都有进入汽车实训室进行拆装、检测与维修的机会，让学生进行操作实践学习，甚至任何专业实训室和实验室都应对学生开放，让学生有足够的兴趣和时间进行实践和学习。除此之外，学校还应为学生建设校外实践基地，因为要想培养学生的专业技能，学校就必须为学生提供实际工作和培训机会，让学生到企业或单位工作，切实参与真实工作。同时，在社会实践过程中，通过对企业文化、企业管理以及社会环境的了解，学生可以更加清楚地认识到自身在学习方面的缺陷，从而快速精准地提升自身的学习创新能力和专业技能，为以后的工作做好充分的准备。

（4）现代教育信息网络设施。当今是信息爆炸的互联网时代，知识不再局限于书本，许多最新的理论和知识都可以及时从网络资源中获取。学生要充分利用互联网，进行知识搜索和网络学习，特别要注重数字化能力的培养。因此，学校应提供网络教学的基本保障，着重发展互联网教学，确保学生能在网络上吸收足够多的信息知识，从而得到全面发展；加强数字化教学环境建设，调整和完善教学资源配置，使教师可以在网络教学平台上进行授课，使学生可以利用电子资源进行学习。

（二）过程评价

教学管理，即学校所有教学管理活动的总和，主要包括组织管理、教学计划管理、教学质量监控、教学运行管理，而学校尤其看中教学管理，也依靠教学管理来保障学校教学正常的运行秩序，确保完成和规范教学，保证学校实现人才培养目标。教学管理文件和教学质量控制是教学管理系统的主要内容和模块。

学校要想保证教学目标的实现主要依靠教学管理文件。教学管理文件主要是教学管理制度及与教学、教学大纲相关的一系列教学文件。学校的教学文件对学校的管理和运行提供了参照标准，并且进行规范化管控不仅能够保证教学质量，还能保证教学顺利进行，同时满足师生共同的要求。

对学校教学工作和教学过程的监管就是教学质量监控。学校要制定教学内容和质量标准要求。职业院校中教学操作流程和规范、教学质量标准、教学质量的考核标准、教师要求以及相关考核制度的制定，都要符合职业院校自身的发展需求和职业教育特点，同时其要采纳学生评价、教师意见以及教学督导专家的意见进行整理分析，及时获取教学一线的教学动态和信息，为教学决策提供参考意见和建议。修改后的教学决定将由教务处分发给各个教学部门，各部门实施，并在教学活动中发挥作用。

1. 专业群课程

课程的设置要符合职业院校自身特点和人才培养目标。学校开展教育教学活动要严格符合课程计划，所以职业院校在教学过程中，要严格以课程管理为核心，根据合理的学校课程设置实现人才培养目标等。课程的主要评价内容包括教学计划、教材建设、实践教学、教学方法等。

（1）教学计划方面。学校要想开展教学、组织教学和进行教学管理、实现人才培养目标并完成教学任务，就要遵循教学计划。职业院校的根本目的在于培养更多高技能、高素质技术人才。所以，职业院校的实训课程安排以及实践与理论的结合，都应该成为教学计划安排的重要参考因素。要建立课程评价体系，并不断加以完善，以对学生的实践操作能力和基本职业技能进行严格的评价考核。

（2）教材建设方面。学生主要从教材中学习获取知识，教师也根据教材对学生进行教学方面的指导，所以学校教学质量的提高主要受到学校教材的影响。对此，学校更应该加大对教材建设的投入，根据学校实际情况开发适合本校教学以及自学的校本教材，并鼓励企业专家和教师参与教材建设，开发更多具有特色的本校教材，实现学校教学质量的跨越。

（3）实践教学方面。教师在教学过程中通常使用实践教学法，让学生在实践过程中真切地体验到工作状态，并深刻掌握所学知识。采用实践教学方法，不仅能够让学生掌握基本的专业知识，也能够让学生快速掌握相应技能，提高学生的实践能力。职业院校教师在教学过程中必不可少的教学活动就是实践教学，实践教学在教学过程中起着非常重要的作用，与理论教学相辅相成。

（4）教学方法方面。教师在"教"的过程中要有方法，同时学生在"学"的过程中也要有方法。正确的教学方法使教师易于"教"，可以教会学生更多的知识和专业操作技能。学生通过"学"掌握好学习方法，促进自身身心健康发展。在教学过程中，教师主要通过教学手段对教学内容进行传播，职业院校要及时关注教学手段和教学方法方面的改善，注重学生素质教育，并提高教学效果和效率，提升学生的职业能力，从而培养出知识水平高、专业技能良好的学生。

2.专业建设与发展

（1）专业布局方面。职业院校教学布局要符合学校的办学定位和区域内产业结构特点，教学结构也要及时根据当地产业布局的变化进行优化调整。同时，要以符合学校自身发展的相关专业为主体，以区域性特色专业为核心，通过自身发展带动教学发展，始终以培养更多专业人才为目标进行专业建设和指导。

（2）专业建设方面。职业院校要规范专业建设的流程和管理制度。建立由企业、学校、专门机构组成的专业指导机构，在专业机构的指导下对专业方向、专业目标和专业定位进行明确，从而更加精确地进行长期的专业建设规划，明确职业院校的行动计划和方向。同时，学校各专业的建设应根据实际情况加以实施和完善，以达到服务周边产业的效果。

（3）专业特色方面。职业院校要根据职业教育的特点，在专业建设上有所突破和创新。因此，职业院校专业不仅要获得区域产业企业和社会的认可，还要在同行职业学院中起到引领带头作用。

（三）输出评价

输出评价主要是对学生的职业能力、竞争力以及基本素质进行评价和调查，主要包括以下几个方面：①学生的基础知识与专业理论水平；②职业素养和能力；③成才特例和学生获奖情况；④学生实操技能和"双证书"率。对上述学生的综合能力以及知识水平进行评价，主要目的在于对学生在社会工作方面的未来发展潜力和就业竞争力进行专业评估。

1.学生的基础知识与专业理论水平

职业院校毕业生要想找到合适的工作，不仅要具备扎实的基础知识，还要拥有丰富的专业理论知识。这些知识对于职业院校毕业生就业是必要的，也是人才培养的评价标准。学生在进行自我完善和后续学习过程中都需要运用专业理论和基础知识，只有具备一定的基础知识和扎实的理论基础，才能在工作中焕发光芒。

2.职业素养和能力

学生的职业素养和能力主要体现在以下几个方面：学生的职业道德可保证学生在工作过程中与人友好相处；学生要始终保持良好的意志品质，坚持对工作认真负责的态度；学生要拥有团队合作能力，保持积极向上的动力；学生在工作中要拥有独特思维和创新理念；学生要具备适应新环境和自学的能力，在进入新的环境后要及时适应工作环境和工作要求，具备良好的心理素质和自我调节能力。

3.成才特例和学生获奖情况

职业院校中并不缺乏学生成才的特例，有些学生会在空闲期间设计作品，这些作品获得企业赞助之后，学生可以继续学习深造。有的学生会选择自主创业，也有学生会因为高超的专业技能提前被企业选中录用。学校和社会会为职业院校的学生举办各类专业技能比赛，从而体现出职业院校学生专业技能的实用性。所以，学生在学校和社会中的获奖情况就成了评价学校教学质量的一项重要标准，也说明职业院校的学生同样能够成为为社会做贡献的人才。

4.学生实操技能与"双证书"率

职业院校注重可以在工作岗位中进行实际专业操作的技能人才培养，所以学校在日常教学与实训过程中，不仅要向学生传授专业知识，还要注意培养学生的动手能力。另外，学校要对学生的学习成果进行严格的考核评价，即根据国家职业技能标准，对学生的学习成果进行评价，以高水平、高要求标准对学生进行严格要求。

职业院校学生的职业资格证通过率可反映出职业院校的教学效果，因此职业院校在注重学生的专业知识技能训练和学习的同时，也要加强对学生的辅导，帮助其获取职业资格证。很多单位把职业资格证当作聘用人才的标准，所以也可以说职业资格证是职业院校学生毕业后进入工作岗位的"门卡"。同时，职业资格证被很多企业视为职业院校学生具备基本专业能力的表现，职业院校学生专业技能水平和职业院校的教学质量、教学水平，都会被职业院校学生的"双证书"通过率影响；职业院校应积极与企业联手，根据学校自身情况和企业需求，为社会上还没有设立专业资格证考试的专业制定考核标准和认证考试要求，方便对学生进行专业技能水平考核。职业资格证的通过率是依据专业考证通过率、学校对考试的重视程度、考证的种类以及学校参加考证的人数等多方面因素来评定的。

五、三方"背靠背"评价模型

在学校与企业（用人单位）评价体系基础上，学校和企业引入专门评价机构，三方联动，采用"背靠背"模式，分别采用调查问卷、访谈、数据报告、飞行检查、教师考核、推门听课、年度审核、课程成绩、综合测评和质量年报等多种方式，按照19个部分、87个模块、521项指标，开展系统性人才培养质量监测、评价、反馈工作，着重解决培养质量监控评价体系不全面、质量信息反馈不及时的问题。三方"背靠背"评价模型具有以下特点。

1. 评价覆盖全过程

这一模型包含师资队伍、教学方法、教学资源、教学场地、教学设备、教学管理、专业定位、专业人才培养方案、课程体系、毕业生就业质量、专业群社会声誉、学生专业能力、学生职业素质等各个方面，它是一种贯穿整个人才培养全过程的立体化评价模型。

2. 评价方式多样

这一模型实际有现场评价、过程评价和结果评价三种评价方式，可根据各评价模块的特点使用不同的评价方式。并且，主要从学校、企业、第三方评价机构三个方向对人才培养活动进行监测、评价和反馈，为教学诊改提供全面支撑。

3. 评价结果真实

这一模型在评价过程中大量采用临时抽查、飞行检查、推门听课以及针对学生的线上不记名调查，能够更好地反映人才培养过程中的真实情况，从而正确改进人才培养措施。

职业院校人才培养质量评价体系的创建需要一定的手段与方法，其本质是运用一定的方法和途径，根据相应的教学目标和任务，对人才进行针对性培养的工作。

我们发现在我国职业院校的专业人才培养过程中，主要思想就是建立起办学标准和培养质量标准，并依托办学标准建立培养体系。最终评价是对职业类院校培养人才满意程度的表现，是教育行政主管部门针对职业院校进行导向、激励、规范的重要依据。

第二节 专业群人才培养质量评价原则、标准、主体的构建

一、专业群人才培养质量评价原则

高等职业教育人才培养有其自身特点，所以为汽车类人才培养质量评价体系设置指标时要注意以下几个方面。

（一）目标性和适应性

实际在构建质量评价体系过程中设置指标时，我们要考虑各高职的办学特色、学科差异和地域差异，不可采取统一的标准。在汽车类高职院校，设置评价指标时要考虑各专业的学科特点，目标指向要明确，指标分级要清楚，每一层级指标适用的评价范围和评价要求要清晰。另外，高职教育以培养应用型、实用型人才为主，所以评价应用型人才的实用价值（培养效果、人才质量）的出发点就应该是该人才是否符合社会发展对人才的素质要求，是否具备满足行业岗位需求的知识和技能。评价标准要充分考虑社会和行业的发展变化，让教育目标与社会需求相适应。

（二）科学性

构建指标体系关系到评价结果是否准确与客观、是否有效和可借鉴。定量测量尤其强调指标的科学性，所用指标应使数据资料便于搜集、整理、计算和分析（可获得和可比较），保证评价结果真实有效。

（三）系统性

高职专业群人才培养质量评价涉及多方面因素，指标多且复杂，这就要求

各项指标必须概念明晰、计算方法科学、评判标准规范全面等，所以系统性也叫整体性规则，就是把人才培养质量评价视为一个系统，以人才培养质量的优化和目标实现为准绳去设置评价体系的指标。在构建评价指标体系时，综合考虑整个指标体系是否反映评价目标各个方面的特点，达到评价的目的，以保证整个评价指标体系设置的完整和平衡。

（四）动态性

高职院校建立专业群人才培养质量评价体系能够保证人才培养质量在一段时间内有一个稳定输出的水平，但学生学情和教育发展趋势会随着时间的推移、政策的变更而发生改变，因此人才培养质量评价体系在教育目标实现效果整体描述稳定的前提下应有一些动态的调整。动态性就是指在评价指标里设置一些可供参考的质量监控阈值范围，这样可以动态地描述、衡量教育教学状态与变化趋势，为教育改革和教学调整提供依据，以保障人才培养质量的稳定输出。

（五）多样性

一方面，职业教育提倡大众教育，在大众化背景下高职教育的主体是多元的，而多元主体造成了办学形式的多样性（普通高职、高等技工学校、成人高校、远程高校）、办学层次的多样性（应用型本科、高职专科）、学制的多样性（全日制四年、三年、两年、"2+3"、"1+X"、学徒制、函授等）和培养目标的多样性（应用型、技能型、复合型、订单式等），所以需要对应多样化的教育评价标准和指标，以保障评价结果更全面。

另一方面，教育对象和教育内容也是多样的，高职院校招生渠道多元化，学生来源复杂，且除了全日制普通高职教学还承担非全日制（半工半读）基层工作人员学历提升和基层岗位培训任务。现代教育强调因材施教，专业背景不同，学业基础不同，社会阅历不同，制定出的人才培养方案也应该不一样。教育对象和教育内容的多样化决定了人才培养质量评价指标的多样化（根据评价对象设置层次不同、标准不同的评价指标），否则无法保证评价体系的可操作性和评价结果的客观性。

二、专业群人才培养质量评价标准

（一）坚持以专业技术和职业素质为人才培养的质量标准

坚持学历证书与职业证书并重，高职教育的培养目标是培养高技能人才，具有较高职业技术能力和实践能力的一个重要标志，就是学生要具有"双证书"甚至"多证书"。因此，要将考核学生的技术技能当作考核人才质量的一个重要指标；高职学生应有自己的特色，获得一个或几个技能资格证书就是其最大的特色，所以要坚持以专业技术与职业素质为人才培养质量标准。

（二）坚持适应地方区域经济发展与市场需求的特色

基于人才培养质量标准的高职教育为地方区域经济发展服务，且需培养具有地方特色的人，使其与地方经济、与市场需求相对应。因此，高职教育人才培养质量标准要满足地方区域经济发展与市场需求，要以满足市场需求、适应市场变化的能力作为衡量因素。高职教育的服务功能主要通过为地方经济发展提供人力资源和技术保障体现出来。只有这样，高职教育才能与地方经济的发展紧密相连，才能使培养的人才具有特色，真正做到适用对路，满足地方经济发展和市场需求。

综上所述，笔者认为高职教育中要坚持科学的人才培养质量标准，不仅要突出以职业能力为中心，还要具有地方特色，满足地方经济发展与市场的需要。为此，需要建立科学的高职考核评价方法体系，它是检验人才培养质量的有效手段。对于高职院校专业群人才培养质量，笔者认为可通过模糊综合评价法来实施评价，对各个指标因素进行考虑分析之后，可将定性评价转化为定量评价。

三、专业群人才培养质量评价主体

学校建立的专业群人才培养质量评价委员会，是学校官方组织的质量评价组织机构，由职能处室质管办、教务处、教师发展中心、科研处、学生处、招生处、就业处等部门组成，旨在通过内部质量保证体系及时检测专业教学运行和人才培养质量，及时发现问题，解决问题。

外部质量保证体系一般包含媒体评价、用人单位评价、专门的评价组织评价等方式，但是媒体评价一般起监督作用，很少定期地对专业群人才培养质量进行评价。用人单位作为学校"产品"的接收单位对"产品质量"最有发言权，用人单位一般会从毕业生专业技术、专业技能和职业素养等多方面进行评价。

为了科学地监测和评估学校人才培养质量，持续构建教学基本状态数据库，完善质量监控与评估体系，加强教学培养改进，提升毕业生的就业竞争力和培养质量，在构建外部质量保证体系时，高职院校还可委托第三方专业的教育评价机构，对专业群实施人才培养质量评价。为保证评估的独立性，评估过程中的问卷设计、问卷跟踪、数据整理、数据分析和报告撰写工作可以由评价机构独立完成。该评价特点在于：一是以本校专业群学生为主体，数据采集覆盖专业群各主要专业，具有实证科学性；二是以毕业生满足社会需求为依据来评价专业群人才培养质量并提出改进建议；三是评价方是高校系统外的权威专业机构，或者是教育主管部门委托的教育评价机构，具有第三方公信力和客观性；四是采用成熟的研究方法以及先进的跟踪评价手段。第三方教育评价机构的设立为专业群建立和完善人才培养质量评价体系、推进"三教（教师、教材、教法）"改革、促进人才培养质量提高提供了组织保障。

第三节　三方"背靠背"评价指标体系的构建

根据实际情况，学校可构建校、企、专门机构三方质量监测反馈体系，全过程监测、全方位评价人才培养质量，以解决质量监控评价体系不全面、信息反馈不及时的问题。

一、学校评价指标体系

学校对专业群人才培养质量评价指标体系的量化指标如表7-5所示。

第七章 专业群人才培养质量评价体系构建

表 7-5　学校对专业群人才培养质量评价指标体系的量化指标

一级指标	二级指标	内涵（观测点）	达标标准
培养目标与培养方案（12分）	专业定位与人才培养目标（4分）	1.专业定位和服务方向 2.人才培养目标 3.专业建设目标及实施方案	1.根据学校办学定位以及社会人才需求，专业服务方向和专业定位需适应地方区域经济发展规划或行业发展规划要求 2.制定明确的标准和合理的要求，进而能够准确衡量人才的素质、知识和能力 3.有清晰的专业建设思路，制定有规划、有建设性的合理性措施，并且初见成效 4.形成了国家、省级、学校三级重点专业建设体系，已建立以重点专业为龙头、相关专业为支撑的结构合理、能协调发展的专业群
	培养方案（2分）	1.制定专业培养方案的主要条件 2.培养方案	1.培养方案的制定要符合社会需求，在基本执行教育部或教指委建议的专业规范等方面，尽可能凸显本校特色 2.培养方案符合培养目标的要求，要让学生德智体美劳全面发展，不断提高人文素质和科学素养，培养创新精神和社会实践能力
	对人才培养重视程度（3分）	1.人才培养政策制度保障情况 2.教学经费保障情况	1.重视人才培养工作，关心师生工作、学习和生活状况，有健全有力的制度保障，执行情况良好 2.教学直接投入占学费收入的比例大 3.重视与区域社会及产业的合作育人
	课程体系（3分）	1.课程体系结构安排和学分以及学时的分配 2.课程开设情况	1.课程体系（包括实践教学体系和课堂教学体系）结构要合理，学分、学时分配要科学 2.按照培养方案开设课程，培养方案中的专业选修课开出率要高于90%，实践课开出率要达到100%

续 表

一级指标	二级指标	内涵（观测点）	达标标准
教师队伍（12分）	数量与结构（3分）	1. 专任教师总体情况 2. 兼职教师情况 3. 专业课和专业基础课主讲教师情况	1. 师生比例不低于1∶20。注重专业课专任教师技能水平的提高，专业教师每年到企业或生产服务一线实践时间超过1个月 2. 从行业、企业聘请技术能手等兼职教师，承担实践技能课程的比例超过50%，并注重对他们教学能力的培训 3. 注重提高基础课专任教师学历、职称，具有研究生学位的教师所占比例超过90%
	教学工作（3分）	1. 师德修养和敬业精神 2. 主要教学环节的执行情况	1. 绝大部分教师都能积极履行岗位职责，具有学术道德，为人师表，教书育人，乐于和学生进行交流，引领学生在学业上不断进步（提供3个专任教师的例证） 2. 绝大部分教师能按照教学要求，在课堂教学、教学准备、实践教学、课外辅导、学业评价和作业批改等教学环节认真完成教学任务，并且严格保证教学质量，其教学水平满足任职的需求
	科研情况（3分）	教师参与科研支持教学	专业学科方向定位清晰；最近3年间，有不少于60%的教师参加与专业相关的科学研究并正式发表科研论文、主持校级以上科研课题或横向科研课题
	培养培训（3分）	1. 师资建设规划 2. 教师职业发展	1. 有措施、有规划、有实效地进行专业师资建设；加强对青年教师的培养工作 2. 支持专业教师积极参加实践锻炼和海外研修，制订计划提高教师教学能力和水准

续　表

一级指标	二级指标	内涵（观测点）	达标标准
基本教学条件及利用（8分）	实验室与实习基地	1. 实验室建设及实验管理人员配置 2. 实习基地建设情况	1. 有投入、有规划地进行专业实验室建设，场地和设备都要满足专业培养计划的需求；配备专门的实验管理人员，确保实验教学达到要求 2. 要有20个以上较为稳定的校外实习基地，保证每学期至少有1批学生在基地实习，为每届学生提供主要实习岗位
	图书资料	1. 专业图书资料的配置 2. 图书馆、阅览室提供的服务	1. 要配备能满足专业教学要求（统计5门专业主要课程参考书的复本数及借阅人次数）的专业图书和期刊（包括电子资料），电子资料使用更加方便 2. 图书馆和阅览室的服务能充分满足师生要求，周末以及晚上图书馆、阅览室能保证开放
	教学经费	专业日常教学经费和专项建设经费	有专业生均日常教学经费标准（注明其中实践环节的经费标准），要满足基本的教学需求；要有充足的专项经费保障专业建设规划顺利推进
专业教学（8分）	课程教学	1. 教学大纲等基本教学文件 2. 专业教材的选用情况 3. 考试考核	1. 课程教学大纲、教案等，课程考试试卷、基本教学文件等教学文档资料齐全 2. 教材选用合理、使用效果优异；有支持特色教材建设的措施和效果 3. 严格规范考试考核管理，做到公平公正评分
	课程内容（4分）	1. 课程教学目标 2. 校企合作开发课程	1. 专业课程根据技术领域和职业岗位（群）的任职要求，参照相关的职业资格标准，设置课程体系并选择教学内容 2. 主要专业主干课程校企合作开发数达到50%以上

续 表

一级指标	二级指标	内涵（观测点）	达标标准
"三教"改革（16分）	教学方法手段（4分）	1. 课程教学设计 2. 教学方法、手段 3. 考试考核方法 4. 授课地点	1. 能有效设计"教、学、做"为一体的情境教学方法 2. 教学手段灵活多样，能有效应用现代信息技术进行模拟教学 3. 考核方式灵活、恰当，且以线上线下相结合为最佳 4. 拥有能够实施理实一体化教学的教室
	主讲教师（6分）	授课教师情况	1. 基础性课程应以具有专业背景的或熟悉专业培养目标的校内专任教师为主 2. 理实一体化课程应以校内专职教师为主，同时辅以企业兼职教师辅导 3. 实践性较强的课程应主要由企业、行业技术技能骨干担任兼职教师
	教学资料（6分）	1. 教材编写及选用情况 2. 馆藏图书资料 3. 专业教学资料信息化	1. 选用优秀新版教材 2. 与行业企业合作开发实训教材 3. 教辅资料充足，手段先进，能够以网页端展示
实践教学（16分）	顶岗实习（4分）	1. 顶岗实习记录表 2. 校外实习基地	1. 专业安排顶岗实习，且规范合理 2. 顶岗实习时间恰当，不超过6个月
	实践教学课程体系设计（4分）	1. 实践课程设置 2. 专业产学合作	1. 实践教学作为专业教学的重要核心环节，纳入课程体系的整体设置。实践类课时占总学时时间50%以上 2. 行业企业应参与教学标准制定、课程标准开发、教学方案设计、专业教师培训和教学素材开发等教学全流程
	实践教学条件（4分）	1. 校内实训基地 2. 校外实习基地 3. 实践教学经费 4. 各专业校企合作情况 5. 社会捐助	1. 校内实训基地和校外实习基地条件能够满足教学计划的安排 2. 实践教学经费有保障 3. 学校有与行业企业合作共建、具备实践教学条件的实训场地 4. 每年有不定额的社会捐助
	"双证书"获取（4分）	1. 专业职业资格证书 2. 专业技能等级证书	1. 有相应职业资格证书，专业群毕业生获取"双证书"的人数达到毕业生的90%以上 2. 专业技能等级证书在专业群的覆盖率要达到80%以上

续 表

一级指标	二级指标	内涵（观测点）	达标标准
教学管理（10分）	组织机构及规章制度（2分）	1.教学管理机构及成员 2.教学管理规章制度及专业教学文件的内容了解程度与执行现状	1.明确教学管理机构人员的职责，保证其正常运行 2.教学管理制度完善及专业教学文件健全，在实施前预先告知广大师生，并且认真执行，保证实施的记录文档基本齐全
	学生服务（2分）	对学生进行专业学习指导、就业指导、职业生涯指导、创业教育指导	能保证在学生职业规划、专业学习、就业及创业过程中遇到问题和困难后，能够及时给予指导性意见和服务
	学生管理（2分）	1.专职学生管理人员基本情况 2.学生教育管理制度与运行情况	1.学生管理队伍结构合理 2.制度健全
	职业素质（2分）	1.学生职业道德素质教育工作 2.学生人文素质教育工作	1.学校重视学生职业道德、职业能力、职业素养教育 2.社会、用人单位对毕业生职业素质评价良好
	质量监控（2分）	1.教学质量的检测、评价、提交、改善机制 2.专业质量报告制度	1.对专业教学质量实施检测、评价、提交，对提交结果进行全面分析，并且提出改善措施，初步建立教学质量监控体系 2.坚持定期发布专业质量报告

续 表

一级指标	二级指标	内涵（观测点）	达标标准
社会评价（18分）	学 风（6分）	1. 学生遵守校规校纪，避免出勤迟到与早退情况 2. 树立早（晚）自习风气 3. 参加专业学习之外的课外学习情况	1. 多数学生遵守校规校纪、认真学习，保证出勤率都控制在正常状态（90%以上） 2. 多数学生坚持上早（晚）自习 3. 保证有20%以上的学生在参加专业学习之外进行其他项目的学习
	人才培养目标实现情况（6分）	1. 学生思想道德素养 2. 学生的基本理论与基本技能 3. 学生的创新精神与实践能力	1. 学生思想道德素质较好，每年都有学生参加献血等公益活动，参加各种志愿者行动的学生人数不少于25% 2. 学生各类课程考试成绩分布情况正常 3. 多组织学生参与技能竞赛
	就业与社会评价（6分）	1. 招生情况 2. 当年毕业生就业率 3. 社会评价及声誉 4. 社会服务	1. 近2年第一志愿上线率达70%以上，且第一志愿考生报到率大于60% 2. 近2年毕业生当年年底平均就业率达90%以上 3. 学校社会技能培训服务等开展良好，社会回报高 4. 有省级教学成果奖、教学改革立项、精品课程 5. 人才培养工作受到市级及以上表彰和主要媒体赞誉

二、企业评价指标体系

企业评价指标体系如表 7-6 所示:

表7-6 企业评价指标体系

一级指标	二级指标	评价方式	内涵（观测点）	评分标准
教师（18分）	师资力量（3分）	过程评价	1.师资人数 2.教师稳定率	1.机电维修要求≥3人，汽车钣金要求≥2人，汽车营销、新能源汽车要求≥3人 2.本年度项目组教师应无变化
	教师认证（5分）	过程评价	项目教师需要进行认证（资格认证）	1.所有项目授课教师均通过该品牌资质认证 2.不可抗力原因除外，如疫情、恶劣天气、重大疫病等（需要提前发送邮件至企业邮箱）
		过程评价	项目教师的考核（年度认证）	1.所有授课教师均参加企业组织的项目培训，培训期间无缺勤、旷工情况 2.不可抗力原因除外，如疫情、恶劣天气、重大疫病等（需要提前发送邮件至企业邮箱）
		结果评价	1.职业技能等级证书 2.职业技能资格证书	所有授课教师需获得国家认可的低压电工操作证
	教学能力（5分）	过程评价	课堂教学	1.课堂表现良好，课堂培训任务单应全部完成，且理论实操测评达标 2.不可抗力原因除外，如疫情、恶劣天气、重大疫病等（需要提前发送邮件至企业邮箱）
	实践能力（5分）	过程评价	校企合作课程的开展	所有授课教师按时完成全部指定校企合作课程
		过程评价	教师企业实践	每学年项目组授课教师应到企业挂职锻炼30天以上，需提供证明（挂职单位出具证明，附加照片）
学生（25分）	就业管理（5分）	结果评价	就业率	当年就业率分数（以就业率×100进行换算） 以每年7月10—15日为统计节点；以当年毕业人数为测算基数

续 表

一级指标	二级指标	评价方式	内涵（观测点）	评分标准
学生（25分）	学生选拔（5分）	过程评价	1. 招生计划 2. 招生时间 3. 招生宣传 4. 招生人数 5. 招生要求 6. 招生资料提供 7. 招生活动组织 8. 学生账号开通	1. 组班前2个月做好相应的招生计划并在学校官网公示 2. 合作班招生时期需要组织并召开招生宣讲活动 3. 合作班招生初选入班人数原则上不低于前1年入班人数的两倍 4. 合作班招生初选人员原则上应当具备一定的专业知识和基础，初选笔试合格人数应不低于80% 5. 学校应在实际招生前提交学生面试电子档案资料给企业项目组 6. 学校应组织并安排招生面试活动 7. 学校应在选拔面试结果公布后及时跟进学生管理，应当在2周内为所有学员开设相应岗位的校企合作班账号
	学生培养（5分）	过程评价	1. 出勤率 2. 在线课程完成率 3. 课堂教学 4. 专业阶段测试 5. 其他辅修课程 6. 低压电工操作证	1. 学生整个学习阶段的出勤率应该不低于90% 2. 学生应该在各个学习阶段结束前完成相应阶段的在线课程 3. 学生应该在各个学习阶段完成任务 4. 学生在课上应呈现积极认真的学习态度，达到校企合作班相应的考核要求 5. 学生的阶段测试平均通过率应该不低于80% 6. 鼓励学校在完成项目必修课程的基础上开设项目其他辅修课程给学生学习 7. 实习前获得国家认可的低压电工操作证的学员不低于参加实习学员的30%
	学生认证（5分）	过程评价	1. 专业认证规模 2. 理论认证辅导 3. 实践认证辅导	1. 学生应当在毕业前接受专业认证，且认证人数不应低于90% 2. 学生理论和实践认证之前学校应集中组织时间不少于5天的培训
		结果评价	认证通过率	整体认证通过率应不低于60%

续　表

一级指标	二级指标	评价方式	内涵（观测点）	评分标准
学生（25分）	实习管理（5分）	过程评价	1. 实习率/未实习率 2. 实习辅导 3. 实习生关怀 4. 实习任务手册收集 5. 经销商反馈	1. 学校每年实习率应该至少达到80% 2. 学校应该指定专人对实习期学员进行就业辅导 3. 学校针对项目实习学员设有专项实习管理制度 4. 学校应及时对学生实习期的状态进行了解并及时报给企业项目组 5. 学校应当在学生实习期间对于学生所在的大部分经销商进行走访，维系与经销商的关系并帮助学生更好地工作 6. 学校应当在学生实习结束后收集学生实习任务手册以了解学生实习情况
场地设施（32分）	场地整体规划（3分）	现场评价	1. 无线网络 2. 设备维护保养记录 3. 插座、照明要求 4. 安全配置	1. 配备符合要求网速的无线网络 2. 所有设备具备保养维护记录 3. 能提供不影响教学的一定数量的插座 4. 各区域照明达到500勒克斯 5. 配备符合要求的安全配置设施
	品牌标识（3分）	现场评价	1. 外墙品牌标识 2. 欢迎牌 3. 户外 4. 标识旗 5. 入口门头	符合品牌标识制作要求并定期进行清洁
	场地标识（2分）	现场评价	1. 工位标识 2. 门牌 3. 安全标识	在车间各工位上有符合要求的场地标识
	场地形象（2分）	现场评价	1. 工装 2. 环境卫生	1. 师生进出培训中心穿着工装 2. 需保证培训中心环境卫生 3. 不允许在教学区吃东西
	基准标准（2分）	现场评价	1. 整车机修实训工位 2. 车辆定位实训工位 3. 总成拆装实训区 4. 墙上高压空气管路接头	1. 需能提供校企合作班要求的机修实训工位，能满足设备合作班验收时的要求 2. 工位数量5个，单个面积达到30～40平方米/单个工位，并有工位划线，每个工位配备符合要求的举升机，且其能正常工作

续 表

一级指标	二级指标	评价方式	内涵（观测点）	评分标准
场地设施（32分）	教室（3分）	现场评价	理论教学教室	1. 单个教室面积为60～84平方米 2. 每个品牌班应不少于2个教室用于理论教学 3. 每间教室达到30套 4. 投影设备要求高于3 000流明 5. 投影布要求符合120英寸（即对角线长度304.8厘米）标准 6. 配备多媒体设备、音响、数据连接线 7. 每间理论教室配备标准的书写翻纸板3个，活动针板2个，3种颜色卡片纸不少于50张
	库房（2分）	现场评价	工具材料储存间	1. 面积在45～60平方米 2. 配备符合要求和数量的工具架并有铭牌标识 3. 配备符合要求的专用工具架并有铭牌标识 4. 配备贵重设备专用储存柜
	前台（2分）	现场评价	前台接待区展厅	1. 前台接待区面积在20～30平方米 2. 配备背景墙并符合要求 3. 徽标按照要求安装并能够点亮 4. 配备接待台并符合要求 5. 展厅面积为80～120平方米 6. 展厅配备服务接待台桌椅（2套及以上）
	休息区域（1分）	现场评价	1. 需提供独立的休息区域 2. 椅子、沙发、饮水设备 3. 文化宣传	1. 休息区面积为60～100平方米 2. 能够同时容纳20个人休息，设备齐全 3. 装饰有相关品牌宣传资料
	卫生间（1分）	现场评价	需提供独立卫生间并保持卫生整洁	1. 独立区域，总面积不小于40平方米 2. 安排定期清洁，能够正常使用
	更衣间（1分）	现场评价	提供独立的更衣间	1. 更衣间面积达到30平方米 2. 配备有储物柜数量达到1人1个 3. 配备有方便更衣的长凳
	品牌墙（1分）	现场评价		拥有品牌墙，并符合某品牌要求

续 表

一级指标	二级指标	评价方式	内涵（观测点）	评分标准
场地设施（32分）	教学设备（3分）	现场评价	1. 工具车 2. 工作台 3. 移动式带底座液晶显示器 4. 制冷剂回收机 5. 前灯检测设备 6. 发动机吊机 7. 变速箱托架 8. 工具间工具 9. 车间常用工具 10. 专业工具	1. 单个工具车配备的工具符合工具列表内容和数量 2. 机电工作台配备符合要求，并多达6个 3. 液晶显示器要求55英寸（即对角线长度139.7厘米），至少配备2台，带VGA/HDMI数据连接线5米 4. 配有车间常用专用设备，并符合要求 5. 符合品牌要求
	教学耗材（2分）	过程评价、现场评价	1. 耗材准备 2. 耗材领用	1. 提供门饰板卡扣等专用紧固件 2. 提供一般保养护耗材 3. 所有耗材使用需制定领用制度（时间、领用人、用途、数量）
	车辆设备（4分）	过程评价	1. 车辆保养 2. 车辆定期清洗 3. 车辆使用的相关数据 4. 实训使用情况 5. 教学车辆使用情况 6. 合作项目班其他设备	1. 每1周对在校校企合作班车辆进行一次外部清洗 2. 每3周对在校校企合作班车辆进行一次内部清洁 3. 1个月对所有在校车辆做一次蓄电池检查，3个月对所有在校车辆蓄电池进行一次充电 4. 认真填写并按照校企合作班要求提交车辆使用率相关数据 5. 车辆实训内容与对应教学计划内容应完全一致 6. 校企合作班企业捐赠设备不能外借及商用
教学管理（25分）	日常教学（3分）	过程评价	1. 教学计划 2. 教学进度 3. 项目班教师授课率 4. 教学备课 5. 教案	1. 学校应该在开学前将教学计划提交给校企合作班，详细到单元模块环节 2. 学校应该确保实际教学计划和提前给予校企合作班的标准一致 3. 学校应该确保按照校企合作班要求完成教学计划 4. 校企合作班项目授课率不低于80% 5. 应有系统完整的教案，并按进度实施
	教学质量（3分）	过程评价	课堂授课	要求项目教师采用校企合作班授课模式授课，进行技术讲解，重点清晰明了

续 表

一级指标	二级指标	评价方式	内涵（观测点）	评分标准
教学管理（25分）	班级管理（2分）	过程评价	1.6S规范 2.班级文化建设	1.学校应该按照6S规范管理班级 2.注重班级文化建设，每学期有2～3次团队活动
	就业辅导（2分）	过程评价	就业辅导	学校教师在学生离校实习前应对其进行至少2次针对性的就业辅导，确保学生树立正确的就业观，稳定学生情绪
	课余竞赛（1分）	过程评价	课余竞赛	校企合作班鼓励学校自行组织及开发对于学生有帮助的课后竞赛环节
	经销商交流（4分）	过程评价	经销商人员主题分享	1.合作学校应该常年维系和经销商的良好关系 2.定期与经销商进行交流，应每学年邀请当地一家经销商人事经理/服务经理到校分享职业规划
	专项活动（10分）	过程评价	1.品牌宣讲会 2.品牌专场招聘会 3.品牌日 4.毕业典礼 5.研讨会 6.项目大赛	1.宣讲会、招聘会合理组织，场地布置（宣传主KV板1个及海报展板若干），会场渲染，流程顺畅，提前2周上报学生实习意向，提前3天提交招聘日程表 2.学校积极配合承办校园品牌日，完成后协助校企合作班一起宣传 3.学校应积极配合承办并组织毕业典礼，协助某品牌宣传（制作活动主KV板及副板），完成后协助校企合作班一起宣传（学校官方公众号、微博、官网等网络媒体）发布 4.学校应该积极配合项目组承办并组织研讨会 5.学校应该积极选配合格的学生进行比赛并且积极备赛

三、第三方评价指标体系

第三方评价指标体系如表7-7所示。

表7-7 第三方评价指标体系

一级指标	二级指标	内涵（观测点）	评分标准
学生能力评价	学生思想品德与价值观培养效果	1.时政意识 2.社会责任感 3.人生价值观 4.国家认同感 5.传统文化认同感 6.各专业学生对思想品德与价值观培养效果	1.学生应了解中国在国际上的地位和影响力 2.在网络上不造谣、不信谣、不传谣，对自己的言论负责 3.对自己的未来有基本规划 4.对祖国在科技等领域取得的成就有强烈的荣誉感 5.对祖国未来的发展很有信心 6.能够通过书籍、网络、电视等了解中国历史和民族文化 7.学生认同五个维度各个方面思想品德与价值观培养效果的评价，平均应在90%以上
	能力评价	1.总体能力增值 2.各项能力增值 3.各专业总体能力增值 4.用人单位对毕业生工作能力的总体满意度 5.家长对学生能力提升的满意度	1.专业群帮助学生在通用能力方面增值，提升明显的人数比例不应过少 2.专业群帮助学生在各专项能力方面（包括自我认知、团队合作、信息搜索与处理、沟通交流、批判性思维、阅读能力、设计思维、自主学习、环境适应、解决问题和组织领导等）增值，提升明显的人数比例不应过少 3.各专业层面学生在通用能力方面增值，提升明显的人数比例不应过少 4.用人单位对毕业生工作能力的总体满意度 5.家长认为学生各方面（包括团队合作、信息搜索、解决问题、环境适应、自我认知、自主学习、创新能力、沟通交流、阅读理解等）能力应有明显提升

续 表

一级指标	二级指标	内涵（观测点）	评分标准
学生能力评价	素养评价	1. 总体素养增值 2. 各项素养增值 3. 各专业总体素养增值 4. 用人单位对毕业生素质满意度 5. 家长对学生综合素养提升的满意度	1. 专业群帮助学生德育素养提升明显 2. 专业群帮助学生各项素养（包括遵纪守法、人生的乐观态度、积极努力追求上进、乐于助人、协作精神、工匠精神、诚实守信、关注社会、环境意识和工程安全等）提升明显 3. 所有专业学生总体素养增值情况良好 4. 用人单位对毕业生的职业规范、工程与社会以及环境与可持续发展方面素质需求程度高 5. 用人单位对聘用的专业群学生职业规范、工程与社会以及环境与可持续发展方面素质（包括积极的工作态度、社会责任感、学习的意愿、对环境的适应性、创新意识和政治素养）的满意程度高 6. 家长认为通过专业群学习和生活，学生的遵纪守法、诚实守信、乐观态度、乐于助人、勤俭朴素、环境意识、身心素质、包容精神、关注社会和人文美学等素养应有明显提升
	总体劳动教育参与度及帮助度	1. 劳动教育的参与度 2. 劳动教育的帮助度	1. 学生接受过劳动教育（包括本专业领域的实习实践、校园清洁、劳动教育类的通识课程、勤工俭学、社会公益活动和助教助研等）的比例较高 2. 通过劳动教育对专业群学生成长的帮助度提升明显，主要从形成坚定意志、培养良好习惯、增强身体素质、增强社会责任感、形成团结合作意识、了解相关知识和技能、维护校园卫生环境等方面评价
就业发展质量	毕业生就业满意度	就业满意度	毕业中期毕业生对自己目前的就业满意度应该较高
	毕业生毕业中期的晋升比例	毕业生毕业中期晋升比例	1. 毕业生毕业中期获得职位晋升的比例应较高 2. 毕业生毕业中期获得职位晋升的次数应较多
	毕业生毕业中期的技术/职称层级	1. 毕业中期毕业生从事工程技术人员职业的职称级别 2. 毕业中期毕业生从事的具体技术岗位类型	1. 专业群毕业中期毕业生从事工程技术职业的职称级别中助理工程师应占有一定比例 2. 各专业毕业中期毕业生从事的具体技术岗位类型中应有相当比例的中层管理岗位

参考文献

[1] 荣长海.职业教育现代化导论[M].天津：天津社会科学院出版社，2019.

[2] 邓泽民.职业教育教学设计[M].4版,北京：中国铁道出版社，2016.

[3] 魏所康.培养模式论：学生创新精神培养与人才培养模式改革[M].南京：东南大学出版社，2004.

[4] 卢红学.高等职业教育人才培养模式构建论[M].桂林：广西师范大学出版社,2007.

[5] 陈永芳,师慧丽,王路炯.职业教育教学设计理论与案例分析[M].上海：同济大学出版社，2019.

[6] 高林.论高等职业教育的专业设置[J].职业技术教育,2003,24(28):35-37.

[7] 戴艺萌.我国合并高校学科融合的问题与对策[J].智库时代,2019(27):128-129.

[8] 骆磊.地方合并高校学科融合问题探讨：以湖北省某高校为例[J].广东石油化工学院学报,2015,25(2):46-49.

[9] 梅秀文.合并高校学科融合中存在的问题探讨[J].煤炭高等教育,2003,21(3):53-55.

[10] 黄德平.论高校学科群的形成路径及核心要素[J].教育探索,2012(12):76-77.

[11] 范月君,马文林."双高计划"背景下畜牧类高职院校专业群建设：青海的思考与探索[J].草学,2020(4):80-83.

[12] 张鑫,刘宁,隋秀梅,等."双高"建设背景下高职院校专业群建设的探索与实践：以长春职业技术学院机电学院智能制造中心为例[J].职业技术教育,2020,41(23):28-32.

[13] 刘悦.特色高水平高职院校专业群建设路径的研究与探索[J].山东商业职业技术学院学报,2020,20(2):28-30,36.

[14] 陈晓.新时期高职院校专业群建设的探索与实践[J].石家庄铁道大学学报

（社会科学版），2020,14(1):101-105.

[15] 言娟.基于供给侧改革的高职院校专业群建设探索：以建筑设备专业为例[J].湖南工业职业技术学院学报,2019,19(4):67-70.

[16] 潘春胜.文化育人视域下高职院校专业群建设的实践探索[J].浙江工贸职业技术学院学报,2017,17(3):1-5.

[17] 吴睿.高职院校专业群建设管理的实践探索[J].常州信息职业技术学院学报,2015,14(6):31-33.

[18] 刘宗建.高职院校专业群建设与课程建设探索与实践[J].北京财贸职业学院学报,2012,28(5):43-46,55.

[19] 董淑华.高职院校专业群建设的实践探索[J].职业技术教育,2012,33(26):26-30.

[20] 刘向红.高职院校专业群建设探索[J].职业,2009(15):121-122.

[21] 孙佳鹏."双高"背景下高职院校专业负责人专业建设能力现状及对策[J].中国职业技术教育,2021(5):68-74.

[22] 陈治坤,岑忠干.高职院校专业诊断与改进研究：现状与展望[J].高教论坛,2020(6):87-89.

[23] 王泽秀.高职院校专业教学资源库建设现状的思考[J].常州信息职业技术学院学报,2018,17(2):55-58.

[24] 杨瑜.高职院校专业群研究现状述评[J].中国校外教育（下旬刊),2014(8):123.

[25] 罗勇武,刘毓,肖冰,等.高职院校专业群研究现状述评[J].职教论坛,2008(11):19-22.

[26] 傅国华.运转农产品产业链 提高农业系统效益[J].中国农垦经济,1996(11):24-25.

[27] 张源峰,黄素叶,陈荣坤,等.高职院校对接区域产业特色专业群建设的思考与实践[J].现代职业教育,2019(5):242-243.

[28] 尹孝玲,谭庆龙.关于高职院校专业群建设实践的思考与认识[J].课程教育研究,2016(10):33-34.

[29] 钱红,张庆堂.高职院校专业群建设的实践与思考[J].江苏高教,2015(1):139-141.

[30] 赵昕.高职院校专业群建设实践的思考与认识[J].高等职业教育（天津职业大学学报),2011,20(6):3-7.

[31] 黄盛兰.高职院校专业群建设的实践与思考[J].石家庄职业技术学院学报,2009,21(1):1-4.

[32] 陈祖福.迎接时代的挑战 更新教育思想和观念[J].教学与教材研究,1997(3):6-11.

[33] 林蕙青.深化高等学校教学改革 培养高质量的跨世纪人才[J].医学教育,1997(6):1-7.

[34] 教育部高等教育司.深化教学改革,培养适应21世纪需要的高质量人才[M].北京：高等教育出版社,1998.

[35] 黄国勋,席鸿建,曾冬梅.地方综合大学人才培养模式整体改革研究[M].南宁：广西民族出版社,2001.

[36] 陈学飞.美国高等教育发展史[M].成都：四川大学出版社,1989.

[37] 李汉红.浅论我国的高等教育大众化的特点[J].三峡大学学报（人文社会科学版）,2006,28(2):111-113.

[38] 钟秉林.中国高等教育大众化进程的科学发展观：北京师范大学钟秉林校长谈当前高等教育热点问题[J].集美大学学报(教育科学版),2004,5(2):3-7.

[39] 刘凡丰.美国研究型大学本科教育改革透视[J].高等教育研究,2003,24(1):100-104.

[40] 张庆久.德国应用科技大学与我国应用型本科的比较研究[J].黑龙江高教研究,2004(8):31-33.

[41] 伍百军.我国职业教育性质、特征和功能的衍变：基于1+X证书制度的视角[J].中国职业技术教育,2020(19):20-25.

[42] 周宁宁.论高等职业教育的性质、特征与功能[J].职大学报,2008(3):118-119.

[43] 李永苍.应用型本科院校工程人才的培养模式[J].闽江学院学报,2004,25(5):128-132.

[44] 杨素明,贾桂芳.应用型本科人才能力的评价性研究[J].吉林工程技术师范学院学报,2004,20(8):5-8.

[45] 薛海勤,郭均栋,李登慧.民办本科院校应用型人才培养模式改革研究与实践[J].山东高等教育,2014,2(11):76-83.

[46] 房学军,马铁成,谷秀梅,等.应用型本科人才培养模式改革的研究与实践：以大连工业大学为例[J].辽宁教育研究,2008(12):65-67.

[47] 管天球.地方高校本科应用型人才培养模式研究与实践[J].中国高等教育,2008(15):69–70.

[48] 张日新,梁昱庆,汪令江,等.本科应用型人才培养模式的研究与实践[J].成都大学学报(自然科学版),2004,23(4):1–4.

[49] 刘庆华,王文龙,于万海.基于课程结构对高职教育专业课程体系改革历程及趋势的分析[J].邢台职业技术学院学报,2017,34(6):1–7.

[50] 李民君.能力本位教育理念下的高职院校课程结构改革探析[J].内蒙古石油化工,2010,36(9):108–109,114.

[51] 刘旭东.高职教育教学管理模式改革与创新:突出职业能力素质教育 重塑高职课程结构[J].黑龙江教育(高教研究与评估),2008(12):82–83.

[52] 王郁彬.浅谈高职教育课程开发及其结构改革[J].辽宁高职学报,2004,6(1):35–36.

[53] 华容.基于产学研联盟的应用型本科院校科技创新模式的探索[J].黑龙江高教研究,2005(3):26–28.

[54] 陶卫平.新建应用型本科院校"双师型"师资队伍建设的若干思考[J].黄山学院学报,2011,13(4):91–94.

[55] 吕军.应用型本科院校师资队伍建设的若干思考[J].浙江科技学院学报,2008,20(4):311–314.

[56] 金心,孙钦荣.关于应用型本科院校师资队伍建设若干问题的思考[J].常州工学院学报(社会科学版),2005,23(1):117–120.

[57] 胡立.主体与环境:高等职业教育就业生态系统的平衡[D].长沙:湖南师范大学,2016.

[58] 唐文忠.中国高等职业教育发展的经济学研究[D].福州:福建师范大学,2015.

[59] 彭志武.高等职业教育学制研究[D].厦门:厦门大学,2007.

[60] 谢勇旗.高等职业教育专业设置研究[D].天津:天津大学,2004.

[61] 刘冬.英美部分高校交叉学科建设研究及借鉴[D].上海:上海交通大学,2008.

[62] 秦悦悦.高校应用型本科人才培养模式研究与实践[D].重庆:重庆大学,2009.

[63] 姜运生.地方院校应用型本科人才培养模式研究与实践[D].长春:东北师

范大学,2006.

[64] 许涛.职业教育集团化办学的理论分析与个案研究[D].上海:华东师范大学,2011.

[65] 龙健.高等教育大众化进程中人才培养模式与质量观的研究[D].长沙:中南大学,2004.

[66] 刘凯莉.高职院校专业教学资源开发现状与对策研究[D].南京:南京师范大学,2017.

[67] 刘杰.高职院校校企合作人才培养模式的现状、问题与对策研究[D].桂林:广西师范大学,2017.

[68] 张雅美.现代学徒制导向的高职院校人才培养模式研究[D].秦皇岛:河北科技师范学院,2016.

[69] 雷成良.职业教育现代学徒制人才培养模式研究[D].重庆:西南大学,2016.

[70] 刘英华.地方高校应用型本科人才培养模式研究[D].南昌:江西科技师范大学,2015.

[71] 孔苏.地方本科高校转型发展背景下应用型人才培养模式研究[D].南宁:广西师范学院,2015.

[72] 何良胜.高职院校工学结合人才培养模式下的教学管理研究[D].广州:广东技术师范学院,2015.

[73] 王书丹.高职院校国际化人才培养模式研究[D].西安:西安建筑科技大学,2015.

[74] 史慧.高校创新人才培养模式研究[D].天津:天津大学,2015.

[75] 杨丽.新建地方本科院校应用型人才培养模式的案例研究[D].南宁:广西大学,2014.

[76] 王晓辉.一流大学个性化人才培养模式研究[D].武汉:华中师范大学,2014.

[77] 李艳.国际视野下我国研究型大学本科阶段拔尖创新人才培养模式研究[D].桂林:广西师范大学,2014.

[78] 党素芳.高职院校"订单式"人才培养模式研究:以成都市某高职院校为例[D].成都:四川师范大学,2014.

附录　第三方评价组织对我校汽车检测与维修技术专业群的评价示例

专业群人才培养模式总体评价

● 立德树人成效较好，用人单位评价较高

专业群课程中融入社会主义核心价值观、企业文化，遵循校园文化，坚持专业群文化，实现思政教育与课程深度融合。强化劳动教育，教育学生诚实劳动，培养学生工匠精神，提升学生创造能力，促进学生德智体美劳全面发展。加强和改进美育工作，深化美育教学改革，推进文化传承创新，增强服务社会的能力水平，培养德智体美劳全面发展的技术技能人才，全面提升立德树人教育实效。从本专业群调研数据来看：

第一，学生思想品德与价值观培养效果在校期间有着明显提升。专业群某一学年学生时政意识、社会责任感、人生价值观、国家认同感、传统文化认同五个维度各个方面思想品德与价值观培养效果评价均在96%以上，处于较高水平，尤其是在国家认同感方面培养效果最好。

第二，学生德育工作成效明显。在校生遵纪守法、乐观态度、上进精神、乐于助人、工匠精神等素养增值情况明显较好，用人单位评价较高。专业群某一学年大一至大三学生总体素养提升的比例均较高，分别为98.49%、98.31%、97.75%。特别是在"遵纪守法""人生的乐观态度""积极努力、追求上进""乐于助人"方面提升情况较好，"双高计划"建设意见中提出要培育和传承工匠精神，该专业群有63.10%的学生表示在此方面有所提高，本专业群素养增值情况较好。同时，用人单位对毕业生各方面素质的满意度在95%～98%，均处于较高水平。尤其是对毕业生"积极的工作态度"的需求度（4.76分）最高，满意度（97.22%）也最高，进一步反映出本专业群学生在校期间综合素质提升情况较好，德育工作开展成效明显。

第三，劳动教育的开展有效地促进了学生综合素养提升。本专业群注重强化劳动教育，认真推行学校公益劳动周、实训基地运维管理。该专业群2020—2021学年大一至大三学生参与的劳动教育主要是"本专业领域的实习实践"（44.53%）、"校园清洁"（42.81%）、"劳动教育类的通识课程"（40.76%）、"勤工助学"（40.69%）等。学生反馈劳动教育帮助其"形成坚定意志"（69.72%）、"培养良好习惯"（67.46%）、"增强身体素质"（66.93%）、"增强社会责任感"（63.88%），对学生综合素质的提升有着较大的帮助。

● 能力知识培养效果较好，用人单位、家长评价均较高

本专业群校企共同研究制定科学规范、国际可借鉴的人才培养方案和课程标准，将新技术、新工艺、新规范等产业先进元素纳入教学内容，进一步开展"1+X"制度、"三路径、四阶段"人才培养改革活动。深化专业群课程模块化改革，支撑分类人才培养模式，并以服务岗位需求和提高职业能力为导向，以学生可持续性学习和发展能力为主线，培养不同层次企业急需人才。从本专业群调研数据来看：

在校生能力增值情况好，用人单位对毕业生满意度高，已超过专业群绩效目标。本专业群2020—2021学年大一至大三学生总体能力提升明显的比例均在94%以上（分别为94.46%、97.35%、97.69%），总体能力增值情况较好。其中，大一至大三学生各项通用能力增值情况都比较理想，比例均在96%~98%，在各项能力中选择"提升较多"的学生在45%左右，各项能力增值情况较好。从企业角度来看，相关行业用人单位对本专业群毕业生的满意度达到98.25%，已经超过专业群绩效目标（雇主满意度≥95%）。用人单位对本专业群毕业生在工作认真、勤奋好学、踏实肯干、扎实的专业知识和技能基本功以及对于工作的适应性等各方面给予了充分肯定。

用人单位对本专业群毕业生能力知识的满意度处于较高水平，家长也表示在校的学习和生活有效促进了学生能力知识的提升。

第一，能力方面。用人单位对毕业生工作能力的总体满意度为95.98%。用人单位对"职业规范与职业道德""团队合作能力""自主学习能力""服务他人能力""动手操作能力""问题分析能力"等各项能力的需求度（4.69~4.75

分）处于较高水平，对各项能力的满意度（95%～97%）也处于较高水平，本专业群毕业生的各项能力得到了用人单位的较高评价。家长认为学生通过本校的学习和生活，团队合作（79.76%）、沟通交流（78.02%）、解决问题（74.67%）、环境适应（73.05%）、自我认知（68.98%）等能力明显提升。

第二，知识方面。用人单位对毕业生知识水平的满意度为96.31%。用人单位对专业知识的需求度（4.76分）最高，满意度（96.87%）也最高，对"与行业相关的职业"的需求度（4.73分）和满意度（96.32%）也较高，均反映出该专业群毕业生的专业知识、行业知识水平得到了用人单位的高度认可。另外，有79.64%的家长认为通过学校的学习和生活，学生的专业及职业知识明显提升。

● 毕业生薪资、就业满意度、职位晋升比例均较高，就业质量和职业发展情况好

该专业群某届毕业生月收入为4 106.18元，低于全国高职同类专业（4 414元），毕业生初始薪资偏低一定程度上受就业地区经济发展水平的影响，本专业群毕业生毕业后七成以上在河北省就业。但是毕业三年后，该专业群2017届毕业生月收入为7 285.28元，已高于全国高职同类专业（7 010元），进一步反映出该专业群在就业市场上发展潜力较大，对比全国高职同类专业具有明显的竞争优势。到毕业三年后，该专业群2017届毕业生中期对就业的满意度为77.51%，高于全国高职同类专业（71%）较多，毕业生主观上对就业的满意度明显较高。本专业群2017届毕业生中有61.19%获得过晋升，高于全国高职同类专业（58%），本专业群毕业中期的职业发展具有明显优势。综合毕业生中期薪资、就业满意度、职位晋升比例均较高的情况来看，该专业群毕业生中期就业质量较好，在就业市场上具有较强的竞争优势。

衡量学生思想品德与价值观培养效果要从传统文化认同、国家认同感、人生价值观、社会责任感、时政意识五个方面进行考察。评价结果分为"非常符合""符合""不符合""非常不符合""无法评估"。

该专业群某一学年学生对时政意识、社会责任感、人生价值观、国家认同感、传统文化认同五个维度各个方面思想品德与价值观培养效果的评价均在96%以上，均处于较高水平，尤其是在国家认同感方面培养效果最好。培养效果如附表1所示：

附录　第三方评价组织对我校汽车检测与维修技术专业群的评价示例

附表1　学生思想品德与价值观培养效果

单位：%

五个维度	各方面评价	学生思想品德与价值观培养效果
时政意识	了解中国在国际上的地位和影响力	98.24
	关注国内或国际新闻	97.17
社会责任感	没有夜不归宿	98.25
	在顶岗实习时努力把工作做好	98.24
人生价值观	在网络上也会对自己的言论负责	98.95
	遇到挫折和困难时并没有放弃奋斗目标	98.42
	对未来的奋斗目标作做了基本规划	96.62
	认为实现自我价值比物质享受更重要	96.09
国家认同感	中国在科技等领域取得成就时有强烈的荣誉感	99.12
	对中国未来的发展非常有信心	98.95
传统文化认同	通过书籍、网络、电视等了解中国历史和民族文化	98.41

各专业学生对思想品德与价值观培养效果五个维度评价如下：

该专业群2020—2021学年各专业学生对时政意识、社会责任感、人生价值观、国家认同感、传统文化认同五个维度各个方面思想品德与价值观培养效果的评价也在96%以上，均处于较高水平（附表2）。

附表2　各专业学生思想品德与价值观培养效果五个维度评价

单位：%

专业名称	时政意识	社会责任感	人生价值观	国家认同感	传统文化认同
专业1	97.81	98.91	98.03	99.13	97.82
专业2	97.90	97.90	97.84	99.16	99.15
专业3	97.27	97.27	96.46	99.22	99.22
专业4	98.68	98.70	98.03	98.70	98.67

能力培养效果

● **总体能力增值**

能力成长是指该专业群帮助学生在通用能力方面增值。学生根据所在年级回答本学年本专业群帮助自己在各项能力方面增值的状况,分为"提升较多""有所提升""提升较少""没有变化"4个层次。

通用能力区别于专业技术能力,是学生在成长成才以及未来求职求学历程中必不可少的。"双高计划"建设意见中提出要"加强学生认知能力、合作能力、创新能力和职业能力培养"。"双高"校及专业群在教育教学的过程中,不仅需要关注专业技能的学习,还要在各个教学环节树立通用能力培养意识,帮助学生顺利完成向社会人的转变。该专业群某一学年大一至大三学生总体能力提升明显的比例均在94%以上(分别为94.46%、97.35%、97.69%),总体能力增值情况较好。其中,大二、大三年级选择"提升较多"的比例(52.88%、46.24%)明显较高,在50%左右。具体如附图1所示。

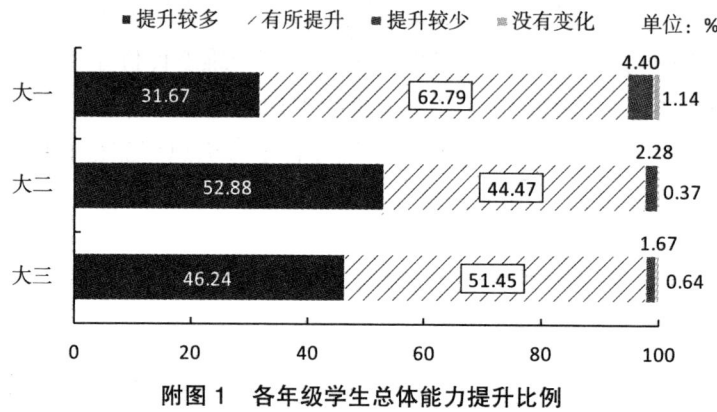

附图1 各年级学生总体能力提升比例

● **各项能力增值**

具体从各项通用能力角度来看,该专业群某一学年大一至大三学生各项通用能力增值情况都比较理想,比例均在96%~98%,且选择"提升较多"的学生均在45%左右,各项能力增值情况较好。专业群可根据下属专业的具体情况,重点关注人才培养目标中提到的通用能力的培养效果。具体如附图2所示。

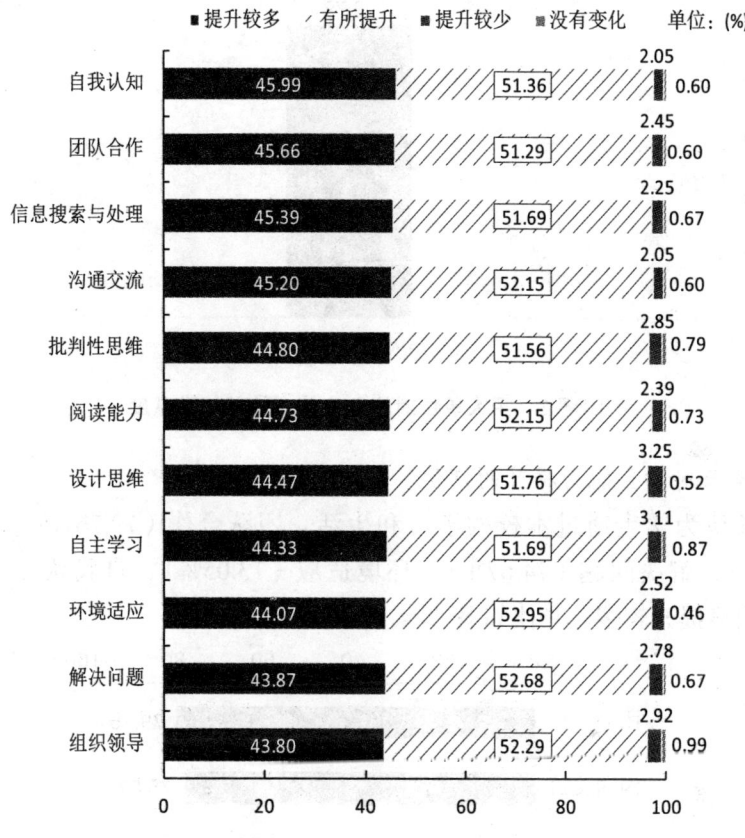

附图 2　各项能力提升比例（大一至大三合并）

● 各专业总体能力增值

具体到专业层面来看，该专业群所有专业通用能力增值情况较好，均在 95% 以上。其中，某一专业毕业生选择"提升较多"的比例最高，达到 50.89%，其余分别为 45.62%、45.39%，体现了该专业群的培养优势。

● 用人单位对毕业生工作能力的总体满意度

用人单位对毕业生工作能力的总体满意度是指用人单位对聘用的本专业群毕业生问题分析等工作能力的总体满意程度。评价结果分为"很满意""满意""一般""不满意"和"无法评价"，其中"很满意""满意"属于满意的范围，用人单位对毕业生工作能力满意度是回答属于满意范围的人数百分比。

从数据来看，用人单位对毕业生工作能力的总体满意度为 95.98%，满意度较高。具体如附图 3 所示。

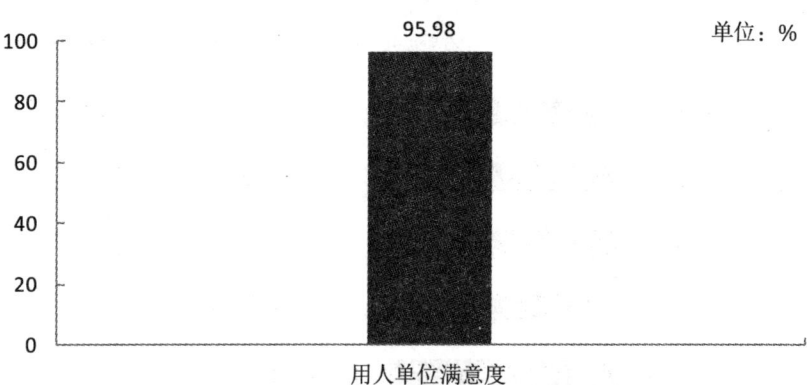

附图 3　用人单位对毕业生能力的总体满意度

● 家长对学生能力提升的评价

家长认为学生通过本校的学习和生活，团队合作（79.76%）、沟通交流（78.02%）、解决问题（74.67%）、环境适应（73.05%）、自我认知（68.98%）等能力明显提升较多。具体如附图 4 所示。

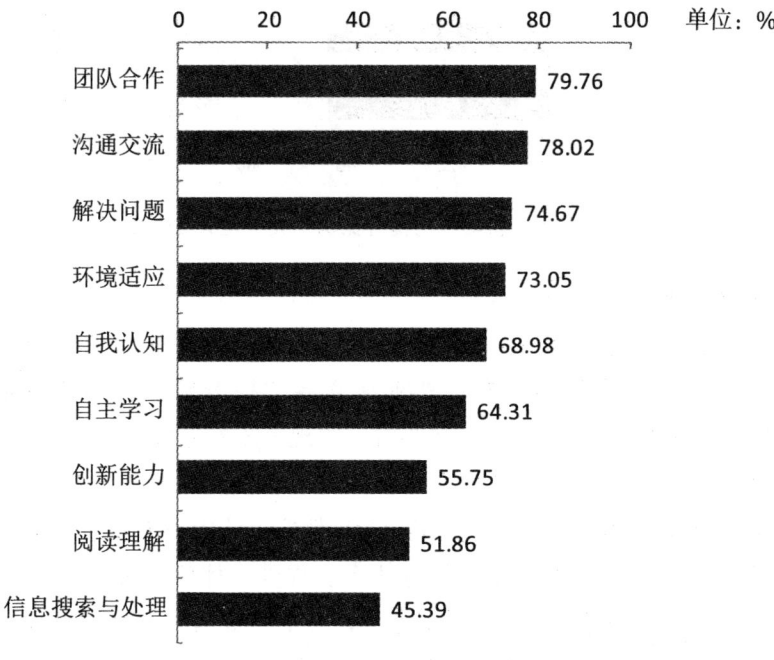

附图 4　家长对学生能力提升的评价

素养培养效果

● **总体素养增值**

素养提升是指该专业群帮助学生在德育素养方面实现提升。该专业群的在校生回答大学帮助自己在哪些方面得到明显提升,一个学生可以选择多项,也可以回答"没有任何帮助"。

立德树人是高校落实以学生发展为中心过程中最根本的教育任务,新时代高等教育人才培养需要注重学生德智体美劳的全面发展。"双高计划"建设意见中提出要"培育和传承工匠精神,引导学生养成严谨专注、敬业专业、精益求精和追求卓越的品质",在校学生德育素养提升情况能够反映学校德育工作的成效。该专业群某一学年大一至大三学生总体素养提升的比例均较高,分别为98.49%、98.31%、97.75%,总体素养增值情况较好。具体如附图5所示。

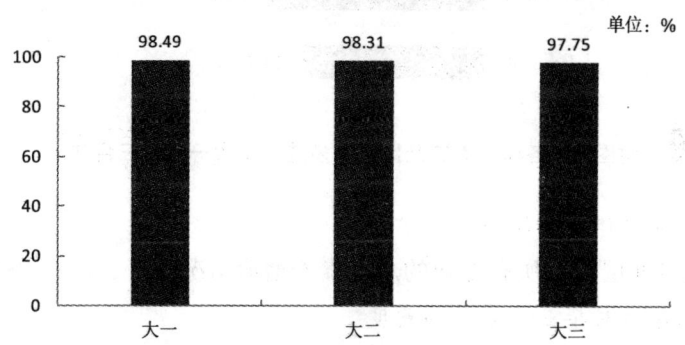

附图5　各年级学生总体素养提升比例

● **各项素养增值**

具体从各项素养来看,该专业群某一学年大一至大三学生各项素养增值情况良好,特别是"遵纪守法"方面提升情况较好(74.36%),"双高计划"建设意见中提出要培育和传承工匠精神,该专业群有63.10%的学生表示在此方面有所提高,而"工程安全"方面素养有待提高(42.85%)。培养工程类应用型人才的高校可进一步关注毕业生"工程安全"方面素养的提升情况。具体如附图6所示。

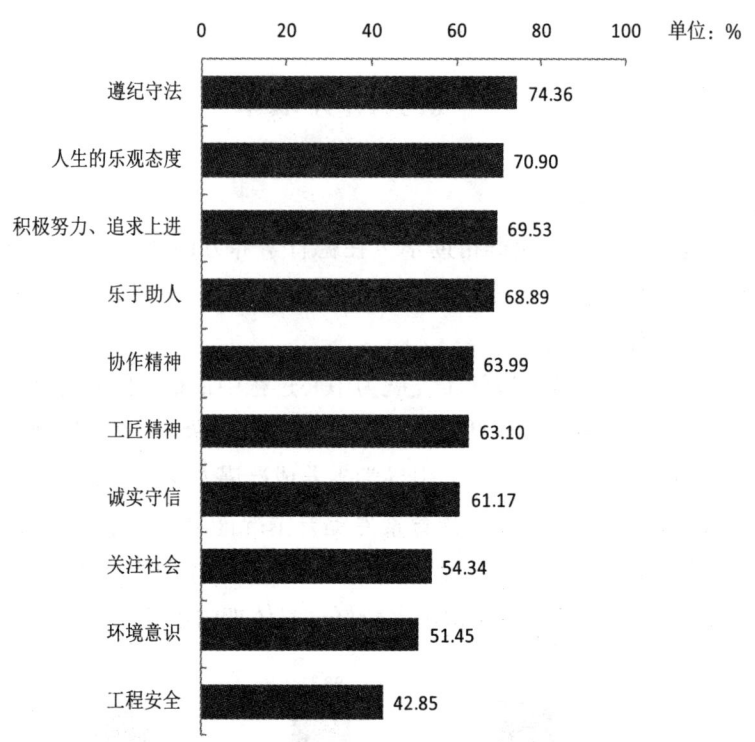

附图 6　各项素养提升比例（多选）（大一至大三合并）

● 各专业总体素养增值

具体到专业层面，所有专业的总体素养增值情况较好，均在 98% 左右。

● 用人单位对毕业生素质满意度

用人单位对毕业生素质的需求度是指用人单位对聘用的该专业群学生职业规范、工程与社会以及环境与可持续发展方面素质的需求程度。需求程度分为 1～5 分，分数越大，需求程度越高，此处的需求度为打分均值。

用人单位对毕业生素质的满意度是指用人单位对聘用的该专业群学生职业规范、工程与社会以及环境与可持续发展方面素质的满意程度。评价结果分为"很满意""满意""一般""不满意"和"无法评价"，其中"很满意""满意"属于满意的范围，用人单位对毕业生素质的满意度是回答属于满意范围的人数百分比。

从数据来看，用人单位对毕业生各方面素质的需求度（4.73～4.76 分）均较高，对各方面素质的满意度也在 95%～98%。尤其是对毕业生"积极的工作态度"的需求度（4.76分）最高，满意度（97.22%）也最高。具体如附图7所示。

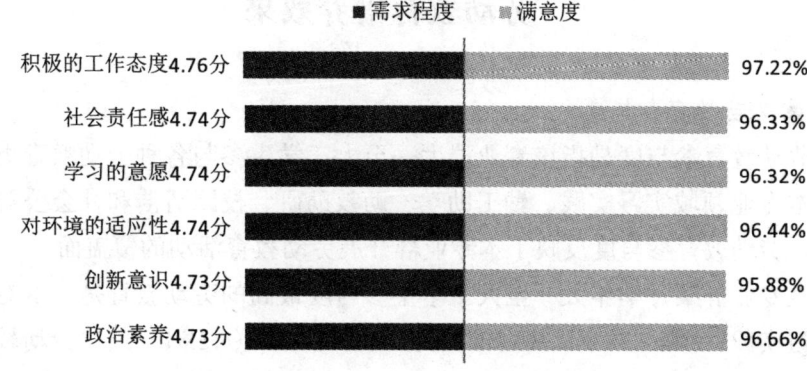

附图7 用人单位对毕业生素质的满意度

● 家长对学生综合素养提升的评价

家长认为通过学校的学习和生活，学生的遵纪守法（81.86%）、诚实守信（79.28%）、乐观态度（79.28%）、乐于助人（74.85%）等素养明显提升。具体如附图8所示。

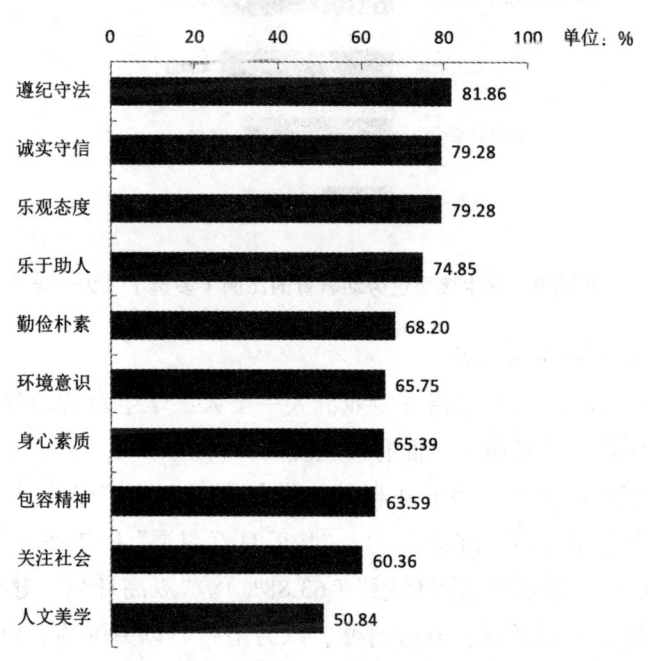

附图8 家长对学生综合素养提升的评价

劳动教育培养效果

● *劳动教育参与度*

劳动教育参与度是指该专业群大一至大三学生参与各种劳动教育类通识课程、本专业领域实习实践、勤工助学、助教助研、校园清洁和社会公益活动的情况。劳动教育参与度反映了本专业群开展劳动教育活动的覆盖面。

该专业群某一学年大一至大三学生参与度最高的劳动教育是"本专业领域的实习实践"(44.53%),其后依次为"校园清洁"(42.81%)、"劳动教育类的通识课程"(40.76%)、"勤工助学"(40.69%)等。具体如附图9所示。

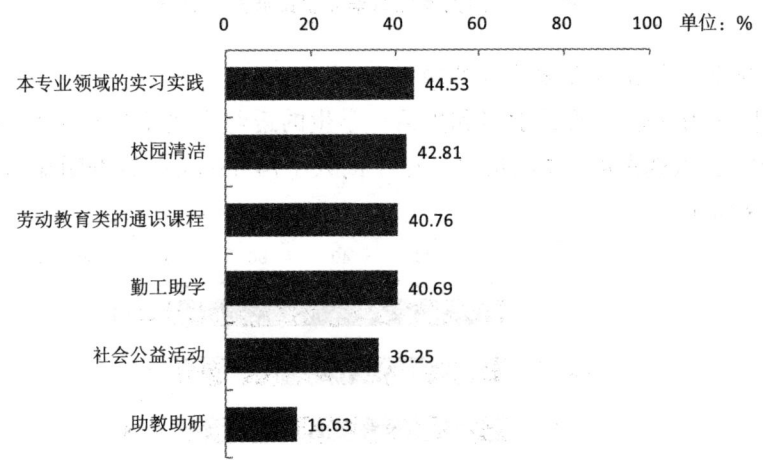

附图9 学生接受过劳动教育的比例(多选)(大一至大三合并)

● *劳动教育帮助度*

劳动教育帮助度是指该专业群大一至大三学生对劳动教育帮助其形成坚定意志、增强身体素质等方面有效程度的评价。

从帮助度来看,该专业群某一学年大一至大三学生认为劳动教育可帮助其"形成坚定意志"(69.72%)、"培养良好习惯"(67.46%)、"增强身体素质"(66.93%)、"增强社会责任感"(63.88%)。"双高计划"建设意见中明确提到了需"加强劳动教育,以劳树德、以劳增智、以劳强体、以劳育美",该专业群劳动教育成效情况较好。具体如附图10所示。

附录　第三方评价组织对我校汽车检测与维修技术专业群的评价示例

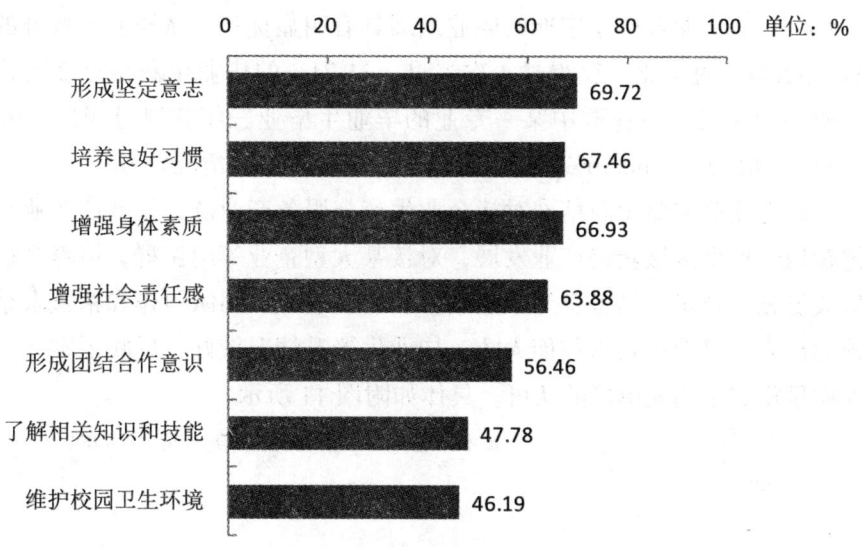

附图10　劳动教育帮助效果（多选）（大一至大三合并）

就业发展质量

● 毕业生就业满意度

就业满意度是指由工作的毕业中期毕业生对自己目前的就业现状进行评价，选项有"很满意""满意""不满意""很不满意""无法评估"，共五项。其中，选择"满意"或"很满意"的人属于对就业现状满意，选择"不满意"或"很不满意"的人属于对就业现状不满意。就业现状满意度计算公式的分子是对自己目前就业现状满意的人数，分母是对自己目前就业现状满意和不满意的总人数。

该专业群某届毕业生中期对就业的满意度为77.51%，高于全国高职同类专业（71%）较多，本专业群毕业生主观上对就业的满意度明显较高。

● 毕业生毕业中期的晋升比例

毕业生毕业中期晋升比例是指该专业群2017届毕业生从工作以来，有无获得过职位晋升以及获得职位晋升的次数。

该专业群某届毕业生中有61.19%获得过晋升，高于全国高职同类专业

（58%），该专业群毕业中期的职业发展具有明显优势。从毕业生晋升的频次来看，52.44%的毕业生获得过1次晋升，31.71%的毕业生获得过2次晋升。从专业层面来看，专业群中某一专业的毕业生毕业三年获得过职位晋升的比例（分别为61.36%、60.26%）在六成以上，毕业生晋升情况较好。

该专业群主要面向精准对接企业生产与服务产业链，服务该产业和产业关键领域，助推区域新兴产业发展，对接某大型企业等岗位群，培养掌握新兴领域关键核心技术，具备良好职业素养和创新思维、团队协作和精益求精工匠精神的高素质复合型技术技能人才。毕业生晋升情况较好，反映了本专业群的培养质量得到了用人单位的认可。具体如附图11所示。

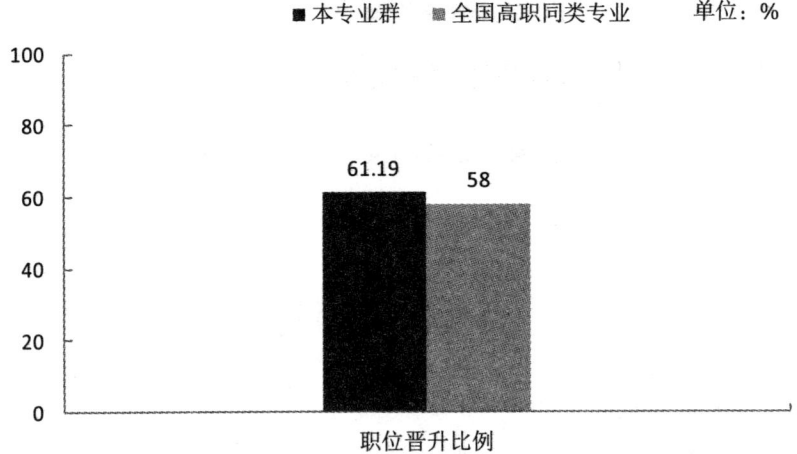

附图11 毕业中期获得职位晋升的比例

● 毕业生毕业中期的晋升次数

毕业生毕业中期的晋升次数如附图12所示。

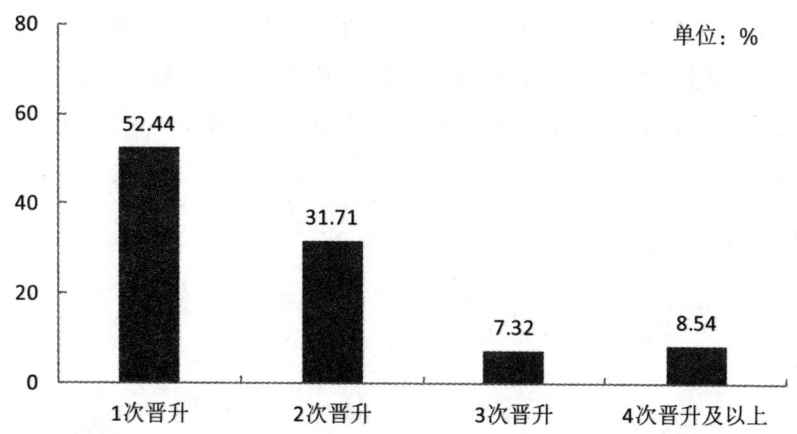

附图 12 毕业中期获得职位晋升的次数

● 毕业生毕业中期的技术/职称层级

毕业生毕业中期的技术/职称层级是指该专业群某届毕业生目前的职称层次、所处的技术岗位以及岗位层级。

该专业群从事工程技术人员职业的 2017 届毕业生，职称级别为"助理工程师"的比例为 16.28%，明显高于全国高职同类专业（12%）；职称级别为"技术员"的比例为 37.21%，低于全国高职同类专业（48%）。专业层面，汽车检测与维修技术专业"工程技术人员"人群中，"助理工程师"职称的比例为 9.68%，"技术员"职称的比例为 38.71%。具体如附图 13 所示。

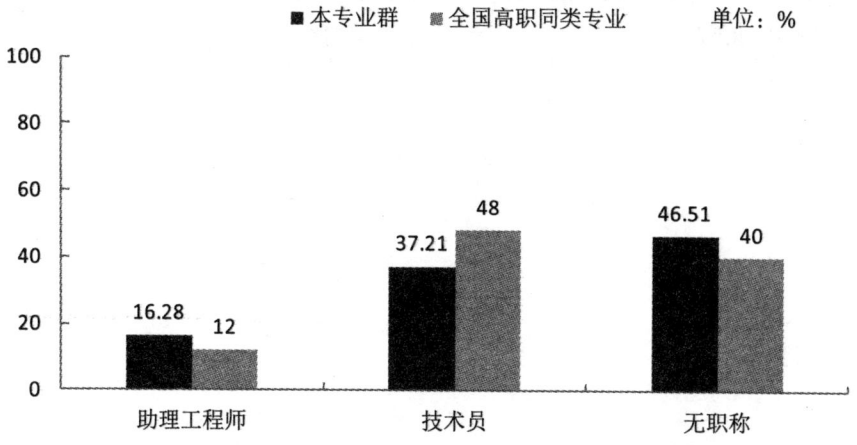

附图 13 毕业中期毕业生从事工程技术人员职业的职称级别

该专业群某届毕业生中期所从事具体的技术岗位类型主要为"生产运行"（28.57%）。专业层面，某专业所从事具体的技术岗位类型主要为"生产运行"（28.57%）、"技术开发"（17.86%）和"工程设计"（14.29%）。具体如附图14所示。

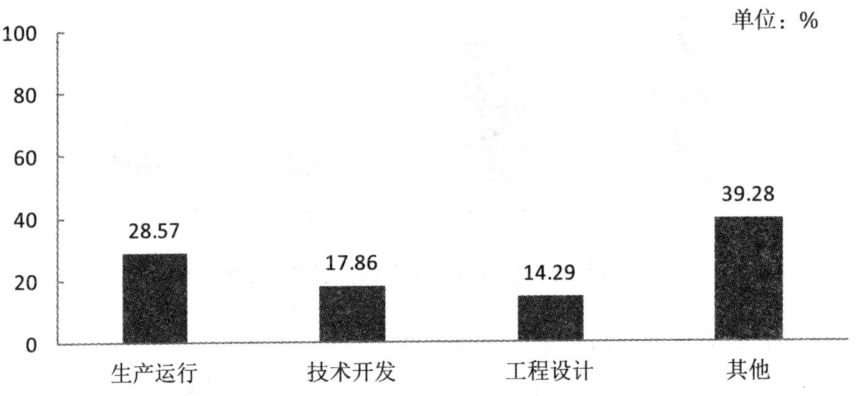

附图14　毕业中期毕业生从事的具体技术岗位类型

该专业群从事管理类职业的某届毕业生中期毕业生所处的管理岗位层级主要为中管层（61.76%），其余38.24%的毕业生中期为普通员工层。专业层面，某专业从事管理类工作的毕业中期毕业生所处的管理岗位层级为中管层的比例为50.00%，为普通员工层的比例为50.00%。营销与服务专业从事管理类工作的毕业中期毕业生所处的管理岗位层级为中管层的比例为71.43%，为普通员工层的比例为28.57%。